커피 세계사
+
한국 가배사

커피 세계사 + 한국 가배사

이길상 지음

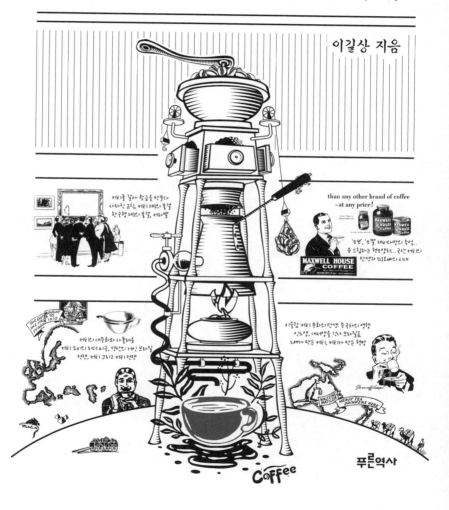

푸른역사

일러두기

1 ── 커피의 기원과 역사에 관한 문헌은 다양하고, 정보는 넘친다. 커피 인문학 책들은 교양서라는 성격으로 인해 이야기나 주장의 정확한 출처를 밝히지 않은 경우가 대부분이다. 이책은 교양서와 전문서의 중간쯤에 위치한다. 독자들의 이해를 위해 최소한의 주석을 각장 끝에 미주로 넣었다.

2 ── 책에 등장하는 많은 외국인 인명이나 직책명, 혹은 지역명 등은 언어에 따라, 시대에 따라 다양하게 표현되는 경우가 많다. 따라서 가장 많이 사용되는 명칭을 따르는 것을 원칙으로 하되, 비슷하게 많이 사용되는 다른 표현이 있는 경우에는 괄호나 주석을 통해 소개하였다.

3 ── 우리나라 신문이나 잡지에서 사용된 한글 표현은 지금과 많이 다르다. 그대로 인용하는 경우 이해가 어려운 표현이나 표기도 적지 않다. 이런 경우 최소한의 범위 내에서 이해 가능한 수준의 현대식 표현이나 표기로 바꾸었다. 가능하면 당시 문장이 지닌 맛을 유지하려 노력하였다.

4 ── 근대 신문과 잡지의 커피 관련 자료는 한국언론진흥재단의 빅카인즈BigKinds와 국사편찬위원회 한국사데이터베이스를 활용하였다. 현대 신문 기사는 해당 신문사가 홈페이지를 통해 제공하는 데이터베이스를 이용하였다.

5 ── 이 책에 포함된 사진의 경우 일부는 직접 촬영하였고, 그림 중 일부는 그림 좋아하는 딸 다현에게 부탁하여 그렸다. 인터넷을 통해 얻은 그림이나 사진 자료의 경우 출처를 확인하여 밝히려고 노력하였다.

커피를
만나다

내 인생 첫 커피는 언제 어디서 누구와 마셨는지, 그 맛은 어떠했는지, 기억이 가물가물하다. 첫 커피의 경험에 대한 기억은 분명하지 않지만, 내 커피 인생에서 잊지 못할 사람은 기억에 또렷이 남아 있다. 바로 박사 학위 논문 지도 교수 클래어런스 캐리어Clarence J. Karier다.

1985년 무더운 여름 날, 낯선 미국에 도착해 캐리어 교수 연구실을 처음 찾았을 때 그는 뜨거운 커피를 마시고 있었다. 원두커피였다. 당시 미국 대학의 학과 사무실에는 커피 메이커가 놓여 있었고, 25센트 동전 하나만 있으면 누구나 마실 수 있었다. 바로 그 커피를 마시고 있던 캐리어 교수가 내게 물었다.

"커피를 마시는가?"

나는 망설임 없이 "네"라고 대답했다. 그러자 그는 "한국에서는 어떤 커피를 마시나?"라고 물었다. 맥스웰하우스커피를 주로 마신다고 대답하자 그가 대뜸 말했다.

"이렇게 먼 미국에서 커피를 수입해 먹을 정도로 한국이 잘사는 나라가 되었나?"

그 말에 선뜻 대답을 하지 못했다.

"길상은 커피가 세계에서 가장 잔인한 음료라는 것을 아나? 재배하는 사람 따로 마시는 사람 따로인 음료가 바로 이 커피라는 사실을 아나? 맥스웰하우스가 수많은 중남미 가난한 나라 커피 농장 노동자들의 땀을 착취해서 미국인들의 입을 즐겁게 해준다는 것을 아는가?"

이어진 질문에도 대답을 하지 못했다.

"내가 한국전쟁 당시 춘천에 주둔하고 있을 때 경험한 가난한 한국, 그리고 요즘 뉴스를 통해 보는 혼란스러운 한국과 커피를 마시는 한국인들의 모습이 잘 어울리지 않는 듯한데, 길상 자네 생각은 어떤가?"

역시 나는 아무런 말을 하지 못한 채 콧등에 맺힌 땀을 닦아야 했다.

첫 대화는 껄끄러웠지만 그는 나에게 늘 친절했다. 첫 대화 이후 귀국하는 그날까지 4년, 무려 1,460일 동안 나는 커피 천국 미국에서 커피를 마시지 않았다. 마지막 질문에 대한 답을 찾지 못했기 때문이다.

유학을 마치고 귀국한 후에도 꽤 오랫동안 커피를 마시지 않았다. 지도 교수와의 첫 만남에서 생긴 '커피=제국주의 음료, 커피=노동 착취의 상징'이라는 이념의 굴레에서 벗어나지 못했던 것도 사실이다. 당시 나의 교육학 강의나 연구를 지배하고 있던 이론들이 대부분 문화적 제국주의, 갈등이론, 수정주의 역사관의 파생품이었던 것도 적지 않게 작용했다.

이런 오랜 결심과 이념적 속박에서 벗어나는 것은 한순간이었다. 커피를 좋아하는 아내를 만나면서 커피와의 20년 단절의 역사가 보기 좋게 끝나 버린 것이다. 만나면 커피를 마시는 이 앞에서 자연스럽게 커피를 따라 마시기 시작했다. 얼마의 시간이 지났을 즈음 그가 "이왕 마시는 커피인데 좀 배워서 제대로 만들어 주면 안 될까?"라고 부탁인지 명령인지 모를 주문을 했다.

　나는 커피 공부에 발을 디뎠다. 첫 사부인 김옥기 바리스타의 강의는 흥미로웠다. 알고 마시는 커피의 맛은 모르고 마시던 때와는 많이 달랐다. 곧이어 커피 스쿨에 등록했다. 두 번째 사부 김대기 바리스타를 만났다. 커피 이론에서부터 드립, 로스팅, 에스프레소 배리에이션 음료 만들기, 라떼 아트, 커핑, 생두 감별에 이르기까지, 마치 카페를 차릴 기세로 배웠다. 드디어 한국커피협회에서 발급하는 바리스타 자격증을 취득했다. 커피를 조금 알게 되니 카페 투어를 하는 취미가 생겨 해외여행을 하게 되면 우선 여행지의 유명한 카페를 찾아보게 되었다.

　커피 관련 책을 읽는 습관도 생겼다. 주로 커피의 역사가 담긴 책을 읽었다. 커피 역사책의 고전인 윌리엄 우커스William H. Ukers의《올 어바웃 커피*All About Coffee*》(1922, 한국어판 2012)와 하인리히 야콥Heinrich Eduard Jacob의《커피의 역사*Kaffee*》(1934, 한국어판 2013)를 읽는 것으로 시작하였다. 이어서 스콧 파커Scott F. Parker와 마이클 오스틴Michael W. Austin의《커피, 만인을 위한 철학*Coffee—Philosophy for Everyone: Grounds for Debate*》(2011, 한국어판 2015) 번역본을 읽었다. 우커스의 책은 미국의 커피 역사, 야콥의 책은 독일과 유럽의 커피 역사, 파커와 오스틴의 책은 철학으로 읽는 커피 이야기여서 읽는 맛이 모두 달랐다.

　번역본에 이어서 안토니 와일드Antony Wild의《커피: 어 다크 히스토리*Coffee: A Dark History*》(2004), 마크 펜더그라스트Mark Pendergrast의《매혹

과 잔혹의 커피사*Uncommon Grounds: The history of coffee and how it transformed our world*》(2010, 한국어판 2019), 제프 콜러Jeff Koehler의 《에티오피아 — 커피의 기원에서 스페셜티 커피의 미래까지*Where The Wild Coffee Grows*》(2017, 한국어판 2019), 조너선 모리스Jonathan Morris의 《커피: 어 글로벌 히스토리*Coffee: A Global History*》(2019) 등 세계 커피사의 교과서에 해당하는 최근 책들의 원본을 구입하여 국내외에서 나온 100여 권의 커피 인문학 책들을 손에 잡히는 대로 읽었다.

어느 날 갑자기 질문이 생겼다. 왜 커피 역사에는 생산자들의 이야기는 없고 소비자인 백인 이야기만 담겨 있을까? 왜, 우리 시각으로 쓴 커피 역사책은 없을까? 왜 커피 역사 속에 그려진 서구인들은 멋진데 비서구인들은 어리석을까? 왜 한국인들은 커피에 빠져 살게 되었을까?

결국 나는 서구인들이 서구 문명 우월주의에 기반하여 쓴 낯선 커피 역사책이 아니라 우리가 우리의 시각으로 쓰는 친숙한 커피 역사책에 도전하기로 했다. 나의 도전을 가능하게 한 것은 새로운 자료와 거기에서 발견한 새로운 사실이 주는 희열이었다. 커피의 기원과 관련하여 염소 목동 칼디 전설을 소개한 최초의 책이라고 알려진 나이로니Naironi의 라틴어 책 원고를 읽느라 애를 먹고 있던 차에 이 책이 1710년에 영국에서 영문으로 출판되었다는 사실을 확인한 순간도 그랬고, 100년 이상 커피의 기원으로 알려져 왔던 칼디 전설이 20세기 초에 만들어진 이야기라는 것을 확인하는 순간도 그랬다. 1861년 4월 7일 한성의 남대문 밖 자암에 커피가 처음 도착하였다는 것을 확인한 순간은 말할 것도 없다.

이 책을 쓰는 과정에서 도움을 준 분들이 적지 않다. 한국 커피 역사의 기원을 새롭게 쓸 수 있는 흥미로운 이야기를 담은 베르뇌 주교의 서한을 소개해 준 조현범 교수, 터키 역사에 관한 나의 질문에 하나하나 답을 해준 터키 제자 베이트와 오이큐, 정화와 중국의 커피 역사 자료를 찾아 준 산둥대학의 리웨이웨이 박사, 일본어 신문 독해를 도와 준 후배 이화정과 친구 모리 교수에게 감사를 전한다. 사랑방처럼 드나들어도 늘 친절하게 커피를 내려주고 말벗이 되어 준 안목 산토리니 김재완 사장, 분당 가비양 양동기 사장, 선재도 뻘다방 김연용 사장의 격려도 잊을 수 없다. 무작정 찾아가 초고를 내밀었음에도 깔끔한 코멘트로 반성과 희망을 함께 안겨 준 테라로사 김용덕 사장과의 짧은 만남도 잊을 수 없다.

무엇보다도 멋진 편집으로 책의 향기를 더해 준 도서출판 푸른역사에 감사를 전한다. 끝으로 나의 모든 시간을 커피 향만큼 아름답게 만들어 주고 있는 정희, 다현, 다준 정말 고맙다. 어찌 갚아야 할지…….

2021년 7월
탄천이 보이는 홈 카페에서

c o n t e n t s

○ **프롤로그: 커피를 만나다** 005

1부

01. **커피 탄생 설화가 만들어지기까지**   016
    커피의 탄생은 수수께끼
    커피나무의 고향은 에티오피아
    커피 음료의 기원

02. **이슬람 커피 문화의 탄생: 중국차의 영향**   032
    중국차가 보여 준 커피의 길
    카이르 베이의 커피 탄압설
    쿠프릴리의 커피 탄압설
    커피 탄압의 역사=가공의 역사
    야생 식물에서 경작 식물로
    모카 커피의 전설

03. **유럽에 전해진 커피 이야기와 커피 향**   052
    커피 이야기, 유럽에 전해지다
    이슬람 음료 커피에 대한 유럽인의 거부감
    유럽인의 코와 입을 자극한 커피

04. **제국주의와 자바 커피의 탄생**   075
    고향을 떠난 커피나무
    자바 커피를 탄생시킨 비첸
    막 내린 예멘의 커피 독점

05. **인도양, 대서양을 건너 브라질로**   085
    카리브해에 심어진 '고귀한 커피나무'
    프랑스 왕실의 커피, 부르봉 커피
    세인트헬레나에 뿌려진 커피 씨앗
    사랑과 음모의 전설, 브라질 커피

06. **노예가 만든 커피, 커피가 만든 혁명**   096
    아프리카 노예의 눈물로 자란 중남미 커피
    카페에서 시작된 프랑스혁명
    커피와 함께한 미국의 독립전쟁

07. **차를 택한 영국, 커피를 택한 대륙**   112
    커피를 버리고 차를 선택한 영국
    <커피 칸타타>를 탄생시킨 프로이센
    카페 천국 오스트리아
    북유럽으로 번진 커피 소비

2부

08.   커피의 대중화와 나폴레옹   130

산업혁명이 만든 커피의 대중화
치커리 커피를 마시는 파리지엔느
커피 섬 세인트헬레나의 나폴레옹

09.   커피 소비의 리더 미국, 거대 생산국 브라질   146

커피 소비의 리더 미국의 등장
커피 생산의 거인 브라질의 등장

10.   전쟁, 커피 그리고 커피 전쟁   154

소비자 대표와 생산자 대표의 전쟁
가짜커피와의 전쟁
제1차 세계대전, 저소비와의 전쟁
신흥 커피 생산국 사이의 전쟁
대공황과 가격 폭락
제2차 세계대전, 커피 맛과의 전쟁
에스프레소와 인스턴트커피의 전쟁

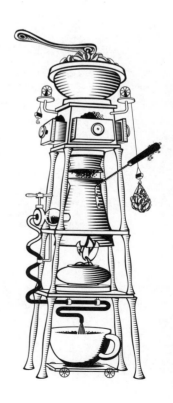

3부

11. 1861년 4월 7일 한양에 배달된 커피   178
    동아시아에 등장한 커피
    철종 11년 춘 3월 커피를 주문하다
    주문한 지 1년 1개월 1일 만에 배달된 커피

12. 조선 최신상 커피의 유행   197
    신문에 등장한 첫 커피 기사
    조선 '최신상' 음료, 커피
    조선 최초의 커피 광고와 커피하우스
    고종 황제 커피 독살 기도사건

13. 끽다점 풍경   205
    끽다점이 연 20세기 조선
    식민지 초기 끽다점 풍경
    끽다점 붐과 광고 홍수

14. 카페 전성시대   219
    카페의 등장과 융성
    악惡카페와 공설카페

15. '모뽀', '모걸' 그리고 제비다방의 추억   230
    다방의 출현
    이상의 제비다방
    조선의 다방은 '조선만의 그것'

16. 융 드립하는 현모양처   246
    유행하는 커피 상식
    융 드립하는 현모양처
    아이들도 마시는 커피
    커피 유해론, 커피 해외 토픽

17. 대용 커피를 마시며 군가를 듣는 다방   272
    '가배당'을 우울하게 한 대용 커피
    다방에서 듣는 군가
    독신자용 커피포트와 아이스커피의 등장
    짓밟힌 다방의 푸른 꿈

4부

18. **인스턴트커피와 커피 제1의 물결** 296

우리 시대의 커피
인스턴트커피가 만든 제1의 물결
미국에 의한 커피 저급화
인스턴트커피, 유럽의 커피 문화를 흔들다

19. **국산 커피의 탄생과 DJ오빠의 시대** 309

전쟁 전후 '커피당'의 비명소리
쿠데타에 말라 버린 '오아시스'
다방 커피와 도끼빗을 꽂은 DJ오빠
믹스 커피, 자판기 그리고 티켓 다방

20. **커피 전문점의 등장과 커피 제2의 물결** 327

커피 전문점의 탄생
커피 체인점 붐과 커피 제2의 물결
다방의 몰락

21. **커피를 갈아 황금을 만들다** 335

커피가 보여 준 경제위기 조짐
거대 커피 기업의 탄생
커피특별시 강릉

22. **사라진 규칙, 커피 제3의 물결** 348

커피 세계의 새로운 스타들
모험과 변화를 추구하는 유럽의 젊은 커피인들
스페셜티 커피 중심의 아랍
킷사텐과 결합한 일본 커피 문화

23. **한국형 제3의 물결, 커라밸** 363

8만 커피 전문점, 50만 바리스타, 1,000큐그레이더의 나라
세계 커피 박물관의 반이 한국에
또 다른 도전, 커피 농장

○ 에필로그   380
○ 참고문헌   385
○ 주   393
○ 찾아보기   413

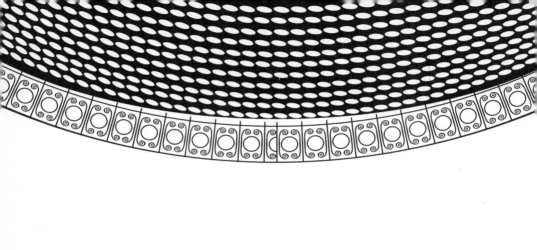

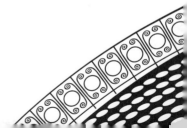

1부

1

커피 탄생 설화가
만들어지기까지

커피의 탄생은 수수께끼

커피의 탄생에 대해 사람들이 궁금해하는 질문이 몇 가지 있다. 첫 번째는 커피나무의 고향은 어디일까라는 질문이다. 현대 과학 덕분에 이 질문에 대해서는 대체로 의견의 일치를 보고 있다. 반면 지금 우리가 마시는 음료인 커피는 언제, 누가 마시기 시작하였을까라는 질문에 대해서는 많은 주장이 있지만 정확한 답은 없다.

어찌 보면 당연한 일이다. 과일로 만든 술 와인이, 동물의 젖으로 만든 고체 음식 치즈가 그리고 밀가루로 만드는 빵이 어떤 특정한 개인이나 지역, 혹은 민족이 발견한 문화라고 할 수 있을까. 담배 원산지가 북미와 중남미 지역이고 이들 지역에서 지금 형태의 담배를 만들어 즐겼다는 것은 알지만, 그 기원은 정확히 알 수 없다. 음식이나 기호식품뿐 아니라 문화유산 또한 그 기원을 특정하기 어려운 것이 대부분이다. 도자기를 처음으로 만들어서 사용한 민족이나 그 제작법을 터득한 첫 인류를 어떻게 규정할 수 있을까. 오래된 음식이나 문화유산일수록 그 기원을 알기는 어렵다.

인류 역사에서 문화의 탄생은 특정한 사람, 민족, 문명권의 전유물이기보다는 여러 문명 간 교류와 접촉의 결과물이었다. 인류 사회가 함께 즐기는 커피라는 음료 또한 특정한 나라나 문명권이 독자적으로 만들어 낸 것이 아니라, 여러 문명이 접촉하는 과정에서 만들어진 인류 공통의 발견이며 유산이라고 보는 것이 옳다. 대부분의 커피 인문학 저서에서 주장하는 커피 기원설은 역사나 문화를 독점하려는 욕망이 낳은 결과물이다. 여기에 역사학이라는 학문이 기여한 것도 사실이다. 인류 문명의 흔적을 단순화하거나 표준화하려는 지적 욕망과 자신들의 문화 혹은 민족의 우월성을 드러내고자 하는 집단욕망이 결합하여 수많은 기원들을 만들어 냈다. 커피의 탄생과 관련된 다양한 주장들 또한 이런 욕망과 무관하지 않다.

커피의 꽃과 열매.

커피는 꽃과 열매가 함께 피고 맺는다.

커피나무의 고향은 에티오피아

우리가 마시는 커피나무 품종은 수없이 많다. 그중 대표적인 것이 아라비카Arabica종과 로부스타Robusta종이다. 요즘 카페에서 자동이나 반자동 기계로 추출하거나 드립커피 재료로 인기 높은 아라비카종 커피나무의 고향은 아프리카 북쪽 에티오피아이다. 정확히 이야기하면 1930년대 이전까지는 아비시니아Abyssinia라고 불린 에티오피아 남서부의 고산지대 카파Kaffa 지역(지금의 짐마)으로, 이곳에서는 지금도 원주민들이 야생 커피나무의 열매를 수확한다. 에티오피아에 의해 점령되기 이전인 19세기 후반까지는 봉가Bonga가 수도인 독립 왕국으로 '아프리카의 티베트'라고 불릴 정도로 고립된 신비한 나라였다.

최근 옛 카파 지역을 방문한 음식과 여행 칼럼니스트인 제프 콜러가 전한 바에 의하면, 그가 만난 지역 주민 메스핀 테클레Mesfin Tekle가 "카파 지역 전설에 따르면 커피는 만키라Mankira 숲에서 시작되었다"고 주장했다고 한다. 콜러는 신간 《에티오피아—커피의 기원에서 스페셜티 커피의 미래까지》에 카파가 커피나무와 커피 음료의 고향임을 인정받기 위한 이 지역 주민들의 믿음을 자세히 담고 있다. 카파의 커피나무 자생 지역은 1930년대까지 서양인들의 방문이 허용되지 않았다. 물론 문자가 발달하지 않은 카파에서는 1990년대까지 생활과 역사에 관한 기록이 남아 있지 않다. 이런 이유로 오랫동안 이 지역의 커피 이야기는 구전으로만 남아 있었다. 그 사이에 커피의 고향은 에티오피아의 카파가 아니라 아라비아반도의 예멘으로 정리되어 전파되었다는 것이 콜러의 주장이다.

에스프레소나 아메리카노 커피의 재료인 아라비카종 커피에 아라비카, 즉 '아라비아로부터'를 뜻하는 이름이 붙은 이유도 그렇다. 1753년, 스웨덴의 생물학자 칼 린네Carl Linnaeus가 명저 《식물의 종Species Plantarum》에서 커피나무를 뜻하는 '코페아Coffea'에 '아라비카Arabica'라는 별칭을 덧붙여 '코페아 아라비카coffea arabica'라는 명칭이 탄생하는 순간 커피의 식물학적 고향이 아라비아로 선언되었다는 것이다.[1] 지금은 생물유전학적 분석 등에 의해 커피나무의 원산지가 에티오피아의 카파 지역이라는 것이 거의 공인된 사실이지만, 커피가 유행하기 시작한 이후 20세기 후반까지 매우 오랫동안 커피의 고향은 아라비아반도의 예멘으로 알려졌다.

콜러는 카파가 커피의 고향임을 몇 가지 흥미로운 사실로 예시하고 있다. 첫째, 커피를 처음 발견하였다는 염소치기 목동 칼디 전설이 카파에서 원형에 가깝게 전해진다는 점이다. 둘째, 카파 지역에서는 아장아장 걷기 시작한 어린아이들도 커피를 홀짝거리며 마실 정도로 커피를 마시는 것이 일상이다. 셋째, 현재 세계적으로 널리 알려진 커피 세레모니의 원형이 그대로 남아 있는 곳 역시 카파 지역이다. 넷째, 오래전부터 카파 지역에서는 죽은 사람을 매장할 때 커피를 함께 묻었고, 요즘도 이 지역에서는 커피를 좋아하던 사람이 죽으면 커피를 함께 묻어 줄 정도로 커피에 큰 의미를 부여한다. 다섯째, 2004~2005년 미국과 프랑스 공동으로 이 지역에서 수행한 고고학적 조사에서 1,800년 된 커피콩이 부싯돌과 다른 생활 도구들 주변에서 출토되었다. 마지막으로 카파 지역에서 발견되는 커피체리의 외형과 맛이 지금 세계 여러 지역에서 재배되는 커피와 매우 흡사하다.

콜러가 이 지역 주민으로부터 들은 옛이야기 또한 흥미롭다.

옛날에 자연은 무성하였고, 사람들은 주로 집 안에 머물렀다. 어느 날 지역의 종교 지도자를 돕던 염소치기가 자신이 키우는 가축이 에너지가 넘치는 것을 보고 그 가축들이 먹고 있던 열매를 먹어 보았다. 그는 그 향이 맘에 들어 집으로 가져가서 아내에게 요리를 부탁하였다. 카파에는 당시 마토Matto라는 왕이 있었는데 그에게는 세 명의 부인과 세 채의 집이 있었다. 종교 지도자는 마토에게 선물로 자기 부인이 알고 있는 커피체리 요리하는 법을 왕의 부인 중 한 명에게 가르쳐 주었다. 또 다른 왕인 만조Manjo에게는 99명의 부인과 99채의 집이 있었다. 커피 이야기를 전해들은 그는 커피 맛을 보았다. 그는 마토에게 "내가 40명의 아내와 40채의 집을 줄 테니 커피를 만들 줄 아는 너의 아내 한 명을 나에게 달라"고 하였다. 마토는 이를 거절하였다. 커피 맛이 간절하였던 만조는 사람을 고용하여 마토를 죽이고 커피를 만들 줄 아는 그의 아내를 납치해 갔다.[2]

이처럼 카파 지역에서 커피는 오랫동안 문화와 생활의 중심에 있었고, 이곳에 퍼져 있는 이야기들은 이곳이 커피나무의 고향이라는 것을 시사하고 있다는 것이 콜러의 주장이다.[3]

이 지역뿐 아니라 에티오피아 사람들이 사용하는 일상 언어에 '커피'라는 단어(현지어로는 분나buna)가 많이 들어가 있는 것을 보면 에티오피아는 커피와 함께한 문명이라는 것을 알 수 있다. 그들이 일상적으로 사용하는 표현 "분나 아보 나오Buna dabo naw"는 "커피는 빵이다"

라는 뜻이고, "분나 테투Buna tetu"는 직역하면 "커피를 마시다"는 뜻이다.[4]

커피는 생산국과 소비국이 다른 대표적 식물이다. 대부분의 커피 생산국에서 커피는 소비 대상이라기보다는 수출을 통한 외화 획득의 수단이었다. 그런데 에티오피아는 오래전부터 커피 세레모니라는 고유한 전통을 통해 커피를 대량 소비해 왔다는 면에서 커피의 고향이라는 칭호를 받기에 부족함이 없다. 지금도 생산량의 50퍼센트 이상을 국내에서 소비하는 유일한 나라가 바로 에티오피아이다. 이탈리아식 카페 토모카Tomoca가 에티오피아에서 처음 문을 연 것이 1953년이고,[5] 반면 스타벅스가 발을 딛지 못한 곳이 에티오피아이기도 하다.

에티오피아에서는 지금도 커피를 다양한 방식으로 즐긴다. 추출해서 마실 뿐 아니라 죽을 만들어 먹거나 약재로 사용하기도 한다. 커피에 소금이나 설탕, 혹은 고춧가루나 허브를 첨가하여 마시기도 하고, 커피콩뿐 아니라 잎이나 껍질도 음료 재료로 활용한다. 카파를 중심으로 한 에티오피아 커피 생산 지역의 이런 다양한 문화 요소들의 가치를 파악한 유네스코가 커피나무의 원산지가 카파라는 것을 공식 선언하면서 2010년 6월에 이 지역은 생물권 보존 지역으로 등재되었다.

에티오피아는 아프리카 대륙에서는 큰형님으로 불리는, 오랜 역사를 지닌 나라이다. 에티오피아 커피투어리즘 개척자인 윤오순 교수는 이렇게 말한다. 아프리카에서 유일하게 황제국의 전통을 지닌 나라, 구전이 아닌 고유문자(암하릭어)로 기록된 역사를 보유하고 있는 나라, 국토의 넓이가 한국의 다섯 배 정도 되는 큰 나라, 뉴욕-브뤼셀-제네바에 이어 세계에서 네 번째로 외교 공관이 많은 도시 아디스아바바가 수도인 나라, 아프리카 54개 국가의 중심기구인 아프리카연합Africa Union(AU)의 본부가 있는 나라, 로마올림픽에서 금메달을 딴 맨발의 마라토너 아베베의 나라, 그리고 320만 년 전에 살았던 현생인류의 어머니로 불리는 루시Lucy의 땅이 바로 에티오피아이다.[6]

에티오피아는 현재 브라질, 베트남, 콜롬비아, 인도네시아에 이어 세계에서 다섯 번째로 많은 커피를 생산하는 나라이다. 커피 원두 연간 생산량이 50만 톤가량인데 전량이 아라비카종이며 로부스타종은 전혀 생산하지 않고 있다. 하라Harar, 예가체프Yirgacheffe, 시다모Sidamo, 짐마Jimmah, 김비Ghimbi 등이 유명한 커피 생산지이다. 한국에서는 특히 예가체프가 유명하지만 현지인들에게는 전통적인 자연건조 방식으로 커피를 가공하는 시다모나 김비 커피가 더 유명하다.

세계 커피 생산량의 65퍼센트 정도는 아라비카종이지만 나머지 35

에티오피아 커피 지도.

커피나무의 고향은 아프리카 북동쪽에 있는 에티오피아의 카파 지역이다. 에티오피아 지도에서는 서남쪽이다. 이 지역에서 자생하던 커피나무가 동쪽의 하라를 지나, 홍해를 건너 예멘 모카 지역에서 경작되기 시작하면서 상업 작물로서의 가치를 얻기 시작하였다. 음료로서의 커피는 이 지역을 지배하고 있던 이슬람 교도들에 의해 그 효능이 발견된 후 이슬람 세계 전체로 퍼져 나갔다. ⓒ이다현

퍼센트 정도는 로부스타종(카네포라canephora종 커피나무의 한 종류)이다. 옛날 다방에서 마시던 인스턴트커피나 요즘 자판기에서 즐기는 인스턴트커피의 재료가 대부분 로부스타종인데, 이 커피나무의 고향 역시 의견이 분분하다. 에티오피아 고산지대라는 설과 아프리카 사하라사막의 남서부 지역이라는 의견이 있는가 하면, 전문가들 사이에서는 콩고라는 의견도 많다. 인근의 우간다라는 주장도 만만치 않다. 자이레Zaire라고 단정적으로 이야기하는 학자도 있다.[7]

그런데 커피나무의 원산지에 대해서 왜 이렇게 의견이 분분할까? 사실 많은 식물의 기원이나 원산지는 명료하지 않거나 큰 관심거리가 되지 않는 것이 보통이다. 그런데 인류의 3대 기호음료인 차, 코코아 그리고 커피의 원산지에 대해서는 논쟁이 많다.

커피의 경우에는 그것이 지닌 맛 그 자체만이 아니라 그 속에 담긴 역사와 스토리를 함께 즐기는 매우 독특한 기호식품이라는 특성 때문이다. 그래서 이 신묘한 음료를 마시는 사람들은 누구나 이 음료를 만든 재료의 고향이 어디이고, 어디에서 누가 재배하였는지, 어떻게 여기까지 왔는지를 알고 싶어 하는 것이다. 알고 싶은 사람이 많다 보면 답을 찾는 사람도 많고, 답을 찾는 사람이 많다 보니 의견도 많다. 덕분에 구약성서 속의 에덴동산에 등장하는 선악과가 커피라는 주장까지 등장했을 정도다.

커피 음료의 기원

음료로서의 커피, 그것의 기원을 찾기 위해 인류학, 고고학, 심지어는 신학적 지식까지 동원되기도 하지만 답을 찾기는 쉽지 않다. 커피의 기원을 찾다 보면 인류의 기원까지 거슬러 올라가야 한다는 안토니 와일드의 주장도 과장은 아니다.[8]

커피나무의 잎이나 열매 속에 들어 있는 카페인 성분이 지닌 각성 효과를 알아차린 인간이 어떤 형태로든 이를 섭취하기 시작한 것은 꽤 오래전이고, 커피나무의 고향인 에티오피아 사람들이 그것을 가장 먼저 깨닫고 즐겼을 것이라는 주장은 설득력이 있다.

그런데 커피 열매의 안쪽에 있는 딱딱한 씨앗을 볶은 후, 그대로든 혹은 지금처럼 분쇄해서든, 뜨거운 물에 내려 그 추출물을 마시면 좋다는 것은 언제쯤 알게 되었을까? 우리가 궁금한 커피의 기원은 바로 이 질문에 대한 답이다. 커피나무의 기원이 아니라 커피 음료의 기원이다. 아쉽게도 지금까지는 그 어떤 인류학적·고고학적 증거나 문헌자료도 명확하게 그 기원을 설명하지 못하고 있다. 인류가 커피를 음료 형태로 마시기 시작한 것이 15세기 이전, 심지어는 6~7세기부터였다는 주장이 있지만 입증할 만한 근거는 거의 없다. 오히려 그랬을 리 없다는 근거는 차고 넘친다. 인류가 지금 형태의 뜨거운 액상 커피 음료를 널리 마시게 된 것은 15세기 중반쯤이고, 커피가 처음으로 유행한 곳이 예멘 지역이었다는 것은 많은 고고학적인 증거들과 문헌 기록들이 말해주고 있다. 물론 정확하게 언제 누가 커피를 지금 형태의 음료로 만들어 처음 마시기 시작하였는지는 아무도 모른다.

커피 기원 전설로서 가장 유명한 것은 앞서 언급한 에티오피아의 염소치기 이야기이다. 주인공이 칼디Kaldi인 이 전설은 다양한 형태로 전해 내려온다.

어떤 전설에서는 칼디가 이 열매를 마을의 수도사에게 가져갔는데, 수도사는 잠을 자지 않게 하는 이 마법의 열매 덕분에 밤새 기도를 할 수 있어서 기뻐했다고 한다. 다른 전설에서는 이 열매를 씹어 본 수도사가 맛이 없어서 열매를 불속에 집어 던졌는데 여기에서 환상적인 향기가 솟아오르는 것을 보고, 불에 볶은 이 열매의 씨를 갈아서 끓는 물에 부어 커피 음료를 만들었다고 이야기한다. 또 다른 전설에서는 열매의 각성 효과를 맛 본 수도사가 이 커피를 악마의 물건으로 여겨 불속에 집어 던졌고, 여기에서 신기한 향미가 풍겨 나온다는 사실을 알고 음료로 만든 것이 커피 음용의 시초였다고도 한다. 심지어는 칼디 이야기가 서기 6세기, 7세기 혹은 8세기에 실제 있었던 이야기라고 시기를 특정하는 경우도 많다.[9]

칼디 이야기를 처음 기록으로 전한 사람은 나이로니Antonio-fausto Naironi(혹은 Antonius Faustus Nairone, Antione Faustus Nairon이라고도 표기)이다. 나이로니는 레바논 지역 출신으로 로마에서 동양 언어를 가르쳤다고도 하고, 이탈리아 출신 동양 언어학자로서 파리 소르본대학의 신학 교수였다고도 한다. 생몰연대도 몇 가지 다른 기록이 있으나 17세기 전반에 태어나 18세기 초에 사망한 것만은 확실하다. 그가 1671년에 발표한 세계 최초의 커피 논문 〈커피에 관한 토론: 사실과 효능De saluberrima potione cahue sen cafe nuncupata discursus〉에 커피의 기원에 관한 많은 이야기들이 처음으로 소개되었다.[10] 이 논문은 1710년 영어로 번역되어 런던에서 간행되었다.

이 논문의 라틴어 원본과 영문 번역판을 읽어 보면 몇 가지 흥미로운 사실을 발견하게 된다.[11] 첫째, 커피의 기원에 관한 전설에 등장하는 가축은 염소가 아니라 낙타이고, 지역 배경이 에티오피아가 아니라 예멘이다. 원문은 "낙타(필자 주: 라틴어 원본에는 Camelorum, 영문판에는 Camel)를 돌보던 어떤 사람이 아라비아 펠릭스Arabia Felix라고 알려진 아야만왕국Kingdom of Ayaman의 종교 지도자에게 불평을 늘어놓았다. 불평을 늘어놓는 것은 동양 사람들의 공통된 전통이다. 낙타가 아니라 염소라고 말하는 사람도 있다"라고 되어 있다. "행복한 아라비아"라는 의미인 아라비아 펠릭스는 17세기 당시 유럽인들이 예멘을 부르던 이름이다. 따라서 나이로니가 소개하는 커피의 기원 전설의 배경은 예멘이다. 둘째, 라틴어 원본과 영어판 어디에도 목동의 이름인 칼디나 다른 이름은 나오지 않는다.

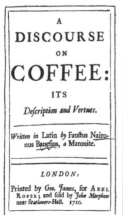

나이로니가 쓴 세계 최초의 커피 논문.

1671년에 나이로니가 라틴어로 발표한 커피에 관한 세계 최초의 논문이다. 커피의 탄생 설화로 가장 유명한 염소목동 칼디 이야기를 담고 있는 것으로 알려져 왔다. 그러나 이 논문에서 주인공은 염소목동이 아니라 낙타목동이었고, 칼디라는 이름은 나오지 않는다.

나이로니는 낙타목동의 전설을 소개하는 문단 바로 앞에 뱀술Viper-wine을 발견한 이야기를 기록하였다. 어떤 사신들이 갈증을 달래기 위해 와인을 마시려다 풀밭에 두었던 와인 항아리 속에서 뱀이 나오자 위험한 이 와인 대신 물로 갈증을 달랬다. 이들이 길을 가다가 한 나병환자를 만났는데, 죽음보다 못한 삶을 사는 그에게 이 뱀술을 마시게 했고, 놀랍게도 나병환자는 회복되었다.[12] 이 이야기에 이어서 나이로니는 커피의 발견에 관한 전설을 기록하였다. 위험한 뱀으로 인해 나병치료제를 우연히 발견한 것처럼, 불평과 거짓말을 즐기는 동양의 낙타목동에 의해 커피가 우연히 발견되었다는 주장이다. 17세기 과학의 시

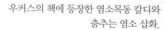
우커스의 책에 등장한 염소목동 칼디와
춤추는 염소 삽화.

1922년 미국의 윌리엄 우커스는 커피의 역사를 다룬《올 어바웃 커피All About Coffee》를 출판하면서 커피의 기원과 관련된 삽화 두 장을 실었다. 오마르 전설을 상징하는 그림과 함께 '커피 음료의 전설적 발견, 칼디와 춤추는 염소들'이라는 그림이었다. 당대 프랑스 화가의 작품From drawings by a modern French artist이라는 설명은 있으나 정확히 누구인지는 밝히지 않았다. 칼디와 염소가 커피 효능 발견의 주인공으로 탄생하는 계기였다.

대를 시작하며 서양 지성인들의 동양 문명에 대한 멸시의식이 반영된 기록 속에 등장한 것이 커피 발견에 관한 전설이었다.

〈커피의 기원과 발전에 대해De L'Origine et Du Progrès du Café〉(1699)를 쓴 앙투안 갈랑Antoine Galland(1646~1715), 《커피나무와 커피Le Cafeier et Le Café》(1895)를 쓴 식물학자 에델레스탕 자르댕Edelestan Jardin (1822~1896) 모두 나이로니의 글을 소개하였는데 칼디라는 목동 이름을 기록하지는 않았지만 이들의 글에서도 낙타목동이 여전히 주인공이다.[13]

커피의 역사에서 칼디라는 이름이 처음 등장하는 것은 1922년이었다. 윌리엄 우커스(1873~1945)가 《올 어바웃 커피》에서 나이로니의 글을 인용하면서 '칼디와 춤추는 염소들Kaldi and his dancing goats'이라는 제목의 삽화를 넣었다. 이 삽화는 프랑스의 한 무명화가의 작품으로, 화가 이름이나 칼디라는 이름에 대한 설명은 없다. 우커스는 《차와 커피 무역 저널》의 초대 편집자이자 당대 최고의 커피 인문학자였다. 우커스에 의해 칼디라는 목동이 등장하고 낙타 대신 염소가 커피 기원 전설의 주인공으로 둔갑한 것이다.

나이로니의 목동 이야기에서 출발해 이후 수많은 종류의 커피 기원 전설이 만들어졌다. 이야기 속에는 예멘, 이집트, 아비시니아(에티오피아) 등 여러 지역 이름과 6세기부터 15세기까지 여러 시대가 등장한다. 나이로니는 전설의 배경 지역으로 예멘을 언급하였지만, 시대는 언급하지 않았다. 대부분의 커피 인문학자들은 이 이야기가 '가짜'라고 분석하지만 진짜 이야기가 없다는 이유로, 흥미롭다는 이유로 아직까지 널리 회자되고 있다. 커피의 의미를 보다 신비하고 아름답게 만들고 싶었던 초기 커피 애호가들이 인류의 탄생지인 에티오피아, 커피나무의 원산지인 에티오피아, 흥분하기 좋아하는 동물 염소, 이야기를 지어 내는 습성이 있는 염소목동, 밤새워 기도해야 하는 이슬람 수도사 등 다양한 요소들을 결합하여 수많은 형태의 칼디 이야기를 탄생시킨 것이다. 그런데 에티오피아를 방문한 커피 전문가들에 의하면 이 지역에는 칼디 전설을 아는 사람이 거의 없다고 한다. 윤오순 교수에 의하면 칼디 전설은 외부에서 에티오피아로 유입된 전설로 관광자원으로 활용되고 있다고 한다. 아디스아바바의 '칼디' 커피점 체다이Tseday 사장도 이 지역 젊은이들이 칼디 전설을 모를 뿐아니라 자신도 스타벅스 홈페이지를 통해 알게 되었다고 고백했다.[14]

커피가 10세기 이전에 이미 음료로 이용되기 시작했다는 주장을 할 때 많이 언급되는 기록들이 있다. 첫 번째 기록은 페르시아의 의사였던 라제스Rhazes(865~922? 925?)가 한 의학서에서 "분춤bunchum은 따뜻하고 건조하며 위에 좋다"라고 한 것이다. 이 기록을 최초로 소개한 것은 나이로니이고, 17세기 프랑스의 커피 상인이며 철학자였던 뒤프르Philippe Sylvestre Dufour(1622~1687)도 1684년에 쓴 커피 논문에서 라제스 이야기를 인용했지만 커피가 아닐 것이라는 해석을 덧붙였다. 이보다 조금 늦은 11세기 초 페르시아에서 활동한 아라비아인 의사 아비센나Avicenna(이븐 시나Ibn Sina라고도 함, 980~1037)도 '분크bunc'라는 물질에 대해 비슷한 내용의 기록을 남겼다고 한다. 이 이야기를 처음으로 소개한 것도 나이로니이고, 1699년에 이 이야기를 다시 소개한 것이 앙투안 갈랑이다.

이들이 말한 '분춤' 혹은 '분크'가 에티오피아에서 커피를 뜻하는 단어인 분bun 혹은 분나bunna 등과 비슷하다는 점에서 이들이 말한 물질이 커피 열매라고 추측할 수 있지만 명확하지는 않다. 이 두 기록에서는 커피의 가장 분명한 특징인 각성 효과, 즉 카페인 효과에 대해 전혀 이야기하고 있지 않으며, 당시 이 지역에서 커피가 음용되었다는 그 어떤 흔적이나 증거도 발견된 적이 없다.[15] 더욱이 이 두 기록 이후에 커피에 관한 기록이 적어도 400년 이상 보이지 않는다는 것도 라제스와 아비센나가 기록한 '분춤'이나 '분크'가 커피라고 단정하기 어렵게 한다.

851년에 인도, 동남아시아, 중국을 방문하고 기행문을 남긴 술라이만Sulaymân, 그의 기행문에 자신의 의견을 덧붙여 916년 여행기를 발표한 아부 자이드 하산Abû Zayd Hasan, 이들은 당시 동방무역의 중심지였던 예멘 지역의 물산에 대해 풍부하게 언급하면서도 커피는 이야기하지 않는다. 중국의 입차 제조와 음용 풍습을 상세하게 설명하면서도 커피와 비교하지 않았다.[16] 우리에게 잘 알려진 마르코 폴로(1254~1324), 이븐 바투타(1304~1368)의 여행기에도 커피 이야기는 나오지 않는다. 이처럼 15세기 이전의 커피 음용설은 사실이 아닐 가능성이 더 크지만 대부분의 커피 인문학 책에서 사실인 것처럼 기술해 왔다. 커피에 대한 애착이 만들어 낸 잘못된 역사 해석이다.

커피의 기원에 대해 관심을 갖기 시작한 것은 커피 맛에 눈뜬 유럽인들에 의해서다. 커피의 기원이 궁금했던 유럽 상인들에게 아라비아 상인들은 당시 이 지역에서 회자되고 있던 흥미로운 이야기들을 해주었고, 이 이야기들이 널리 전파되었다. 전설과 역사, 해석과 주장 등이 만들어지고 전파되고 번역되고 뒤섞이면서 커피의 기원은 주장하는 사람 수만큼, 관련된 책의 종류만큼 많아졌다. 하인리히 야콥(1889~1967)

은 자신의 책에서 커피의 기원과 관련된 여러 이야기를 소개한 후 "이 모든 전설은 물론 동양의 동화로 지어 낸 것임에 틀림없다"[17]고 단언한다. 우커스는 여러 가지 전설들을 간략하게 소개하였지만 명확한 답은 커녕 자신의 의견조차 제시하지 않았다.[18]

21세기 들어서도 커피 역사에 관한 저술들이 다양하게 등장하였다. 2004년에 안토니 와일드가 펴낸 책《커피: 어 다크 히스토리》에도 예멘 지역 실존 인물들이 커피의 기원과 연결되어 소개되고 있다. 모카 지역에 살았던 수호성인 알 샤들리Ali Ibn 'Umar al-Shadhili(1196~1258), 게말딘Gemaleddin으로 더 알려진 모하메드 빈 사이드 알 다바니Mohammed bin Sa'id al-Dhabhani, 아덴의 수호성인으로 불리는 아부 바크르 알아이다루스Abu Bakr al-'Aydarus 등이 그들이다. 하지만 이들이 커피 기원과 관계 있다는 근거는 없다.[19] 2010년에 펜더그라스트는《매혹과 잔혹의 커피사》를 통해, 그리고 2014년에 제임스 호프만James Hoffmann은《커피 아틀라스The World Atlas of Coffee》를 통해 인류가 커피체리를 로스팅하고, 갈아서, 내려 마시기 시작한 것은 15세기에 시작된 것으로 보았다.[20] 나의 생각도 그와 다르지 않다.

2

이슬람
커피 문화의 탄생 :
중국차의 영향

중국차가 보여 준 커피의 길

15세기 즈음 예멘을 포함한 아랍 전역에 전파된 신비주의적 이슬람 분파인 수피Sufi교도들이 커피를 처음으로 마시기 시작했다는 것은 정설이고 역사적 사실에 가깝다. 수피 신앙의 핵심은 인간 정신의 극적인 변화, 즉 마치 연금술에 의해 비금속을 금이나 은과 같은 귀금속으로 만드는 것과 같은 변화에 대한 믿음이었다. 로스팅을 통해 맛과 향이 극적으로 변화하는 커피는 수피교도들이 믿는 그런 영적 변화를 보여 주는 상징과도 같았고, 마시고 나면 정신이 맑아지고 잠이 오지 않는 것이 그 증거였다. 결국, 커피가 정신적으로나 신체적으로 연금술적 변화를 가져온다는 이유로 수피교도들에게 사랑을 받기 시작하였고, 이슬람 세계 전체로 전파되는 계기가 되었다.[1]

문제는 수피교도들이 언제부터 볶은 커피체리에 뜨거운 물을 부어 우려 마시기 시작했느냐 하는 것이다. 수피교의 활동에 관해서는 역사적 기록이 적지 않지만, 커피 음료에 관해서는 어떤 기록도 없다. 16세기 말경에는 예멘의 산악 지역에서 세계 커피 소비량의 상당 부분을 생산하고 있었으니 그에 앞서 커피나무가 아프리카 대륙에서 홍해를 건너 예멘에 전파된 것은 분명하다. 그렇지만 이런 역사가 커피를 음료로 만든 기원에 대해서는 어떤 힌트도 주지 않는다.

15세기 말 즈음에 이르러서야 예멘 지역 수피교도들 사이에 의례적인 커피 음용이 널리 퍼졌다.[2] 그렇다면 어떤 계기로 이들 예멘의 수피교도들은 커피 음료 만드는 방법을 터득했을까?

필자는 오래전에 15세기 중국인 해양 탐험가 정화鄭和(1371~1433)가 남아시아와 동북아프리카를 여행한 기록들을 읽고 간단한 글을 쓴 적이 있다. 그리고 몇 해 지나 커피의 기원과 역사에 관한 책들을 하나둘 읽게 되면서 떠올랐던 질문이 바로 "혹시 정화가 아라비아반도를 방문했을 때 중국차를 선물하며 차 만드는 모습을 아프리카와 아랍 사람들에게 보여 준 것은 아닐까? 이것을 보고 누군가 차를 만들 듯이 커피나무 잎이나 열매를 볶아서 뜨거운 물로 내리는 방식을 시도해 보지 않았을까?" 하는 것이었다.

이런 나의 상상이 사실일 수도 있다고 생각하게 된 것은 최근이다. 최근 안토니 와일드의 책에서 바로 나의 생각과 똑같은 주장을 만나게 된 것이다.[3] 와일드는 커피의 기원에 관한 답을 찾기 위해서는 차, 차의 발상지인 중국, 그리고 중국과 중동 간 무역의 역사에 주목할 것을 제안하였다.[4] 바로 명나라 초기 환관 정화의 북아프리카와 예멘 방문이다.

중국 남부의 윈난성 쿤양에서 태어난 정화의 선조는 부하라(지금의 우즈베키스탄) 왕국 무하마드왕의 후예였다. 즉, 정화는 중국 한족이 아니고 색목인이라고 부르는 페르시아계 이슬람교도의 아들로 열한 살이 되던 1382년 윈난성이 명나라에 의해 점령되었을 때 포로가 된 후 거세되어 환관이 되었다. 그런데 1398년에서 1402년 사이에 있었던 정변에서 큰 공을 세움으로써 새로 등극한 영락제에 의해 환관 중 최고위직인 태감에 올랐고 정鄭 씨 성을 하사받았다.

34세가 되던 1405년, 정화는 황제의 명을 받아 대규모 선단을 이끌고 첫 해양 탐험에 나선다. 이후 1433년까지 30년간 총 일곱 차례 대항해에 나섰는데, 한 차례 항해에 보통 2년이 소요되었다. 동남아시아, 인도, 아랍 그리고 마지막에는 아프리카 동해안에까지 이르는 대단한 여정이었다. 당시 선단은 50~200여 척 규모로 승선 인원이 2만~3만 명에 달한 것으로 추정되고 있다. 오스만터키의 등장으로 북부의 비단길이나 중부의 차마고도를 통한 육로 무역의 위험성이 높아진 것도 해상 무역의 발달을 가져왔다. 서양 세력을 대표하던 포르투갈이나 스페인이 해양 루트 개척에 나서게 된 것과 동양 문명을 대표하던 중국이 대규모 해상 무역을 추구한 배경의 하나가 오스만터키의 등장이었다.[5]

정화 선단은 바스코 다 가마Vasco da Gama보다 80~90년 앞서 인도양으로 진출했는데, 다섯 번째였던 1417년 항해와 1432년 마지막 항해에서 예멘 지역을 방문했다. 부친이 이슬람교도였던 정화에게 예멘 방문은 매우 흥미로운 일이었을 것이다. 무역이 목적이었던 정화 선단은 많은 중국 물품을 소개했고, 방문지의 신기한 물건들을 중국에 들여왔다. 이때 다양한 동물과 식물 그리고 약재 등이 중국에 소개되었는데 그 어느 기록에도 커피 이야기는 없다. 이런 것에서 유추해 보면 정화가 북아프리카와 예멘 지역을 방문했을 15세기 초 당시에도 음료 혹은 약재로서의 커피가 아직은 예멘 지역은 물론 아프리카 동쪽이나 아라비아반도에 퍼져 있지는 않았던 것으로 보인다. 이는 커피의 기원을 15세기 이전으로 해석하는 것이 역사적 사실과 거리가 멀다는 것을 말해 준다.

와일드는 정화 선단의 예멘 방문으로 중국식 차를 마시는 풍습이 전해졌고, 이를 커피 열매에 적용함으로써 지금처럼 커피를 마시는 방식이 예멘 지역에서 시작되었을 것으로 해석하고 있다.

최근 타이완의 한화이종韓懷宗은 《세계가배학世界咖啡學》에서 보다

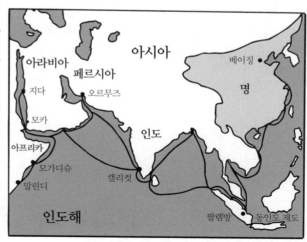

정화의 대항해.

이슬람 가문에서 태어난 명나라의 환관 정화는 15세기 초에 대함대를 이끌고 일곱 차례에 걸쳐 동남아시아, 인도양, 북아프리카 그리고 아라비아반도에 이르는 대항해를 하였다. 1417년의 다섯 번째 항해와 1432년의 마지막 항해에서는 홍해를 거슬러 예멘의 모카항과 여러 도시를 방문하였다. 이슬람 세계에서 커피 음료가 대중화된 것은 정화의 방문 직후인 15세기 중후반이었다.
ⓒ이다현

구체적으로 와일드의 해석이 설득력이 있음을 보여 준다. 한화이종은 정화가 출항 때마다 벽돌 모양으로 굳힌 차[전차磚茶]를 가져갔고, 예멘의 통치자들에게 중국식으로 차를 내려 대접하는 방법을 보여 주었다고 한다. 그에 따르면 예멘 지역에서 출토되는 초기 커피 잔이 중국의 찻잔과 모양과 크기가 비슷하다는 점, 예멘에 이어 커피가 대중화된 터키 지역에서도 비슷한 잔에 커피를 마셨다는 점에서 중국의 차 문화가 예멘 지역에서 커피를 탄생시켰다는 추측이 가능하다.[6] 또 정화의 마지막 항해에는 예멘의 조공 사절단이 동승하여 중국을 방문하였다. 이들은 중국에 머무는 동안 가는 곳마다 차를 대접받았다고 하는데, 귀국한 후 중국의 차 내리는 문화를 커피 내리는 문화로 전환하여 커피 대중화를 가져왔을 가능성 또한 적지 않다.[7]

정화 선단이 이슬람 세계에 소개한 중국의 물품 중에서 가장 신기한 것 중의 하나가 바로 차였을 것이다. 열을 이용해 말린 찻잎을 뜨거운 물에 우려 내는 방식의 차 문화는 아랍인들에게 매우 신기한 것이었음에 틀림없다. 기독교 세계의 와인보다 부작용이 적었고, 유럽인들이 좋아하는 향신료와도 가까운 물품이었다. 정화의 방문 이후 차와 비슷한 성분을 지닌 식물의 잎을 말리고, 이것을 뜨거운 물에 넣어 우려 내는 다양한 시도가 이루어졌을 것이다. 특히 잠도 잊은 채 기도에 집중해서 신에게 가까이 가고자 하는 욕망이 강했던 수피교도들 중 차를 마시는 중국인을 만났거나, 중국인의 차 마시는 풍습을 전해 들은 사람들이 더욱 열심히 새로운 음료를 만드는 시도를 했을 것이다.

한화이종과 와일드 두 사람 모두 커피 전파의 역사에 등장하는 인물인 수피교 수도사 샤들리Shadhili와 다바니Dhabhani(게말딘)가 정화를 만 났을 것으로 추측한다. 이들은 커피의 기원에 관해 17세기에 작성된 유 럽인들의 기록에 등장하는 실존 인물들이다. 정화 일행이 아덴항에 도 착하였던 1417년에 어린 다바니는 아덴에 있었다. 이때 중국 상인들의 차 문화를 경험하였거나 전해 들었을 것으로 보인다. 1432년 메카 주 변 항구인 지다에 정화 선단이 도착했을 때에도 그곳에 있던 다바니가 중국차 문화를 경험하였을 가능성도 크다. 후에 수피교와 과학 분야에 서 존경받는 인물이 된 다바니가 30대 초반에 메카로 순례를 떠나는 데, 당시 메카에는 중국이나 동남아시아에서 온 이슬람 순례자들이 많 았다. 이때 차를 마시고 밤 늦게까지 기도를 하는 모습을 보거나 이들 로부터 이야기를 들었을 것으로 본다.

중국차 문화를 경험한 과학자 다바니 혹은 그와 비슷한 호기심을 가 진 누군가 찻잎과 비슷한 성분의 식물을 찾아보았고, 결국 아비시니아 오로모 지역을 왕래하던 무역상들로부터 커피나무 이야기를 전해 들었 을 것이다. 그들은 커피나무 잎뿐 아니라 열매로 더 맛있는 음료를 만 들 수 있다는 것을 알게 되었고, 이 음료의 색깔이 마치 이슬람 순례객 들이 신성시하고 경배하는 메카에 있는 검은 돌 카바Ka'ba를 닮았다는 것이 더욱 매력적으로 다가왔을 것이다.

이렇게 하여 커피는 이슬람의 음료로 탄생하였고, '아랍의 포도주' 로 알려지기 시작하였다. 수피교에서 시작한 커피는 점차 인간이 신에 다가가는 데 도움을 주는 음료로 각광을 받게 되었다. 예멘 지역에서 발 굴되는 유물들은 1450년 즈음에는 커피가 이 지역 수피교도들의 종교 행사에서 널리 사용되고 있었다는 사실을 보여 준다.[8] 15세기 초 이슬람계 중국인 정화와 예멘의 수피교도들, 동양과 아랍 문명의 만남 속에서 커피 음료가 자연스럽게 탄생한 것이다. 《역사 대논쟁: 서구의 흥기 *Historians Debate: The Rise of the West*》의 저자 조너선 데일리Jonathan Daily가 주장하듯 인류 문명사에서 모든 문화들은 서로 영향을 주고받았다. 특히 초기 이슬람 문화는 외향적이어서 방대한 상업 네트워크에 참여하였을 뿐 아니라, 서로의 성공과 실패로부터 배울 기회를 창출하였다.[9] 이처럼 커피 음료는 동아시아 문명과 이슬람 문명의 교류 속에서 탄생하였다.

카이르 베이의 커피 탄압설

아라비아 지역에 사는 이슬람 교도들은 하나둘 커피에 빠져들었다. 커피를 마시면 40명의 남자들을 말에서 떨어뜨리고, 40명의 여자들과 동침할 수도 있을 것이라는 전설적인 이야기가 예언자 마호메트의 말씀이라는 주장도 등장하였다. 이런 전설이 커피 유행을 가져왔을 수도 있고, 커피 유행이 이런 전설을 만들어 냈을 수도 있다. 예멘은 에티오피아로부터 옮겨 온 커피나무의 재배지와 커피 음료의 소비지로서 명성을 얻어 갔다.

15세기 중반 어느 시점부터 예멘을 중심으로 유행하기 시작한 커피 음료는 이슬람교도들에 의해 점차 메카, 메디나 등 인접 지역으로 퍼져 나갔다. 커피 음료가 유행하면서 이슬람교의 상징 도시인 메카에 1500년경 세계 최초로 커피하우스kahve hanes가 등장했다.

서세동점 시대인 16세기에 커피가 유행하기 시작한 곳은 예멘 일대와 지중해 동쪽을 의미하는 레반트(지금의 이집트, 시리아, 레바논, 요르단, 팔레스타인, 이스라엘) 지역이었다. 서양 문명과 동양 문명이 교차하는 레반트 지역을 통해 커피와 커피하우스 문화는 빠르게 터키로 전해졌다.

이슬람 음료로 자리 잡은 커피는 성별, 계절, 사회적 신분 그리고 장소의 제한이 없이 누구나, 어느 때나, 차별과 부담을 느끼지 않고 마실 수 있는 친숙한 음료라는 이미지를 얻었다. 커피하우스 덕분이었다. 집에서 손님을 맞이할 여건이 안 되는 사람들이 손님을 접대할 수 있었으며, 밤 외출이 가능해졌다. 여성들에게도 커피를 핑계로 외출하는 것이 허용되었다. 지금의 이슬람 문화와는 달랐다. 커피하우스에서는 낯선 사람들까지도 함께 앉아 긴 시간 잡담을 나눌 수 있었을 뿐 아니라 지적인 토론과 종교적 논쟁도 이루어졌다. 커피하우스는 '메크텝 이 이르판Mekteb-i-irfan', 즉 '교양인들의 학교'가 되었다.[10]

늘 그렇듯 사람이 많이 모이는 곳에서는 좋은 일만 일어나는 것은 아니다. 새로 생긴 커피하우스에서는 부적절한 일들이 많이 벌어졌고, 다양한 이야기들이 만들어지기 시작하였다. 이를 탐탁하지 않게 여기는 사람들이 커피가 지닌 환각 효과나 의학적 부작용 등을 들먹이면서 커피를 공격하는 일들이 발생하기 시작하였다. 가장 잘 알려진 것이 1511년 메카에서 벌어졌던 카이르 베이의 커피 탄압설이다. 그 줄거리는 다음과 같다.

강경파 이슬람교도들에게 지구상에서 최상의 위안을 줄 수 있는 것은 그들이 믿는 종교여야 마땅했다. 그런데 커피로부터 정신적 위안을 느끼는 사람이 점차 늘어난다는 것은 종교 지도자들에게는 일종의 위협이었다. 그들은 와인을 금지하고 있는 마호메트의 규율이 커피에도 적용된다는 해석을 내놓았다. 이 당시 메카는 이집트의 술탄이 지배하는 땅이었고, 메카에는 술탄의 위임을 받은 지역 통치자 카이르 베이 Kha'ir Bey(Kha'ir Beg로도 표기)가 있었다.[11]

카이르 베이는 모든 커피하우스의 폐쇄를 명하였다. 커피를 마시거나 판매하는 것 모두 금지했고, 이를 어길 경우에는 엄한 벌에 처했다. 카이르 베이가 소집한 자문가 회의에서 커피를 금지한 이유로 커피가 건강에 해롭다는 소문과 커피하우스에서 이슬람 율법에 어긋나는 게임을 즐기거나 풍기문란 행위가 일어나고 있다는 풍문이 거론되었다. 당시 커피를 정신적 스트레스나 육체적 통증을 치료하는 음료로 인식하는 사람들로 인해 소득이 줄어들 것을 염려한 의사들도 자문가로 참여해 커피 금지를 주장했다. 그러나 통치자의 입장에서 커피하우스를 폐지해야 하는 근본적인 이유는 그곳이 정치나 사회에 대한 불만을 토로하는 사람들이 모이는 장소로 변했다는 데 있었다. 이는 자칫하면 통치에 위협이 될 수 있기 때문이었다.

카이르 베이가 커피 금지령을 내리자 메카에서는 커피하우스 단속이 이루어지고, 적지 않은 혼란이 발생했다. 하지만 카이로에 있던 술탄이 개입하여 이 조치를 무효화시켰다. 술탄은 커피 애호가였다. 결국 카이르 베이와 그 자문가 회의에 참석했던 사람들은 술탄에 의해 대부분 사형에 처해졌다.

서양인들이 저술한 많은 커피 역사책에는 이와 같은 1511년의 커피 금지령을 결정하기 위한 자문가 회의에서 토론된 내용들이 과장되거나 희화화된 형태로 소개되고 있다. 가장 상세하고 길게 서술한 것은 야콥의 책(1934)이다.

커피 역사를 다룬 책이나 글에서 첫 부분을 장식하곤 하는 이 이야기는 역사적 사실과 일치하지 않는다. 1511년은 오스만터키제국이 이집트를 중심으로 한 아라비아반도 서쪽 지역을 점령하기 전이었다. 당시 이집트와 아라비아반도 서쪽 지역을 지배하고 있었던 것은 오스만과 다투던 맘루크Mamluk왕조였다. 맘루크왕조는 노예 출신 군인의 후손들이 1250년에 카이로를 수도로 삼아 세운 왕조로 1517년까지 이집트와 메카를 비롯한 아라비아반도 서쪽 지역을 지배하였고, 오스만터키와 함께 이슬람 세계에서 가장 큰 권세를 자랑하는 왕조의 하나로 군림했다.[12]

커피 금지령의 주인공인 카이르 베이는 실존 인물로 맘루크 출신의 지역 통치자였다. 그는 1517년에 이집트를 점령한 오스만터키제국의 술탄(종교 지도자 칼리프를 겸함)이었던 셀림Selim 1세의 명을 받아 이 지역 통치자가 되었다. 1520년 셀림 1세가 흑사병으로 사망하고 나서도, 1522년 자신이 사망할 때까지 이집트와 그 주변 지역을 지배했다.[13] 1511년 커피 금지 조치로 인해 그가 사형에 처해졌다거나, 고문을 당해 사망하였다는 이야기는 사실이 아닌 것이다.

서구인들의 커피사 서술을 보면 16세기와 17세기 커피 문화 확산에 비례하여 커피에 대한 비난과 탄압은 지중해 동쪽 이슬람 사회 곳곳에서 끊임없이 반복되었다고 한다. 1511년의 커피 금지령과 같은 엄격한 조치는 내려지지 않았지만 커피를 둘러싼 찬반 논쟁과 탄압이 활발했다고도 한다. 그런데 서구인들이 내세운 이유가 대부분 상식적이지 않다. 코란에서 숯불을 불결한 식재료로 여긴다는 이유로 숯과 비슷한 볶은 커피를 추방하자는 주장을 했다거나, 마호메트가 커피를 마시기는 커녕 알지도 못했기 때문에 커피는 반이슬람적이라는 유치한 주장이 난무했다거나 하는 이야기들이다. 이슬람 지도자들은 이런 우스꽝스런 주장들을 받아들여서 커피 판매나 공공장소에서의 커피 음용을 금지하려는 시도들을 반복했다고 기술하였다.

메카에서는 1524년과 1526년에 다시 커피 판매가 금지되었고, 1531년에는 카이로에서도 공공장소에서 커피 마시는 것이 금지되었다고 한다. 1535년에는 커피하우스들이 강제로 폐쇄되었고, 심지어 1539년에는 커피하우스를 이용하다 발각되면 투옥되기도 하였다는데 그 증거가 분명하지 않다. 그럼에도 그런 이야기들은 유럽인들에 의해 발굴되고 기록되었다.

쿠프릴리의 커피 탄압설

메카와 카이로에서 꽃을 피우기 시작한 이슬람의 커피 문화는 1543년 즈음 오스만터키의 중심인 콘스탄티노플(지금의 이스탄불)에 전해졌고, 중간 지역인 시리아의 다마스쿠스와 알레포(시리아 북부의 도시)에서도 번창하였다. 콘스탄티노플에 커피하우스가 처음 문을 연 것은 1554년 경이었다. 오스만터키제국을 완성한 셀림 1세의 아들인 슐레이만 황제가 통치하던 때(재위 1520~1566)였다. 오스만터키의 전성기였다. 시리아 다마스쿠스 출신의 샴스Shams와 알레포 출신의 하킴Hakim이 이 지역에 커피하우스를 열었다. 이후 불과 2~3년 사이에 콘스탄티노플에는 600

개 이상의 커피하우스가 생겨났다. 신분과 직업, 남녀 구분 없이 출입
이 허용되는 장점 때문에 융성하였고, "사람들이 놀고 쉬기에는 이만
한 곳이 없다"는 기록이 남아 있다.[14]

세계 커피사에는 이즈음 커피 박해를 상징하는 또 다른 실존 인물이
등장한다. 오스만터키의 재상 쿠프릴리Kuprili(1586~1661)이다.[15] 전하는
바에 의하면 술탄 아무라드 4세(1612~1640) 시대의 재상이었던 쿠프릴
리는 칸디아(지금의 크레타)와의 전쟁 중에 반정부 선동을 두려워하여 도
시의 커피하우스들을 폐쇄시켰고, 이를 어길 경우에는 매질로 다스렸
다고 한다. 커피를 마시다 거듭해서 걸리면 가죽 포대에 넣어 보스포루
스 바다에 던져 버렸다고도 한다. 이런 유형의 무시무시한 이야기는 커
피 역사책에 수다하게 등장한다.[16]

쿠프릴리의 이야기 역시 역사적 사실과는 다른 내용을 다수 포함하
고 있다. 알바니아계인 쿠프릴리는 궁중 요리사를 시작으로, 말 관리
인, 지역 통치자를 거쳐 70세였던 1656년에 수상이 되었는데 당시 술
탄은 아무라드 4세가 아니라 메흐메트 4세(재위 1648~1687)였다.[17] 그가
커피하우스 단속의 빌미로 삼았다는 칸디아전쟁은 크레타섬을 차지하
기 위한 베네치아와의 전쟁으로, 1645년에서 1646년 사이에 절정에 달
했다. 쿠프릴리가 권력을 잡기 이전이었다.

오스만터키에는 1620년경부터 카드자데라고 하는 교파가 인기를
얻고 있었다. 이 교파는 코란을 엄격하게 해석하여 춤과 노래는 물론
커피나 담배와 같은 기호품도 악습이라고 비난했다. 혼합주의적 이슬
람교를 수용하고 있던 오스만제국에서는 이런 교파도 용인했다. 그런
데 쿠프릴리는 민중을 선동하고 있던 카드자데파의 지도자 위스튀바니

등 설교자들을 유배형에 처하는 등 이 교파를 강력하게 단속하였고, 이로써 6세에 등극한 어린 술탄이 다스리는 제국을 안정시켰다.[18]

쿠프릴리는 전설처럼 커피를 탄압한 인물이 아니라 커피를 비난한 교파를 탄압한 인물이었다. 게다가 17세기 후반 쿠프릴리 시대는 이미 커피가 오스만터키를 넘어 유럽 사회에까지 널리 퍼진 상태였고, 커피가 오스만터키 군대의 주요 보급품이었던 시대였다.

쿠프릴리는 유럽인들에게는 독재자와 침략자였고, 범죄자들이나 정치적 라이벌들을 가죽 포대에 넣어 보스포루스 바다에 던지는 잔악한 형벌을 집행한 인물로 묘사되어 왔다. 자신의 수상 자리를 아들에게 물려준 최초의 인물이었다는 것, 그리고 그 아들은 알코올 남용으로 죽었다는 것 등이 그를 반역사적·비이성적인 인물로 묘사하는 데 활용되었다. 그의 이런 이미지가 또한 그를 커피 억압의 상징 인물 중 하나로 각인시킨 것으로 보인다.

물론 터키인의 시각은 다르다. 터키인에게 쿠프릴리는 어린 나이에 등극한 술탄을 대신해서 나라를 잘 다스린 영웅이다. 그의 아들 파질 쿠프릴리 시대에 오스만제국은 역사상 가장 넓은 영토를 소유하였다.[19] 유럽인에게는 가장 위협적인 시대이기도 했다.

17세기 초반 교황 클레멘트 8세에 의해 커피가 기독교 세계에 공인되고, 베네치아, 런던, 파리를 비롯하여 많은 유럽 도시에서 이미 커피가 유행하고 있었다는 것을 생각하면 수백 개 이상의 커피하우스가 있던 콘스탄티노플에서 17세기 후반에 쿠프릴리에 의해 커피하우스와 커피 음용이 금지되었다는 것은 믿기 어렵다. 1683년 오스만터키가 빈을 공격함으로써 시작된 전쟁에 터키 군대가 엄청난 양의 커피 원두를 가져갔고, 이것이 오스트리아에 커피를 유행시킨 계기가 되었다는 유명한 콜시츠키Kolschitzky 이야기 또한 쿠프릴리의 커피 탄압설의 신뢰성을 떨어뜨린다.

17세기 이후 유럽인의 음료로 자리 잡기 시작한 커피의 역사 속에 들어 있는 신기한 이야기, 그리고 커피에 대한 동양 역사 속에서의 비상식적이고 시대착오적인 억압의 요소들을 드러내 커피 전파를 극적인 스토리로 만들고자 하는 서양인들의 욕망이 그려 낸 '사실+가공'의 하이브리드 역사의 전형 중 하나이다.

커피 탄압의 역사 = 가공의 역사

커피 탄압의 상징적 인물인 카이르 베이와 쿠프릴리의 이야기가 왜곡이나 과장의 산물이라면 이슬람에 의한 커피 탄압의 역사 자체가 가공의 역사이거나 과장일 가능성도 충분하다. 커피 전래의 어려움과 커피의 유럽 음료화 과정의 난관을 과장되게 보여 줌으로써 커피라는 음료가 지닌 매력을 극대화하려는 욕망이 만들어 낸 이야기일 수도 있다.

서양인들이 개척한 커피사에 등장하는 많은 인물 중에서 서양인들은 대부분 로맨틱하거나 용기 있는 모습으로 그려지는 대신, 아랍인들이나 동양인들은 우스꽝스럽거나 비합리적인 모습으로 그려지기 시작한 첫 장면이다.[20]

17세기 이후 발달한 인쇄 문화, 그리고 유럽 중심의 활발한 근대 학문의 성장 속에 커피 역사도 비로소 개척되기 시작하였다. 이런 과정에서 만들어지기 시작한 커피의 역사 서술에서도 동양인과 동양 문화를 무시하는 시각이 드러난다. 17세기와 18세기 유럽 지성사에 큰 영향을 미쳤던 프란시스 베이컨이 드러냈던 강한 서구 중심주의와 같은 맥락이다. 베이컨은 이슬람 철학과 아라비아 문명 시기를 "학문이 빈약하고 수확이 거의 없는 흉작과 불모의 시대"로 폄하한 바 있다.[21] 베이컨의 후예들이 개척하기 시작한 17세기와 18세기 커피사 서술 속에서 이슬람의 정치가들이 긍정적으로 묘사될 가능성은 거의 없었다.

사실이든 과장이든, 커피에 대한 온갖 비판, 억압, 억측에도 불구하고 커피는 이슬람 세계 전체로 퍼져 나가기 시작하였다. 커피를 반대하는 이유는 손에 꼽을 수 있는 몇 가지였지만 커피를 마시는 이유는 수백 가지였기 때문이다. 오스만터키가 지중해 동쪽, 이른바 레반트 지역 이슬람 세계를 지배하던 16세기와 17세기를 지나며 커피는 이슬람 음료로 점차 자리 잡았다. 기독교 음료인 포도주와는 달리 건전한 사교와 이성적 대화를 촉진시킴으로써 커피는 이슬람 사회가 꿈꾸던 반기독교적 신앙으로 통합된 하나의 세계를 만드는 엔진으로 작동하였고, 동시에 지역 내 무역을 촉진하는 유망한 상품으로 등장하였다. 기독교도들의 예루살렘 수복 욕망으로 200년간(1095~1291) 지속되었던 십자군전쟁과 그로 인해 형성되었던 이슬람 세계의 반기독교 정서, 반포도주 문화를 형성하는 데 새로 등장한 음료인 커피가 적지 않은 기여를 한 것이다.

야생 식물에서 경작 식물로

16세기 중반 이전까지 커피 수요는 이슬람 세계 일부에 국한되어 있어 에티오피아에서 홍해를 건너 들여오는 커피만으로도 수요를 충족시키는 것이 어렵지는 않았다. 그러나 16세기 중반에 이르자 아라비아반도 서남쪽에서 시작된 커피 수요는 아라비아반도를 넘어 카이로, 다마스쿠스, 바그다드 그리고 페르시아(지금의 이란)와 지중해 동쪽 콘스탄티노플로 확대되었다.[22]

커피 수요의 증가는 먼 에티오피아로부터의 수입을 대체할 수 있는 직접 재배를 유인하였다. 예멘을 지배하고 있던 오스만터키는 이 지역에서의 커피 재배를 적극적으로 지원하였다. 농사를 짓지 않는 산악지대에 테라스형 농토를 만들고 관개시설을 만들어 커피를 심었다. 예멘의 땅은 대부분 산악이거나 사막이어서 전체의 2퍼센트 정도만이 경작 가능한 땅이었으나, 이런 환경을 극복하고 커피 경작지는 점차 확대되었다. 예멘의 고산 지역은 지형 대부분이 화산암이어서 미네랄이 풍부하고, 겨울에도 서리가 내리지 않을 정도의 기온이어서 커피 재배가 어렵지 않은 편이기에 가능한 일이었다. 결국, 50년이 지나지 않아 예멘의 커피 생산량은 에티오피아로부터의 수입량을 넘어서기 시작하였다. 예멘의 수도인 사나 지역 동쪽에 있는 바니 마타르, 히라즈, 이스마일리가 대표적인 커피 생산지였다.

당시 이 지역을 방문했던 서양인들의 관찰에 따르면 예멘인들의 커피 재배와 수확은 매우 세심하고 철저하게 이루어져서, 예멘 커피에 대한 평가가 에티오피아 커피를 넘어섰고, 그에 비례하여 더 높은 가격으로 거래되었다.

예멘 지역에서 경작되고 수출된 커피는 카파 지역의 잡목 숲에서 발견된 커피인 것으로 오랫동안 알려져 있었다. 그런데 커피의 전파와 관련된 최근의 유전자적 연구에 따르면 예멘 커피의 종은 카파 지역의 커피 종과는 다른 것으로 밝혀졌다. 프랑스의 유명한 커피 유전학자 필리페 라쉐메Philippe Lashermes는 아랍인들에 의해 예멘으로 옮겨져서 경작된 커피나무는 에티오피아의 남동쪽 산악지대, 즉 시다모와 하라 지역으로부터 온 것이라고 주장하였다.[23] 카파에 있던 야생 커피나무를 누군가가 시다모와 하라로 옮겨서 경작을 시작하였다는 설명이다. 특히 하라는 당시 아랍계 사람들이 거주하던 지역이었다. 지금도 하라 커피와 예멘 커피가 같은 종이고, 하라와 예멘의 커피가 똑같은 방식, 즉 건식법dry-process으로 가공된다는 사실도 두 지역 커피의 연관성을 보여 준다.

일부 학자들은 하라 커피는 카파에서 온 것이 아니라 아라비아반도로부터 온 것이라는 새로운 주장을 하고 있다. 콜러는 하라 지역 농민들의 증언을 토대로 이곳 커피나무의 원산지는 카파가 아니라 홍해 건너 예멘에서 온 것이라고 서술하였다. 프랑스 커피 전문가 피에르 실베인Peirre Sylvain도 이 지역을 방문한 후 커피가 하라에 들어온 것은 아랍을 통해서였다고 주장한 바 있다. 두 지역에서 사용되는 재배 방법의 유사성, 그리고 이 재배법이 에티오피아의 다른 지역에서는 발견되지 않는다는 사실을 근거로 제시하였다. 실제로 그늘을 만들어 주는 나무 없이, 계단식 농지에서 커피나무를 재배하는 것은 에티오피아에서 이 지역밖에는 없다. 하라 지역의 이슬람교도들이 옛날부터 이슬람의 5대의무 중 하나인 성지순례, 즉 하즈Hajj를 지키기 위해 예멘을 거쳐 메카를 방문하고 다시 예멘을 거쳐 하라 지역으로 돌아오는 전통을 지켜 왔다는 것도 두 지역 사이의 커피 교역과 커피 씨앗 전래를 뒷받침해 준다. 하라와 예멘 사이에는 커피에 관한 정보, 재배 기술, 씨앗 등이 양방향으로 움직였다고 보는 전문가들이 적지 않다. 하라 커피가 오랫동안 모카 커피라고 불렸던 것도, 두 지역의 긴밀한 교류와 두 지역 커피 문화 사이의 유사성을 말해 주고 있다.[24]

예멘 지역에서는 1544년에 종교 지도자인 이맘이 자발 사비르 지역에서 오랫동안 재배해 온 카트qat를 금지하고 수익성이 높은 커피나무를 재배하도록 지시했다. 오스만터키 지배하에서 예멘의 농부들은 커피 재배를 확대하였다. 16세기 후반 경에는 예멘 지역이 '아라비아 펠릭스'라고 불리면서 커피 생산의 기원지로 알려지게 되었고, 모카는 커피 혹은 커피 무역과 동의어가 되었다. 에티오피아 하라 지역 커피와 예멘 산악지대 커피가 모여서 다른 이슬람 지역과 유럽으로 팔려 나가는 출발지가 바로 모카였다.

최초의 커피 경작 지역이 어디였는지는 지금도 수수께끼로 남아 있다. 아마도 에티오피아 동쪽 산악지대와 예멘을 최초의 경작지로 주장하는 두 가지 이야기의 중간쯤 어디에 정답이 숨어 있을지도 모른다. 즉, 에티오피아의 동쪽 하라 주변 산악지대와 예멘의 고산지대 중 하나, 아니면 두 지역에서 16세기의 어느 시점에 경작이 시작된 것은 분명하다.

모카 커피의 전설

1536년 즈음 오스만터키 세력이 예멘 지역을 점령한 후 모카항은 커피 무역의 중심지로 성장하기 시작하였다. 에티오피아에서 출발하여 홍해를 건넌 커피 열매는 모카항에서 선적되거나 거래되었고, 육로와 해로를 이용해 모든 이슬람 세계로 퍼져 나갔다. 16세기 후반에는 모카항에서 출발한 커피가 지중해 남쪽 알렉산드리아항을 통해 베네치아와 마르세유로 수출되었다. 유럽 기독교 세계에 커피를 전파하는 통로가 된 것이다. 오스만터키가 관세 수입을 위해 홍해 지역으로 들어오는 모든 선박은 모카항에서 관세를 내도록 법으로 강제한 것이 모카가 번성하는 데 도움을 주었다.

커피 재배지가 실론과 자바 등 동인도 지역으로 확장되기 이전인 17세기 후반에서 18세기 초반까지 거의 200년 동안 세계 커피 시장을 독점하고 있던 것이 바로 모카항을 배경으로 한 예멘 지역에서 재배되는 커피 또는 모카항에서 출발하는 에티오피아 커피였다. 에티오피아 커피 중에서도 홍해와 가까운 하라 지역에서 생산되는 커피였다. 같은 종의 커피나무였고, 양 지역 모두 자연환경을 활용한 건식법을 채택하고 있다는 공통점이 만들어 낸 결과였다. 따라서 모카 주변 예멘 내륙에서 생산되는 커피와 모카를 통해 수출되는 에티오피아 커피는 구분이 어려운 하나의 같은 커피였고, '모카 커피'로 통칭되는 이 커피가 이용자들의 입맛에는 커피 맛과 향의 표준이 되었다.

이렇게 하여 모카라는 지역 명칭이 지니는 의미가 확장되어 '모카=커피'라는 인식이 생겨나 굳어졌다. 커피 경작의 출발지 중 하나이며 커피 무역의 시작을 열었던 항구 모카는 이후 커피 관련 용어에 다양하게 활용되었다. 모카는 예멘에서 생산되는 커피의 이름, 예멘과 에티오피아 동부 하라 지역에서 생산되는 커피 전체의 이름, 아라비아반도 전체에서 생산되는 커피의 이름에서 출발하여 커피 그 자체를 의미하는 용어가 된 것이다. 가정용 에스프레소 커피 추출 기구를 모카포트라고 부르는 것도 바로 '모카=커피'의 용례이다.

지금은 모카빵이나 카페모카처럼 초콜릿이나 코코아 가루가 들어간 음료나 음식의 이름에 모카라는 명칭이 들어가는 경우가 많다. 네덜란드에 의해 실론과 자바 등에서 커피나무가 경작되기 시작한 18세기에 이들 지역에서 생산하는 커피에서는 모카 커피가 지닌 특유의 달콤한 맛과 향이 나지 않았다. 따라서 설탕이나 초콜릿을 가미하여 모카커피와 비슷한 맛을 내려는 문화가 널리 생겨났고, 이로 인해서 커피에서 초콜릿 향이 나거나 단맛이 가미된 커피를 모카 커피로 부르게 된역사는 모카 커피의 명성을 말해 준다.

17세기는 모카항과 예멘 커피의 전성시대였다. 서구의 많은 기록들에 의하면 당시 모카는 국제 항구로서 인종이나 종교의 차별이 없는 도시였고, 항구에는 프랑스, 영국,[25] 네덜란드, 포르투갈 배들이 드나들었다. 1635년에 지역 지도자인 무하마드 알-무아야드 1세가 오스만터키 세력을 물리치고, 이듬해인 1636년에 모카항을 점령하게 되는 정치적 격변 속에서도 세계 커피 무역에서 차지하는 모카항의 우월적 지위는 유지되었다.[26] 여전히 유럽과 이슬람 세계에서 소비되는 모든 커피는 예멘에서 생산되거나 수출되고 있었다.

3

유럽에 전해진
커피 이야기와
커피 향

커피 이야기, 유럽에 전해지다

커피의 향과 맛이 지중해를 넘기도 전에 이슬람 세계의 커피 이야기가 유럽인들에게 전해졌다. 여행자를 통해서였다. 유럽인들이 커피에 관해 기록을 남기기 시작한 것은 커피가 이슬람의 음료로 자리 잡은 16세기 후반이다.

중국을 포함한 동아시아 나라들이 15세기 중반 해양을 통한 교류를 포기하자 유럽의 여러 나라들이 대大항해 시대를 주도하였다. 아메리카, 아프리카, 아시아의 자원과 노동력을 탐하는 유럽인들의 야욕이 불타오른 것이다. 이른바 '서세동점'의 시대, '노예무역'의 시대가 시작되며, 중남미의 아즈텍 문명, 마야 문명, 잉카 문명이 유럽인들의 신무기

앞에 무너졌다.[1]

유럽 대륙에서는 르네상스와 종교개혁으로 교황의 권위는 무너지고 포르투갈, 스페인, 영국, 네덜란드, 프랑스 상인들의 욕망이 바다와 산맥을 넘어 넘실댔다. 세기를 마감하는 마지막 해인 1600년에 영국은 왕실 특허장으로 동인도회사를 설립했다. 이는 17세기 유럽의 번영을 상징하는 사건이었다. 닉 로빈스가 《세계를 바꾼 기업The Corporation That Changed the World》에서 "간악한 근대 세계의 창조에 한몫한 괴물"로 표현한 동인도회사는 이후 손에 총과 칼을 들고 유럽과 비유럽 사이의 무역을 독점하기 시작하였다.[2] 이런 격동의 시대를 주도하던 유럽의 기독교인들에게 동방인 이슬람 세계의 음료 커피 이야기가 하나둘 전해지기 시작하였다.

커피 이야기를 유럽에 전한 최초의 인물은, 의사이자 식물학자인 독일인 레온하르트 라우볼프Leonhard Rauwolf(1535~1598)로 추측된다. 그는 1573년부터 1578년까지 근동近東에 살면서 페르시아를 여행한 후 《동방 국가들로의 여행Aigentliche Beschreibung der Raiß inn die Morgenländerin》(1582)이라는 책을 썼다. 거기에 이 지역 사람들이 '분누bunnu'라고 부르는 열매로 만들어 마시는 음료 차우베Chaube를 소개했다. 베네치아 출신의 의사이며 식물학자였던 프로스퍼 알피누스Prosper Alpinus(혹은 Prospero Alpini, 1553~1617)는 3년간의 이집트 생활을 토대로 1592년에 펴낸 《이집트의 식물에 관하여De Plantis Aegypti Liber》에서 '본bon' 또는 '반ban'이라는 열매와 이 열매로 만드는 검은 음료 '카오바caova'에 대해 기술하였다. 용어나 표현은 다르지만 내용은 모두 커피체리와 커피 음료를 다루고 있다. 두 사람 모두 이 신비한 음료가 이슬람 세계에서 소화 기능 개선에 좋은 것으로 널리 펴져 있다고 소개하였다. 식물학자이며 작가인 이탈리아 사람 오노리오 벨리Onorio Belli(1550~1603)는 프랑스의 식물학자이자 여행가였던 샤를 드 레클뤼즈Charles de l'Écluse(1526~1609)에게 보낸 편지에서 이집트인들이 카브cave라는 음료를 만든다는 소식을 전했다.

로마 출신 여행가였던 피에트로 델라 발레Pietro Della Valle(1586~1652)는 1614년 6월 동방 여행을 떠나 콘스탄티노플에서 1년 이상 생활한 뒤 알렉산드리아, 카이로, 예루살렘, 다마스쿠스, 알레포, 바그다드 그리고 페르시아를 여행하였다. 여행 중 친구에게 보낸 편지에서 그는 터키 사람들이 친교를 위해 식사 후에 카흐베cahve라는 음료를 마신다고 묘사하였다. 메카 근처에서 자라는 나무 열매로 만드는 검은 음료인데 소화불량을 해소하는 데 도움이 되지만 수면을 방해한다는 설명도 덧붙였던 것으로 보아 델라 발레가 묘사한 검은 음료가 커피임에 틀림없다. 훗날 하인리히 야콥은 델라 발레가 이탈리아로 돌아와서 로마 사람들에게 커피콩을 보여 주었다고 서술하였으나 확실하지는 않다. 나이로니도 그의 글에서 델라 발레 이야기를 전하였다.

이슬람 음료 커피에 대한 유럽인의 거부감

유럽의 의사나 식물학자, 여행가나 예술가뿐 아니라 많은 상인들은 지중해를 건너 중동 지역을 오가면서 커피 문화를 경험하고, 커피 거래를 목격했다. 그럼에도 커피가 유럽에서 음료로 등장하는 데는 약간의 시간이 필요했다. 거기에는 몇 가지 이유가 있었다. 기독교 세계인 유럽에는 포도주라는 신성한 음료가 있었고, 이 공인된 음료 이외에 이교도들이 즐기는 낯선 음료를 받아들이는 것은 쉽지 않았을 것이다. 커피가 유럽인들에게 수백 년 동안 공포의 대상이었던 오스만터키 사람들이 마시는 음료였다는 것도 장애 요소였다. 종교적 이유뿐 아니라 미각적으로도 쓴 커피가 유럽인들에게는 맞지 않았고, 수입품이었던 까닭에 값도 꽤 비싼 편이었다.[3]

또한 커피가 이슬람 음료로 등장한 16세기 후반은 오스만터키 세력이 절정에 달하던 때와 일치한다. 오스만터키는 1299년에 아나톨리아 (지금의 터키 동쪽 반도) 지역에서 오스만이라는 부족장이 다스리는 작은 나라로 출발해서 1453년에는 유럽 문명의 상징인 로마제국을 멸망시키고, 바다 건너 콘스탄티노플을 점령하여 수도로 삼았다. 유럽의 기독교도들에게는 역사적인 수모이자 문화적 충격이었다. 로마제국을 무너뜨린 오스만터키 세력은 지중해의 패권을 노렸고, 유럽 대륙으로의 진출을 끊임없이 시도하였다. 그리고 가까운 발칸 지역 국가들을 넘어 중부 유럽의 헝가리, 북아프리카 지역 대부분을 점령한 대제국이 되었다. 이런 과정에서 유럽의 다양한 민족들과 전쟁을 해야 했다. 1529년에는 신성로마제국의 수도인 빈을 1개월 이상 포위하여 공격하였고, 1538년에는 기독교 세계의 연합 함대를 물리치고 지중해의 해상권을 장악하였다. 빈 공격은 유럽인들에게 오스만터키에 대한 두려움과 반감을 확대시킨 결정적인 계기였다. 이런 역사적 배경이 기독교인들의 이슬람 음료에 대한 거부감을 지속시키는 원인이 되었다.

유럽인의 코와 입을 자극한 커피

16세기 마지막에 접어들면서 이슬람 음료인 커피에 대한 유럽인들의 반감은 서서히 사라졌다. 1565년에는 오스만터키가 기독교 지역인 몰타섬을 공격하였으나, 성요한기사단의 저항으로 패퇴하였다.[4] 오스만터키는 1571년 레판토해전에서 기독교 연합 함대에 패하면서 지중해의 패권을 상실하기 시작하였고, 스페인의 융성으로 북아프리카와 유럽에 대한 영향력도 줄어들었다. 오스만터키의 쇠퇴와 함께 오스만터키 사람들이 마시는 음료에 대한 거부감도 조금씩 녹아 내렸다. 동·서양 문명이 교차하는 다양한 지역에서 커피는 유럽인들의 코와 입을 자극하기 시작한 것이다.

• 베네치아

유럽에서 가장 먼저 커피가 유행하기 시작한 곳은 베네치아였다. 8세기경 이탈리아 북부를 지배하는 도시국가로 출발해 1378~1381년 제노바와의 전쟁에서 승리함으로써 지중해 무역의 패권을 거머쥔[5] 베네치아는 15세기 후반에 시작된 대항해 시대 이전까지는 지중해의 향신료 무역을 중심으로 전성기를 누렸다. 당시 유럽에서 향신료는 황금과 맞먹는 부의 원천이었다. 1453년 동로마제국의 멸망 이후 베네치아는 무역의 중심지를 넘어 르네상스 문화의 중심지가 되었다.

아메리카 대륙으로 진출한 유럽인들에 의한 대서양 무역의 확대, 1499~1503년까지 지속된 오스만터키와의 전쟁에서 패하면서 동방무역 중심지 베네치아의 정치적 영향력이나 상업적 위상은 축소되었다.

그러나 베네치아 상인들에 의해 이슬람 음료 커피가 유럽인들에게 전해지고, 그들의 입맛을 사로잡는 데는 큰 어려움이 없었다.

16세기 유럽 대륙에 살았던 7,500만 명의 유럽인들 중에, 어디에 사는 누가, 언제 커피를 처음으로 맛보았는지에 관한 믿을 만한 기록은 물론 없다. 하지만 동방 여행을 마친 알피누스와 발레가 커피를 흥미로운 음료로 소개하던 시기를 전후해 동방무역의 관문이었던 베네치아 지역에서 커피가 음용되기 시작한 것으로 추정할 수 있다. 이교도들이 즐기는 사탄의 음료 커피를 최초로 공인한 것으로 알려져 있는 교황 클레멘트 8세(1536~1605)도 바로 이 시기를 살았던 인물이다.

1592년 1월 교황이 된 클레멘트 8세가 커피 반대론을 주장하는 기독교도들의 뜻에 따라 커피를 심판하기 위해 직접 커피를 맛보았는데, 커피를 추방하기는커녕 커피에 세례를 베풀었다는 이야기는 유명하다.[6] 이는 사실 여부를 떠나서 이즈음에 커피가 교황이 머물던 로마뿐 아니라 유럽 사회 전체에 본격적으로 퍼지기 시작했다는 증거로 이해할 수 있다. 1605년에 타계한 클레멘트 8세가 커피를 공인하였다면 로마보다 동방무역이 활발했던 베네치아에서 커피가 거래되고 음용된 것은 늦어도 16세기 후반이었을 것이다.

《올 어바웃 커피》(1922)의 저자 우커스는 "코우궤트A. Couguet 박사가 이탈리아의 한 잡지 리뷰에서 유럽에 커피가 처음 전래된 시기는 16세기 마지막 어느 시점, 지역은 베네치아라고 기록했다"고 주장하였다. 그리고 커피체리를 처음 수입한 사람은 유명한 모체니고Mocenigo 가문의 페베레Pevere라고 불리던 무역상이었다고 덧붙였다. 그러나 이 주장은 근거가 명확하게 제시되지 않아 진위를 확인하기는 어렵다.

베네치아에 처음 소개되었을 때 커피는 음료수가 아니라 약물로 인식되었다는 주장이 많다. 커피하우스가 베네치아에 처음 등장하고 음료로서 대중화된 시기는 1645년경으로 추정하고 있지만 역시 근거가 명확하지는 않다. 우커스를 비롯한 많은 커피 역사학자들에 의하면 기록이 보여 주는 베네치아 최초의 카페는 1683년 베네치아의 신新청사 아래에 등장하였다. 이후로 18세기 초중반까지 베네치아를 비롯한 지금의 이탈리아 지역에는 커피하우스가 우후죽순처럼 생겨났다. 기록에 나와 있는 카페만 해도 폰트델란젤로Ponte dell'Angelo, 스파데리아 Spaderia, 메네가초Menegazzo 등이 유명하였다. 베네치아의 중심 산마르코 광장 주변에는 한 집 건너 한 집이 카페였다는 주장도 있다.[7] 1720년 플로리아노 프란체스코니Floriano Francesconi가 개업한 카페 플로리안 Caffè Florian은 지금까지 남아 베네치아의 상징이 되었다. 흥미로운 것은 유럽에 커피가 전달되는 통로였던 베네치아공화국을 멸망시킨 것 (1797)은 바로 커피를 좋아한 황제 나폴레옹이었다는 것이다.

• 영국

16세기 중반까지 동방무역의 주인공은 스페인과 포르투갈이었으나 16세기 후반에 이르러 새로운 경쟁자가 등장하였다. 영국과 네덜란드였다. 커피가 유럽에 전파되었던 16세기 영국은 튜더왕조가 지배하고 있었다. 1509년에 왕위에 오른 헨리 8세는 자신의 이혼을 반대하던 로마 교황청과 결별하고 영국 국교회를 설립하였다. 헨리 8세의 딸로 1558년에 즉위한 엘리자베스 1세는 1588년 스페인의 펠리페 2세의 무적함대를 격파하여 유럽의 바다를 지배하기 시작하였다. 영국은 동방무역의 주도권을 놓고 네덜란드와 경쟁하기 시작하였다. 그 상징이 1600년의 영국 동인도회사 설립이다. 회사가 국가를 대신하여 식민주의의 선봉 역할을 맡게 된 것이다. 17세기와 18세기 200년 동안 이들 합자회사들은 상업과 정치의 경계를 넘나들며 부와 권력을 유럽에 집중하는 악역을 담당하였다.[8]

뛰어난 선박 제조 능력과 상술이 탁월한 유대인들로 무장한 네덜란드는 1595년경에 인도네시아에서 포르투갈 세력을 몰아내고, 1602년에는 동인도회사를 설립하여 동방무역의 새로운 강자로 등장하였다. 프랑스도 1604년에 동인도회사를 설립하였다. 이른바 향신료 전쟁의 시작이었다. 인도의 후추, 인도네시아의 육두구와 정향은 유럽인들에게 인기가 있었고, 원산지 가격의 수십 배, 수백 배 이상으로 거래가 이루어졌다.

향신료 전쟁 초기였던 17세기 전반 커피는 대단한 무역품의 지위에 오르지는 못하였다. 커피는 이슬람 세계 내부에서의 주요 소비품이었고, 무역 또한 이슬람 대상들이 주도하고 있었다. 따라서 1609년에 영국 동인도회사의 배가 모카항을 처음 방문하였을 당시 커피는 2류 물품이었다. 동방무역의 핵심 물품은 여전히 향신료였다. 그러나 대항해 시대의 전개와 함께 유럽 시장에 향신료는 넘쳐나기 시작하였고 희소성이 사라졌다. 그때 향신료를 대신하여 고추, 차와 함께 등장한 신상품이 커피였다.[9]

영국 동인도회사가 모카의 커피를 인도와 페르시아에 팔기 시작한 것은 1618년에 이르러서였다. 당시 커피는 영국 동인도회사 상인들에 의해 커피coffee, 코파coffa, 코와cowha, 카후cahoo, 코웨cowhe, 혹은 모카

mocha 등 다양한 이름으로 불렸다.[10]

영국 사람 중에서 커피를 처음 마셔 본 사람은 혈액 순환설로 유명한 해부학자 윌리엄 하비William Harvey라는 이야기가 널리 퍼져 있다. 1597년에 대학을 졸업한 하비는 1599년에 베네치아공화국으로 유학을 가 파두아대학에서 의학박사 학위를 취득하고 1602년 귀국하였다. 파두아의 지리적 위치로 보아 하비는 오스만터키로부터 넘어온 커피를 경험하였을 것으로 보인다. 파두아의 의사 프로스페로 알피니가 1580년에 이집트를 여행한 후 이집트 지역의 식물을 소개하는 책에서 커피를 언급한 사실을 보면 파두아에서 의학 공부를 하던 하비가 커피 이야기를 듣고 경험한 것은 자연스러운 일이었을 것이다.

귀국 후 제임스 1세, 프란시스 베이컨 등 왕족과 귀족들의 주치의가 된 하비는 혈액 순환론을 발표하기 1년 전인 1627년경 런던에 커피를 들여와 마셨던 것으로 전해진다. 그는 커피 용기에 'Coff. Arab.'이라는 이름표를 붙여 놓은 커피를 동료들과 함께 실험하듯이 마시곤 했는데, 그것이 알코올 중독 치료 혹은 음주 억제에 매우 효능이 있다고 주장했다. 더 나아가 그의 제자 에드워드 포코케는 이른 아침에 커피를 마시면 폐병, 안구 건조증, 수종에 좋고, 통풍, 괴혈병 치료나 천연두 예방에도 효과가 있다고 옹호하였다.[11]

1657년 하비가 사망할 당시에는 이미 많은 의사들이 커피를 치료약으로 처방하고 있었고, 유럽의 이곳저곳에 커피하우스들이 등장하였다. 하비는 유언으로 자신이 보관하고 있던 56파운드의 최상품 커피를 그가 오랫동안 학장으로 있었던 런던의과대학에 기증하면서, 동료 의사들이 자기를 추억하며 한 달에 한 번씩 만나 커피를 마실 것을 부탁하였다. 유명한 의사로서 그리고 그의 흥미로운 유언 덕분에 그는 커피를 마신 최초의 영국인, 커피를 런던에 들여온 최초의 영국인으로 기록되고 있다.[12]

하비와 비슷한 시대를 살았던 존 에블린John Evelyn은 1637년에 옥스퍼드에서 커피 마시는 풍경을 처음 보았다는 기록을 남겼다. 그가 쓴 일기에서 커피를 마신 사람은 영국 사람이 아니라 나다니엘 코노피오스Nathaniel Conopios라는 그리스인이었다. 에블린의 일기에 따르면 옥스퍼드의 발리올대학에 다니던 코노피오스는 '코피Coffey'라는 음료를 매일 아침마다 만들어 마셨다고 한다.[13]

커피가 유럽에서 무역상품으로 각광을 받기 시작한 것은 17세기 중반에 이르러서였다. 1650년대에 시작된 커피하우스의 유행 덕분이었다. 런던에 커피하우스가 세워진 것은 1652년 아르메니아인 파스쿠아 로세Pasqua Rosée(야콥은 Pascal Rossi로 표현)에 의해서였다. 로세는 훗날 프랑스 파리에서 카페를 최초로 운영한 인물이기도 하다.[14]

초기 커피하우스에 제공된 커피 원두는 유대인들이 주도하던 네덜란드 동인도회사를 통해 암스테르담에 들어온 제품이었다. 1640년 서유럽 최초로 암스테르담 상인이 예멘의 모카에 커피를 주문하기 시작했고, 이후 동인도회사를 통해 보급되었다. 커피가 아직은 일상의 음료가 아니라 일종의 약품으로 취급되던 때였다.

커피하우스가 처음 문을 연 1600년대 중반의 런던은 음주 문화가 난무하는 곳이었다. 20년 동안 지속된 청교도혁명, 1655년의 흑사병 유행, 1666년 런던 대화재, 그리고 1688년 명예혁명으로 이어지는 동안 시민들은 공포와 불안을 극복하기 위해 술에 의존하였다. 17세기 전반에 집필된 셰익스피어의 작품들에 술주정뱅이들과 그들의 넋두리가 자주 등장하는 배경이다.

커피하우스는 이런 시대적 배경 속에서 등장하였고, 과도한 음주 습관을 치료하는 데 효과가 있다는 애호가들의 주장이 설득력이 있었던 이유이기도 하다. 커피 애호가들 중에 과학자들이나 의사가 많았던 것도 커피 유행에 기여하였다. 15세기에 이슬람 세계에서 커피가 잠을 깨는 데 도움을 주는 음료로 유명했던 것만큼 17세기 런던에서는 술 깨는 데 특효가 있는 약품으로 명성을 얻었다.

이로써 영국에서는 런던을 중심으로 커피가 유행하기 시작했다. 의약품에서 음료로의 대전환이 이루어진 것이다. 당시 커피하우스는 '페니대학penny universities'으로 불렸다. 커피 한 잔 가격인 1페니를 내고 들어가면 그곳에서 오가는 다양한 대화에 참여하고 온갖 지식을 얻을 수 있었기 때문에 붙여진 이름이었다. 커피하우스는 영국의 오랜 전통이고 영국적 질서의 바탕인 신분주의를 넘어 모두가 동등해질 수 있는 흥미로운 공간이었다.

1700년 무렵 런던에는 2,000개가 넘는 커피하우스가 성업 중이었다. 일부 기록에는 3,000개 정도 있었다고 나온다. 2019년 현재 런던에 2,700여 개의 카페가 있는데, 17세기 50만 명 정도였던 런던 인구가 현재 900만 명으로 18배 증가한 것을 고려하면 당시 카페 붐, 커피 유행이 얼마나 대단했는지 짐작할 수 있다. 우커스에 의하면 당시 커피하우스에 여성들의 출입은 금지되어 있었지만 커피하우스 운영에는 많은 여성들이 참여했다. 앤 블런트Anne Blunt가 1672년에 문을 연 '투르크스-헤드Turk's-Head'가 대표적이었다.

당시 커피하우스의 풍경이나 그곳을 드나들던 지식인들과 작가들의 일상은 야콥과 우커스의 책에 풍부하게 소개되어 있다. 이들이 소개한 이야기들로 미뤄 보면 1700년대를 상징하는 대부분의 영국 정치인, 지식인, 과학자, 예술가, 문인들이 커피하우스에서 시간을 보냈다.

커피의 역사에는 17세기 후반 런던에서 시작된 것들이 많다. 우커스에 따르면 1663년에는 영국 전역에서 커피하우스를 열려면 수수료를 내고 허가증을 받아야 했다. 커피 광고가 처음 신문에 등장한 것도 이때였다. 1657년 5월 26일 자 《퍼블릭 어드바이저Public Adviser》에 최초로 커피 광고가 실렸다. 커피가 소화 촉진, 심장 활성화, 기타 다양한 질병 치료에 효과적이라는 내용을 담았다. 이런 광고가 등장할 정도로 당시 커피 애호가들이나 일부 의사들은 커피가 마치 만병통치약인 것처럼 소개했다. 어떤 의사들은 환자들을 약방이 아니라 커피하우스로 보냈다는 기록들도 있다. 전염병 치료에 커피가 좋다는 주장을 하는 의사들도 나타났다. 당시 사람들의 커피에 대한 맹신을 잘 보여 준다.[15]

커피와 카페의 유행을 가져온 이런 과장된 주장에 대한 반론도 적지 않았다. 첫 번째는 커피가 지닌 치료제로서의 기능에 대한 의사들의 비판이나 경고였다. 두 번째는 커피하우스의 등장으로 수입이 줄어들게 된 술집 주인들의 비난이었다. 세 번째는 종교적 형태의 저항이었다. 즉, 커피가 이슬람 음료라는 역사적 사실에 바탕을 둔 비난이 당시에도 적지 않게 제기되었다.

커피의 유행에 대한 영국 사람들의 저항 중에서 가장 흥미로운 것은 여성들의 불평이었다. 런던의 카페 문화는 전적으로 남성만을 위한 것으로, 여성들은 철저하게 소외되어 있었다. 대륙과도 다른 모습이었다.

1674년에 발표된 〈커피를 반대하는 여성 청원서The Women's Petition against Coffee〉는 여성들의 이런 불평을 담고 있다. "커피는 우리 남편들을 거세시켰고, 힘을 빼앗아 버렸다." 커피 유행이 멈추지 않는다면 생식 능력이 저하된 남성들이 넘쳐나고, 결국 인류가 멸종의 위기에 이를 것이라는 극단적인 우려의 소리도 있었다.

이런 다양한 논쟁과 우려 속에 정치적 불평과 불만의 본거지로 변한 커피하우스를 못마땅하게 여기던 찰스 2세는 1676년 '커피하우스 금지령A Proclamation for the Suppression of Coffee Houses'을 발표하였다. 하지만 커피 애호가들의 저항으로 인해 이 금지령은 실행되지는 못하였다.[16] 영국에서 17세기 후반에 등장했던 커피 논란은 이슬람 지역에서 커피가 이슬람의 음료로 자리 잡기 시작한 16세기 초반부터 인류의 음료로 등장한 21세기 현재까지도 반복되고 있다.

• 프랑스

프랑스에 커피가 처음으로 들어간 곳은 남부 지중해 연안의 무역 도시 마르세유였다. 콘스탄티노플을 여행한 의사 피에르 드 라 로크Pierre de la Roque가 커피를 처음 들여왔다. 여행가이자 언론인인 그의 아들 장 드 라 로크Jean de la Roque(1661~1745)가 《행복한 아라비아 여행Voyage dans l'Arabie Heureuse》(1716)과 《시리아와 레바논의 산악 여행Voyage de Syrie et du Mont-Liban》(1722)에서 밝힌 내용이다.

피에르 드 라 로크는 원두와 함께 커피 내리는 도구들을 가져왔다고 하는데, 많은 커피 역사학자들은 이때를 1644년으로 기록하고 있으나, 야콥은 1646년으로 기록하고 있다. 마르세유에 커피를 실은 무역선이 등장하고, 커피 원두를 약국에서 판매하기 시작한 것은 1660년경이었다. 마르세유에 커피하우스가 등장한 것도 이즈음이었다고 야콥은 주장하고 있다.[17]

커피가 마르세유에 등장하였을 때도 비판이 제기되었는데 그 이유는 런던과 비슷하였다. 우선은 포도 재배업자들의 반발이 거셌다. 마르세유가 와인 재료인 포도의 대표적인 생산지였기 때문이다. 커피가 처방 없이 유통되는 치료제라는 대중의 인식에 불안감을 느낀 의사들의 저항도 거셌다. 의사들은 커피가 치료제가 아니라 일종의 독이라고 주장하였다. 영국에서와 마찬가지로 커피가 남자들의 정기를 앗아 간다는 확인되지 않은 여성들의 주장도 일순간에 퍼졌다. 이런 분위기로 인해 프랑스에서 커피 대중화의 출발지는 커피가 처음 상륙한 마르세유가 아닌 경쟁 도시 파리가 되었다. 장 드 라 로크에 의하면 1669년경에도 파리에서 커피는 일상화된 음료는 아니었다. 루이 14세가 처음으로 커피를 마신 것이 1664년이라는 설도 있다.

프랑스 파리에 커피 문화를 확산시킨 인물은 솔리만 아가Soliman Aga(혹은 Suleiman Aga)이다. 기록에 의하면 아가는 1669년 7월에 오스만 터키의 술탄 메흐메드Mehmed 4세의 특사로 파리에 도착하였다. "짐이 곧 국가다"라는 말로 유명한 태양왕 루이 14세가 지배하던 시기였다.

솔리만 아가는 터키식 평상복을 입고 베르사유 궁전에서 루이 14세를 알현하였다. 아가의 복장에 분노한 루이 14세, 그리고 터키 술탄에게 존칭을 사용하지 않은 루이 14세에 대한 아가의 불만으로 둘의 만남은 어색하게 끝났다. 루이 14세는 아가를 베르사유 궁전에 머물게 하지 않고 파리로 되돌려보냈다. 파리에 머무는 동안 아가가 살았던 저택에는 많은 파리의 인사들이 초대되었고, 이를 계기로 터키식 의상과 실내 장식, 터키식 접대 예절 등 화려한 동양 문화와 함께 이슬람 음료 커피가 상류층에 급속하게 전파되기 시작하였다.

파리에서 처음으로 커피가 판매되기 시작한 것은 1672년이었고, 런던에서 커피하우스를 운영하였던 파스쿠아 로세가 그 장본인이었다. 야콥은 로세가 파리에서 커피 장사를 정리하고 런던으로 떠났다고 서술하였고 일부 역사학자들이 그의 주장을 옮겨 적었지만, 커피 역사와 관련된 대부분의 기록들은 로세가 런던을 거쳐 파리로 온 것으로 기록하고 있다.

17세기 파리에서 가장 유명한 카페는 플로렌스 출신의 프란체스코 프로코피오 데이 콜텔리Francesco Procopio dei Coltelli가 문을 연 카페 프로코프이다. 로세의 가게에서 일을 배운 프로코피오는 1686년 처음에 아랍식으로 카페를 시작하였다. 1702년에 자신의 이름을 프랑스식인 프랑스와 프로코프François Procope로 바꾸면서 카페 명칭도 카페 프로코프 Café Procope로 정했다. 카페 프로코프는 18세기 전 기간을 통해 파리의 지성인들이 즐겨 찾는 최고의 사랑방이었다. 이곳에서 볼테르가 글을 쓰고, 루소가 강연을 하였으며, 디드로가 백과사전 원고를 썼다. 어린 군인 나폴레옹은 이곳에서 커피를 마시고 돈 대신 모자를 맡기기도 했다. 카페 프로코프는 커피를 마시는 장소에서 출발하여 프랑스 문화와 정치 담론의 탄생지가 되었다. 1872년에 문을 닫았던 이 카페는 1920년 대에 레스토랑으로 문을 열고 카페 르 프로코프Café Le Procope란 상호를 단 이후 지금까지도 커피 애호가들의 발길을 붙잡고 있다.

커피 세계사

• 네덜란드

유럽에 커피가 알려지고, 유럽인들이 커피를 마시기 시작한 17세기는
스페인의 몰락, 위대한 프랑스의 탄생, 과학혁명, 시민혁명 등으로 상
징된다. 여기에 한 가지가 더 있다. 바로 '네덜란드의 황금기The Dutch
Golden Age'이다. 스페인의 지배하에 있던 네덜란드는 오랜 전쟁 끝에
1581년에 독립을 선언하였다. 이후 베스트팔렌조약으로 독립이 인정
된 1648년까지 스페인과의 전쟁은 지속되었다.

1602년 네덜란드인들은 세계 최초의 주식회사인 네덜란드 동인도
회사를 설립하였다. 이 회사의 주식을 매입한 사람들은 대부분 유대인
들이었다. 15세기 후반 스페인에서 발생한 종교 박해를 피해 네덜란드
로 이주한 대표적 민족 집단이 유대인들이었다. 네덜란드는 종교에 관
용적이었고, 무역 활동에 선교를 포함시키지 않은 유일한 유럽 국가였
다. 이것이 네덜란드가 포르투갈을 물리치고 에도 시대의 일본과 교류
할 수 있었던 배경이었다.[18]

동인도회사의 번영을 바탕으로 1609년 세계 최초의 증권거래소가
암스테르담에 설립되었다. 유럽의 선박 기술자들이 네덜란드로 모여
들었다. 자본과 선박 기술로 무장한 네덜란드는 아메리카, 아프리카,
인도, 중국, 일본 등과의 무역을 지배함으로써 17세기를 네덜란드의
황금기로 만들었다. 당시 서유럽 국가들이 보유한 선박 2만 척 중 네
덜란드가 1만 6,000척을 보유하고 있을 정도였고, 유럽 대륙에서 동서
남북으로 향하는 해상무역의 대부분을 독점하여 '바다의 마부'라고 불
렸다.[19]

이 시대 인물 중에 한국 역사에 등장하는 익숙한 인물로 벨테브레와

하멜이 있다. 1626년 31세에 홀란디아호의 승무원으로 취업하였던 얀 얀스 벨테브레(Jan Jansz Beltevree(박연)는 네덜란드 동인도회사 본부가 있던 바타비아(지금의 자카르타)에서 일본으로 향하던 중 풍랑을 만나 표류하였고, 제주에서 동료 2명과 함께 억류되었다. 이후 훈련도감에서 총포 제작을 도왔고, 병자호란에 참전하기도 하였다. 동료 2명은 병자호란에서 전사하였으나 박연은 조선 여인과 결혼하고, 1648년에 치러진 과거(무과)에서 장원급제를 하였고, 1653년 하멜 일행이 제주에 표류하였을 때 이들에 대한 통역과 감독, 그리고 조선 풍속 교육까지 맡았다.

1651년에 동인도회사 포수로 입사하였다가 바타비아에 도착한 이후 서기 임무를 맡았던 하멜은 조선에서의 13년 억류생활 끝에 1666년 일본을 거쳐 고향으로 돌아가서 《하멜표류기》를 발간했다. 《하멜표류기》를 통해 조선을 알게 된 네덜란드 동인도회사는 조선과의 무역을 위해 무역선 코레아호를 출항시키는 등 적극적인 움직임을 보였으나 유럽과의 무역을 독점하려는 일본의 반대로 성사되지 못하고 말았다. 이 시기 동아시아를 방문했던 하멜을 비롯한 네덜란드 상인들의 기록에서 커피 이야기가 나오지 않는 것으로 보아 17세기 중엽까지 네덜란드에는 아직 일반인들에게 커피 문화가 전파되지 않았던 것으로 보인다.

지금의 뉴욕이 네덜란드령 뉴암스테르담이었던 시기인 1624~1664년 사이에 뉴암스테르담 지역에서도 커피를 마셨다는 기록이 없는 것을 보면, 네덜란드인들이 무역상품으로서의 커피에는 관심이 있었지만, 음료로서의 커피에는 큰 관심이 없었다는 추측이 가능하다. 기록에 의하면 네덜란드 동인도회사가 예멘의 모카항에서 커피를 암스테르담으로 최초로 보낸 것은 1640년이었고, 모카 커피가 암스테르담항으로 정기적으로 수출되기 시작한 것은 1663년이었다. 이 당시 네덜란드 동인도회사의 커피 수입은 직접 소비하는 것보다는 커피하우스 열풍이 불던 영국이나 프랑스로 수출하는 것이 더 큰 목적이었다.

네덜란드가 제1차 세계대전 직전까지 한동안 1인당 커피 소비량에서 세계 최고 수준이었다는 사실, 1820년 즈음에는 세계 커피 소비량의 절반인 10만 톤 정도를 네덜란드가 공급했다는 사실 등을 생각하면 네덜란드인들의 커피 소비가 언제 시작되었고 언제 급증하였는지가 명확하지 않다는 것은 이해하기 어려운 일이다. 17세기에 유럽 지역에서 커피가 유행하자 커피 씨앗을 아랍으로부터 동남아시아와 중남미 지역으로 옮겨 심는 데 가장 관심이 많았던 나라도 네덜란드였다는 점에서 더욱 그렇다. 1700년경에 인구 20만 명 정도였던 암스테르담에 카페가 32개뿐이었다는 것을 보면 네덜란드인의 커피 소비는 18세기 중반 이후에 시작된 것이 분명하다. 유럽의 커피 역사를 상세하게 서술하였던 야콥도 네덜란드에서의 카페 탄생이나 커피 소비 문화에 대해서 언급하지 않은 것을 보면, 네덜란드는 커피의 역사에서 여러 가지로 수수께끼인 나라다.

한국의 1933년 신문 기록에도 1924년 조사를 기초로 세계 각국의 1인당 연간 커피 소비량이 소개되었는데, 이 기록에서도 네덜란드인들은 1년에 11.86파운드를 소비하여 스웨덴인(15.83파운드), 덴마크인(14.90파운드), 노르웨이인(12.96파운드)에 이어 세계 4위로, 미국인(10.31파운드), 프랑스인(9.56파운드)보다 많은 양의 커피를 마신 것으로 나와 있다. 물론 서양 제일의 차의 나라 영국에서는 0.71파운드, 동양 제일의 차의 나라 중국에서는 0.01파운드의 커피만을 소비하고 있었다(《중앙일보》 1933년 4월 3일 자. 가배珈琲 이야기).

• 오스트리아

동유럽과 서유럽의 중간에 위치한 오스트리아의 수도 빈은 많은 문화적 상징들로 가득한 도시다. 특히 음악 분야에서는 세계의 중심지라고 부를 만하다. 하이든을 시작으로 모차르트, 베토벤, 슈베르트, 브람스, 요한 슈트라우스, 말러가 이곳에서 음악 활동을 하였다. 이들의 곡을 연주하는 빈필하모닉이 세계적인 명성을 얻은 것은 자연스러운 일이다. 1558년부터 1806년까지 250년 동안 이른바 신성로마제국의 중심지였던 빈에 커피가 처음 소개된 것은 1655년이다. 오스만터키와 오스트리아의 관계가 좋았던 시절이다. 오스만터키의 술탄 메흐메드 4세는 오스트리아와의 관계 개선을 위해 대사 카라 메흐메트Kara Mehmet를 빈에 파견했고, 그가 빈의 유지들에게 커피를 대접한 것이 오스트리아에 커피 향이 전해진 최초의 기록이다.

이런 역사적 사실과는 무관하게 이곳에 커피가 전래되는 과정에 관해서는 전설적인 이야기가 전해진다. 1683년 7월, 30만 오스만터키 군대의 총공격으로 빈은 점령당할 위기에 처해 있었다. 지원군에게 메시지를 전달할 수 있는 사람을 찾던 오스트리아군은 폴란드 출신 프란츠 게오르그 콜시츠키Franz George Kolschitzky를 발견하게 된다. 콜시츠키는 터키에서 생활하면서 익혔던 터키어와 터키식 생활 습관을 이용해 여러 차례 포위망을 뚫고 지원군과 빈 방어군 사이에 메시지를 전달한다. 결국 2개월에 걸친 전쟁에서 오스트리아군은 승리한다.

오스만터키군이 남긴 전리품 중에 곡류처럼 생긴 검고 낯선 물건이 있었고, 이 낯선 물건의 용도를 몰라 버리려던 차에 콜시츠키가 전쟁에 기여한 공로로 이 물건을 받게 된다. 하인리히 야콥의 설명에 따르면 500자루 정도였다고 한다. 콜시츠키는 이것으로 커피 판매 사업을 시작하였는데, 그 사업체 명칭이 블루보틀Blue Bottle이었다. 요즘 제3의 커피 물결을 이끌고 있는 스페셜티 카페 블루보틀이 이 명칭을 이어받은 것이다. 이것이 빈에 커피가 처음으로 전파된 과정의 이야기이다.

커피의 역사를 서술한 많은 글에서 콜시츠키 이야기는 다양한 모습으로 전승되어 왔다. 대부분의 글에서는 커피를 유럽에 전한 영웅으로 묘사하지만, 전쟁 승리에 기여한 공로를 내세워 탐욕을 부린 어리석은 인물로 묘사하는 글도 있다. 탄베 유키히로旦部幸博는 이를 후세에 지어진 창작 스토리로 규정한다. 그는 카라 메흐메트 이야기가 오히려 사실에 가깝다고 해석하고 있다. 빈 최초의 커피하우스를 연 인물 또한 콜시츠키가 아니라 아르메니아인 요하네스 디오다트Johannes Theodat라고 주장한다.[20]

런던과 파리에 이어 빈에서 커피하우스를 처음 시작한 인물이 아르메니아인이라는 탄베 유키히로의 주장은 흥미롭다. 아르메니아는 동양과 서양을 잇는 길목인 흑해와 카스피해의 중간쯤에 자리 잡고 있는 작은 나라이다. 이런 지리적 특성으로 인해 중세 이후 인접국인 오스만터키와 사파비제국Safavid Dynasty(지금의 이란)과는 다툼의 대상이 되었다. 20세기에는 주변 국가들과의 종교와 이념 갈등 속에서 유대인 학살에 버금가는 대학살을 겪었고, 이후 아르메니아인들의 보복도 행해졌다. 20세기 중반 이후 정치적으로는 러시아의 영향권에 있었지만 문화적으로는 터키의 영향도 적지 않았다. 지금도 아르메니아에서는 터키 사람들처럼 체즈베를 이용해서 커피를 끓여 마신다. 아르메니아인들은 오스만터키가 강성하던 16~17세기에 아시아의 상업을 유대인과 양분하고 있다는 평가를 받을 정도로 상술에 능했다. 이런 민족적 특성으로 인해 유럽 지역에 커피를 전파하는 과정에서 커피하우스를 개척한 아르메니아인들의 이름이 자주 등장한다. 세계 커피의 역사에서 가려져 있지만 매우 의미 있는 민족임에 틀림없다.

빈의 영어식 표현인 비엔나 하면 가장 먼저 떠오르는 단어 중 하나가 비엔나커피다. 비엔나커피의 원래 명칭은 아인슈페너Einspänner다. 하나라는 뜻의 '아인ein'과 말고삐라는 뜻의 '슈페너spänner'가 합쳐져 만들어진 단어로 한 마리 말이 끄는 마차를 뜻한다. 빈의 마부들이 추운 겨울에 손님을 기다리며 마차 위에 앉아서 뜨거운 커피 위에 설탕을 넣고 생크림을 듬뿍 올려서 마신 것에서 유래했다. 커피를 이런 식으로 마시기 시작한 것은 뜨거운 커피에 크림을 얹어서 커피가 넘치지 않게 하려는 실용적인 목적과 충분한 당을 섭취하여 피로를 회복하려는 건강상의 목적, 바쁜 마부가 간편하게 마실 수 있는 편리함이 합해졌기

비엔나커피라는 이름으로 익숙한 아인슈페너.

우리가 흔히 비엔나커피라고 부르는 아인슈페너다. 한국에서 처음으로 1975년에 아인슈페너를 비엔나커피라는 이름으로 판매한 곳은 명동에 있는 카페 까뮈다. 1980년대 초 상호에 영어 사용을 금지하는 바람에 카페 가무로 바뀌어 현재에 이르고 있다. 사진은 카페 가무에서 제공하는 아인슈페너다.

커피 세계사

때문이라고 한다.

• 독일

독일은 서유럽 국가 중에서 커피 문화가 가장 늦게 발달한 곳이다. 커피라는 음료에 관한 기록을 유럽에 처음 전했던 인물이 독일 사람 라우볼프였음에도 불구하고, 커피를 음료로 받아들이는 데는 오랜 시간이 걸렸다. 종교개혁으로 인한 반복적인 전쟁, 그로 인한 피로가 만든 음주 문화를 이끈 맥주의 위력을 커피가 넘어서지 못했던 것이다.

유럽에서 타락한 종교를 바로잡아야 한다는 종교개혁의 바람이 불기 시작한 것은 14세기 말부터이다. 영국의 위클리프, 보헤미아의 후스, 네덜란드의 에라스무스 등이 주도해 가톨릭교회의 개혁을 요구하였지만 성과는 없었다. 결국 1517년 독일에서 마틴 루터가 〈95조 반박문〉을 발표하는 것을 계기로 가톨릭을 지지하는 황제 세력과 루터를 지지하는 제후들 간의 긴 전쟁이 시작되었다. 결국, 1555년에 루터교가 처음으로 공인을 받았고, 프로테스탄트라고 일컬어지게 되었다. 루터에 이어 나타난 칼뱅은 인간에 대한 구원은 이미 정해져 있다는 예정설로 무장하고, 직업에 충실하여 부를 축적하는 것이 하나님의 뜻에 합당한 것이라고 설파함으로써 상공업이 융성했던 서유럽 지역에서 지지를 얻었다. 영국의 청교도도 그중 하나였다. 신교의 성장에 대해 가톨릭은 이른바 마녀사냥으로 맞서기도 하였지만, 결론은 전쟁이었다. 1618년 신교를 지지하는 유럽 내 다수의 귀족들과 가톨릭을 이끌고 있던 에스파냐 합스부르크 왕가와의 30년전쟁이 시작되었다. 보헤미아(지금의 독일 남부와 오스트리아), 덴마크, 스웨덴, 프랑스에서 신·구교 간의 전쟁이 지속된 끝에 많은 피해를 남기고 1648년에 베스트팔렌조약이 체결되었다. 에스파냐와 신성로마제국의 영향력이 급격하게 쇠퇴하였고 영국, 네덜란드, 프랑스, 스웨덴 등이 유럽의 신흥 강자로 떠올랐다.

메소포타미아 지역의 수메르인들에 의해 기원전 4000년경에 처음으로 만들어지기 시작하였던 맥주가 독일의 국민음료가 된 것은 바로 루터에 의해 종교개혁이 선언되기 1년 전인 1516년 독일 황제 빌헬름 4세가 '맥주 순수령Reinheitsgebot'을 준수할 것을 법령 형태로 발표한 것이 계기가 되었다. 맥주로 인정받기 위한 기본 재료 3가지를 규정한 이 법령에 따라 독일인들은 자신들이 물과 함께 맥아malt, 홉hop 그리고 효모yeast만 넣어 만드는 맥주를 긍지로 여기기 시작하였다. 맥주에 밀과 같은 싸구려 부재료를 넣어 판매하고 있던 북유럽 국가들의 저급한 맥주와 자기 지역 맥주를 구분 짓기 위한 목적도 있었지만, 당시 홉을 본격적으로 재배하고 있던 독일과 체코 지역의 경제적 이익을 추구하는 목적도 적지 않았다.

독일에 의한 맥주의 국민 음료화와 함께 16세기 중반 이후 17세기에 이르기까지 독일을 포함한 북부 유럽은, 야콥의 표현대로 "심각한 만취 상태의 굴레"에 빠져 있었다. 특히 독일의 북서 지역과 북동 지역은 거대한 맥주 창고로 변해 있었다.[21] 독일에서 기독교 음료인 포도주도, 이슬람 음료인 커피도 독일 음료인 맥주를 이기기는 어려웠다. 일부 귀족들이 네덜란드 상인들이 제공하는 커피를 마시는 일은 있었겠지만, 독일인들이 거리에서나 일상생활 속에서 커피를 마시는 풍습은 적어도 17세기가 끝나는 시점까지는 나타나지 않았다.

4

제국주의와
자바 커피의 탄생

고향을 떠난 커피나무

카파 지역에서 야생으로 자라던 커피나무는 다른 식물들과 마찬가지로 다른 지역으로 퍼져 나갔다. 커피체리를 먹은 인간, 원숭이, 당나귀 그리고 다양한 조류들도 의도하지 않았지만 커피 씨앗을 다른 지역으로 전파하는 역할을 하였다.

커피나무는 카파 지역에서 출발하여 북쪽으로는 리무, 일루바보르, 그리고 월레가를 거쳐 곤다르로 옮겨졌고, 동쪽으로는 짐마를 거쳐 리프트를 지나 시다모, 아르시와 하라에 닿았다. 특히 무역상들을 따라 짐을 지고 다니던 노예들은 에너지를 얻기 위해 커피체리를 가지고 다녔고, 이들에 의해 커피는 무역 루트를 따라 전파되었다. 이런 자연스러운 전파에 더해 16세기 중반에 시작된 커피 경작은 커피 생산의 폭발적 증가를 가져왔다.

이때 커피 무역을 독점하고 있던 예멘은 커피 재배가 타 지역으로 확장되는 것을 막기 위해 통제를 하였다는 이야기가 있다. 수출되는 모든 커피는 볶거나 끓이도록 하여 발아를 못하게 했다는 것이다. 오늘날 많은 책이나 인터넷에 유포되어 있는 이 이야기는 상식에 어긋나고 명확한 근거가 없음에도 끝없이 재생산되어 전파되고 있다. 그러나 이는 와일드의 표현대로 "황당무계한" 것이다.[1] 다만 확인할 수 있는 것은 당시 권력자들이 커피 유통을 독점하기 위해 무역업자들이 커피 씨앗이나 커피나무를 밀반출하다가 적발되는 경우에 벌금을 부과하였다는 사실이다.

비록 커피라는 새로운 음료에 관한 소식이 유럽에 전해지기는 하였지만 17세기 전반까지는 소비가 일부 지역과 계층에 제한적이었기 때문에 이 음료의 재료 공급을 독점하고 있는 예멘 모카항의 권위나 위상에 도전하는 시도들이 두드러지게 나타나지는 않았다.

영국 동인도회사 무역선이 모카항을 처음으로 방문한 것은 1609년이다. 이 회사 창설 이후 네 번째 동인도 방문을 마치고 오는 길에 아라비아반도의 서쪽으로 우회를 한 것이었다. 그러나 이 첫 방문은 환영받지 못하였다. 1618년에 이르러 비로소 우호적인 관계가 맺어졌고, 영국은 결국 커피 수출항인 모카와 커피 소비지인 페르시아와 인도 사이의 커피 무역을 공식적으로 허락받은 최초의 유럽 국가가 되었다.

유럽에서 커피 무역을 시작한 것은 영국이었지만 17세기에 유럽의 커피 무역을 독점한 것은 네덜란드의 동인도회사였다. 특히 유럽에 커피하우스들이 문을 열 무렵인 1640년대부터 일정 기간 영국과 프랑스 지역에 커피 원두를 공급했다.

17세기 내내 새로운 무역품 커피체리를 생산하는 커피나무를 에티오피아와 예멘을 넘어 다른 지역에 이식하기 위한 다양한 시도가 이루어졌다. 유대인들이 운영하던 네덜란드의 동인도회사는 이미 1616년 즈음에 커피나무를 실론섬에 옮겨 심었다. 그러나 실론에서의 커피 재배는 기대했던 만큼 성공하지는 못하였고, 품질도 좋지 못했다.[2]

인도인들은 모카에서 커피를 옮겨 심은 사람은 바바 부단Baba Budan이라고 믿고 있다. 수피교도였던 바바 부단은 1600년경에 메카 순례를 마치고 인도로 돌아가는 도중 모카에 들렀다. 그는 허리춤에 7개의 커피 씨앗을 숨겨 갖고 와 인도 남부에 있는 그의 고향인 미소레Mysore에 심었는데, 그중에서 단 1개가 살아남았고, 이것이 한동안 유명하였던 인도산 티피카 커피인 '올드 칙Old Chick'이 되어 인도 전역으로 퍼져 나갔다고 한다. 이 품종은 19세기 후반 대유행이었던 커피 녹병을 견디지 못하고 사라짐으로써 바바 부단이라는 이름과 함께 전설 속의 커피가 되었다.[3]

한동안 정체를 보이던 커피나무 이식이 다시 시작된 것은 1690년에 들어서였다. 이때 자바에 옮겨 심어진 커피가 예멘에서 몰래 반출된 커피나무인지, 이미 네덜란드 지배하에 있던 실론의 커피나무였는지는 명확하지 않다. 둘 중 하나일 것이다. 커피나무는 바타비아의 네덜란드 영사관 정원에 심어졌고, 1696년에는 인도에서 보내온 묘목도 심어졌지만 홍수로 살아남지 못했다. 1699년에 비로소 처음으로 자바에서 커피를 성공적으로 수확하였다.[4]

영국도 그들이 지배권을 확보하고 있던 인도에 1695년경 처음으로 커피나무를 심었으나 수확하는 데에는 실패했다. 18세기가 시작될 즈음에 모카는 여전히 커피 공급의 왕좌 자리를 지키고 있었다. 모카항에서 세계 각지로 수출되는 커피의 양은 매년 2만 톤에 이를 정도였다. 그러나 점차 경쟁자들이 나타나기 시작하였다. 동방무역의 확대로 향신료의 희소성이 사라지면서 대체물품을 찾는 자들의 눈에 커피가 들어오기 시작한 것이다. 그들은 자본을 인간보다 귀하게 여기는 서구의 상인들이었다.

자바 커피를 탄생시킨 비첸

17세기 유럽에서는 다양한 해로의 발견으로 무역의 팽창, 유럽 제국들의 식민지 개척이 가속화되었다. 아울러 커피 소비도 증가하였다. 이는 18세기의 시작과 함께 커피 경작의 확산을 가져왔다. 이런 분위기를 주도한 것은 새로운 강대국으로 떠오른 네덜란드, 영국 그리고 프랑스였다.

15세기 후반 대항해 시대를 열었고, 유럽 대륙으로부터 서쪽 황금의 땅과 동쪽 향신료의 땅을 나누어 가지려 했던 스페인과 포르투갈은 100년 만에 서서히 저물었다. 비록 스페인의 힘이 중남미 지역에 남아 있기는 하였지만 새로운 세력들의 도전을 받아야 했다. 커피의 생산지이자 커피 문화의 출발지인 동쪽은 새로운 강대국들의 각축장이 되었다.

동인도회사를 앞세워 커피나무 이식을 주도한 이는 니콜라스 비첸 Nicolaas Witsen(1641~1717)으로, 자바의 바타비아에 있던 네덜란드 동인도회사 사장을 지낸 인물이었다. 1706년 비첸은 바타비아에서 일하고 있던 조카 요한 반 호른Joan van Hoorn에게서 커피 생두와 함께 어린 커피나무를 받았고, 이 나무를 암스테르담에 있는 네덜란드 국립식물원에 옮겨 심어 정성스럽게 관리했다.

비첸은 흥미롭게도 한국과 인연이 있는 인물이다. 그는 암스테르담 시장을 13년 동안 수차례나 지냈던 정치인, 선박 건조 전문가, 그리고 당시에 많지 않은 러시아 전문가였으며 지도 제작 전문가였다. 그가 1690년에 완성한 시베리아 지도인 '타르타르 지도Map of Tartary'에는 서쪽의 카스피해로부터 동쪽의 한반도Corea까지 나와 있다. 근대 이전 서양인들에게 타르타르(Tartars 혹은 Tartary)라는 표현은 중앙아시아 여러 유목민을 통칭하는 말, 또는 러시아에서 이슬람을 믿는 몽골–튀르크계 유목민을 합해서 부른 명칭이었다.

비첸은 1692년 시베리아, 중앙아시아, 그리고 동아시아에 관한 유럽 최초의 기록인《북부 및 동부 아시아 지리지Noord en Oost Tartarye(North and East Tartary)》를 남겼는데, 이 책에는 의외로 조선의 사회와 문화에 관한 설명이 많이 포함되어 있다. 비첸이 어떻게 조선에 관한 정보를 얻었고, 여러 페이지에 걸쳐 조선의 사회와 문화를 기술할 수 있었을까? 정답은 하멜 일행이었다. 하멜과 함께 조선에 표류했다가 13년 만인 1666년에 탈출하여 암스테르담으로 돌아온 마테우스 에이보켄 Mattheus Eibokken과 베네딕트 클럭Benedictus Klerk을 인터뷰해서 얻은 정보들이었다. 제주에 표류할 때 열두 살이었던 클럭은 조선의 종교와 관습에 대해서 조금 관심이 있었고, 열여덟 살 또는 열아홉 살로 추정되는 에이보켄은 효종의 호위무사로도 있었고, 탈출 직전에는 하멜 일행과 함께 순천에서 거주한 것으로 기록되어 있다. 비첸은 이 두 사람을

만나 조선에 관한 이야기를 듣고 정리하여 자신의 책 내용에 포함시켰던 것이다.[5]

비첸이 조선의 음료를 기술한 부분에서 소주(sakki로 표기)와 차tea를 만들어 마시는 풍습을 소개하면서도 이들 음료를 커피와 비유하지 않은 것을 보면 비첸이 두 사람을 인터뷰하던 1690년대까지도 커피는 암스테르담에서 일상적 음료는 아니었던 것으로 보인다. 중간 기착지인 자바에서도 아직은 커피 재배가 본격화되기 이전이었다.

1707년 오스만터키에 의한 커피 수출 금지 조치는 유럽인들의 커피 이식 노력을 자극하는 기폭제가 되어 네덜란드에 의해 자바 커피는 점차 재배 지역을 확대하였고, 이에 따라 수확량도 증가하였다.

동인도회사가 진출한 초기에 네덜란드인들은 지역 문화에 적응하고자 많은 노력을 기울였다. 사업의 성공을 위해 현지 여성과 결혼을 하는 일도 서슴지 않았다.[6] 물론 커피로 수익을 얻고자 하는 네덜란드

니콜라스 비첸의 책 표지.

커피를 동남아시아 자바 지역에 전파하는 데 앞장섰던 네덜란드 암스테르담 시장 출신 니콜라스 비첸이 1692년에 간행한 《북부 및 동부 아시아 지리지》의 표지다. 이 책에는 조선의 사회, 문화, 언어, 지리 등에 대한 서술이 22쪽 정도 들어 있다. 비첸은 이 책을 쓰기 위해 하멜과 함께 1653년 조선에 표류했다가 13년 만에 귀향한 베네딕트 클럭과 마테우스 에이보켄을 인터뷰하여 정보를 수집하였다. 이들이 네덜란드로 귀환한 지 25년 쯤 지난 시점이었다.

상인들에 의해 커피 농장에는 많은 현지 농민들이 동원되었다. 야콥의 표현에 따르면 백인 농장주들은 맥주를 마시며 휴식을 취하는 동안 현지 농민들은 소작 노예로 뙤약볕 아래에서 땀을 흘려야 했다. 커피가 경제적 수익만을 목표로 하는 제국주의에 의해 드디어 계획적인 착취 도구로 전락하기 시작한 것이다.

1711년에는 처음으로 자바에 와 있던 네덜란드 동인도회사 상인에게 현지에서 생산, 가공된 커피 생두가 판매되었다. 같은 해에 894파운드의 자바 커피가 암스테르담의 경매 시장에 등장하였다. 자바의 화산재 토양과 따뜻한 날씨는 커피 재배에 적합하였고, 커피 생산량은 폭발적으로 증가하였다. 네덜란드 상인들이 식민지 개척에서 활용하였던 쿼터제를 통한 생산량 강제 배분 시스템도 커피 생산을 늘리고, 가격을 통제하는 데 기여하였다. 지역의 농장주들에게 일정한 가격에 일정량의 커피를 출하할 것을 사전에 배분하는 방식이었다. 네덜란드 동인도회사는 일정한 가격에 필요한 커피 물량을 확보할 수 있는 이점이 있었지만, 지역 재배자들이 이 물량을 확보하기 위해 노동자들을 착취하는 일이 일상화되었다.

막 내린 예멘의 커피 독점

커피 역사에서 18세기는 소비와 생산 면에서 동시 팽창을 보여 준 100년이다. 비록 영국에서 커피하우스 문화는 쇠퇴하기 시작하였지만 베네치아, 프랑스 그리고 오스트리아에 이어 프로이센을 비롯한 북유럽 여러 나라에서 커피 소비가 급격하게 늘어났다. 유럽의 18세기 역사를 설명할 때 산업혁명, 시민혁명만큼 중요한 것이 소비혁명이다. 소비혁명에 따라 하층민들 역시 커피를 마시기 시작하였다. 커피는 18세기 소비혁명을 상징하는 물품의 하나였다.[7]

18세기에 소비와 생산의 지속적인 팽창이 가능했던 배경에는 인구의 지속적인 증가라는 요인도 작용하였다. 그 이전까지 전염병 등으로 인해 밀물과 썰물처럼 증가와 감소를 반복하였던 지구상의 인구는 18세기에 이르러 상한선을 넘어섰다.[8] 커피 생산과 소비의 확장에도 인구의 안정적 성장이 한몫을 한 것이다.

그럼에도 커피 무역의 시초였던 모카항에서의 커피 거래는 크게 위축되었다. 모카항이 커피 무역에서 가장 전성기였던 18세기 초 연간 세계 커피 소비량이었던 2만 톤은 모카를 중심으로 한 예멘 지역에서의 커피 거래량과 거의 같았다. 물론 모카항에서 거래되는 커피 중에서 유럽으로 판매되는 양은 전체의 8분의 1 수준이었고, 나머지는 모두 오스만터키, 페르시아 그리고 인도의 무슬림 세계로 향했다.

변화가 시작된 것은 18세기 초부터다. 몇 가지 요인이 있었다. 첫 번째는 흑사병의 재창궐이었다. 14세기에 유럽에서 창궐하였던 흑사병이 18세기 초반 모카 지역에서 다시 기승을 부려 도시 인구의 절반 이상이 희생되었다. 이로 인해 무역항으로서의 기능이 마비되었다. 둘째는 전쟁이었다. 지역 토착세력, 16세기 초부터 이 지역을 통치하였던 오스만터키 세력, 그리고 영국을 포함한 서유럽 제국주의 세력이 이 지역의 패권을 두고 크고 작은 전쟁을 일으켰다. 지역의 안정이 무너졌고, 무역항으로서 모카의 역할이 점차 축소되었다. 셋째는 커피 생산 경쟁 지역의 등장이었다. 소비의 팽창에 따라 커피 재배지가 아프리카의 에티오피아와 홍해 연안 예멘을 넘어 아시아의 실론, 자바 그리고 서인도제도와 중남미로 급속히 확대되기 시작하였다. 결국 1720년대에 이르러 200년간 지속된 모카 커피의 독점이 막을 내리기 시작하였다.

무엇보다 질 좋은 자바 커피의 등장은 모카 커피의 독점적 지위를 무너뜨리는 데 가장 큰 역할을 했다. 1717년에 연 2,000파운드였던 암스테르담행 자바 커피 선적량이 1720년에는 11만 6,587파운드에 이르렀고, 4년 후인 1724년에는 무려 100만 파운드에 달했다. 증가세는 멈추지 않았다. 1726년에는 자바로부터 공급되는 커피의 양이 연 400만 파운드나 되었다. 이로써 생산을 시작한 지 불과 20년 만에 자바 커피는 모카 커피를 추월하여 생산량에서 세계 제1위의 커피가 되었다. 암스테르담 시장에서 거래되는 커피의 90퍼센트는 자바로부터 공급되었다. 자바 커피의 가격이 모카 커피의 3분의 1 수준이었던 것도 자바 커피 수요를 확대시키는 요인이었다. 1731년부터 네덜란드 동인도회사는 모카로부터의 커피 수입을 중단하였다. 이후 자바 커피는 매년 400만 파운드씩 암스테르담으로 팔려 나갔고, 1736년에는 600만 파운드로 증가하였다.[9] 네덜란드가 실론섬에서 다시 커피 농장을 시작한 것도 이즈음인 1731년이었다.

1740년대에 이르러서는 신흥 생산지 카리브해 지역에서 수입하는 커피량이 자바에서 수입하는 양을 초월하였다. 이후 모카항의 역할이나 예멘 커피의 가치는 철저히 무너졌고, 1869년 홍해와 지중해를 잇는 수에즈운하가 개통될 무렵에는 완전히 나락으로 떨어졌다. 에티오피아 커피는 모카항을 거치지 않고 손쉽게 유럽인들에게 전달되었다.

이후 1880년대까지 네덜란드 동인도회사가 지배하는 자바와 실론은 아이티, 자메이카, 쿠바 등 카리브해의 서인도제도와 함께 유럽 시장에 커피를 공급하는 핵심 지역이었다. 16세기와 17세기에 예멘을 통해 커피 무역을 독점하던 네덜란드는 18세기에 이르러 동인도회사를 통해 커피 생산까지 지배하는 세계 커피 산업의 거인이 되었다.

19세기 후반 미국에서 커피가 국민음료로 자리 잡으면서 커피의 대유행, 제1의 물결이 시작되었지만 예멘 커피는 세계 시장의 관심을 끌지 못했다. 커피 제1의 물결을 지배한 것은 저렴한 인스턴트커피였는데, 생산비가 많이 들고 소량 생산 중심으로 유지되어 오던 예멘 커피는 경쟁력이 없었기 때문이다.

18세기 초반에 시작되어 20세기 초반까지 이어진 모카항과 예멘 커피의 추락은 동쪽으로는 이란에서 시작하여 서쪽으로는 이집트, 북쪽으로는 터키, 남쪽으로는 예멘에 이르기까지 모든 이슬람 지역에서 즐기는 대표 음료를 커피에서 차로 전환시키는 계기가 되었다. 잦은 전쟁으로 인해 모카항이 거의 기능을 잃자 커피 거래는 비용이 매우 많이 드는 일이 되었다. 결국, 비싼 수입품인 커피를 멀리하면서 지역에서 스스로 재배가 가능한 저렴한 차를 선호하는 문화가 확산되었다. 예멘과 인도 등에 대한 영국의 영향력 확대도 차 문화 확산의 배경이었다. 영국이 지배하는 가까운 인도, 영국 동인도회사가 무역을 독점하고 있던 차의 종주국 중국으로부터 들어오는 차가 넘쳐날수록 이슬람 세계에서 커피의 모습은 점점 찾아보기 어려워졌다. 이런 문화는 20세기까지 이어졌다.

5

인도양,
대서양을 건너
브라질로

카리브해에 심어진 '고귀한 커피나무'

네덜란드가 식민지에서 커피 재배에 성공한 것은 경쟁국인 프랑스를 자극하였다. 터키 대사 솔리만 아가의 파리 방문에 따른 커피 열풍, 그리고 프로코프를 비롯한 카페의 번성 이후 루이 14세와 프랑스 귀족층에서의 커피 유행도 역시 커피나무에 대한 관심을 불러일으켰다.

다른 한편, 소비 급증으로 커피 가격이 상승하자 유럽 상인들 사이에 매점매석이 행해지는 등 커피 소비국에서의 불만과 불안감이 증가하였다. 1664년에 장 콜베르가 세운 프랑스 동인도회사는 18세기 초에 커피 재배를 새로운 기회로 생각했다.

이런 가운데 1712년에는 암스테르담에 자바 커피를 들여와 재배에 성공한 니콜라스 비첸이 프랑스의 루이 14세에게 커피 묘목을 선물하였지만 제대로 키우지 못해 죽이고 말았다. 비첸은 다음 해에 다시 묘목 하나를 선물하였고, 이 묘목은 왕실 궁전의 하나였던 말리궁으로 보내졌다. 키는 1.5미터, 줄기 굵기가 1인치, 잎이 무성했으며 이미 빨갛게 익은 커피체리가 달려 있는 튼실한 나무였다. 왕은 다음 날 이 나무를 왕립식물원에 보내 젊은 식물학자 앙투앙 드 쥐시우가 관리하도록 하고, 동시에 이 나무를 위해 프랑스 최초의 온실을 짓도록 명하였다. 이런 특별한 대우를 받은 덕분에 이 나무는 훗날 '고귀한 나무Noble Tree'로 불리게 되었다. 이 나무에서 얻은 묘목 중 일부는 베르사유 궁전에도 심어져 루이 14세는 생전에 매년 5파운드 내외의 커피체리를 수확하는 기쁨을 누렸다고 한다. 직접 커피를 볶고 내려서 방문객들을 대접할 정도로 루이 14세의 커피에 대한 애정은 대단했다. 1715년에는 프랑스 최초의 '고귀한' 커피나무가 파생시킨 어린 나무 중 하나가 카리브해 북쪽의 프랑스 식민지 생도맹그(현재의 아이티)로 옮겨 심어졌으나 몇 년 후 닥친 허리케인으로 전멸하였다.

프랑스 커피 역사에는 또 하나의 '고귀한' 커피나무 이야기가 회자되고 있다. 그 주인공은 1737~1752년까지 카리브해의 프랑스 식민지 과델루프의 총독을 지낸 마티유 드 클리외Gabriel Mathieu de Clieu다. 그가 1774년에 잡지사 '앤니 리테헤어Année Littéraire'에 보낸 편지에서 주장한 아래의 내용이 이후 많은 커피 역사학자들에 의해 사실인 것처럼 전파되어 왔다.[1] 하지만 어디까지가 사실이고 어디까지가 과장인지는 확인할 수 없다.

프랑스 왕립식물원의 커피나무 몇 그루를 어렵게 손에 넣은 드 클리외는 1723년 오랜 항해 끝에 극적으로 살아남은 한 그루의 커피나무를 마침내 마르티니크에 있는 자신의 땅에 가까스로 옮겨 심는다. 드 클리외는 이 나무를 지키기 위해 집 주변에 가시나무 덤불을 만들고, 경비를 세우기도 해서 결국 성목으로 키워 낸다.

마르티니크에서의 첫 수확은 1726년, 자바산 커피가 암스테르담에 400만 파운드씩 수출되던 그해에 이루어졌다. 이곳에서 커피 재배지는 점차 확대되어 1774년 드 클리외가 세상을 떠나던 해에는 거의 1,900만 그루의 커피나무가 자라고 있었고, 생산량은 자바를 넘어섰다. 이 섬의 커피는 생도맹그로도 옮겨졌다. 1805년 프랑스로부터의 독립 직전 세계 커피 생산량의 50퍼센트를 차지하였다고 알려진 아이티 커피를 비롯해서 카리브해 및 중남미 대부분의 나라에 퍼진 티피카종 커피의 출발지는 소엔틸레스제도의 끝자락에 위치한 마르티니크였고, 이를 성취시킨 주인공이 프랑스인 드 클리외였다. 많은 프랑스 역사학자와 문인들은 드 클리외를 칭송하는 시와 글을 남겼고, 이것이 지금까지 이

마르티니크의 위치.

카리브해에 위치한 작은 섬이다. 프랑스의 용감한 해군 장교 드 클리외가 프랑스 왕립식물원에서 얻은 커피나무를 옮겨 심은 섬으로 유명하다. 우여곡절 끝에 옮겨진 커피나무가 카리브해 및 중남미 여러 나라로 퍼지게 되었다는 이야기가 전해오고 있다. 나폴레옹 보나파르트 황제의 아내인 조세핀 드 보아르네의 고향이기도 하다. 현재 마르티니크는 프랑스의 영토이다.
ⓒ이다현

어져 세계 커피 역사의 한 페이지를 장식하고 있다.

그러나 드 클리외 이전에 이미 카리브해 서인도제도에 커피나무가 전파되어 재배되고 있었다는 다양한 주장과 증거들이 있다. 앞서 얘기했듯이 프랑스인들에 의해 생도맹그 지역에 커피가 전해진 것은 1715년이었고, 네덜란드가 수리남에 커피를 전파한 것은 1718년이었다. 브라질에 커피가 전파된 것이 1727년경으로 알려져 있는데, 그 경로로 이야기되는 지역이 프랑스령 기아나이다. 커피나무의 생장 속도를 고려해 볼 때 기아나에는 1720년 전후로 커피나무가 전파된 것으로 보아야 할 것이다.

콜러의 표현대로 드 클리외의 커피 모험 이야기는 과장과 허세로 가득 차 있지만 흥미롭고 극적인 내용 때문에 여전히 커피 애호가들 사이에 회자되고 있다. 이야기의 진위 여부를 떠나 커피의 전파를 위해 목숨을 건 사람이 있었다는 이야기는 커피가 지닌 가치와 정신을 공유하고자 하는 커피 애호가들에 의해 역사성과 지속성을 갖게 된 것이다.

프랑스 왕실의 커피, 부르봉 커피

세계의 커피 역사에서 흥미로운 곳 중 하나는 프랑스령 레위니옹섬이다. 프랑스혁명 이전까지는 부르봉섬(영어 발음은 버번)으로 불렸던 이 섬은 마다가스카르 동쪽에 위치한 화산섬으로 제주도보다 조금 큰데, 중심부에 3,000미터 정도 되는 높은 산들이 솟아 있다. 무인도였던 이 큰 섬을 처음 발견한 것은 포르투갈인들이었다. 1507년이었다. 이후 프랑스가 점령하였고, 루이 13세가 부르봉섬이라고 이름을 붙였다. 프랑스혁명으로 부르봉왕조가 몰락하면서 레위니옹으로 불렸다가, 나폴레옹 시대에는 보나파르트섬이 되었고, 왕정복고 후에 다시 부르봉섬이 되었다. 1848년 혁명 후에 또다시 레위니옹섬이 되어 지금에 이르고 있다. 인도양의 진주, 인도양의 파라다이스라고 부를 정도로 자연환경이 아름다운 곳이다. 최근에는 영화 〈아바타〉의 촬영지로 유명해졌다.

아라비카종 커피의 2대 품종 중 하나가 부르봉종이다. 부르봉 커피의 기원에 관해서는 두 가지 이야기가 전해진다. 하나는 외부 전래설이고, 하나는 자생설이다. 전래설은 몇 가지가 있는데, 모두 예멘 모카항에서 시작한다.

1708년 모카항에서 출발한 두 척의 프랑스 무역선이 커피 씨앗과 60그루의 커피 묘목을 싣고 부르봉섬에 도착했고, 이때 옮겨 심어진 커피나무들은 모두 죽고 말았다. 이어서 1715년 듀프레스네 다르살 Dufresne d'Arsal 선장이 커피 이식을 다시 시도했는데 이번에는 두 그루가 살아남았다. 이 두 그루는 두 지역에 나뉘어 심어졌고, 1719년에 커피체리를 수확할 수 있었다. 1715년의 두 번째 커피 전파는 실패하였고 1718년의 세 번째 시도가 드디어 성공하였다는 또 다른 이야기도 전해진다. 이 커피나무는 1721년에 열매를 풍성하게 맺었다고 한다.

앵베르Imbert라는 인물이 등장하는 네 번째 이야기도 있다. 모카에 머물고 있던 그는 1712년에 예멘의 왕을 괴롭히고 있던 귀 염증을 치료해 줌으로써 왕의 신임을 얻었고, 그 대가로 60그루의 커피나무를 얻어 부르봉섬으로 가는 프랑스 배에 실어 보냈다. 1715년 부르봉섬에 도착했을 때 그중 20그루가 살아남았다. 이 나무들은 생데니스에 사는 마르탱Martin 형제에게 보내져서 보살핌을 받았는데, 그중 오직 두 그루만 살아남았다. 1718년에 이 두 그루로부터 117개의 묘목을 생산함으로써 이 섬에서의 커피 재배가 본격화되었다는 것이다.[2] 다른 커피 전파 관련 스토리처럼 음모나 사랑 등 영웅적인 인물이나 서사가 등장하지는 않지만, 커피 전파나 재배의 어려움을 보여 준다는 점에서는 공통적이다.

한편 자생설은 '마룬Maroon'이라는 커피가 1711년에 이 섬의 서쪽 해안에 있는 생폴 근처의 600미터 산지에서 발견되었다는 데서 시작한다. 이것을 발견하여 파리로 시험 삼아 가져간 사람은 다르당쿠르d' Hardancourt(1664~1719)라는 인물이다. 모리타니아Mauritania 커피와 유사한 종으로 당시에는 일부 사람이 모카 커피와 비슷하게 훌륭한 맛을 가진 것으로 평가하기도 했다. 다르당쿠르는 이 자생 커피에 대해 생두 모양은 모카 커피보다 조금 크고, 끝부분이 조금 뾰족한 모양을 지녔다는 기록을 남겼다. 유명한 식물학자 쥐시에는 "부르봉 커피와는 다르다. 생두가 조금 길고 날씬하며, 녹색은 더 진하다"고 묘사하였다. 커피 열매를 2년에 한 번 정도 맺는다는 단점도 있었다. 이로 인해 예멘에서 건너온 커피와의 경쟁에서 서서히 밀려나고 말았다는 것이다.[3]

부르봉 커피가 처음으로 파리에 소개되었을 때 반응은 좋지 않았다. 커피 상인들은 이 커피에 대해 "비록 커피를 닮았지만 커피라고 부를 수 없을 정도"라고 혹평을 하였다. 그럼에도 1719년에는 779그루, 1720년에는 7,000그루로 늘어났다. 프랑스에서의 카페 유행과 함께 점차적으로 재배 지역이 늘어 1727년경에는 25만 파운드(레꼴리에 등

Lécolier etc.) 혹은 10만 파운드(안토니 와일드)를 생산하기에 이르렀다. 노예 1명당 200그루의 커피나무를 기르도록 농민들에게 할당량을 부여하는 가혹한 정책의 결과였다.[4]

생산량이 늘었음에도 1730년대까지 이 커피에 대한 혹평은 이어졌다. 곰팡이 냄새가 난다거나 설익은 맛이 난다거나 하는 비판이 지속되었다. 당시 파리 사람들의 평가 기준은 아마도 오랫동안 익숙하였던 예멘의 모카 커피였을 것이다. 이 새로운 커피가 파리 사람들의 미각에 다가가는 데는 시간이 필요했다.

부르봉 커피의 전성시대를 연 것은 1715년 다섯 살의 어린 나이에 등극한 루이 15세였다. 커피를 사랑한 황제로 알려진 루이 15세는 왕실에서 마시는 커피는 부르봉섬에서 생산되는 커피여야 한다고 선언했다. 부르봉 커피는 이렇게 프랑스 왕실의 커피 공급을 독점하면서 점차 유명해졌다. 1744년 즈음에는 생산량이 연 250만 파운드에 달했다고 한다. 왕실의 후원하에 부르봉섬에서 한때는 연 600만 파운드의 커피가 생산되었다.

그러나 1767년 프랑스 왕실에 대한 커피 독점 공급이 종료되면서 부르봉섬의 커피 산업은 서서히 내리막길에 들어섰다. 1806년과 1807년에 닥친 두 차례의 사이클론(열대 저기압)과 이어진 가뭄, 1810년의 커피 녹병 그리고 카리브해산 커피의 등장 등으로 이 지역 커피 농장 대부분이 파괴되고 말았다. 이후 부르봉섬에는 커피 대신 사탕수수 재배가 유행하였다.

현재 우리가 마시는 아라비카종의 2대 커피 중 하나가 바로 레위니옹섬을 통해 전파된 부르봉종이고 다른 하나가 자바와 카리브해를 통해 전파된 티피카종이다. 이 두 종에서 파생된 다양한 아종이나 변종이 현재 아라비카종 커피의 대부분을 차지하고 있으며, 적게는 20여 가지, 지역 이름을 붙여 구분하면 200여 가지 이상에 이르고 있다. 부르봉종 커피는 티피카종에 비해 나무는 조금 작지만 나뭇가지는 더 무성하다. 티피카에 비해 잎이 넓고 커피체리는 더 둥근 모양이며, 생산량도 20~30퍼센트 정도 더 많다. 보다 달콤하고 균형 잡힌 밝은 산미를 자랑하는 우수한 커피지만 기후나 토양에 예민하기 때문에 키우기 어렵다는 단점이 있다.

부르봉 커피는 20세기 초반 아프리카 동쪽 그리고 남아메리카의 여러 지역으로 전파되었다. 프랑스의 식민지 개척자들의 물질적 욕심과 선교사들의 종교적 신념이 만들어 낸 결과였다.[5]

한편 부르봉섬에서 커피 산업이 다시 부흥한 것은 21세기 들어서였고, 이를 선도한 것은 일본의 유명한 커피 로스팅업체 우에시마 커피 Ueshima Coffee의 요시아키 카와시마였다. 이때부터 다시 세계 커피 시장에 등장하여 관심을 받게 된 것이 부르봉 포인투Bourbon Pointu라는 이름의 커피다.

부르봉 커피의 기원에 대해서는 자생설이나 전래설 외에도 돌연변이설이나 자생종인 모리셔스 커피와 아프리카 커피의 혼종설 등이 있다. 최근의 과학적 연구에 의하면 부르봉 포인투 커피는 예멘을 통해 들어온 아프리카산 아라비카종으로부터 발생한 돌연변이의 일종이라고 한다.[6]

커피 전파의 역사에서 레위니옹과 부르봉이라는 이름은 조금 과장된 측면이 있다. 에티오피아 혹은 모카나 예멘이 차지해야 할 명성을 나누거나 가로챈 것이다. 아라비카종 커피를 대표하는 두 종의 하나에 부르봉이라는 이름을 붙인 것이 그렇다. 커피 역사에서 레위니옹 혹은 부르봉이 역할을 한 것은 1900년대 초반에 기독교 선교사들이 이 섬의 커피를 아프리카 동쪽과 남아메리카 지역으로 옮겨 심은 것 이외에 대단한 흔적은 없다.

세인트헬레나에 뿌려진 커피 씨앗

영국은 아라비아 지역에서의 커피 무역에는 일찍부터 관심이 많았지만 식민지에서 직접 커피 농장을 설립·운영하는 것에 대한 관심은 늦은 편이었다. 그들은 커피 무역은 하였지만 어느 지역에 정착하거나 작물을 재배하지는 않았다. 당시 영국이 지배하고 있던 지역 중에서 커피를 재배하기에 적합한 기후와 토양 조건을 갖춘 유일한 지역은 대서양 한가운데 있는 세인트헬레나섬이었다. 대규모 농장을 운영하기에는 자바나 부르봉에 비해 작은 섬이었다.

1720년대 초반부터 모카항의 동인도회사 책임자로 활동하였던 프란시스 디킨슨은 여러 방면으로 커피나무를 구하여 세인트헬레나섬으로 옮겨 심으려 했지만 실패를 거듭하였다. 당시 모카항에서는 네덜란드, 프랑스, 포르투갈 등이 패권 경쟁을 하고 있었고, 지역의 통치를 둘러싼 내부 불안도 컸다. 모카항의 전성시대가 저무는 시점이었다. 이런 불안 속에서 커피 묘목의 반출에는 엄청난 벌금이 부과되고 있었기 때문이었다. 디킨슨은 결국 1733년에 커피 묘목 대신 커피 씨앗을 배에 실어 세인트헬레나섬으로 옮기는 것을 선택하였다. 비록 커피 씨앗이 파종되고 재배에 성공하였지만 이것을 상업적으로 확대하려는 어떤 시도도 하지 않았다. 결국 세인트헬레나에서 시도한 영국 동인도회사의 커피 경작은 헛일이 되고 말았다. 19세기 초 나폴레옹이 이곳으로 유배를 오기 직전까지도 이 섬에서의 커피 경작은 제대로 이루어지지 않았다.

사랑과 음모의 전설, 브라질 커피

커피에 관심이 없던 시절인 2004년 브라질을 방문하였을 때 이런 얘기를 듣고 놀란 적이 있다. 브라질에 입국할 때 일반적으로 여권을 보여 주면 힘들지 않게 입국이 허용되지만, 미국인들에게는 영어가 아니라 포르투갈어로 입국 이유 등을 물어보고, 대답을 잘 못하면 쉽게 입국이 허용되지 않는다는 얘기였다. 이와 함께 브라질 사람들은 영어로 된 자료를 보여 주면 굉장히 싫어한다는 이야기도 들었다. 실제로 브라질에 체류하는 동안 미국에 대한 브라질 사람들의 반감을 느끼기도 하였다. 두 나라는 우리와 일본처럼 지리적으로 가까운 이웃도, 전쟁이나 식민지 관계를 경험한 사이도 아닌데 왜 그럴까 궁금했다.

10년쯤 지나 커피 역사를 공부하면서 그 배경 중 하나가 커피라는 것을 깨닫게 되었다. 19세기 후반부터 반복된 커피를 둘러싼 전쟁이 총을 든 전쟁만큼이나 생사가 달린 문제였다는 것을 커피 역사를 통해 비로소 알게 된 것이다.

현재 세계 커피 소비량의 3분의 1 정도를 생산하고 있는 브라질에 커피가 언제 어떤 루트로 들어갔을까? 아라비카종 커피 전파의 역사에서 자주 등장하는 음모, 절도, 사랑의 이야기를 가장 잘 보여 주는 사례가 브라질이다. 카리브해로 커피가 전래된 7년 후인 1727년에 프랑스령 기아나와 네덜란드령 기아나(현 수리남) 사이에 국경 분쟁이 발생하였다. 이를 중재할 임무를 띠고 포르투갈 출신 브라질 장교 프란치스코 드 멜로 팔헤타 중령이 초청되었다. 이 두 나라는 브라질에 앞서 이미 프랑스와 네덜란드로부터 커피를 전달받아 재배하고 있었다. 팔헤타는 자국으로 커피 씨앗을 가져가려고 모든 노력을 다했지만 여의치 않았다. 심지어 프랑스 총독의 부인을 유혹해 커피체리를 극적으로 손에 넣었다는 풍문도 남기고 있다. 이 씨앗들이 브라질의 북동쪽 파라 지역에 심어진 것이 세계 최대 커피 생산국 브라질을 탄생시킨 순간이었다. 물론 팔헤타의 전설적 이야기도 여러 가지 버전이 존재한다. 팔헤타의 성공적 임무 수행으로 평화를 찾은 프랑스령 기아나의 총독 클로드 길로에 도빌리에가 감사의 선물로 커피나무를 주었다는 얘기도 있다.

어찌되었든 카리브해를 거쳐 브라질에 심어진 커피나무는 이후 크게 번창하였다. 19세기 중반 이후 브라질은 주요 커피 생산국이 되고, 미국은 커피 소비 시장의 큰손이 되어 첨예하게 대립하기 시작하였다.

6

노예가 만든 커피,
커피가 만든 혁명

아프리카 노예의 눈물로 자란 중남미 커피

노예제는 인류의 역사만큼이나 오래된 뿌리 깊은 악행이다. 우리 시대
가 기억하는 가까운 과거의 노예제는 아프리카인들에 대한 백인 기독
교인들의 비인간적 대우와 연계되어 있지만, 근대 이전의 노예제는 인
종, 피부색, 신앙과 무관하게 자행된 측면이 있다. 주로 전쟁의 결과물
인 전리품의 하나로 취급되던 패전 포로들이 노예로 전락하는 경우가
대부분이었다. 역사적 기록에 선명하게 남아 있는 이집트에 의한 이스
라엘 민족 노예화, 로마와 그리스인들에 의한 지중해 주변 민족 노예
화, 아랍인들에 의한 동아프리카 흑인 노예화 등이 대표적이다. 14세기

전후 이베리아반도를 점령한 아랍인들에 의한 백인 기독교도 노예화도 흥미로운 사례이다.

인류 역사에 노예제도라는 악을 다시 소환한 것은 식민주의였고, 이를 시작한 것은 포르투갈이었다. 포르투갈로의 첫 노예 수출이 이루어진 것은 1444년이었다. 아프리카에서 사온 노예를 포르투갈 알그라베 지방의 라고스에서 매매하였다. 이들 초기 노예들이 팔려 간 곳은 아프리카 북서쪽 대서양의 마데이라섬 사탕수수 농장이었다. 이 노예들을 보고 탐험을 꿈꾸게 된 사람이 바로 이 섬에 살고 있었던 크리스토퍼 콜럼버스였다. 사탕수수 판매업자였던 콜럼버스는 1494년에 카리브해의 히스파뇰라(지금의 아이티와 도미니카공화국이 있는 섬)를 발견하고, 이곳에 거주하던 타이노인디언 다수를 노예로 만들어 스페인 세비야에 있는 친구에게 넘겼고, 다음 해에는 400명의 노예를 실어 보냈다.[1]

이처럼 초기 노예는 서인도제도에서 이베리아반도로 향하였다. 그러나 성공적이지는 못했다. 추운 기후와 고된 노동에 적응하지 못해 이들 중 절반이 죽었다. 죽은 것은 끌려간 노예들만이 아니었다. 백인들이 퍼뜨린 천연두, 콜레라, 그리고 가혹한 점령 정책으로 인해 지역 원주민들 대부분이 한 세대 만에 거의 사라질 지경이었다.

1510년, 스페인 왕 페르디난드가 히스파뇰라 광산 개발을 위해 흑인 노예무역선 운항을 승인한 것이 최초로 공인된 아프리카 노예무역이었다. 이후 스페인에 의한 아프리카 노예사냥과 수출은 봇물을 이루었다. 스페인은 이들 아프리카 출신 노예들을 이용해 쿠바, 파나마, 멕시코, 페루 등에 대한 점령과 지배를 이어갔고, 가끔은 노예를 점령군 지휘관이나 함장으로도 활용함으로써 이후 이 지역에서의 인종 간 엄격한 계층 구조를 만들어 나갔다. 18세기 후반에 커피 재배가 이 지역에 소개될 때 이런 계층 구조가 그대로 활용되었다.

스페인이 본격화한 노예 기반 경제는 포르투갈에 의해 브라질에서 복사되었고, 이어서 영국과 프랑스가 서인도제도에서 똑같이 따라하였다. 그리고 마지막에는 미국의 식민지에서 완결된 형태에 이르렀다. 이런 과정을 가장 잘 소개하고 있는 것은 안토니 와일드의 책 《커피: 어 다크 스토리》이고, 이 책의 부제에 '다크Dark'가 들어간 이유이다.

북아메리카 대륙에 식민지 발판을 마련한 영국과 프랑스는 머지않아 커피 생산의 중심지로 떠오르게 되는 카리브해의 섬들로 진출하였다. 이 지역을 차지하고 있던 스페인의 저항을 물리치면서 영국은 자메이카(1655)를, 프랑스는 히스파뇰라 서쪽 생도밍그(1605)와 마르티니크(1635)를 차지하였다. 동인도에서 세력을 떨치고 있던 네덜란드는 기아나를 손에 넣었다. 18세기 초까지만 해도 이 지역의 경제는 주로 노예를 이용한 사탕수수 재배와 무역이 중심이었다. 새로운 작물인 커피가 이 지역에 소개될 당시에는 이미 사탕수수 생산을 위한 대규모 농장제도가 정착된 상태였다. 사탕수수 재배는 평지에서 이루어진 반면 커피 재배는 유휴지인 산악지대를 이용하는 것이 큰 이점이었다. 두 작물은 경쟁 작물이 아니라 보완 작물이었다. 1770년대에 커피는 에이커(1,224평)당 25파운드의 수익을 올렸다. 투자금의 4~5배에 이르는 수익이었다.[2]

17세기에 이루어진 아프리카로부터의 대규모 노예 공급과 준비된 농장제도가 없었더라면 중남미와 카리브해에서의 커피 생산은 쉽게 성공하지 못했을 것이다. 영국이 앞장서고, 프랑스와 포르투갈이 동참한

17세기 아프리카 흑인의 노예화 규모는 상상을 초월할 정도였다. 한 해에 수만 명에서 수십만 명의 아프리카 주민들이 자메이카로, 마르티니크, 과달루프, 생도밍그, 브라질, 페루, 베네수엘라, 뉴스페인(멕시코) 그리고 콜롬비아로 노예라는 이름의 '검은 상품'이 되어 끌려 갔다.

노예무역을 지배하고 있던 나라는 영국이었다. 노예무역이 폐지된 1807년 당시 전체 노예무역의 절반가량이 영국에 의해 이루어지고 있었다. 노예무역과 노예노동으로 수익을 얻는 일에서 종교와 교파는 중요하지 않았다. 영국 성공회, 미국 퀘이커, 프랑스 가톨릭과 위그노, 네덜란드 칼뱅파와 포르투갈 예수교 모두 자신들의 양심이나 종교적 신념을 경제적 이득에 맞추어 마음대로 조절했다. 모든 것은 하나님의 뜻에 합당한 것으로 해석하였다. 19세기 초 노예무역에 대한 비판과 노예무역 폐지운동이 실현될 때까지 아프리카 주민들의 고통은 유럽 기독교인들의 안중에 없었다.[3]

안토니 와일드에 의하면 노예 한 명 가격은 당시 럼주 130갤런 정도였다.[4] 지금 럼주 가격으로 환산하면 우리 돈 400만 원 내외인 셈이다. 2020년 현재 우리나라에서 거래되는 송아지 한 마리 가격과 비슷하다.

노예를 기반으로 한 농장제도 덕분에 커피 재배는 급속도로 확대되었다. 영국은 1730년에 자메이카에 커피를 옮겨 심었다. 스페인은 1748년에 쿠바, 1750년에 과테말라, 1764년에 페루, 1779년에 코스타리카, 1784년에 베네수엘라, 그리고 1790년에 멕시코에 옮겨 심었다. 포르투갈이 브라질에 커피를 옮겨 심은 것은 1752년이었다. 팔헤타의 전설과 같은 무용담과는 30년 차이가 난다. 브라질산 커피가 처음으로 포르투갈 리스본으로 수출된 것이 1765년이었고,[5] 뉴욕에 도착한 것은

1809년이었다.[6]

프랑스 군인 드 클리외가 마르티니크에 커피나무를 전하던 당시에 이 섬에는 이미 10만 명의 노예들이 끌려와 사탕수수 농업에 종사하고 있었다. 커피 전파가 처음 시도되었던 생도밍그에는 18세기 후반 노예혁명 즈음에 4만 명의 백인과 5만 명의 원주민, 그리고 45만 명의 흑인 노예가 살고 있었다. 세계 커피 생산량의 약 절반을 생산하고 있던 이 섬은 노예혁명과 독립 이후 백인들이 모두 쿠바로 떠났고, 커피 생산량은 급격히 하락하기 시작하였다.[7]

커피나무가 아메리카 대륙에서 본격적인 재배와 생산을 시작한 18세기는 유럽인들에 의한 노예무역의 절정기였다. 그리고 노예들의 저항이 시작된 시기이기도 하다. 1791년 생도밍그에서 투생 루베르튀르가 이끄는 노예들이 섬을 차지하려던 영국과 스페인 군대를 차례로 물리쳤다. 마지막에는 식민지 종주국이었던 프랑스 세력을 축출하였다. 1802년 커피 생산지를 다시 찾아 명예를 회복해야 했던 나폴레옹이 매제 샤를 르클레르를 지휘관으로 하는 군대를 보내 대부분의 도시를 점령하고 루베르튀르를 포함한 노예 지도자들을 생포하여 프랑스 감옥으로 보냈다. 1803년 4월 루베르튀르가 감옥에서 처참하게 죽자 섬에 잔류해 있던 흑인 노예들은 흥분했고, 결국 그들에 쫓겨 프랑스 군대는 철수해야 했다.

1804년에 드디어 인류 최초의 노예들의 국가 아이티공화국이 수립되었다. 이 전쟁에서 패한 나폴레옹은 루이지애나를 미국에 1,500만 달러에 매각하는 것을 끝으로 아메리카 대륙 경영에서 손을 뗐다. 루베르튀르의 영향을 받아 백인 지배에서 벗어나고자 하는 독립운동이 뉴스페인(멕시코)과 베네수엘라 등에서 연이어 발발하였다.

노예무역은 1803년 덴마크를 시작으로 1824년까지 영국, 미국, 프랑스, 네덜란드, 스페인, 그리고 스웨덴이 순차적으로 폐지하였다. 노예무역 폐지에 이어 노예제도도 폐지되었다. 1833년 영국, 1848년 프랑스, 그리고 1863년 네덜란드 순이었다. 미국에서는 링컨 대통령에 의해 1863년 1월 1일을 기해 모든 노예가 해방되었다. 스페인 점령지였던 푸에르토리코에서는 1873년, 쿠바에서는 1880년에 폐지되었다. 비록 노예무역과 노예제가 폐지되었지만 서구 사회에서 노예 밀거래와 노예 출신 유색인에 대한 착취는 이후에도 오랫동안 지속되었다. 19세기에 미국을 중심으로 본격화된 커피 소비의 대중화와 이에 따른 증산의 필요성은 노예노동의 근절을 어렵게 만드는 요인 중 하나였다. 소비 증가에 맞추어 생산이 증가하지 않으면 소비자 가격은 폭등할 수밖에 없었고, 생산을 증가시키는 방법은 재배 지역의 확대와 필요한 노동력의 확보였다. 물론 노동력은 저렴해야 했다.

18세기를 전후하여 300년 이상 지속된 노예제는 서구인들이 공유하고 있던 문명화 야욕이 그 밑바탕에 깔려 있었다. 18세기 계몽주의가 '문명'이라는 단어를 발명했고, 그로부터 세계는 문명과 비문명으로 나뉘었다. 서구인, 백인, 기독교인에 의한 비서구인, 유색인, 비기독교인에 대한 억압이나 폭력은 문명화로 미화되었다. 하늘이 그들에게 부여한 '자명한 사명manifest destiny' 혹은 세계의 문명화를 위해 짊어져야 하는 마땅한 '백인들의 짐whiteman's burden'으로 합리화되었다. 서구 기독교인들의 수백만 북아메리카 원주민에 대한 학살과 레오폴트 2세 치하 벨기에에 의한 1,000만 콩고인 학살은 모두 문명화라는 미명하에 벌어진 일이었다.[8] 이후 식민지 지배와 착취를 근대화라는 말로 대체하여 위로받으려는 시도는 지구상 곳곳에서 반복되었다.

문명인들이 펼쳐 놓은 커피 농장에서 목숨을 담보로 땀을 흘리는 것은 비문명인(야만인)들의 숙명처럼 여겨졌다. 프런티어frontier는 문명과 야만을 가르는 경계선이었다. 커피가 지중해를 건너고 서구인들이 본격적으로 즐기기 시작하면서, 커피라는 식품의 경우 생산은 비문명인들이 하고 소비는 문명인들이 하는 괴팍한 음료가 되어 갔다. 커피가 가는 길에 폭력과 교역은 따라다녔다.[9]

유럽의 커피 소비국들에서 계몽주의의 발달과 함께 커피가 소통의 음료로, 카페가 소통의 장소로 널리 퍼져 나갈 즈음 지구의 다른 한편에서는 노예제라고 하는 반인륜적인 제도를 바탕으로 커피 생산은 급속도로 확대되었다.

카페에서 시작된 프랑스혁명

18세기의 서양을 상징하는 단어는 전쟁과 혁명, 그리고 계몽이다. 1701년 스페인 왕위계승전쟁에서 시작된 제2차 백년전쟁은 1815년 나폴레옹의 실패에 이르기까지 유럽 전체를 전쟁의 소용돌이로 몰아넣었다. 오스트리아 왕위계승전쟁, 미국의 독립전쟁, 그리고 나폴레옹전쟁 등이 이어졌다. 프랑스는 이 모든 전쟁의 당사자였거나 참여자였다.

전쟁과 함께 다양한 영역에서 혁명이 이어졌다. 영국의 산업혁명, 프랑스의 시민혁명, 미국의 독립혁명 등이 그것이다. 이 세 가지에 하

커피 세계사

나가 더해지는 경우도 있다. 18세기 프랑스를 중심으로 발달한 반가톨릭적, 반귀족적 시와 소설, 그리고 왕실 중심의 장엄함에서 벗어나 화려함과 섬세함을 특징으로 한 새로운 예술 형식인 로코코 양식의 등장을 합해서 일컫는 이른바 문화혁명이다. 몽테스키외를 비롯하여, 볼테르, 디드로, 루소 등이 중심인물이었고, 이들이 즐겨 찾던 장소는 지난 세기말에 문을 연 카페 프로코프였다.

18세기의 막이 오를 때 프랑스는 루이 14세의 통치하에 있었다. 통치 전반기에는 프랑스의 명성이 절정에 이르기도 하였지만, 후반기에는 힘을 잃어 갔다. 막바지인 1713~1714년부터 프랑스는 주변국들과 체결한 조약을 통해 유럽의 패권을 내려놓기 시작하였다. 루이 14세는 전쟁으로 인한 재정난을 극복하고, 화려한 궁정생활을 유지하는 데 필요한 자금을 마련하기 위해 시민들의 모든 영역에 절대권력을 휘둘렀다. 커피를 포함한 음료의 판매권을 특정한 사람이나 회사에 몰아 주거나, 판매를 할 수 있는 권리인 특허권을 발급해 주는 대가로 돈을 받기도 하였다. 이 정책은 커피를 판매하는 사람들이나 커피를 소비하는 사람들 모두에게서 환영받지 못했고, 왕실은 업자들로부터 작은 돈을 얻는 대신 국민들로부터 신뢰를 잃었다. 1715년 루이 14세의 사망과 다섯 살에 불과한 루이 15세의 등극은 프랑스를 이끌어 온 부르봉왕조의 쇠퇴를 가속화했다.

파리에서의 카페 유행과 커피의 대중화, 그리고 프랑스 식민지에서의 커피 생산량 증가는 동시에 이루어졌다. 그래서 18세기 중엽에는 프랑스인들이 마시는 모든 커피는 식민지로부터 들여오는 커피로 충당할 정도가 되었다. 예멘의 커피 무역을 독점하던 경쟁국 네덜란드 상인들에게 더 이상 의존할 필요가 없었다. 부르봉섬에서는 커피 생산량의 과다로 재배 지역의 제한을 고려해야 하는 지경에 이르렀다. 넘치는 커피는 좀 더 맛있는 커피에 대한 기대감을 불러 일으켰다. 오랜 관습이었던 볶은 커피를 물과 함께 끓이는 방식에서 벗어나, 커피 가루를 넣은 양말 모양의 천에 끓인 물을 부어서 추출하는 방식을 고안해 낸 것이 18세기 초 프랑스인들이었다.[10] 이 방식은 훗날 드립식과 퍼콜레이터 percolator 방식으로 발전하였다.

신뢰를 잃었으나 회복에 힘쓰려 하지 않는 전제군주의 무능, 전쟁과 착취의 소용돌이 속에서 일반인들은 피곤하고 곤궁한 삶을 살아야 했다. 국민의 2퍼센트에 불과한 성직자와 귀족들은 면세특권을 부여받아 화려한 생활을 지속하였지만, 85퍼센트에 달하는 농민들은 이들의 화려한 생활을 돕기 위해 과도한 납세의 의무를 다해야 했다. 나머지 계층인 봉건 영주와 관료 그리고 상인들은 자신들의 자리와 부를 지키는 데 여념이 없었다. 특히 루이 15세의 사치와 낭비로 재정난은 갈수록 심화되었고, 이를 해결하고자 선택한 증세와 국채 발행은 왕정에 대한 신뢰를 무너뜨리는 결과를 가져왔다. 1774년에 즉위한 루이 16세가 반전을 꾀하는 개혁을 시도하였지만 이조차도 기득권에 안주하고자 했던 귀족들과 고등법원의 반대로 실패하였다. 이것이 이른바 앙시앵레짐(구체제) 하에서 군림하던 군주와 고통받는 프랑스 국민들의 모습이었다.

18세기 로코코 시대는 모든 사람들이 새로운 세상을 꿈꾸며, 자유롭게 생각하고, 자유롭게 행동하던 시절이었다. 그런데 신기한 것이 있었다. 왕정의 한가운데 자리 잡고 있던 통치자, 왕정을 지지하는 귀족들, 그리고 왕정을 반대하는 계몽된 시민들의 눈과 정신을 지배하고 있던 것은 모두 달랐지만 그들의 코와 입을 지배하기 시작한 물질은 같았다. 바로 커피였다. 깨어나기 시작한 시민들이 모여들기 시작한 장소가 바로 카페였고, 이들의 의식에 생명을 불어넣기 시작한 음료가 바로 커피였다.

"커피는 많은 바보들이 일시적으로나마 현명한 행동을 하게 만든다"는 몽테스키외의 말에 끌리듯이 그동안 구체제에 복종하며 살던 시민들이 커피 향을 맡고 움직이기 시작하였다. 루이 15세가 즉위한 직후인 1720년경 파리에는 380개의 카페가 있었다.[11] 이전 베네치아나 런던, 빈에 등장한 카페가 특정 계층의 전유물이었다면, 파리에 등장한 카페는 다양한 신분과 직업을 가진 사람들이 출입하였다는 점에서 혁명으로 가는 길목의 역할을 하기에 충분하였다. 초기의 카페들은 영국의 커피하우스들이 그랬듯이 대체로 동질적인 사람들의 대화 공간이었다. 반면, 18세기 중반 파리의 카페는 이질적인 사람들이 모여서 서로의 마음속에 숨어 있던 작은 동질성을 발견하거나 만들어 가는 공간이었다. 비슷한 일을 하는 사람들이 찾는 유명한 카페들도 있었지만 대다

카페 프로코프.

1686년 파리에서 문을 연 카페 프로코프는 파리를 중심으로 전개된 18세기 유럽 문화혁명의 진원지였다. 몽테스키외, 볼테르, 루소가 이곳에서 커피를 마시며 글을 썼고, 디드로는 이곳에 앉아서 당대 최고의 지식인들이 쓴 원고를 모아 백과사전을 편찬하였다. 가난한 장교였던 나폴레옹이 모자를 맡기고 커피를 마신 곳으로도 유명하다. 출처: Cafe Le Procope 홈페이지.

수의 카페들은 열린 공간이었다.

한 세대 전까지 프랑스 사람들의 여가 시간과 정신을 지배하였던 살롱과 와인의 자리를, 정신을 맑게 해주는 새로운 음료인 커피와 카페가 차지하기 시작하였다. 정신이 맑아진 시민들에게 루이 16세가 휘두르는 징세의 칼은 두려움의 대상에서 증오와 저항의 대상으로 바뀌어 갔다. 거기에 불을 붙인 인물들은 계몽주의자들이었으며, 이들이 마시는 음료는 커피였고, 이들이 모이는 장소는 카페였다. 정치적 담론으로 시끄러운 곳이었지만 적지 않은 세금을 납부하는 곳 또한 카페였다. 이를 막는 것은 재정적으로 파탄난 왕실에 달갑지 않은 결과를 가져다줄 게 뻔했다. 지배자의 물질적 욕망과 피지배자들의 정신적 욕망이 타협한 18세기 후반, 파리 시내에는 800여 개의 카페가 성업 중이었다. 일부 학자들은 당시 2,000개의 카페가 성업 중이었다고 주장한다.

1789년 7월 12일 일요일, 카페의 거리였던 팔레루아얄에서 변호사 출신 언론인 카미유 데물랭이 혁명을 촉구하는 연설을 하였다. 바로 그 유명한 카페 프와Café Foi에서였다. 데물랭의 연설에 감동한 카페 손님들이 거리로 뛰쳐나와 행진을 시작함으로써 혁명이 시작되었다. 카페 프와에 모인 시민들은 숙청 명단을 만들었고, 이들의 머리를 카페 카보 Café Cabo로 가져오면 현상금을 준다는 공고가 나붙었다.[12] 카페가 시민 혁명의 기지였다. 이틀 후인 7월 14일 바스티유 감옥이 시민들에게 정복되고, 시민들의 뜻이 정치에 반영되는 민주주의의 문이 열리기 시작하였다. 커피를 좋아했던 대표적 인물인 보나파르트 나폴레옹이 20세, 그리고 베토벤이 19세 되던 해였다.

커피와 함께한 미국의 독립전쟁

현재 세계 커피 산업과 소비의 중심이 북아메리카라는 데 이의를 제기할 사람은 없다. 20세기의 시작과 함께 미국은 세계 커피 시장의 중심이 되었다. 국제커피기구International Coffee Organization(ICO) 발표에 의하면 2021년 2월 기준으로 미국은 전 세계 1년 커피 수입량 1억 2,941만 4천 자루(자루 당 60kg)의 22퍼센트인 2,836만 2,000자루를 수입한 것으로 나타났다. 커피 수입이나 소비량에서뿐 아니라 세계의 커피 문화를 선도하는 것도 미국이다. 미국은 커피 제1의 물결부터 현재 경험하고 있는 제3의 물결에 이르기까지 새로운 커피 문화를 창출하고 이끌고 있다.

미국의 커피 역사를 가장 잘 정리한 《올 어바웃 커피》(1922년 초판)의 저자 우커스에 따르면 미국에 커피가 전해진 연도와 최초로 등장한 커피하우스의 사례는 명확하지 않다.[13] 영국, 네덜란드, 프랑스 등이 북아메리카 여러 지역에 식민지를 개척하였고, 이들 지역에서의 커피 관련 초기 역사를 보여 주는 신뢰할 만한 문헌이 부족하다. 게다가 식민지 미국에서는 커피 판매를 위해 새로 커피 전문점을 열기보다는 기존의 술집이나 여관에서 새로운 음료인 커피를 메뉴에 추가하는 방식이었기 때문이다.

미국 최초로 커피하우스가 문을 연 곳은 1689년 식민지 문화의 중심지 보스턴이었다는 주장(마크 펜더그라스트)도 있지만[14] 명확한 근거는 없다. 벤저민 해리스라는 인물이 보스턴에 있던 '런던'이라는 이름의 커피하우스에서 책을 팔았다는 내용이 1856년(우커스는 1854년으로 서술)

에 간행된 새뮤얼 가드너 드레이크Samuel Gardner Drake의 《보스턴의 역사와 풍속The History and Antiquities of Boston》에 나오는 것을 근거로 내세우지만 이것이 미국 최초의 커피하우스인지는 분명하지 않다.

우커스에 의하면 북아메리카 식민지에 커피 이야기를 처음으로 전한 사람은 버지니아의 제임스타운에 식민지를 개척한 존 스미스John Smith 선장이다.[15] 영국은 여러 차례의 시도 끝에 1607년 드디어 신대륙 정착에 성공하였다. 하지만 최초의 이주민 144명 중에서 1년 후까지 살아남은 사람은 스미스 선장을 포함해 38명뿐이었다. 영화 〈포카혼타스〉의 주인공으로 등장하는 스미스 선장 또한 몇 차례 위기를 넘기고 1년 정도 정착지에 머무른 후 영국으로 귀환하였다. 우커스는 스미스가 신대륙으로 향하기 전에 커피 무역과 커피 문화가 발달하였던 네덜란드와 오스만터키, 그리고 러시아를 여행하였다는 사실에 근거해 그가 커피 이야기나 커피를 신대륙에 전했을 것으로 해석하였다.

이후 1620년 메이플라워호가 포츠머스에 도착했을 때나, 1624년 네덜란드 서인도회사 선박이 맨해튼에 도착했을 때에도 커피를 전하였다는 기록이나 흔적은 남아 있지 않다. 맨해튼을 점령하였던 1664년까지 네덜란드인들에 의해 커피가 전해졌을 가능성이 적지는 않지만 기록으로 전하는 것은 없다.

뉴욕에서의 커피 음용에 관해 남아 있는 최초의 기록은 1668년이고, 이에 의하면 당시 뉴욕에서는 볶은 커피 원두로 음료를 만들고 여기에 설탕이나 꿀, 계피 등을 타서 마셨다고 한다.[16] 뉴욕 시민들이 하나둘 커피의 유혹에 넘어가기 시작한 출발점이었다. 이후 1670년대와 1680년대에는 커피에 관한 신문 기사나 기록들이 많아질 정도로 커피는 식민지 미국인들의 음료로 자리 잡기 시작하였다.

이처럼 신대륙 미국에서의 초기 커피 문화는 대단히 폭발적이지는 않았다. 술집이나 여관에서 각종 술이나 차와 함께 파는 음료의 하나였을 뿐이다. 보스턴은 커피하우스와 선술집의 중심 도시였다. 이들 중 커피 역사에서 주목할 만한 곳은 1697년에 문을 연 그린드래곤Green Dragon이다. 훗날 다니엘 웹스터는 이곳을 '혁명의 본거지'라고 표현할 정도로 존 아담스, 제임스 오티스, 폴 리비어 등이 혁명을 모의하였던 장소로 유명했다. 1712년경 프랜시스 홈스가 운영하던 필라델피아의 '번치오브그레이프스Bunch of Grapes'라는 이름의 커피하우스는 1776년 7월 4일 독립선언서를 낭독하였던 장소로 유명하다. 이외에도 보스턴에는 크라운Crown, 킹스헤드King's Head, 런던London, 그리고 브리티시British라는 이름의 영국풍 커피하우스들이 생겨났으나 독립전쟁과 함께 명칭을 바꾸거나 문을 닫아야 했다.[17]

기록에 의하면 뉴욕에 등장한 최초의 커피하우스는 1696년 브로드웨이에 세워진 킹스암즈King's Arms이다. 1729년에는 지역 최초의 신문 《뉴욕 가제트New York Gazzett》에 커피하우스 광고가 실렸다. 이 당시 신문에는 '익스체인지Exchange'라는 이름의 커피하우스가 등장하여 1750년대까지 나타났고, 이어서 유명한 '머천트Merchant'라는 커피하우스가 등장하여 인기를 끌었다. 머천트의 명성은 1789년 4월 23일 조지 워싱턴이 미합중국의 초대 대통령에 당선된 직후 환영행사를 이곳에서 개최하였을 때 절정에 달하였다. 이후에도 18세기 후반에는 '화이트홀Whitehall', '뱅크Bank' 그리고 '톤틴Tontine' 등 커피하우스들이 뉴요커들의 발길을 사로잡았다.[18]

미국의 커피 이야기에서 빼놓을 수 없는 장면은 독립전쟁의 서막을 알린 이른바 '보스턴 차사건'이다. 17세기부터 영국의 식민지 개척에 앞장섰던 동인도회사는 18세기 후반 들어 파산 위기에 직면했다. 영국은 동인도회사를 구하기 위해 이 회사의 차 공급에 따른 세금을 파격적으로 감면해 주었다. 이로 인해 식민지 지역의 차 수입상들은 경쟁력을 상실할 위기에 처하였다. 당시 미국인들은 연간 약 100만 파운드의 차를 수입할 정도로 차 소비 문화가 활발했다. 시장에서 경쟁력을 잃게 된 식민지 차 수입상들과 밀매업자들을 중심으로 동인도회사가 공급하는 차에 대한 불매운동이 뉴욕, 필라델피아 그리고 보스턴 등 항구 도시에서 번져 나갔다.

1773년 11월 27일 차를 가득 실은 동인도회사 소유의 다트머스호, 일리너호 그리고 비버호가 보스턴항에 정박하였다. 새뮤얼 애덤스를 비롯한 무역상들은 이 배에 올라 차 상자들을 모두 바다에 던졌다. 영국 정부는 애덤스를 포함한 사건 주동자들을 대역죄로 기소했다. 이 사건으로 미국인들 사이에 커피를 선택하는 것은 애국적 의무로 여겨졌다. 차를 마시는 일은 영국에 의한 억압을 상징하였고, 차를 파괴하는 것은 식민지의 혁명을 상징하였다. 우커스는 당시 미국인들이 '차=영국=나쁨, 커피=미국=좋음'으로 인식하였다고 한다.[19]

널리 회자되고 있는 이런 해석은 커피 역사에서 차지하는 우커스의 영향력으로 인한 약간의 과장일 수 있다. 와일드는 이런 해석을 하나의 신화로 보았다. 왜냐하면, 기대와는 달리 동인도회사는 1800년대 초반에도 독립된 미국에서 다시 차 판매 사업을 재개했고 미국에서 차는 여전히 인기를 유지하고 있었기 때문이다.[20] 동아시아 사학자 케네스 포

　　　　　　　　　　　　　　　　　　　　커피 세계사

메란츠Kenneth Pomeranz와 교역사 전공자 스티븐 토픽Steven Topic 또한 우커스의 설명이 역사적 사실에 대한 왜곡이라고 규정하였다.[21] 포메란츠와 토픽에 의하면 미국인들이 커피를 선택한 것은 차에서 나는 '영국 냄새'를 싫어해서라기보다는, 커피가 노예제도 덕분에 많이 싸졌고 많은 이윤을 남기는 상품이 되었기 때문이었다.[22]

어쨌든 영국은 차 문제로 귀중한 식민지를 잃게 되었고, 미국은 차 문제로 촉발된 저항으로 귀중한 독립을 얻었다. 이후 미국이 서쪽으로, 남쪽으로, 나아가 태평양을 건너 세계 최강의 국가로 성장하는 과정은 미국이 '커피의 나라'로 변신하는 과정이고, 미국이 세계의 커피 문화와 커피 시장을 주도해 나가는 과정이었다.

미국인, 그들 스스로는 대영제국의 정치적·경제적 노예상태에서 벗어났다. 그러나 미국인의 음료가 된 커피를 싸게 얻기 위해 검은 피부를 가진 노예들이 커피 농장에서 겪어야 했던 아픔과 슬픔은 외면하였다. 유럽인들은 아프리카 사람들을 잡아다 커피 농장에 노예로 팔았고, 여기에서 생산한 커피를 유럽과 미국으로 가져갔다. 그리고 이곳 공장지대에서 생산한 면직물과 총기 등을 아프리카 노예 사냥꾼들에게 비싼 값에 팔았다. 이런 삼각무역의 고리 중간에 미국이 있었다. 미국 혁명 직후인 19세기 초에 대서양 지역에서의 노예무역은 종식되었지만, 노예제는 지속되었다. 1863년에야 링컨 대통령의 선언으로 미국에서 노예제가 불법화되었다.

7

차를 택한 영국,
커피를 택한 대륙

커피를 버리고 차를 선택한 영국

17세기 후반부터 50년간 지속되던 런던에서의 커피 유행과 커피하우스 성업은 1730년경 갑자기 시들해졌다. 커피하우스에서 소비되던 커피가 가정에서 소비되기 시작하였다. 커피하우스는 다양한 음료를 함께 제공하는 클럽으로 변화하기 시작하였다. 무엇보다 중요한 변화는 1730년대에 접어들면서 영국 사람들이 그동안 형제처럼 여기던 커피를 내치고 갑자기 차를 마시기 시작하였다는 것이다. 왜 그랬을까?

하인리히 야콥은 흥분제인 커피가 격식을 존중하고 말을 아끼는 영국인들의 성격과 맞지 않았기 때문이라고 설명한다.[1] 반면에 펜더그라스트는 몇 가지 이유가 작용했다고 주장한다. 즉, 여성과 어린이도 출입이 가능하였던 찻집의 개방성, 18세기 들어 본격화한 차의 나라 인도에 대한 영국의 영향력 확대, 영국 동인도회사의 중국차 수입권 독점, 커피에 비해 제조가 간단한 차의 편리함 등이 그 이유라는 것이다.[2] 역사학자 모리스는 영국 왕실 여성들의 차 선호 경향이 커피 문화의 쇠퇴에 기여했다는 해석을 덧붙였다.[3]

영국 왕실에 차를 소개한 것은 포르투갈의 캐서린 공주였다고 한다. 찰스 2세와 결혼을 한 캐서린 공주가 1662년경 영국 왕실에 차를 소개하였고, 이어서 영국을 통치하였던 메리 여왕(1688~1694)과 그의 동생인 앤 여왕(1702~1714)이 차를 선호했는데, 이것이 영국의 차 문화 확산을 가져오는 데 기여하였다는 설명이다. 1740년대에 이르러 영국이 무역을 주도하던 차에 대한 관세는 낮아지고, 네덜란드의 영향력이 상대적으로 컸던 수입품 커피에 대한 관세는 여전히 높았던 것도 차 소비 확산, 커피 소비 축소의 배경이 되었을 것이다.[4] 18세기 후반에 이르러 영국의 인도 지배가 완성되면서 영국은 드디어 완벽한 차의 나라로 변신을 하였다. 그런 문화는 이후 200년 이상 지속되었다.

〈커피 칸타타〉를 탄생시킨 프로이센

18세기의 첫해인 1701년에 베를린을 수도로 프로이센왕국이 건국되었다. 독일의 18세기는 독일 정신을 가장 잘 드러낸 지도자 프리드리히 2세(대왕이라고 부름), 철학자 칸트, 작가 괴테, 음악가 바흐와 베토벤이 등장한 세기이다. 세기 후반에는 피히테와 같은 철학자가 나타나 독일의 통일(1871)을 향한 사상적 바탕을 마련했다.

독일은 유럽에서 커피에 관한 기록을 처음으로 남긴(1582) 라우볼프, 드립커피의 도구인 종이 필터를 처음으로 개발한(1908) 멜리타 벤츠 Melitta Bentz(1873~1950)의 나라이고, 현재 커피 소비에서 유럽 1위, 세계 5위에 드는 나라이다. 독일에 커피와 커피하우스가 등장한 것은 1670년대로 무역항이었던 함부르크에서였다. 거의 모든 도시에 커피하우스가 등장한 것은 1720년대쯤이었다. 이웃 국가인 프랑스나 오스트리아, 그리고 영국에 비해서는 20~30년쯤 늦었다.

18세기 독일의 커피 문화에는 몇 가지 특징이 있었다. 시민들의 출입이 자유로웠던 프랑스와 달리 독일에서 커피는 한동안 상류층의 전유물이었다. 또한 이웃 나라들과는 달리 남성들보다 여성들 사이에서 더 환영을 받았다. 이로 인해 커피를 마시는 장소로서 커피하우스가 발전하기보다는 가정이 커피 소비의 중심이 되었다. 1750년 즈음 프로이센 커피 문화의 중심지였던 라이프치히에 커피하우스가 8개에 불과한 것으로 보아 당시 파리를 비롯한 다른 지역보다 카페 문화가 활발하지 않았다는 것은 틀림없다.

18세기 독일의 커피 역사를 이야기할 때 등장하는 대표적인 인물이 몇 명 있다. 〈커피 칸타타〉를 작곡하여 당시 커피 문화를 음악에 담아낸 바흐(1685~1750), 1740~1786년까지 재위하였던 프리드리히 2세 그리고 커피와 함께 일상을 보냈던 음악가 베토벤(1770~1827)이다.

바흐는 18세부터는 바이마르, 드레스덴, 함부르크 등 여러 도시에서 주로 교회의 오르가니스트로 일하면서 생계를 유지하고 작곡과 연주 활동을 지속하였다. 그가 마지막으로 머물며 음악 활동을 했던 도시는 독일 계몽주의와 문학과 예술의 중심지였던 라이프치히였다. 당시 프로이센에서 카페가 가장 먼저, 그리고 가장 많이 생긴 커피 중심지의 하나였다. 아들이 다닐 대학이 있었고, 시에서 그에게 음악 교사 자리인 칸토르cantor를 제안하였기에 그가 선택한 도시였다. 그러나 칸토르로 있는 동안 시의회의 지나친 요구와 간섭으로 그의 음악 활동이 만만하거나 즐겁지는 않았다.

교회 음악으로부터 멀어진 바흐는 1729~1742년까지 대학생 연주단체인 콜레기움 뮤지쿰Collegium Musicum을 맡아 과외 활동에 몰두하였는데, 이 시기에 만든 대표적인 곡 중 하나가 바로 유명한 〈커피 칸타타〉(BWV 211)다. 콜레기움 뮤지쿰의 정기연주회가 열리던 곳이 짐머만 카페Café Zimmermann였고, 이 카페를 위해 만든 음악이 바로 〈커피 칸타타〉였다. 이런 면에서 보면 〈커피 칸타타〉는 최초의 카페 광고 음악이다. 1732년, 47세의 나이에 카페에서 연주하기 위해 작곡할 정도로 커피를 좋아했지만, 경제적으로 여유가 많지 않았던 음악가 바흐의 삶을 돌아보게 만드는 작품이다. 커피를 좋아하는 딸 리스헨과 이를 못마땅하게 여기는 그녀의 아버지 슐렌드리안의 다툼을 풍자와 해학으로 그려 냈다. 가사는 〈파리의 우화〉라는 흥미로운 시를 남긴 헨리치 Henrici가 썼다. 이 시는 루이 15세 치하의 프랑스에서 왕실이 커피 판매 특허권을 사용함으로써 일반인들의 커피 접근을 어렵게 했던 일화를 풍자하는 내용이었다.

커피를 지나치게 좋아하는 딸 때문에 "애를 낳아 봐야 아무짝에도 소용없어. 그저 속상한 일들만 가득 생긴다니까"라고 푸념을 늘어놓는 아버지, "커피가 천 번의 키스보다 사랑스럽고 향기로운 포도주보다 부드럽다니까"라고 응수하는 딸 사이의 줄다리기. 결국 커피를 포기하겠다고 약속하면서 아버지에게 결혼 승낙을 얻어 내지만, 남편과의 결혼 서약서에는 자신이 원할 때는 언제나 커피를 마실 수 있도록 해준다는 내용을 넣는 것으로 이야기는 마무리된다.

〈커피 칸타타〉에서 아버지가 딸의 커피 탐닉을 못마땅하게 여기는 이유로 두 가지 정도를 짐작할 수 있다. 첫 번째, 의사들이나 과학자들이 커피가 여성의 건강에 해롭다는 주장을 끈질기게 제기했다는 점이다. 이런 주장은 커피가 처음 유행하기 시작한 아랍의 이슬람 세계에서 시작되어 커피가 퍼져 나간 대부분의 유럽 국가들에서 나타났다 잠잠해지기를 반복하였다. 일시적으로 영향을 주기는 하였지만 과학적인 증거나 실생활에서의 경험으로 연결되지 않았기에 곧 사라지곤 했던 주장이었다. 두 번째, 지나치게 비싼 커피 가격이었다. 커피 유행 초기에 독일만큼 커피 가격이 높은 곳은 없었다. 경제적으로 여유가 없었고 딸의 건강을 염려하였던 바흐에게 딱 맞는 이유였다. 프랑스, 영국, 네덜란드 등과는 달리 통일국가 성립이 늦었던 독일은 식민지 개척에 적극적이지 못했고, 커피를 생산하는 식민지를 보유하고 있지 않았다. 따

바흐의 〈커피 칸타타〉 악보.

커피를 좋아하는 딸과 이를 못마땅하게 여기는 아빠의 대화를 담은 곡이다. 경제적으로 여유가 없었던 바흐가 라이프치히의 짐머만 카페를 위해 만든 곡이 바로 〈커피 칸타타〉였다. 18세기 독일 여성들 사이에서의 커피 유행을 잘 보여 주는 흥미로운 음악이다.

라서 커피 수입으로 인한 국가 재정의 어려움이나 파탄의 위협이 늘 존재하였다. 당시 소비되던 커피의 대부분은 해상을 통해 영국으로부터 들어왔다.

18세기 프로이센과 커피를 이해하는 데 1740년에 즉위한 프리드리히 2세 이야기를 빼놓을 수 없다. 커피 애호가였던 볼테르와 절친이었던 그는 즉위 이전인 1739년에 마키아벨리의 군주론에 대한 반론인 《반마키아벨리Antimachiavelli》를 써서 "국민의 행복이 군주의 이익보다 중요하다"고 주장한 것으로 유명하다. 그러나 실제로 그가 즉위한 이후의 행보는 달랐다. 그의 최대 관심사는 프로이센 중심의 넓고 강한 국가의 건설 이상도 이하도 아니었다. 비록 계몽주의 사상의 영향을 받기는 했지만 그가 추구한 것은 강한 국가였지 행복한 국민은 아니었다.

이를 잘 보여 주는 것이 취임하자마자 벌인 오스트리아와의 두 차례에 걸친 전쟁이었다. 마리아 테레지아(1717~1780)의 왕위 계승을 반대하며 시작된 오스트리아 왕위계승전쟁과 프로이센의 작센 침공으로 시작된 7년전쟁으로 영토는 확장하였지만 전투에 참여하고 전쟁비용을 부담해야 했던 국민들은 고통스러운 나날을 보내야 했다.

엄청난 양의 커피를 마신 것으로 알려진 프리드리히 대왕은 잦은 전쟁으로 인한 국가 재정 파탄을 모면하기 위해 다양한 정책을 취했다. 그중에는 커피 관련 정책들도 포함된다. 프랑스처럼 수입품이었던 커피나 담배의 판매를 특허권자들에게 독점하도록 하는 정책이 대표적이다.

독일 커피 역사학자 야콥에 따르면 매년 커피 수입에 은화 70만 탈러Thaler(당시 유럽에서 쓰이던 화폐 단위로 달러의 기원) 이상을 지출해야 하는 문제를 해결하기 위해 대왕은 커피 과잉 소비를 비난했다. 그리고 맥주 소비를 권장하기 위해 커피 1파운드 당 은화 8센트의 세금을 부과하는 칙령을 내렸다.[5] 국가의 커피 판매 특허를 관리하는 자리에 프랑스인들을 대거 기용하는 무리수를 두기도 했다. 그러나 이 조치는 커피 소비를 억제하기보다는 커피 밀수입이나 암시장을 활발하게 만드는 부작용만 초래하였다.

대왕은 새로운 대책을 내놓았다. 그것은 왕이 세운 커피콩 로스팅 공장에서 합법적으로 로스팅된 것 이외의 커피는 판매하지 못하도록 하는 조치였다. 불법 거래되는 커피가 가정에서 로스팅되는 것을 막고자 하는 계획이었다. 퇴역 군인들에게 커피 냄새를 탐문하여 색출하는 일을 맡겼다. 이른바 커피 스니퍼coffee snipper였다. 이들에 의한 지나친 사생활 침해에 대한 불만이 제기되고, 왕립 로스팅 공장 커피에 대한 거부감이 커져만 갔다. 마침내 커피 소비가 억제되기는 하였지만, 국가 재정을 확대하는 효과를 얻지는 못하였다.

시민들은 국가가 독점하는 커피보다는 거래가 자유로운 커피 대용품을 찾기 시작하였다. 말린 무화과, 보리, 밀, 옥수수 등이 등장하였고, 가장 인기가 있었던 커피 대용품은 치커리였다. 훗날 나폴레옹의 대륙봉쇄령 시절 프랑스에서도 유행했던 바로 그 치커리 커피였다. 문제는 국가가 커피 사업 독점을 통해 벌어들이는 수입보다 불법 커피 유통을 막기 위해 투자해야 하는 지출이 더 많았다는 사실이다. 대왕 칭호를 받은 절대군주였음에도 이미 생활음료로 자리 잡게 된 커피의 소비를 막거나, 커피를 통해 국가 재정을 풍족하게 하는 유효한 방법을 찾지는 못하였다.

1786년 프리드리히 대왕의 사망과 함께 커피에 부과했던 높은 세금은 낮춰졌고, 로스팅한 커피만 유통을 허용하는 법령도 철폐되었다. 이후 산업화의 진전에 따라 커피는 모든 시민들이 즐기는 음료로 발전하였다. 공장에서 늦은 시간까지 작업을 하는 노동자들에게 맥주나 음식을 대신할 수 있는 커피는 크게 환영을 받았다. 부인들이 모여서 잡담을 하며 커피를 마시는 카페클라츠Kaffeeklatch 문화가 생겨남으로써 독일은 점차 커피 대량 소비국으로서의 이미지를 얻게 되었다.

같은 세기 후반에 커피에 깊이 빠졌던 음악가로 베토벤을 빼놓을 수 없다. 독일의 본과 오스트리아의 빈을 왕복하며 지냈던 베토벤은 정확히 60개의 커피콩을 갈아서 커피 한 잔을 내려 마셨다고 한다. 로스팅한 커피 60알의 무게는 7그램 정도 된다. 요즘의 커피 과학자들이나 바리스타들이 추천하는 커피 한 잔 추출에 필요한 원두의 양보다는 조금 부족하지만 큰 차이는 없다.[6]

나폴레옹의 대륙 봉쇄로 인한 커피 부족으로 힘들어하면서도 독일 사람들은 영국 사람들을 따라서 차를 마시지는 않았다. 치커리 커피를 마실지언정 차에 빠지지 않은 것이다. 이런 면은 러시아 사람들과는 다른 모습이었다. 대륙 봉쇄로 해상을 통한 무역이 어려운 19세기 초반에도 러시아는 고원과 사막을 통해 인도와 중국의 차를 쉽게 공급받을 수 있었다. 굳이 영국에 의존하지 않고도 따뜻한 차를 마시는 풍습을 유지할 수 있었던 배경이다.

프랑스의 패배와 함께 대륙봉쇄령이 해제되고 차의 나라 영국의 물품과 문화가 대륙으로 다시 흘러들어 왔지만 유럽 대륙에 차 문화가 퍼지지는 않았다. 칼 마르크스가 베를린대학에서 박사학위를 받은 1841

년에 북유럽 무역의 출발지인 함부르크는 커피 수입량이 3만 6,000톤 인 반면 차는 겨우 137톤을 수입하는 데 그쳤다. 커피 수입량이 270배 였다. 같은 무게의 재료로 차를 6배가량 많이 만든다는 것을 감안하더 라도 차의 소비보다 커피 소비가 45배에 이르렀다.

19세기 중반 파리나 빈의 거리 모습과 달리 프로이센의 중심지였던 베를린에는 카페가 많지 않았다. 카페보다는 술집과 레스토랑이 많았 다. 그렇다면 함부르크항을 통해 수입된 그 많은 커피는 누가 소비하였 을까? 바로 가정주부들이었다. 계속되는 전쟁, 우후죽순처럼 생겨나는 공장들, 의무교육제도로 생겨나기 시작한 공립학교들에 남편과 아이들 을 빼앗긴 시민계급의 여성들은 집안일을 마치고 친구 집에 모여서 수 다를 떨며 커피를 마시는 것으로 혼란한 시대를 건너고 있었다. 당시 독일 여성들이 주로 집안에 머물렀던 배경에는 잦은 전쟁으로 인한 남 성 중심의 사회 분위기도 작용했지만, 가톨릭보다 심한 개신교의 남성 중심 세계관도 작용하였다.

19세기 초 독일 여성의 지위를 이해하는 데 중요한 상징이 되는 인 물이 루이제 프리드리히 왕비다. 독일인들이 '가장 사랑하고 존경하는 20세기 이전 역사 속 여성'이라는 칭송을 받는 루이제 왕비는 남편인 프리드리히 빌헬름 3세에게 헌신한 것으로 알려진 여성이었다. 이는 독일 전통사회의 여성관을 잘 보여 준다. 17세기에 이미 여성 통치자를 다수 경험하였던 영국 등과 다른 모습이다. 19세기 가부장적 남성 중심 사회인 독일의 상징적인 인물이 루이제 왕비였다.

이렇게 사회에서 소외된 독일 여성들이 머무는 공간이 집이었고, 이 들에게 소비되었던 것이 신문물 커피였다. 여성들이 조심스럽게 남성을 따라 카페나 식당에 출입하게 된 것은 1880년대에 이르러서였다. 물론 남성들도 집에서는 아내가 내려주는 커피를 마셨지만 공공장소에서는 커피보다는 맥주를 마시는 문화가 지배적이었다.

　독일에서 커피가 소비되는 새로운 장소로 등장한 것이 제과점이었다. 독일에서 빵이 하나의 문화로 자리 잡게 된 데에는 커피가 중요한 요인이었다. 19세기에 본격화된 빵 문화의 발달은 현재 공식적으로 인정된 빵 종류가 3,200개라는 사실로 그 깊이와 넓이를 짐작할 수 있다. 에티오피아의 일상언어에 커피를 뜻하는 단어가 많이 사용되는 것과 유사하게 독일에서는 빵이라는 단어가 들어간 표현이 많다. '생계' 또는 '밥벌이'라는 뜻의 독일어 '브로트에르베프broterwerb'는 '빵brot'을 '얻다erwerb'라는 뜻이다. 간식을 뜻하는 '파우젠브로트pausenbrot'는 '쉬는 시간pausen'에 먹는 '빵brot'이고, '만찬abendbrot'은 '전날 밤abend'에 먹는 '빵brot'이다. 물론 독일에서 빵 문화가 발달한 것은 빵의 재료인 호밀을 재배하기에 적당한 기후와 땅을 지니고 있고, 19세기 통일 이전까지 세계 어느 나라보다도 많은 지역으로 분열되어 있던 탓에 지역별로 다양한 빵이 존재했기 때문이기도 하지만, 커피 문화의 발달에 힘입어서였다. 19세기 말 우리나라 신문에 처음 등장한 커피 광고도 독일계 상인이 낸 제과점 광고였다는 것은 흥미로운 일이다.

카페 천국 오스트리아

오스트리아 빈에 생긴 최초의 커피하우스의 주인공에 대해서는 의견이 분분하다. 전설적 인물인 콜시츠키라는 주장이 지배적이지만, 아르메니아 출신의 요한 디아바토Johannes Diabato라는 주장도 있다. 디아바토가 황제 레오폴트 1세로부터 1685년에 면허를 받아 터키식 카페를 최초로 열었다는 것이다. 오스트리아 빈 커피는 기본적으로 터키식 커피에서 출발하였지만 커피에 우유와 꿀을 넣어 마시는 방식으로 변화했다. 우리가 알고 있는 비엔나커피, 즉 아인슈페너다.

프랑스나 독일과 마찬가지로 오스트리아에서도 수입품인 커피의 판매를 위해서는 황제의 면허가 필요하였다. 왕정 시대나 독재 시대에 세수 확보를 위해 도입하였던 전매제와 유사한 제도였다. 국가가 인정한 면허를 가진 사람이나 단체만이 해당 물품을 취급할 수 있도록 함으로써 소비는 제한하고 국가의 세금 수입은 늘리는 방식이다. 한때는 국가권력과 면허권을 가진 자들이 원만한 관계를 유지하지만, 거래가 늘고 수입이 확대될수록 둘 사이에 갈등이 생겼다. 유럽의 커피 역사에서 흔한 이런 모습이 오스트리아의 초기 커피 역사에서도 나타났다.

유럽의 각 지역에는 중세 이탈리아에서 시작된 길드 형태의 동업조합이 번성하였고, 이들은 커피라는 새로운 물품의 거래에서도 독점적 권리를 획득하기 위한 노력을 아끼지 않았다. 야콥에 따르면 빈에서는 커피가 유행하자 포도주 제조업자들이 커피 사업의 독점적 권리를 주장하였다. 커피도 음료이기 때문에 자신들이 판매권을 가져야 한다는 것이었다. 카페가 처음으로 등장하였던 당시 빈에서 커피를 판매할 수 있는 면허를 소지하고 있던 사업자들이 이에 반발한 것은 당연한 일이었다.[7]

이들의 싸움에서 레오폴트 1세가 손을 들어준 것은 이작 루가스, 루돌프 페르크, 안드레아스 파인, 슈테판 데비치 등 네 명의 커피 제조업자들이었다. 1700년에 공포된 커피 제조 영업법에 기록된 네 사람의 커피 제조업자 명단에 최초로 커피하우스를 열었다는 콜시츠키도 디아바토도 없다. 콜시츠키는 면허 없이 카페를 운영했거나 허가가 필요 없는 행상 형태로 커피를 판매하였을 수도 있다. 디아바토는 커피 영업을 포기하였거나, 아니면 이들 네 명의 커피 제조업자들이 운영하는 카페에 속해 있었을 수도 있다. 언제나 그렇듯이 전설과 역사적 사실 사이를 메우는 것은 독자들의 상상력뿐이다.

레오폴트 1세의 후임자인 카를 6세는 면허권자를 네 명에서 열한 명으로 늘려 주었지만 증가하는 커피 수요를 충족시키는 데는 역부족이었다. 1740년 카를 6세가 죽자 황위를 계승한 마리아 테레지아는 커피 제조업자와 주류 제조업자 사이의 싸움을 중재하여 커피 제조업자들은 주류를, 그리고 주류 제조업자들은 커피를 판매할 수 있도록 상호 양보를 이끌어 내는 수완을 발휘했다. 이로부터 오스트리아에는 많은 커피하우스들이 생겨났고 커피 소비는 획기적으로 늘어났다. 18세기 오스트리아의 커피하우스도 영국의 초기 커피하우스처럼 남성들이 모여들어 커피를 마시면서 신문을 읽고, 카드놀이나 체스, 당구 등 오락을 즐기는 장소였다. 여성들이나 평민이 커피하우스를 마음대로 출입하게 된 것은 19세기 들어서였다.[8]

마리아 테레지아는 1779년 주류에 높은 소비세를 부과하였다. 시민들의 일상과 관련된 세금들을 과감하게 철폐하는 대신 이로 인한 세금 수입 부족을 메우기 위한 친서민적 조치였다. 이를 둘러싼 논쟁이 적지 않았지만 이로 인해 커피 소비가 확대된 것은 분명했다. 커피 역사학자 야콥은 마리아 테레지아의 이 조치를 "잘못 도입된 사치세의 전형"[9]이라고 꼬집었다.

오스트리아의 마리아 테레지아는 서민들을 위해 주류에 세금을 부과하여 커피 소비를 확대시킨 반면, 그의 경쟁자였던 프로이센의 프리드리히 대왕은 맥주 소비를 촉진시키기 위해 커피에 높은 세금을 부과했다. 두 번이나 전쟁을 벌여야 했던 이 두 경쟁자는 커피의 역사에서도 대립의 흔적을 남겼다.

19세기 중반 이후 유럽에서 카페 문화가 가장 활발히 발전했던 곳은 프랑스 파리와 오스트리아의 빈이었다. 빈은 커피하우스를 둘러싸고 지어진 도시라는 표현이 있을 정도다. 나폴레옹전쟁이 끝나자 여기저기에 빈식 커피하우스가 등장하였고, 아침식사로 커피와 함께 반달 모양의 비스킷을 제공하였다. 빈에 사는 사람들이나 빈을 여행하는 사람들은 카페에서 조간 신문을 읽으며 아침식사를 하는 것이 자연스러운 풍경이었다. 당시 빈 사람들은 커피하우스를 하루에 세 번씩 드나들었다고 한다.[10]

19세기에 번창하였던 빈식 커피하우스의 대명사 중 하나인 카페 드 유럽Café de l'Europe은 프란츠 요셉 황제의 단골이었다. 지금도 빈의 상징인 슈테판 광장에 가면 이 유서 깊은 커피하우스에서 아인슈페너를 마실 수 있다. 당시 빈식 커피하우스의 상징은 당구대와 신문 그리고 예의 바른 종업원이었다. 지금은 예의 바른 종업원만 남아 있지만 여전히 가볼 만하다.

빈식 커피하우스에는 모차르트를 비롯하여 베토벤, 브람스, 슈베르트 등 커피를 좋아하였던 많은 음악가들과 문인들의 이야기가 여전히 남아 있다. 1788년 개업 당시 모차르트가 기념 연주를 하였고, 베토벤도 피아노를 연주하며 커피를 마셨다는 프라우엔후버Café Frauenhuber, 빈 시민들이 사랑했던 시인 피터 알텐베르크Peter Altenberg가 자신이 남긴 편지들의 발신인 주소를 이 카페로 해서 유명해진 센트랄Café Central, 정신분석학의 아버지 지그문트 프로이트의 단골 카페 란트만Café Landtmann도 남아 있다.

19세기와 20세기 초반 빈을 상징하는 커피하우스의 풍경을 가장 잘 묘사한 것은 아마도 하인리히 야콥일 것이다. 야콥에 따르면 빈의 커피하우스도 1840년대까지는 여성들의 출입은 허용되지 않았다. 여성들을 위한 별도의 방이 마련된 '은색 커피하우스Das Sliberne Kaffehaus'에 여성이 등장한 것이 1840년대였다. 이후 여성들이 커피하우스에 출입하기는 하였지만 흔하거나 편한 일은 아니었다.

19세기 후반 오스트리아의 서쪽 브라우나우에서 태어난 아돌프 히틀러도 어린 시절에는 이곳 빈에서 화가를 꿈꾸며 커피하우스를 드나들었다. 커피를 마시기 위해서가 아니라 자신이 그린 그림엽서를 팔기 위해서였다. 열여덟 살부터 4년간 빈에 머물며 그림을 그렸던 그는 유대인이 학장으로 있었던 빈 국립미술아카데미 입시에서 두 번이나 실패하였다. 이후 그는 빈을 떠나 뮌헨으로 이주한 후 독일노동당(나치당)에 가입하여 정치인으로 변신함으로써 인류 역사에 큰 아픔을 남겼다.

2011년에는 '빈 커피하우스 문화Wiener Kaffeehauskultur'가 유네스코 세계무형문화유산으로 등재되었다. 오스트리아의 빈은 프랑스의 파리와 함께 19세기 유럽 커피 문화를 상징하는 대표적인 도시임에 틀림없다.

북유럽으로 번진 커피 문화

요즘 1인당 커피 소비에서 세계 톱 순위를 점령하고 있는 것은 북유럽 국가들이다. 이곳에 커피가 처음 소개된 것은 1674년경이었고, 지역은 스웨덴이었다. 다른 유럽 국가들에서처럼 초기에는 일부 부유한 계층에서만 유행하였다. 18세기 중반 이후에는 다른 북유럽 국가들에서 목격되는 것과 유사하게 무분별한 소비와 외화의 낭비를 억제할 목적으로 커피 음용을 금지하기 위한 다양한 조치들이 취해지기도 하였다.

이 지역에서 커피가 대중적으로 인기를 얻기 시작한 것은 유럽에서 전쟁이 끝나고 찾아온 일시적 평화의 시대, 즉 비더마이어Biedermeier 시대(1815~1848)였다. 비록 왕정복고로 시민의 자유는 잠시 위축되었지만 전쟁의 공포로부터 해방되고 산업화를 이루어 유럽의 많은 지역에서 소비가 확대되었다. 산업혁명으로 생겨난 노동자 계층의 커피 소비 확대, 그리고 동남아시아와 중남미에서의 커피 생산 급증에 따른 제1차 커피 붐(1820~1840)이 북유럽에도 불어닥쳤다.

이 시기에 발표된 많은 문학작품에서 커피를 향한 대중들의 욕망이 분출되는 모습이 나타나기 시작하였다. 북유럽에서의 커피 소비는 이렇게 다양한 직업을 지닌 일반 대중 사이에 나타났다는 점에서 다른 지역과는 다른 모습이었다. 추운 날씨를 견디며 야외에서 활동해야 하는 사람들에게 커피는 최상의 음료였고, 주류를 금지하는 기독교 문화는 커피 소비를 촉진시켰다. 이때부터 1870년대 제2차 커피 붐에 이르는 기간 동안 북유럽의 커피 소비는 급증하였다. 커피가 본격적인 투자와 수익의 대상으로 등장한 시기였던 두 차례의 커피 붐 사이에 북유럽은 세계 커피 시장에 본격적으로 참여하였다.

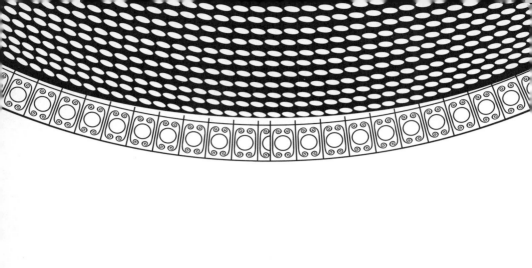
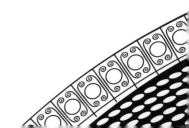

2부

8

커피의 대중화와
나폴레옹

산업혁명이 만든 커피의 대중화

19세기는 유럽의 최전성기였다. 산업혁명으로 이룬 경제력과 무기 생산력, 계몽사상에서 싹튼 법치주의와 시민정신을 앞세운 서구는 세계 곳곳을 식민지로 삼기 시작하였다. 유럽의 제국주의가 시작된 것이다. 이를 선도한 것은 '해가 지지 않는 나라' 영국이었다. 지난세기에 식민지 미국을 잃었지만 400년 동안 눈독들여 왔던 인도와 실론을 손에 넣었고, 동남아시아로 진출하였다. 프랑스는 비록 잦은 전쟁으로 많은 피해를 입었지만 왕정복고와 공화정을 반복하면서도 베트남을 비롯한 동남아시아에 식민지를 개척하는 데 성공하였다. 이들 제국주의 국가들은 서인도제도, 남태평양, 인도양 일대에도 적지 않은 영토를 확보하였다.

1721년 군주제 국가로 출발한 러시아는 19세기 초 나폴레옹의 침략을 막아 낸 뒤 폴란드를 차지하였고, 남으로 오스만터키와의 전쟁을 통해 영향력 확대를 꾀하면서 영국 등 서구 제국들과 충돌을 일삼았다. 19세기 후반에는 만주를 비롯한 동아시아 지역으로의 진출을 모색하며 일본을 포함한 지역 세력 및 서구 열강과 충돌하였다. 19세기 후반에 독립국가로 성장한 독일과 이탈리아 또한 열강에 합류하여 아프리카와 아시아 지역의 식민지 개척에 적극적으로 나서기 시작하였다.

19세기 마지막에 등장한 열강은 미국이었다. 루이지애나와 알래스카를 프랑스와 러시아로부터 사들이고, 멕시코 및 스페인과의 전쟁을 통해 쿠바, 하와이, 괌, 필리핀을 점령하면서 영향력을 점차 확대하기 시작하였다. 동아시아에서도 미국은 일본의 문호를 개방하는 데 앞장섰고, 1882년 조선과도 외교 관계를 수립함으로써 20세기 조선 역사에 개입하는 계기를 마련하였다. 1899년 문호개방 정책을 선언하며 중국 문제에도 관여하기 시작하였다.

19세기는 제국주의 시대이면서 동시에 문화적으로는 거장들의 시대였다. 미술에서 세잔느, 고흐, 고갱, 마네, 밀레, 드가, 르누아르, 음악에서 베토벤, 멘델스존, 슈베르트, 바그너, 브람스, 베르디, 차이코프스키, 리스트, 쇼팽, 드보르작, 생상스, 문학에서 모파상, 졸라, 빅토르 위고, 도스토옙스키, 톨스토이 등이 활동하였다. 이들이 마신 음료가 커피였고, 이들이 교류하는 곳이 카페였다. 이런 거장들이 베푸는 문화적 혜택에서 조선을 포함한 대다수 비서구, 비백인, 비기독교 국가들은 당연히 배제되어 있었다.

영국에서 방적 기계의 개량이 발단이 되어 1760년대에 시작된 산업혁명은 농업과 수공업 중심의 산업을 공업과 기계 중심의 산업으로 전환시켰고, 경제를 넘어 인간 생활 모든 부문에 변화를 가져왔다.

농업 부문의 축소와 공업의 성장은 공장을 중심으로 한 도시의 출현을 가져왔고, 많은 농촌 출신 노동 가능 인구가 삶의 본거지를 떠나 도시로 향했다. 목축업을 위해 농민을 내쫓은, 이른바 인클로저enclosure운동으로 토지에서 추방된 농민 계층은 도시 노동자가 되었다. 여기에는 아동과 여자까지 포함되었다. 그들은 남녀노소 구분 없이 하루 12시간 이상, 길게는 18시간이라는 긴 노동 시간에 시달려야 했고, 여성들이 가정에서 음식을 준비할 수 있는 시간은 점차 줄어들었다. 이들이 흘린 땀의 대가는 공장 주인에게 돌아갔다. 땀을 흘리지 않고도 여유 있는 생활을 즐길 수 있는 새로운 인류, 젠트리gentry 계층이 나타난 것이다. 이것이 바로 영국 신사를 상징하는 젠틀맨이다.

시간이 많은 젠틀맨들은 여유롭고 긴 식사를 즐길 수 있었던 반면에, 바쁜 노동자들은 간편한 먹을거리를 찾아야 했다. 특히 바쁜 아침 시간의 변화가 불가피하였다. 이런 필요에 부응한 것이 바로 커피였다. 커피가 최소의 영양분과 활기를 가져다준다고 믿는 공장 노동자들에게 커피는 훌륭한 아침 대용품이었다. 알코올이 들어 있는 맥주나 긴 조리 시간이 필요한 스프보다는 정신을 맑게 해주고 간편히 마실 수 있었기 때문이었다. 수백 년 동안 귀족이나 부유층의 전유물이었던 커피가 노동자들의 일상음료로 자리 잡기 시작한 것이다.

영국의 도시 노동자들 사이에서 시작된 커피의 일상 음료화는 산업화의 확산에 따라 영국을 넘어 대륙으로 번져 나갔다. 특히 날씨가 추운 북유럽에서 환영받았다. 물론 산업혁명으로 탄생한 공장노동자들이 선택한 기호식품에 커피만 있는 것은 아니었다. 적은 양으로 쉽게 취함으로써 노동이 주는 피로를 잊게 해주는 브랜디도 있었다. 일찍 취하고, 일찍 잠에 빠지게 하는 장점이 브랜디의 유행을 불러왔다. 그래서 산업혁명이 대중화시킨 2대 음료로 커피와 브랜디를 꼽는다. 커피가 낮의 음료였다면 브랜디는 밤의 음료였다.

프랑스 시민들에게 값싼 커피를 무한정 제공할 것 같았던 카리브해의 생도밍그는 흑인 노예들의 차지가 되었고, 프랑스인들이 커피를 처음으로 옮겨 심었던 마르티니크는 영국이 차지하였다. 프랑스는 식민지와 더불어 값싸고 맛있는 커피를 잃었다. 프랑스는 식민지로부터 쉽게 가져오던 커피 대신 네덜란드가 공급하는 자바 커피나 영국이 1802년에 네덜란드를 물리치고 식민지화한 실론에서 생산하는 커피를 비싼 값에 마셔야 했다.

이런 변화의 시대, 커피 대중화의 길목에 등장한 인물이 바로 나폴레옹 보나파르트였다. 1789년의 대혁명으로 이룬 정치적 변화를 지켜보던 군인 나폴레옹이 쿠데타를 일으킨 것은 그가 30세가 되던 1799년이었다. 미국의 초대 대통령 조지 워싱턴이 사망한 해였다. 스스로 만든 헌법에 따라 공화국의 제1통령에 취임한 나폴레옹은 훗날 나폴레옹 법전이라고 불리게 된 《민법전Code Civil》을 토대로 법치주의, 능력주의, 시민평등사상 등 근대적 정신을 유럽 전체에 전파하였다. 공교육 개혁을 통한 인재 양성도 그가 힘썼던 분야이다. 인도 정벌이나 서인도제도 식민지 탈환에는 실패하였지만 국가 관리와 주변국 관리에서 공을 세운 그는 1804년에 프랑스제국의 황제 자리에 올랐다. 베토벤은 그해 나폴레옹을 위해 〈교향곡 3번 E플랫 장조 Op. 55 영웅〉을 작곡하고 '보나파르트 교향곡'이라고 이름을 붙였다.[1] 오스트리아와 프로이센을 제외한 모든 독일 국가들이 나폴레옹 1세의 지배하에 들어가면서 신성로마제국의 마지막 황제 프란츠 2세는 1806년에 스스로 물러났다.

황제 나폴레옹은 남으로 스페인과 로마, 동으로는 오스트리아와 헝가리, 북으로는 프로이센, 스웨덴, 러시아에 이르기까지 모든 대륙 국가들을 굴복시키거나 자신의 지지자로 만드는 데 온 힘을 쏟았다. 그런 그에게 남은 숙제는 단 하나였다. 프랑스뿐만 아니라 자신에게도 여러 차례 패배의 쓴맛을 안겨 주었던 영국을 굴복시키는 일이었다. 영국과 프랑스의 앙숙 관계는 1066년 프랑스의 노르만족이 영국을 정복한 이래 백년전쟁(1337~1453) 등을 겪으며 지속되어 왔다. 훗날 드골이 "영국의 성공은 바로 프랑스의 실패이고, 영국의 이익은 바로 프랑스의 손실이다"라고 선언한 것이 두 나라 사이의 역사적 관계를 잘 말해 준다.[2]

치커리 커피를 마시는 파리지엔느

나폴레옹의 선택은 섬나라 영국의 완전한 고립이었다. 나폴레옹은 1806년 군대를 이끌고 프로이센의 베를린에 입성하여 대륙봉쇄령을 선포하였다. 유럽 대륙의 모든 나라로 하여금 영국 배의 입항 금지, 영국과의 무역 금지, 그리고 점령 지역 내 영국인의 억류와 영국 재산 몰수를 시행하도록 강요하였다. 시민혁명을 이룬 프랑스와 산업혁명을 이룬 영국 사이의 전쟁이 시작된 것이다. 영국의 물품과 프랑스의 권력 사이에서 하나를 선택해야 했던 모든 유럽 국가들에 몸을 낮추거나 숨겨야 하는 치욕의 시간이 찾아왔다.

프랑스의 지배를 받는 모든 유럽 대륙 국가들의 제조업자들과 농민들은 산업국가 영국뿐 아니라 영국이 지배하고 있던 모든 식민지와의 거래를 끊고 자급자족을 실천해야 했다. 나폴레옹의 마음속에는 두 가지 야욕이 함께 꿈틀거렸다. 영국에 대한 복수심과 영국이 이미 시작한 산업혁명을 따라 제조업을 발달시키는 것이었다. 무역의 시대에서 생산의 시대로 넘어가는 시대적 변화를 프랑스가 스스로 완성하겠다는 야심이었다. 대륙봉쇄령 기간 동안 그가 매뉴팩처의 중요성을 자주 언급한 것이 이를 말해 준다. 과학자들과 발명가들이 노력한다면 영국의 제조업 기술을 따라잡는 것은 불가능한 일은 아니었다. 실제로 프랑스의 산업은 괄목할 만한 발전을 이루고 있었다. 설탕이나 면화 등 제조업에 필요한 원자재의 조달이 문제였지만, 다양한 혜택과 포상제도를 이용해 프랑스 정부는 대체품을 찾거나 기술 개발에 적극적으로 나섰다. 그 결과 모든 영역에서 연구와 발명이 줄을 이었고, 이는 프랑스뿐 아니라 많은 대륙 국가들이 스스로의 힘과 자원을 활용해 산업혁명을 시작하는 기폭제가 되었다.

그러나 과학의 힘으로 발명을 할 수도 없고, 완벽한 대체품을 발견할 수도 없는 것이 있었다. 바로 커피였다. 일찍이 프로이센의 프리드리히 대왕이 커피 소비를 억제하기 위한 각종 정책을 펼쳤지만 밀수입과 밀거래에 따른 가격 상승만 초래하였고, 간접적으로 커피 대용품 시장을 활성화시킨 바 있었다. 그때 커피를 대신할 수 있는 것으로 밀, 보리, 무화과, 옥수수 그리고 치커리 등이 등장하였다. 중국 송나라 시절 고급 차 재료값이 치솟자 처음에는 저급한 차를 섞었고, 이어서 감나무 잎이나 감람나무 잎 같은 이물질을 섞어 팔았던 것과 다르지 않다.[3]

많은 커피 대용품 중에서 치커리가 가장 성공적이었다. 야콥의 표현대로 나폴레옹은 '치커리와 동맹'을 체결하였다.[4] 적대국이었던 프로이센에서 성공을 거두었던 치커리를 커피 대용품으로 지지하였다. 치커리 뿌리를 말려서 가루를 만들고, 이것을 우려서 만드는 음료의 맛과 향이 커피를 따라갈 수는 없었지만, 영국을 이기기 위해 기꺼이 마셔야 했다.

마지못해 마시던 치커리가 프랑스인들의 입맛을 길들인 것은 흥미로운 일이다. 대륙봉쇄령 해제 이후에도 프랑스인들 사이에 치커리 커피 혹은 치커리를 섞은 커피를 찾는 습관이 지속되었다. 우리가 19세기 전반 유럽인의 일상을 담은 그림들 속에서 목격하는 커피를 마시는 파리지엔느들의 잔에 담겨 있는 것은 대부분 향기 나는 커피가 아니라 쓴 치커리 커피였다.

나폴레옹의 대륙 봉쇄는 실패로 끝났다. 대륙봉쇄령에 지친 스웨덴, 포르투갈, 러시아 등이 반기를 들거나 프랑스의 협조 요청을 거부하였다. 스웨덴에 대한 보복 공격에 참여하라는 요청을 거부한 러시아를 응징하고자 1812년 겨울 군대를 이끌고 출정한 나폴레옹은 추위와의 싸움에서 결국 지고 말았다.

러시아와의 전쟁 이전에도 이미 대륙봉쇄령은 여기저기서 흔들리고 있었다. 밀수 등 암거래로 인해 시장질서는 붕괴되었다. 커피와 설탕 등 아열대 작물을 제외한 곡물이 풍부한 프랑스와 금을 비롯한 공산품이 풍부한 영국 사이에 밀무역이 이루어지는 것은 당연한 결과였다. 수출이 막힌 영국에서는 물품 가격이 폭락하고, 수입을 못하는 대륙에서는 물품 가격이 폭등하는 기현상이 초래되었다. 커피의 경우 영국 전체의 소비량은 연 100만 파운드 정도였는데 재고는 그것의 1,000배에 달하였다. 18세기 중반부터 커피 대신 차를 마시는 문화에 빠져 있었던 영국에서는 커피 재고가 나날이 쌓여 갔다. 반면 2,000개가 넘는 카페에 시민들이 넘치던 파리 시내에는 커피 향조차 남아 있지 않았다. 1813년 즈음에 런던에서 40실링 정도 하는 커피가 함부르크에서는 500실링에 거래되는 지경에 이르렀다.[5] 프랑스의 약점을 눈치챈 영국이 도리어 대륙과의 무역을 금지하고 밀무역을 단속하면서 생긴 일이었다. 영국의 프랑스 봉쇄로 인해 프랑스와의 무역에 방해를 받아 피해를 본 미국은 1812년에 영국에 선전포고를 하며 전쟁을 시작하였고, 2년 이상 지속된 이 전쟁으로 영국의 피해 또한 적지 않았다.

1813년부터 시작된 반나폴레옹 동맹국들과의 전투에서 패배한 나폴레옹은 결국 1814년 4월에 퇴위당하여 지중해의 엘바섬으로 추방되었다. 그를 이어 즉위한 루이 18세에 의해 1814년 4월 23일에 대륙봉쇄령은 폐지되었다. 무역이 다시 활기를 찾았고, 커피 거래도 재개되었다. 진짜 커피가 유럽인들의 일상을 지배하기 시작하였다.

커피 섬 세인트헬레나의 나폴레옹[6]

아프리카와 아메리카 대륙의 중간에 있는 작은 섬 세인트헬레나를 처음 발견한 것이 언제이고, 누가 그 주인공인지에 관해서는 많은 주장들이 있지만 일치된 의견은 없다. 남겨진 기록을 토대로 정리하면 대략 16세기 초에 포르투갈 사람들이 이 섬에 처음으로 도착하였고, 이어서 스페인, 네덜란드 그리고 영국 사람들도 이 섬에 도착하였던 것으로 보인다. 1633년에 네덜란드가 이 섬에 대한 소유권을 선언하였지만 실제로 지배했다는 증거는 없다. 결국, 1658년부터 영국의 동인도회사가 지배하기 시작하여 지금까지 영국의 지배하에 놓여 있다.

이 작은 섬이 유명해진 것은 오직 하나, 나폴레옹이 유배되어 사망하기까지 6년간, 그리고 사망한 후 그의 시신이 프랑스로 옮겨지기까지 19년 동안 묻혀 있던 땅이기 때문이다. 여기에 덧붙여서 나폴레옹이 즐겨 마셨다고 하는 최고급 수준의 커피가 재배되고 생산되는 섬이라는 이미지도 남아 있다. 정확한 근거는 없지만 "세인트헬레나에서 유일하게 좋은 것은 오직 커피다"라는 말을 나폴레옹이 했다고 전한다.

나폴레옹의 몰락 후 등극한 루이 18세의 통치는 프랑스 시민들의 지지를 받지 못하였다. 이 틈새를 이용하여 나폴레옹은 엘바섬을 탈출, 황제 자리에 다시 앉았다. 그러나 그를 믿지 못하는 유럽 연합국의 반대로 다시 전쟁이 시작되었다. 영국과 프로이센 연합군과 마주한 1815년 6월 워털루전투에서 패한 후 미국 망명을 시도하였으나 성공하지

제임스 티소의 〈온실에서(경쟁자들)In the Conservatory(Rivals)〉 속의 커피 남녀.

커피 세계사

못한 나폴레옹은 결국 영국에 투항하였다. 영국이 나폴레옹의 유배지로 결정한 섬이 바로 세인트헬레나였다. 이 섬은 아프리카 대륙의 서쪽 해안에서 2,800킬로미터 떨어져 있고, 섬 중앙에는 820미터 높이의 산이 솟아 있다. 화강암 토양으로 이루어진 이 섬의 면적은 425평방킬로미터로 제주도 면적의 4분의 1도 되지 않는다. 말 그대로 외로운 섬, 고도孤島 중의 고도이다. 누군가 기록하였듯이 이 섬은 '대서양에 영원히 닻을 내리고 있는 난공불락의 배'나 다름없었다.[7]

이 섬에 나폴레옹이 도착한 것은 1815년 10월 16일이다. 그가 도착하기 1년 전에 작성된 기록에는 이미 이 섬에는 예멘으로부터 100년 전에 옮겨 심은 커피나무들이 눈에 띄지 않았다고 나와 있다. 안토니 와일드가 인용한 이 기록을 보면 나폴레옹이 도착할 당시에는 이 섬에서 커피가 경작되지는 않았던 것으로 보인다. 동인도회사 소속 관리로서 1808년부터 1813년까지 이 섬의 통치를 맡았던 알렉산더 비트슨은 식물 재배에 관심이 많은 인물이었는데, 그의 기록에도 커피나무에 대한 언급이 없다. 이 섬의 기후나 토양 조건으로 보면 자생하는 커피나무가 존재했을 수도 있지만 그 가능성이 크지는 않다.

나폴레옹은 이 섬에서 비교적 높은 지역인 롱우드에 있던 헛간 같은 농가에 터전을 마련했다. 주변 데드우드 평원에는 2,000명의 군인들이 천막을 치고 그를 감시하고 있었다.

세인트헬레나에 머무는 6년 동안 나폴레옹의 생활과 관련된 많은 기록과 이야기들이 그를 돌보던 주변 인물들과 방문객들에 의해 전해진다. 식사 자리에 쥐가 나타날 정도로 누추한 환경이었다는 것, 그가 냄새에 민감하였다는 것, 식사 시간이 매우 짧았다는 것, 술을 그다지 좋아하지 않았다는 이야기들이다.

그는 음식에는 무관심한 편이었지만 커피는 가까이했다고 한다. 새벽 6시 아침식사 직후, 그리고 10시 점심식사 직후에는 항상 커피를 마셨다. 8시에 저녁식사를 하고 나서도 은주전자에 담겨 나오는 커피를 자신이 아끼는 컵에 따라 마셨다. 그 컵은 루이 15세의 애첩이었던 마담 퐁파두르의 후원으로 1759년부터 생산을 시작한 세브르차이나 제품이었다. 이집트 문양이 새겨진 것으로 받침에는 아랍의 통치자 베이Bey의 초상화가 그려져 있다. 나폴레옹의 거처를 방문했던 많은 사람들이 커피를 대접받았고, 그 커피의 맛은 매력적이었다지만 원산지를 알 수 있는 어떤 정보나 이야기도 남겨진 것이 없다.[8]

나폴레옹 연구자 필립 드와이어의 기록에 의하면 1820년 10월 어느 날 나폴레옹이 자신을 돌보는 사람들과 섬의 남쪽 해안지대인 샌디灣으로 피크닉을 갔다. 마운트플레즌트 쯤에 다다랐을 때 그곳에 살고 있던 윌리엄 도브톤 경이 나타나 나폴레옹 일행을 집으로 초대하였다. 준비한 여러 가지 음식과 디저트, 그리고 커피가 차려졌다. 커피 맛을 본 도브톤의 딸 그린트리 부인은 "시큼해서 마음에 들지 않는다"고 표현하였다.

이 기록을 소개하면서 와일드는 흥미로운 해석을 덧붙였다. 이 지역은 1730년대에 예멘에서 커피나무를 옮겨 심었던 뱀부헷지로부터 불과 500야드도 떨어지지 않은 곳이었다. 도브톤은 커피를 좋아하는 나폴레옹을 위해 바로 뱀부헷지에서 채취하여 직접 가공한 커피 원두를 이용해서 커피를 만들었을 가능성이 있다. 커피 전문가가 아닌 도브톤 혹은 그 가족이나 주변 인물들이 가공한 불안전한 커피 원두의 맛이 훌

커피 세계사

륭했을 리 없다. 이 흥미로운 사건이 있기 직전에 나폴레옹은 갑자기 정원 가꾸기에 관심을 가졌고, 커피나무를 심었지만 강한 바람 탓에 모두 실패한 바 있었다. 드와이어의 기록에 의하면 이 피크닉을 다녀온 후 나폴레옹은 급격한 피로감을 느꼈고, 이것이 그가 죽음으로 가는 첫 신호였다고 한다.[9]

나폴레옹이 커피를 좋아하게 된 데는 그의 첫부인 조세핀의 영향이 적지 않았다. 조세핀의 가문은 일찍이 17세기부터 마르티니크섬에 사탕수수 농장을 소유하고 있었는데 커피가 전래된 후 커피 재배로 전환하였다. 노예를 150명이나 거느릴 정도로 초기에는 성공적이었지만 1795년 조세핀이 나폴레옹을 만나던 시점에는 이 섬의 소유권은 이미 영국으로 넘어간 상태였다. 나폴레옹이 노예제를 부활시키고, 노예혁명을 진압하기 위해 생도밍그로 군대를 보낸 배경에는 바로 이런 가족사가 작용한 것이라고 해석할 수 있다.[10]

나폴레옹의 세인트헬레나 시절 커피 이야기 중에서 빠질 수 없는 것이 1816년 4월에 새로 부임하여 5년 후 그의 죽음을 지켜본 허드슨 로경과의 일화이다.[11] 두 사람의 초기 만남과 관계는 나쁘지 않았다. 로는 영국 군인으로서 이집트 등 여러 전선에서 나폴레옹에 대항하여 싸운 인물이기 때문에 서로 연민의 정이 컸던 것은 자연스러웠을 것이다. 그래서 초기에는 나폴레옹에게 매우 친절하였다.

1816년 4월 두 번째 만남에서 로는 나폴레옹에게 커피를 선물하였다. 이 커피의 원산지에 관한 정확한 이야기나 기록은 없다. 세인트헬레나 지역에서 수확한 커피라는 해석과 프랑스령 레위니옹섬 커피였을 것이라는 주장도 있다. 이 자리에서 나폴레옹이 로에게 감시하는 인물

없이 혼자 주변을 산책할 수 있게 해달라고 요구하였지만 일언지하에 거절당하고 말았다. 이후 두 사람은 다시는 만나지 못하는 관계가 되었다. 나폴레옹은 선물로 가져온 커피에 독이 들어 있을 것을 염려하여 내다 버리도록 지시하면서 "좋은 커피는 이 끔찍한 곳에서 그나마 훌륭한 물건이다"라고 말했다. 이 이야기는 그를 수행했던 몽톨론에 의해 전해졌고, 이것이 "세인트헬레나에서 좋은 것은 커피 하나"라는 말로 각색되어 전파되어 왔다.

나폴레옹은 1821년 5월 5일, 6년 가까이 생활하였던 롱우드의 집 거실에 있던 야전침대에서 사망하였다. 사인은 위암이었다. 사망 직전까지도 침대 곁을 지키던 사람들에게 커피를 요구하였고, 새로운 주치의였던 앙또마르키가 커피 한 스푼을 마시게 했다고 한다. 이런 장면을 지켜 본 그의 충성스러운 부하 베르트랑은 나폴레옹이 지속적으로 커피를 요구하였다는 것과 죽음을 앞둔 그의 모습이 "마치 어린아이처럼 온순하였다"는 기록을 남겼다.

나폴레옹은 자신의 유골이 사랑했던 프랑스 시민들이 있는 센 강변에 뿌려지길 원했지만 이루어지지 않았다. 죽은 그의 프랑스 귀환이 가져올 프랑스 시민들의 흥분을 두려워한 영국 정치인들의 결정으로 그는 세인트헬레나에 묻혔다.

나폴레옹 사후 세인트헬레나에는 작은 변화들이 생겨났다. 1834년에는 동인도회사 소유의 섬에서 영국 왕실 직영의 섬으로 지위가 변경되었다. 이후 왕실에서 적지 않은 보조금이 지급되는 등 이런저런 조치들이 이어졌지만 이 섬에 번영은 찾아오지 않았다. 1836년에 이 섬을 방문하여 6일간 머물렀던 찰스 다윈도 주로 아프리카 출신 노예의 후예들인 이 지역 주민들의 가난과 고통을 기록하였다.

1830년대 프랑스에서는 나폴레옹을 영웅시하고, 그가 엘바섬에서 탈출하여 복귀하였듯이 어디에선가 어둠을 뚫고 다시 귀환하기를 기대하는 듯한 분위기가 만들어졌다. 이런 분위기를 만드는 데 기여한 대표적인 인물이 오노레 드 발자크였다. 글을 쓰기 위해 매일 40잔 가까이 커피를 마신 것으로 유명한 발자크는 1833년에 발표한 소설 《시골 의사Le Médecin de campagne》에서 나폴레옹을 예수에 비견할 영웅으로 묘사한 바 있다.[12]

1840년, 나폴레옹은 프랑스로 돌아왔다. 살아서 돌아온 것이 아니라 죽어서 돌아왔다. 안토니 와일드가 묘사한 나폴레옹 무덤의 발굴 모습은 발자크 소설 속의 나폴레옹만큼이나 극적이다.[13] 나폴레옹이 죽은 지 19년 되던 해에 영국은 나폴레옹 시신의 프랑스 귀환을 승인했다. 25년 전 나폴레옹이 세인트헬레나섬에 도착한 날과 정확히 같은 날 밤 자정에 발굴과 이장 행사가 시작되었다. 파리에 도착한 나폴레옹의 시신은 돔교회의 지하실에 안치되었다.

나폴레옹은 부활하지 못했지만 세인트헬레나 커피는 19세기 중반에 부활하였다. 프랑스 파리가 아니라 영국 런던에서 세인트헬레나 커피의 인기가 치솟았다. 나폴레옹이 살던 뱀부헷지의 소유자였던 알렉산더는 런던에 있는 커피 판매상 윌리엄 버니에게 커피 샘플을 보냈고, 이를 마셔 본 버니는 '우월한 질과 향을 지닌' 커피라고 선언하였다. 경매에 붙인다면 100파운드의 낙찰 가격이 7파운드(£)는 될 것으로 내다봤다. 돈을 벌겠다는 욕심에 알렉산더는 커피 재배 면적을 늘렸고, 1845년에는 런던 경매시장에 올라온 커피 중에서는 최고인 파운드당 1

페니를 기록하였다.

이런 흐름을 타고 이 커피는 1851년 런던의 하이드파크 크리스탈 궁전에서 열린 대박람회에 출품되었다. 빅토리아 시대(1837~1901) 영국 산업혁명의 성취를 상징하는 역사적인 이 박람회에는 '음료수 재료' 부문이 따로 있었고, 여기에 이미 널리 알려져 있던 유명한 커피 원두들과 함께 새로운 커피 원두들이 전시되었다.

커피 부문에서는 처음 소개되는 보르네오 커피가 최고상인 프라이즈 메달을 받았다. 색과 무게에서 최상이라는 평가였다. 홍해의 서쪽, 아프리카 대륙 해안 지방인 버베라 지역에서 출품된 커피도 긍정적인 평가를 받았다. 반면에 실론 커피는 '부정적인 평가'를 받았다. 포르투갈도 식민지에서 재배한 다양한 커피를 출품하였는데 마데이라를 제외한 나머지 티모르, 케이프베르데, 세인트토마스 등에서 생산한 커피는 평범하거나 부정적인 평가를 받는 데 그쳤다. 영국이 스스로 운영하는 동인도회사가 내놓은 예멘의 아덴Aden 커피는 불결하다는 평가를 받았다.

출품된 다수의 커피가 부정적인 평가를 받아야 했던 이 대단한 박람회에서 세인트헬레나 커피는 '긍정적인 평가'를 받았다. 이런 평가 덕분에 세인트헬레나의 땅 소유주들이 커피를 심는 새로운 풍조가 만들어졌다. 프랑스 파리에서는 세인트헬레나 커피가 최고의 모카 커피와 거의 동등한 커피로 대우를 받아 파운드당 1s. 6d.[14] 정도에 팔렸다고 한다. 영국보다 조금 비싼 가격이었다. 자본과 사람이 세인트헬레나로 흘러들어가는 것이 기대되었고, 장려되는 분위기였다.

그러나 일시적인 흥분은 바로 실망으로 바뀌었다. 1871년에 세인트헬레나 지방 정부는 빚더미에 앉았고, 거의 파산 직전에 이르렀다. 지원금은 축소되고, 공무원들은 해고되고, 주민들은 하나둘 섬을 떠났다. 커피 재배는 일시에 멈췄다. 1883년에 이 섬을 방문했던 원예학자 다니엘 모리스 박사에 의하면 당시 이 섬에서는 여기저기에서 괜찮아 보이는 커피나무들이 자라고 있었지만 이미 1874년에 도입된 아마[15] 재배지가 섬을 덮고 있었다. 19세기 커피 대중화의 물결 속에서도 세인트 헬레나의 커피는 부활하지 못한 채 그렇게 시들어 버렸다.

9

커피 소비의 리더 미국,
거대 생산국 브라질

커피 소비의 리더 미국의 등장

커피가 본격적인 투자와 수익의 대상으로 떠오르기 시작했다. 결정적인 역할을 한 데는 거대한 두 나라가 있었다. 소비에서는 아메리카 대륙 북쪽의 미국 그리고 생산에서는 남쪽의 브라질이었다. 19세기가 끝날 때까지는 두 나라의 소비와 생산 증가가 큰 마찰 없이 균형을 이루어 서로를 이롭게 하였다. 브라질은 생산량을 확대해 커피가 지속적으로 낮은 가격에 소비될 수 있도록 만들었고, 미국은 적당한 가격에 커피 소비량을 늘려 브라질에서의 커피 생산 증가분을 자연스럽게 흡수하였다. 브라질은 초기 노예에 의존하는 커피 생산 체제에서 점차 유럽 이민자들에 의한 체제로 자연스럽게 전환했다. 반면 미국인들은 집에서 하던 커피 로스팅과 그라인딩 공정을 점차 유명 브랜드를 앞세운 공장의 대량 생산 체제에 맡기기 시작하였다.

19세기 커피의 역사에서 가장 큰 영향을 미친 나라는 단연 미국이다. 17세기에 커피가 미국에 상륙한 뒤 18세기 독립전쟁을 치르면서 커피에 애국적 의미를 부여하는 등 커피를 향한 미국인들의 관심은 폭발하였다. 하지만 커피 소비가 이에 비례하지는 않았다. 여전히 차와 초콜릿 음료가 커피만큼 소비되고 있었다. 비록 차에 대한 세금 부과로 영국과의 전쟁을 시작하였지만 문화적 뿌리인 영국과 모든 것을 단절하지는 못하였다. 차나 초콜릿뿐 아니라 커피 수입도 영국이 주도하고 있었기 때문이다. 당시 미국에 수입되는 커피는 주로 영국의 식민지였던 카리브해의 자메이카 제품이었다.

보스턴, 뉴욕, 필라델피아 등 동부에서 시작하여 시카고, 노퍽, 세인트루이스, 뉴올리언스 등 많은 도시에 커피하우스가 등장하였다. 하지만 확산 속도가 빠르지는 않았다. 19세기 중반인 1843~1845년도 시카고 주소록에는 오직 2개의 커피하우스만 등록되어 있을 뿐이었다. 커피하우스의 등장은 프랑스 문화에 뿌리를 두고 있던 뉴올리언스에서 가장 활발하였다. 그래도 유럽의 대표적 도시들에 비하면 매우 조용한 편이었다.

이런 분위기에 작은 반전이 일어났다. 결정적인 것은 1830년 스페인-프랑스 전쟁 위기의 여파였다. 나폴레옹의 대륙 봉쇄를 경험하였던 많은 유럽 국가들은 두 나라 사이의 전쟁에 대비하여 커피를 대량으로 매입하였다. 그러나 전쟁은 벌어지지 않았고 다량의 커피가 낮은 가격에 시장에 쏟아져 나와 이것이 커피 소비를 확산시키는 계기가 되었다. 미국에서는 1821년에 파운드당 21센트였던 커피가 1830년에는 8센트로 떨어졌다. 이후 20년 동안 커피 가격은 파운드당 10센트를 넘지 않는 안정세를 유지하였다. 1800년에 680그램 수준이었던 커피 1인당 소비량이 1850년에는 무려 2.3킬로그램으로 3배 이상 증가하였다. 1800년대 초에 미국인들이 마시던 커피는 프랑스령 생도밍그 수입품이었지만 노예혁명으로 생도밍그가 독립(아이티)한 이후 자메이카와 쿠바산 커피로 대체되었다. 쿠바가 1840년대에 연이은 자연재해로 인해 커피 산업을 포기하고 사탕수수 산업으로 전환한 이후에는 미국에서 소비되는 커피는 대부분 브라질로부터 들여오기 시작하였다.[1]

미국의 커피 소비 역사에서 가장 큰 전기를 제공한 것은 남북전쟁(1860~1865)이었다. 북군의 경우 하루에 43그램의 커피를 보급품으로 받았는데 이는 하루에 거의 열 잔 정도의 커피를 내릴 수 있는 양이었다. 소총의 개머리판 부분에 커피 그라인더를 장착할 정도로 커피는 군인들의 필수품이었다. 북군의 해상 봉쇄로 인해 남군은 커피 대신 치커리나 도토리와 같은 대용품으로 만든 음료를 마시며 견뎌야 했다. 남북전쟁 참전 군인들의 일기장에 가장 많이 등장하는 단어가 '총', '대포', '총알' 같은 것이 아니라 '커피'였다고 한다. 커피는 남북전쟁의 중심에 있었다.[2]

전쟁이 끝나고 집으로 돌아온 군인들에 의해 가정에서의 커피 소비는 폭발적으로 증가하였다. 1848년 캘리포니아에서 시작된 골드러시 이후 서부 개척시대가 본격화되었다. 미국의 땅이 확대되는 것에 비례하여 커피 소비도 늘어났다. 서부영화에서 흔히 보듯 카우보이, 보안관, 총잡이들은 모두 모닥불에 앉아 커피를 끓여 마셨다. 이런 커피 열풍 속에 미국은 1880년에 이르러 전 세계 커피 수입 물량의 3분의 1을 차지하였고, 1882년에는 뉴욕커피거래소가 문을 열었다.

19세기 중반 커피는 주전자에 물과 커피 가루를 함께 넣고 20~25분 정도 끓이는 단순한 방식이 전부였다. 커피 가루가 바닥에 가라앉게 하기 위해 계란 노른자나 물고기 부레로 만든 풀isinglass을 넣기도 했다. 커피 소비의 확산에 따라 커피 로스팅을 전문적으로 하는 사업체가 등장하고, 초보적 형태의 커피메이커인 퍼콜레이터가 만들어지기 시작하였다. 자베즈 번즈Javez Burns가 대용량 로스터를 개발한 것이 1864년이었다. 볶아진 커피 원두를 자동으로 밖으로 배출하여 식힐 수 있는 구조를 가진 혁신적인 기계였다. 번즈는 이어서 로스팅된 뜨거운 커피를 자동으로 식히는 기계와 자동 그라인더를 발명함으로써 커피의 대중화와 커피 산업의 발달에 초석을 놓았다. 이런 노력과 발명으로 커피는 대량 가공이 가능한 상품으로 점차 나아갈 수 있었다.

번즈의 대용량 로스터를 처음으로 구입한 존 아버클John Arbuckle에 의해 로스팅된 커피 원두가 종이팩에 담겨 대형 식품점에서 판매되는 시대가 열렸고, 아버클에 의해 커피 원두 광고가 시작되었다.[3] 아버클이 1873년에 설립한 아리오사Ariosa는 지역을 넘어 전국적으로 이름을 알린 첫 번째 커피 브랜드이다. 커피 원두 구매자에게 쿠폰을 발급하는 판매 전략을 처음 개발한 것도 아버클이었다.

아버클이 세운 아리오사에 이어 전국적 규모의 커피 브랜드들이 생겨났다. 이후 미국에서는 커피를 통해 이윤을 창출하고자 하는 많은 기업이 경쟁적으로 등장하였고, 이들은 제조 원가를 낮추기 위해 온갖 방법을 동원하였다. 대표적인 것이 커피에 이물질을 섞는 방법이었다. 처음에는 유럽과 마찬가지로 색과 맛이 유사한 민들레나 치커리의 뿌리를 넣는 것에서 시작하였고, 갈수록 다양한 이물질들이 섞여졌다. 당시 커피 가루에 섞었다고 펜더그라스트가 밝힌 이물질에는 식물뿐 아니라 구운 말의 간, 숫돌 가루, 연탄재, 개 과자, 해삼, 모래, 톱밥 그리고 벽돌 가루까지 있었다. 사용하고 남은 커피 찌꺼기 재사용쯤은 그야말로 문제가 되지 않을 정도였다. 1884년의 《뉴욕 타임스》 헤드라인 기사가 "모든 커피에는 독poison in every cup of coffee"이라고 표현하기에 이르렀다.[4]

1892년, 우리 귀에 매우 익숙한 맥스웰하우스Maxwell House가 등장했다. 대학 졸업 후 식료품 도매회사 외판원으로 취직하여 커피를 배달하던 조엘 오슬리 칙Joel Owsley Cheek은 스스로 다양한 커피 생두를 로스팅하는 실험을 시작하였다. 커피마다 고유한 맛이나 향이 있다는 것

초기 맥스웰하우스호텔과 신문 광고.

맥스웰하우스커피는 커피 원두 배달을 하던 조엘 오슬리 칙에 의해 개발되었다. 8년여의 실험 끝에 고유한 향이 있는 여러 생두를 혼합하는 블렌딩 방식을 창안한 것이 성공의 비결이었다. 칙은 자신이 커피를 납품하던 호텔 이름을 커피 이름으로 사용하여 크게 성공하였다. 1900년에 친구 존 닐과 함께 칙닐커피라는 회사를 창업하였다. 오른쪽 사진 하단에 표시된 'Good to the last drop'이라는 광고 카피로 큰 인기를 얻었다.

을 깨달은 칙은 여러 생두의 장점을 합하면 매우 훌륭한 커피 맛을 낼수 있다는 결론에 이르게 된다. 블렌딩 커피를 창안한 것이다. 이후 여러 가지 커피를 블렌딩하는 실험을 지속하였고, 무려 8년의 실험 끝에 1892년 자신이 원하는 완벽한 맛을 찾게 된다. 저렴한 브라질 산토스산 커피를 베이스로 하고 여기에 두 종류의 중남미산 마일드 커피를 섞는 방식이었다.

이 커피를 처음으로 공급한 것이 테네시주 내슈빌 소재 맥스웰하우스라는 호텔의 커피숍이었다. 이 커피숍에서 칙의 블렌딩 커피는 인기를 끌었고, 칙은 자신이 개발한 블렌딩 커피의 이름으로 '맥스웰하우스'라는 명칭을 사용하였다. 이전까지의 커피는 당연히 싱글 오리진, 즉 한 잔의 커피에 단 한 종류의 커피 원두가 들어가는 것이 상식이었다. 맥스웰하우스는 500년 이상 당연한 것으로 여겨졌던, 그래서 누구도 의심하지 않았던 커피의 상식을 파괴함으로써 미국을 상징하는 커피 브랜드가 될 수 있었다. 19세기를 마감하는 해인 1900년에는 친구인 존 닐과 함께 칙닐커피Cheek-Neal Coffee라는 회사를 창업하였다.

커피 생산의 거인 브라질의 등장

19세기 후반부터 브라질은 커피 생산에 절대적인 영향을 미치기 시작했다. 브라질에서 커피 재배가 확산된 것은 19세기 초 생도밍그의 독립과 커피 산업의 붕괴로 커피 가격이 일시적으로 상승하면서부터였다. 브라질 남동부의 붉고 배수가 뛰어난 땅 테라록사Terra Roxa 지역으로 옮겨진 커피나무는 허술한 관리에도 불구하고 잘 자라났다. 포르투갈이 공급한 노예들의 노동력 덕분이었다. 노예 1명이 4,000~7,000그루의 커피나무를 재배하였고, 특별한 시설 없이 채취된 커피는 노새에 실려 리오데자네이루로 옮겨졌다. 당연히 우수한 품질은 아니었다.

노예 거래를 방임하였던 브라질 왕정이 1872년에 막을 내리고 공화국이 세워졌다. 이를 주도한 것은 상파울루의 커피 재배업자들인 파울리스타Paulistas였다. 이들은 노예를 대신할 노동력으로 유럽으로부터 이민자 집단을 받아들이는 정책을 선택하였다. 유럽에서 건너온 이민자들[colonos]은 임금을 받고 대형 커피 농장에서 일했다. 작은 집과 땅을 받고 정착한 이들은 곧 브라질 커피 산업의 중심으로 성장하였다. 19세기 후반에는 이탈리아에서, 그리고 20세기 초반에는 포르투갈과 스페인에서 200만 명 이상의 사람들이 브라질로 건너왔다.

1900년까지 상파울루 지역에서만 커피나무가 5억 그루 이상 심어졌다. 커피 재배지는 상파울루 지역을 넘어 남쪽과 서쪽의 고지대와 오지로 확대되었다. 1870~1871년 세계 커피 생산량 660만 자루의 46.9퍼센트인 310만 자루를 생산하였던 브라질은 1900~1901년도에는 세계 커피 생산량 1,870만 자루의 77.5퍼센트인 1,450만 자루를, 그리고 1901~1905년 사이에는 연평균 1,630만 자루를 생산하여 전 세계 커피 생산량의 73퍼센트를 차지하였다. 그야말로 세계 커피 시장의 거인으로 성장한 것이다. 이 엄청난 양의 커피를 수출하는 항구 산토스라는 이름이 세계적으로 유명해지기 시작하였다. 17~18세기에 모카, 19세기에 자바가 있었다면 20세기에는 산토스가 있었다. 모카와 자바는 고급 커피의 대명사였지만 산토스는 저렴한 커피의 대명사였다.

19세기 후반부터 20세기 초반 사이 거의 1세대 만에 세계 커피 생산에서 브라질의 독점적 지위를 가능하게 하였던 것은 1869년 실론섬에서 시작된 커피 녹병의 확산도 하나의 배경이었다. 1815년 나폴레옹 전쟁 중에 영국은 네덜란드가 지배하고 있던 실론섬의 해안 지역을 빼앗은 후, 독립 왕국이었던 칸디왕조를 무너뜨리고 섬 전체를 점령하였다. 섬에 널려 있어 커피 농장에 피해를 주는 코끼리들을 제거하고, 숲을 정리한 후, 인도의 남동해안 마드라스 지역에 거주하던 타밀족을 이주시켰다. 노동자들은 영국 동인도회사에 많은 빚을 지고 있었다. 이들의 노동력에 의해 반세기 정도 융성하였던 커피 재배가 녹병으로 무너진 것이다. 헤밀리아 바스타트릭스Hemileia Vastatrix라는 곰팡이균에 의해 초래된 커피잎 녹병leaf rust은 1880년대 중반 실론의 커피 농장을 대부분 초토화시켰다. 커피나무가 사라진 자리에 차나무가 등장하였다. 유명한 실론티가 등장한 것이다.

실론에서 시작된 녹병은 커피를 재배하고 있던 인도, 수마트라, 자바 등으로 번졌다. 녹병에 약한 아라비카종 중심이었던 이 지역 커피 산업이 망가졌다. 녹병 이전에 세계 커피 소비량의 3분의 1 이상을 차지하던 것이 20세기 초에 이르러서는 20분의 1 정도로 축소되었다. 동인도 커피 경작의 몰락은 서서히, 그러나 폭발적으로 브라질과 중남미 커피의 시장 독점을 가져왔다.

10

전쟁, 커피
그리고 커피 전쟁

소비자 대표와 생산자 대표의 전쟁

20세기에 들어 제국주의의 식민지 쟁탈 전쟁은 감소하는 대신 강대국들 사이의 이해관계나 이념의 충돌로 인한 세계적 규모의 전쟁들이 잇따라 발생하였다. 두 차례의 세계대전뿐 아니라 스페인내전, 한국전쟁, 베트남전쟁, 보스니아전쟁 등이 이어졌다. 아시아와 아프리카의 많은 약소국들이 식민지 지배에서 벗어나 독립을 쟁취하였고, 일부 민족은 새로 식민지에 편입되었다. 20세기 초에 등장하여 70년 이상 인류의 절반을 지배하였던 사회주의가 몰락한 20세기 후반까지 지구 곳곳에서는 크고 작은 전쟁이 반복되었고, 그 현장에는 늘 미국의 그림자가 너울거렸다.

20세기는 미국의 세기였다. 20세기에 인류가 이룬 과학적 성과는 눈부셨고, 그 중심에 미국이 있었다. 미국이 선도한 과학 발전을 기초로 인류는 교통·통신 수단의 발달에 힘입어 하나의 사회처럼 연결되기에 이르렀고, 문화는 물론 위기의식 또한 공유하기 시작하였다. 첨단 기술과 기계의 등장이 만든 초연결 사회의 특징은 커피의 생산, 소비, 그리고 유통에도 적지 않은 영향을 미쳤다. 20세기 커피 유통의 주인공 또한 미국이었다. 그런 미국이 중심이 되어 커피 시장에서 불러일으킨 전쟁은 한두 가지가 아니었다.

첫 번째 커피 전쟁은 바로 커피 소비국인 미국과 생산국 브라질이 커피 가격을 둘러싸고 벌인 전쟁이었다. 20세기 진입 직전 몇 년간 세계적으로 커피 산업은 호황을 누렸다. 공급 측면에서 보면 1880년대에 번진 커피 녹병으로 인해 자바와 실론 커피가 사라진 자리를 새로운 '공룡' 브라질이 순식간에 차지해 버렸다.

1895년 즈음에는 뉴욕커피거래소에서의 커피 도매가가 파운드당 14~18센트에 형성되었다. 사상 최고 수준이었다. 소비 측면에서 보면 유럽 대부분의 국가들과 미국의 산업화 성공에 따른 경제적 여유가 기호품인 커피의 소비 확대를 가져왔다. 이에 브라질 사람들이 너도나도 커피나무를 심었다. 이때 심은 커피나무들이 4~5년을 지나 20세기 시작 무렵부터 활짝 꽃을 피우기 시작하였다. 파운드당 18센트까지 오른 커피 가격으로 고통을 받던 미국인들에게 20세기 초반의 커피 호황은 축복이었다. 1901년에 세계의 커피 생산량은 2,000만 자루에 이르렀다. 이 중 70퍼센트 이상이 브라질산이었고 나머지는 생산량이 급격히 감소한 자바를 비롯한 동남아시아와 카리브해, 그리고 이제 막 생산을 시작한 몇몇 중남미 국가들의 생산물이었다. 전 세계의 커피 재고량도

1,130만 자루에 이르렀다. 신규 생산량과 재고량을 합하면 3,130만 자루였고 이는 전 세계 연간 커피 소비량 1,500만 자루의 두 배에 달하는 양이었다.

문제는 이런 자세한 정보가 실시간으로 공유되는 새로운 시대에 접어들었다는 사실이다. 1851년 영국과 프랑스 사이의 도버해협을 시작으로, 1866년에는 대서양 횡단 해저 통신 케이블이 놓였다. 1년 전인 1865년에 링컨이 암살당하였다는 소식을 런던 사람들이 전해 듣는 데 15일이 걸렸지만 이제는 미국의 커피 거래가 소식이 런던에 실시간으로 전달되는 시대가 된 것이다. 19세기 후반에 이르러 세계 거의 모든 지역이 해저 통신 케이블로 연결되었다. 세계 각지의 커피 생산과 소비, 유통 소식이 실시간으로 전파되었고, 새로운 정보 하나하나에 커피 시장이 요동을 쳤다.

20세기 시작과 함께 전파된 브라질 커피 생산량의 폭증 소식은 세계 모든 거래 시장에서의 커피 가격의 폭락을 가져왔다. 1901년에는 뉴욕커피거래소에서 파운드당 6센트까지 하락하였다. 낮은 가격 덕분에 이제 커피는 누구나 손쉽게 마실 수 있는 음료가 되었다. 문제는 가격 하락으로 인해 수입이 줄어든 생산국들의 고통이었지만 소비국의 관심사는 아니었다.

이후 약 10년을 주기로 커피 가격이 폭락과 폭등을 반복하는 이른바 붐 앤 버스트 사이클Boom and Burst Cycle은 이렇게 시작되었다.[1] 이런 불안한 사이클을 막기 위해 커피 생산국과 소비국 대표들이 참가하는 최초의 국제커피회의가 1902년에 뉴욕에서 열렸지만 아무런 합의에 이르지 못하였다.

커피 세계사

최대 생산국인 브라질 정부는 1903년에 커피 농장을 새로 세우면 에이커(약1,224평)당 180달러의 세금을 부과해 생산을 억제하였지만,[2] 가격 하락을 막지 못했다. 이때 등장한 인물이 허먼 질켄Hermann Sielcken이다.[3] 업계의 큰손 질켄은 독일과 영국의 은행, 그리고 브라질의 커피 상인들로 신디케이트를 구성하였다. 컨소시엄 형식의 이 신디케이트는 브라질 정부와 협력하여 일정한 가격에 커피를 대량으로 구매하였고, 이를 가격 안정용 커피로 비축하는 방식을 취했다.

세계 주요 항구에 브라질 정부와 신디케이트가 공동으로 구매한 커피가 쌓이기 시작하였다. 재고량 조절로 세계 커피 시장을 장악하려는 이 시도로 1910년부터 커피 가격은 상승하기 시작하였다. 전 세계 커피 소비량의 절반가량, 브라질 커피 수확량의 80퍼센트라는 어마어마한 양을 소비하던 미국 시민들의 불만이 폭발했다. 시민들의 불만을 배경으로 미국 정부가 질켄을 기소하고자 청문회에 세웠다. 청문회에서 질켄은 다음과 같이 미국 정부의 태도를 비판하였다.[4]

나는 미국이 다른 나라의 행동 하나하나에 대해 비판하고 간섭하는 것이 옳은 일인지 묻고 싶습니다. 우리나라가 남미에서 면직물 판매를 하고 있는데, 브라질 정부가 "우리가 조사를 좀 해야겠습니다"라고 말한다면 어떨지 생각해 보세요. 그런 식으로 행동하는 어떤 외국 정부나 정당이 있었다면 우리 미국은 이 나라에서 그들을 내쫓아 버렸을 것입니다.

질켄은 "미국인들이 자신들의 물건은 최고의 값으로 팔면서 남의 나라 물건은 최저 가격으로 사는 것을 당연시하고, 만일 어느 외국이 이런 불합리한 거래에서 자신을 보호하려고 하면 그것이 마치 어떤 음모라도 되는 것처럼 공격하는 것에 동의할 수 없다"[5]고 덧붙였다.

이 일로 질켄은 미국 법무장관에 의해 기소되었다. 커피를 둘러싼 청문회와 기소였지만 대통령도 긴장하게 만든 관심거리였다. 이 소송이 진행되던 1912년 당시 미국의 대통령은 윌리엄 태프트William H. Taft였다. 한국 역사책에 나오는 이른바 태프트-가츠라 밀약(실제로는 밀약이 아니라 대화 결과를 정리한 메모랜덤)의 당사자로서 1905년 7월 일본 수상 가츠라 타로와 회담을 하던 당시에는 전쟁성 장관이었고, 일본이 조선을 강제병합한 1910년에는 미국의 대통령 자리에 올랐다. 질켄에게 공격적이었던 조지 위커샴이 사임하고 새로운 법무부 장관인 제임스 맥레이놀즈가 임명된 1913년 4월이 되어서야 소송은 취하되었다.

질켄이 앞장서서 시도한 가격 안정책은 이후에도 브라질 정부에 의해 몇 차례 시도되었다. 커피 가격이 안정되자 잠시 중단되었던 브라질의 커피 재배가 1910년대 중반에 확대되었다. 브라질만이 아니라 중남미의 많은 국가들이 커피 재배에 적극적으로 참여하기 시작하였다. 이

질켄의 커피트러스트에 맞서 싸우는 미국 정부를 상징하는 만화.

20세기 초 브라질의 생산과잉으로 인한 커피 가격의 하락을 막기 위해 허먼 질켄은 커피 생산자와 자본을 결합하여 공동판매 카르텔인 신디케이트를 결성하였다. 브라질 정부가 커피를 대량으로 구매하여 가격 안정책으로 비축하는 일종의 수매제도였다. 이를 못마땅하게 여긴 미국 정부는 질켄을 기소하는 방식으로 대응하였다.

때 재배된 커피나무에서 본격적인 생산이 시작된 1920년대 초반에 다시 커피 가격은 하락하였고, 브라질의 커피 독과점도 서서히 약화되기 시작하였다.[6]

가짜커피와의 전쟁

미국에서 20세기 초반에 벌어진 두 번째 커피 전쟁은 커피와 커피 대용품 사이의 전쟁이었다. 마크 펜더그라스트는 그의 책《매혹과 잔혹의 커피사》(2010)에서 이 전쟁을 매우 상세하게 묘사한 바 있다.

전쟁을 시작한 것은 찰스 포스트Charles W. Post였다. 커피 대용 음료인 포스텀Postum의 개발자였다. 당시 커피를 '정신 이상의 원인'이라고 강하게 비판하여 주목을 끌던 인물이 시리얼 콘플레이크의 개발자 존 켈로그John H. Kellogg였다. 그의 영향을 받아 포스트가 1895년에 곡물로 개발한 커피 대용품이 포스텀이었다. 그는 커피 가격이 상승할 때는 포스텀의 가격 경쟁력을 앞세웠고, 건강에 대한 미국인들의 관심이 높아질 때는 커피를 '마약 음료'라고 몰아세웠다.

포스트는 공격적인 광고를 통해 커피가 심장병, 신경통, 신경쇠약의 원인이라고 주장하면서, 커피 대신 포스텀을 마시면 이런 질병뿐 아니라 충수염(맹장염)까지도 치료할 수 있다는 주장을 폈다. 커피에 들어 있는 카페인의 위험성을 지적하면서 지속적으로 커피를 마시면 시력을 잃는다거나, 혈액이 혼탁해진다는 광고를 반복하였다. 육류 소비의 증가로 건강에 대한 염려가 높아진 당시 미국인들에게 이런 광고는 효과를 발휘했다.

이런 음해성 광고에 가장 크게 반발한 인물 중 하나가 《차와 커피 무역 저널》의 편집장 윌리엄 우커스였다. 포스트의 광고는 소비자 기만이라는 사실을 쉴 새 없이 지적하였지만 소용없는 일이었다.[7]

포스텀과의 싸움에 이어 커피는 카페인 유해 주장과 싸워야 했다. 당시 인기를 얻기 시작한 탄산음료 코카콜라도 연루된 논쟁이다. 카페인의 유해성 논쟁에는 많은 과학자들도 가세하였지만 명확한 근거는 찾지 못했다. 지나친 카페인 섭취는 해롭다는 것, 그 이상의 새로운 이야기는 없었다.[8] 이런 논쟁 끝에 탄생한 것이 디카페인 커피였다. 1906년 독일인 루드빅 로젤리우스Ludwig Roselius가 생두에서 카페인을 추출하는 데 성공한 것이다. 1910년대에는 이 특허기술을 응용한 다양한 디카페인 커피 제품이 경쟁적으로 등장하여 건강 염려자들의 관심을 불러일으켰다.[9]

요동치는 커피 가격과 커피 유해론의 공격 속에서도 폴저스Folger's, 힐스브라더스Hills Brothers, 맥스웰하우스, 엠제이비MJB, 그리고 체이스앤샌본Chase&Sanbon 같은 대형 커피 기업들은 생존하였지만, 그 외에 3,000개가 넘은 소형 커피업체들은 힘겨운 싸움을 벌여야 했다. 광고를 통해 전국적인 인지도를 획득한 브랜드 커피들이 소형 업체들을 밀어내고 식료품 매장의 좋은 자리를 차지하기 시작하였다. 표준화되고 위생적으로 처리된 포장기술은 소비자들의 호응을 얻었다.[10] 판매자가 고객의 개별적 입맛을 따라가는 것이 아니라, 대기업이 표준화한 제품의 맛에 고객이 따라가는 시대가 도래하였다. 프레드릭 테일러Frederick Taylor가 1911년에 발표한 《과학적 관리론The Principles of Scientific Management》을 통해 주장한 효율성과 표준화 정신이 자본의 이익과 결합하여 커피 세계에도 적용된 것이다.

커피 유해론의 공격 속에서 내부에 여과 장치가 달린 커피포트인 퍼콜레이터가 유행하며 커피 제조가 한층 편리해졌다. 20세기 초에는 전기로 작동하는 퍼콜레이터가 미국 중산층 가정의 필수용품으로 자리잡았다. 커피 가루와 물을 분리해서 끓이는 방식이 편리하기는 했지만, 끓이는 시간에 따라 커피의 맛이나 농도가 천차만별이라는 단점도 있었다.[11]

이런 단점을 해결하는 새로운 도구가 등장하였다. 1908년에 독일의 주부 멜리타 벤츠Melitta Bentz가 현대식 커피 필터를 개발한 것이다. 양철이었는지 놋쇠였는지는 모르지만 철제 그릇의 하부에 구멍을 뚫고, 여기에 아들의 연습장을 찢어서 만든 깔때기 모양의 종이를 필터처럼 끼웠다. 이 종이 필터에 커피 가루를 담고 뜨거운 물을 부어서 내리는

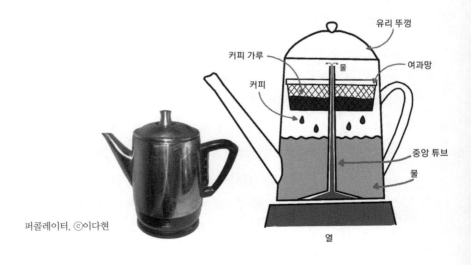

퍼콜레이터. ⓒ이다현

유리 뚜껑
커피 가루
커피
물
여과망
중앙 튜브
물
열

방식이었다.[12] 이는 당시 유럽에서 인기를 끌었지만 세계적으로 유행하게 된 것은 20세기 후반에 시작된 스페셜티 커피의 등장과 함께였다. 1900년에는 샌프란시스코의 힐스브라더스가 진공 팩을 개발하여 커피를 신선하게 공급하기 시작하였다. 광고를 통해 팩을 뜯지 않으면 신선도가 영원히 유지된다는 점을 널리 알림으로써 대대적인 성공을 거두었다.[13]

20세기 초반 커피의 세계에서 광고의 위력은 엄청났다. 맥스웰하우스의 전략은 특히 유명하다. 1915년 광고를 통해 "마지막 한 방울까지 맛있군Good to the last drop"이라는 슬로건을 사용하여 인기를 끌었다. 1930년에는 이 슬로건이 대통령의 말이라는 광고를 하기 시작하였다. 1907년 10월 시어도어 루스벨트 대통령이 내슈빌의 휴양지 허미티지를 방문하는 길에 맥스웰하우스 커피를 마셨고, 커피를 마시자마자 "마지막 한 방울까지 맛있군"이라는 유명한 말을 남겼다는 것이다.[14] 이후 번지기 시작한 맥스웰하우스 커피의 세계적 인기에 이 슬로건이 영향을 미친 것은 분명하다. 이 광고 문구는 훗날 맥스웰하우스를 인수한 제너럴푸드의 전前 회장 클리포드 스필러Clifford Spiller가 쓴 것이라는 주장도 제기되었다. 근거가 정확하지 않은 이 말은 지금도 맥스웰하우스 커피의 로고에 들어가 있다.

두 번째 커피 전쟁을 촉발하였던 커피 유해론의 주인공 포스트는 1914년 맹장의 끝부분에 염증이 생기는 충수염 진단을 받았다. 그는 광고를 통해 커피를 마시면 걸릴 수 있는 질환의 하나로 충수염을 지적하면서 포스텀을 마시면 절대로 충수염에 걸리지 않는다고 주장한 바 있었기에 매우 난감한 상황에 처하게 되었다. 커피 유해론의 열렬한 지지자, 커피 대용품 포스텀 개발자로서의 자존감을 상실한 포스트는 불과 59세의 나이에 권총 자살로 생을 마감하고 말았다. 그의 재산을 물려받은 그의 딸 마조리 메리웨더 포스트와 그녀의 두 번째 남편 에드워드 허튼은 훗날 미국을 대표하는 식품 기업 제너럴푸드General Food를 창설하였다. 제너럴푸드는 1928년에 미국을 상징하는 커피회사 맥스웰하우스를 인수하였다.[15] 커피 유해론의 열렬한 지지자가 만든 회사가 커피 사업을 하게 된 아이러니한 역사의 한 장면이다.

제1차 세계대전, 저소비와의 전쟁

세 번째 커피 전쟁은 소비자 및 공급자가 함께 싸워야 했던 제1차 세계대전이었다. 유럽의 다수 국가가 끌려 들어간 전쟁으로 인해 산지의 커피 가격이 하락하였다. 독일의 영향이 컸던 중남미 커피 시장으로 가는 해상로는 영국에 의해 일찍이 봉쇄되었다. 커피를 운송하는 것이 위험해지자 브라질을 비롯한 커피 생산지에 커피 원두의 재고는 쌓여만 갔다. 말 그대로 "비참했던 5년"이었다.[16]

유럽 국가들에서 커피 거래와 소비는 불가피하게 줄어들었지만 끊긴 것은 아니었다. 미국을 통한 우회적 거래 라인이 형성된 것이다. 펜더그라스트에 의하면, 미국을 통한 유럽으로의 커피 재수출 물량이 전쟁 발발 이전에 180만 킬로그램 미만이던 것이 1915년에는 무려 4억 5,000만 킬로그램을 넘어섰다. 250배 이상 증가한 것이었다. 미국을 통해 북유럽 국가들로 들어가는 커피 중 적지 않은 양이 독일로 유입되어 독일 군인들의 전투 식량이 되었지만, 미국의 기업가들은 아랑곳하지 않았다. 전쟁에 참여하는 미군들이 마신 커피는 주로 저렴한 브라질 산토스산이었고, 농도도 매우 약했다. 1갤런(약 3.8리터)당 커피 가루 5온스(약 142그램)를 넣는 정도였으니 요즘 마시는 드립커피나 싱글샷 아메리카노의 절반 이하 수준의 농도였다.

이 무렵에 획기적인 발명품이 세상에 나타났다. 바로 물에 녹는 가용성 커피, 즉 인스턴트커피였다. 1881년 프랑스의 알폰소 알레Alphonse Allais, 1890년 뉴질랜드의 데이비드 스트랭David Strang, 1901년 일본인 사토리 카토Satori Kato 등이 개발에 성공하였지만, 상업적으로 성공한 인물은 조지 콘스탄트 루이 워싱턴George Constant Louis Washington이라는 벨기에계 미국인이었다. 제1차 세계대전 직전인 1910년이었다.

인스턴트커피는 비록 향미나 맛은 부족하였지만 휴대와 사용의 편리성 때문에 전쟁 동안 군대에서 폭발적인 인기를 끌었다. 하지만 전쟁이 끝나자 인스턴트커피의 인기는 땅에 떨어졌다. 편리성보다는 향과 맛을 중시하기 시작했기 때문이다. 전쟁을 통해 미국의 참전 군인들은 커피 맛에 반쯤은 중독된 채로 일상에 복귀하였다. 전쟁에서는 이기고 돌아왔지만, 그들 모두는 전쟁물자에 불과하던 커피의 포로가 되어 있었다. 아침 식탁이나 일터를 가리지 않고 커피 없이는 살 수 없는 새로운 미국인들이 대거 등장한 것이다. 전쟁과 싼 커피 가격이 탄생시킨 '모닝커피'의 나라 미국의 탄생이었다.

신흥 커피 생산국 사이의 전쟁

미국 시민들의 커피 소비 패턴이 변화한 것도 이즈음이었다. 미국 시민들이 100년간 즐겨 오던 저렴한 브라질 커피 대신 콜롬비아나 과테말라 커피와 같은 조금 비싼, 이른바 '마일드 커피mild coffee'의 풍미에 빠지기 시작하였다. 오르락내리락 하는 커피 가격 문제로 미국인들을 피곤하게 해왔던 커피의 빅브라더 브라질에 대한 불편한 심기가 다른 중남미 국가의 커피에 대한 관심을 불러일으킨 측면도 있다. 미국인들의 커피 소비 패턴 변화도 콜롬비아를 비롯한 중남미 여러 나라들의 커피 생산 욕구를 북돋았다. 브라질 커피의 영향력이 조금씩 감소하기 시작했다.

19세기 중반부터 이어진 내전으로 인해 산업이 안정적으로 발전할 수 없었던 콜롬비아인들이 커피 재배를 시작한 것은 1912~1913년 즈음, 일시적으로 커피 가격이 상승하던 시기였다. 그리고 커피 재배에 본격적으로 뛰어든 것은 제1차 세계대전 이후부터다. 콜롬비아 농부들은 브라질의 반복되는 커피 공급 통제로 인해 생긴 틈새시장을 발견했다. 1910년대 중반부터 콜롬비아의 커피 생산량과 미국으로의 수출량이 급증하더니 1920년대에는 더욱 증가하였다. 1914년에 4,100만 킬로그램 수준이던 미국으로의 수출량이 1919년에는 5,488만 킬로그램을 넘어섰다. 1914년 파나마운하 개통으로 캘리포니아 지역으로의 수출이 용이해진 것도 한 요인이었다. 같은 기간 브라질 커피의 미국 수출량은 3억 3,700만 킬로그램(미국 총 커피 수입량의 4분의 3)에서 2억 5,900만 킬로그램(미국 총 커피 수입량의 2분의 1)으로 감소하였다. 과테말라를 포함한 중앙아메리카산 커피는 같은 기간에 미국 수출량이 1,800

만 킬로그램에서 7,100만 킬로그램 이상으로 증가하였다. 19세기 초 노예혁명 이후 100년 동안 커피 생산과 수출이 거의 중단되었던 아이티도 전쟁이 끝나갈 무렵에는 2,100만 킬로그램의 커피를 미국에 수출하였다.[17]

제1차 세계대전 시기에 부활한 커피도 있었다. 바로 자바 커피였다. 부활은 하였으나 같은 품종은 아니었다. 19세기 말까지 재배하던 아라비카종이 아니라 로부스타종으로 바뀐 것이다. 아라비카종에 비해 로부스타종은 현저하게 맛이 떨어지지만 재배 면적당 생산량이 많고, 재배 조건이 까다롭지 않으며, 커피 녹병에도 강했다. 커피 녹병 피해를 입었던 자바, 수마트라, 인도, 기타 새롭게 커피 재배를 시작하는 아프리카의 많은 지역에서 로부스타종을 재배하기 시작하였다. 이 지역에 대한 영향력이 남아 있던 네덜란드 시장에서는 아라비카종보다 로부스타종이 더 소비되는 현상까지 발생하였다. 브라질 등 일부 중남미 지역에서도 잠시 로부스타종이 재배되었으나 주 소비 지역인 미국에서 로부스타종 커피 수입을 금지하자 재배 지역이 확대되지는 않았다.

동남아시아와 아프리카에서 질 낮은 로부스타종 커피 생산이 확대되고 있는 동안, 다른 지역에서는 마일드 커피의 명성을 넘어서는 명품 커피들이 등장해 서구인들의 입맛을 사로잡기 시작하였다. 심지어는 차 문화에 빠져 있던 영국 왕실에서조차도 이들 명품 커피를 찾았다. 자메이카 블루마운틴, 코스타리카 커피, 하와이 코나 등 지금까지도 고가에 거래되는 최고 수준의 커피가 등장하여 커피 마니아들의 각광을 받았다.

세계 커피 시장에서 이름조차 사라졌던 커피의 기원지 에티오피아와 케냐 그리고 새롭게 등장한 우간다 등 아프리카 여러 지역에서 커피 생산을 재개하거나 새로 시작하게 된 것도 19세기 말과 20세기 초이다. 이제 본격적으로 커피 생산국 사이의 전쟁이 시작된 것이다. 아라비카종과 로부스타종 간, 생산 국가 간, 고급 커피와 저급 커피 간 등 커피 전쟁의 전선이 다양화되었고, 소비자들의 선택은 어려워졌다.

미국에서는 전쟁이 끝나갈 무렵 입법화되어 1920년에 발효된 금주법으로 커피의 대중화가 빨라졌다. 술집이 있던 자리에 카페가 등장하였고, 음식점의 디저트 목록에 커피가 나타났다. 커피는 미국인을 포함한 서구인들 일상의 한 부분으로 자리 잡았다.

커피 소비를 확산시키는 데 과학자들도 동원되었다. 식품과학 분야에서 명성이 자자했던 사무엘 프레스콧Samuel C. Prescott은 전미커피로스팅업협회의 의뢰를 받아 커피의 유해성 여부를 연구한 끝에, 1924년 커피는 "성인 대부분에게 안전한" 음료라는 결과를 발표하였다. 행동주의 심리학의 아버지인 존 왓슨John B. Watson은 1921년에 광고회사 JWT에 입사하여 행동주의 심리학적 기법을 광고에 적용한 것으로 유명하다. 이 회사에 입사한 지 2년도 되지 않아 부사장에 오른 왓슨은 자신이 맡았던 맥스웰하우스 커피 광고를 기획하며 '커피브레이크coffee break'라는 개념을 탄생시켰다. 이후 이 개념은 미국 직장 문화의 한 부분으로 자리를 잡으면서 커피 소비를 확산시키는 데 크게 기여하였다.[18] 이런 노력 덕분에 1920년대 중반에 드디어 미국인 1인당 커피 소비량은 연 6킬로그램을 넘어서고 18세기 유럽의 파리나 빈처럼 커피하우스가 미국 대도시를 점령하기 시작하였다. 미국인들은 사무실이나 공장에서 일을 하다 지치면 큰 머그에 채워진 커피를 들고 사무실이나 휴게실에서 '커피브레이크'라는 새로운 문화를 즐겼다. 북유럽 국가에서는 커피브레이크 이상의 일터 휴식 문화인 '피카Fika' 혹은 '휘게Hygge'의 중심에 커피가 자리를 잡았다.

1920년대 10년 동안 커피 생산에서 큰 위기는 없었다. 안정된 커피 가격과 늘어나는 소비로 인해 커피 재배가 가능한 모든 나라들이 경쟁적으로 커피 재배를 확대해 나갔다. 생산 과잉에 따른 가격 하락의 우려는 옛날이야기로 여겨졌다.

자메이카, 하와이, 코스타리카에서 들어온 최고급 커피의 맛을 평가하며 평범한 일상을 보내던 미국인들과 전후 평화를 만끽하며 모닝 커피를 즐기던 유럽인들 모두에게 갑자기 거대한 위기가 다가왔다. 1929년 10월 29일 뉴욕의 주식시장이 무너진 것이다. 그 파도는 순식간에 유럽과 북아메리카를 넘어 세계 모든 지역을 덮쳤다. 생산과 소비의 급격한 불균형 속에 커피 가격은 끝없이 하락하였고, 커피의 생산과 소비에 종사하던 사람들은 일자리를 떠나야 했다.

대공황과 가격 폭락

1929년에 파운드당 22.5센트 수준이던 커피 가격은 1931년에 8센트로 내려앉았다. 그런데도 브라질 소유의 국내외 창고에는 전 세계 1년 커피 소비량보다 많은 2,600만 자루(약 15억 6,000만 킬로그램)의 커피가 쌓여 있었다. 대공황 초기 브라질 정부는 커피를 심는 것을 금지하고, 수백만 자루의 커피를 불태웠으나 커피 가격 하락을 막기는 쉽지 않았다.

커피 소비 확대를 위해서 모든 방법들이 동원되었다. 커피로 벽돌 모양의 연료를 만들어 철도용 연료로 사용하고, 커피를 이용해 기름, 가스, 와인, 나아가 플라스틱까지 만드는 기술을 개발하였지만 커피 소비를 획기적으로 늘리지는 못했다. 1930년대 후반까지도 커피 가격은 안정되지 않았고, 브라질 커피 농가와 생산자들의 고통은 지속되었다. 1937년 한 해 동안 브라질은 무려 1,720만 자루, 그러니까 1억 3,200만 킬로그램의 커피를 불태웠다. 전 세계 1년 커피 소비량의 65퍼센트가 연기 속에 사라졌다.

당시 커피 역사책을 집필하기 위해 브라질을 방문하였던 야콥은 불타는 커피 창고와 농장을 생생하게 목격했다. 그의 책 마지막 장은 불태워지는 브라질 커피를 보며 현장에서 느낀 인간의 무지와 편견에 대한 안타까움으로 채워져 있다.[19] 당시 브라질의 커피 소식을 전하는 식민지 조선의 신문에는 브라질의 한 축구 클럽이 이탈리아와 선수를 트레이드하면서 계약서에 브라질산 커피를 일정량 구입한다는 조건을 명시하였다는 기사가 실렸을 정도이다.[20]

커피 산업이 국가 경제의 중심이던 엘살바도르에서 노동자들의 하루 임금이 커피 1~2파운드 가격인 12센트에 불과했다. 가난한 농민들에게 공산주의가 매력적인 이념으로 다가온 것은 자연스러운 일이었다. 이는 1932년 엘살바도르 대학살의 배경이 되었다. 이웃한 과테말라, 니카라과, 온두라스 등에서도 유사한 일들이 벌어졌다. 커피 산업에 대한 의존도가 높은 반면, 소자작농이 부족한 사회 구조가 만들어 낸 결과였다. 반면, 커피 소자작농의 비중이 높고, 이들이 참여하는 커피생산자협회의 역할이 컸던 코스타리카와 콜롬비아는 상대적으로 혼란을 적게 겪으면서 대공황의 공포를 이겨 나갔다.

대공황이 초래한 브라질 커피 산업의 붕괴와 브라질 커피 종사자들의 고통 속에 경쟁국들의 성장은 눈부셨다. 콜롬비아 커피의 미국 시장 점유율이 1937년에 25퍼센트를 돌파하였고, 아프리카의 케냐가 아라비카종 커피 생산을 확대함으로써 200년 만에 아프리카 커피가 다시 세계 시장에 영향을 미치기 시작하였다. 1935년에는 이탈리아의 독재자 무솔리니가 에티오피아를 침략하여 1941년까지 전쟁을 벌였는데, 그 배경의 하나가 커피 생산에 대한 욕심이었다.

대공황으로 인한 세계 경제의 붕괴는 대부분의 나라와 기업, 사람들에게는 고통을 안겨 줬지만, 이를 통해 시장을 확대하는 나라, 식민지를 개척하는 나라와 이익을 얻는 기업과 사람도 없지는 않았다. 1930년대 미국에서의 커피 유통 질서와 소비 패턴의 변화는 미국식 자본주의의 본질을 가장 잘 보여 준 사례였다. 제품의 질보다는 과대 광고와 가격 인하 경쟁이 중요했고, 모든 경제 주체들이 공정한 경쟁보다는 기업 합병 등을 통한 경제 권력화를 지향하였다. 대공황을 겪으면서 미국 커피 산업계에서는 에이앤피A&P, 맥스웰하우스, 그리고 체이스앤샌본이라는 세 개의 거대 공룡만 살아남았다. 이 세 개의 기업이 차지하는 시장이 40퍼센트였고, 나머지 60퍼센트의 시장을 놓고 5,000개 이상의 브랜드들이 사투를 벌였다.

제2차 세계대전, 커피 맛과의 전쟁

대공황이 준 충격에서 조금씩 회복되던 커피 세계는 유럽에서 시작된 제2차 세계대전으로 다시 혼란에 빠졌다. 1939년 9월 1일 히틀러가 폴란드 국경을 넘어 진격했다는 소식이 전해지자 커피 생두 가격은 추락하기 시작했다.

1917년 볼셰비키 혁명 이후 시작된 공산화의 위험에 이제는 나치화의 위험까지 더해졌다. 유럽으로의 커피 수출이 어려워진 상황에서 유일한 커피 시장은 미국이었다. 중남미 14개 생산국과 미국이 참여하는 미주커피회의가 1940년 6월 10일에 소집되었고, 긴 논의 끝에 미주커피협정Inter-American Coffee Agreement을 맺었다. 결론은 생산국별로 수출량을 할당하는 것이었다. 미국이 수입할 1,590만 자루 중 브라질이 60퍼센트 가까이, 그리고 콜롬비아가 20퍼센트를 조금 상회하는 분량을 수출하는 것이 핵심 내용이었다.[21]

1941년에 시행한 이 제도로 인해 전쟁 기간 미국에서의 커피 가격은 안정을 유지할 수 있었다. 미국인의 1인당 연 커피 소비량이 7.5킬로그램으로 역대 최고 수준에 오른 것이 전쟁이 한창이던 1941년이었다.[22] 역사적으로 라틴아메리카 지역과 미국의 관계가 최선의 상태를 유지한 것도 제2차 세계대전 기간이었다. 전쟁과 커피가 가져다준 희한한 선린 우호 관계였다.

1941년 12월 7일 일본의 진주만 습격으로 미국의 참전이 본격화되면서 커피 가격은 다시 불안해졌다. 군의 커피 수요 증가 그리고 선박을 이용한 커피 이동의 불안감이 합해져 커피 시장의 미래가 더욱 불투명해졌다. 이는 커피 가격의 급등으로 이어질 조짐을 보였다. 미국이 선택한 것은 일반인에 대한 커피 배급제와 묽은 커피였다. 1942년 11월에 시작된 커피 배급제는 유럽에서 전세가 연합국에 유리하게 전개되기 시작한 1943년 7월까지 유지되었다.[23]

전쟁 기간 동안 익숙해진 묽은 커피를 마시는 습관은 전쟁 이후까지 지속되었다. 미국인들이 마시는 묽은 커피라는 의미의 '아메리카노'가 탄생하였다. 전쟁 기간에도 미국의 커피 로스팅 업체들의 흡수와 합병 바람은 그치지 않았다. 전쟁은 전쟁이고 사업은 사업이었다. 전쟁도 자본주의의 한 부분이었을 뿐 이윤을 향한 자본의 질주를 멈추게 할 수는 없었다.

전쟁 중에 미국의 커피 소비를 주도한 것은 군대였다. 일반인들에 비해 두 배 이상의 커피가 군인들에게 보급되었고, 사용의 편리함 덕분에 인스턴트커피의 소비도 폭증하였다. 제1차 세계대전에 이어 제2차 세계대전은 커피에 중독된 수많은 퇴역 군인들을 양산했다. 이는 커피 소비국 미국의 위상을 유지하는 데 결정적인 계기가 되었다. 전쟁이 끝난 1946년에 미국인 1인당 커피 소비량은 연 9킬로그램을 넘어섰다.[24]

커피의 역사에서 제2차 세계대전으로 가장 힘든 시간을 보낸 것은 역시 유럽인들이었다. 커피 가격은 미국에 비해 무려 200배가 넘기도 했다. 물론 순수한 커피를 구하는 것 자체가 쉽지 않은 일이었다. 가격 상한제를 통해 시민들의 커피 마실 권리를 보호하고 있던 미국과는 대조적인 모습이었다.

커피 세계사

에스프레소와 인스턴트커피의 전쟁

커피의 대중화와 로부스타종의 출현 이후인 1920년대와 1930년대에 유럽의 커피 소비 형태는 남과 북이 다른 양상을 보여 주었다. 독일, 덴마크, 네덜란드, 스웨덴, 노르웨이, 핀란드 등 북유럽 국가들은 이른바 품질이 최상급인 마일드 커피를 선호하였다. 커피 소비량도 점차 증가하여 이들 북유럽 국가들이 1인당 커피 소비량 국가별 순위에서 대부분 상위를 차지했다. 이는 식민지하의 조선 언론에도 보도될 정도였다. 1933년《중앙일보》는 1인당 커피 소비 순위에서 스웨덴, 덴마크, 노르웨이, 네덜란드가 1위에서 4위까지를 차지한다고 보도하였다.[25]

반면 라틴 계열인 프랑스, 이탈리아, 포르투갈, 스페인 등 남유럽 지역에서는 아라비카종에 로부스타종을 혼합한 뒤 강한 로스팅을 한 커피를 선호하였다. 로스팅을 너무 강하게 해서 거의 숯색이 날 정도였다.

유럽 대부분의 국가들에서 커피를 내리는 방식은 미국인들이 즐겨 쓰는 퍼콜레이터 방식이 아니라 드립식이었다. 원두도 미국처럼 대기업이 독점하여 로스팅하고 공급하는 것이 아니라 대부분의 가정에서 직접 로스팅하는 문화가 여전히 유행하였다.

유럽 커피 문화에 급격한 변화를 가져온 것은 에스프레소 추출 기계의 등장이었다. 높은 압력을 이용해 짧은 시간에 추출하는 진한 커피가 등장한 것이다. 1901년에 이탈리아인 루이지 베쩨라Luigi Bezzera가 최초로 개발한 에스프레소 머신은 1930년대에 비로소 유행하였다. 대부분의 카페에서는 이 기계를 사용하여 갈색 크레마(커피 거품)가 형성되는 새로운 음료를 제공하기 시작했다. 이는 미국에서는 수입 자체가 금지되었던 로부스타종 커피의 소비를 확대시킴으로써 세계의 커피 생산 시장에 격변을 가져왔다. 에스프레소를 그대로 마시기도 하고, 여기에 다양한 첨가제를 넣어 마시기도 하였다. 물론 요즘 카페처럼 뜨거운 물을 타서 제공하는 아메리카노는 없었다.

1938년에는 스위스에서 유아용 유동식으로 사업을 시작한 식품회사 네슬레Nestlé가 커피 사업에 뛰어들었다. 네스카페Nescafé라는 명칭의 분말형 인스턴트커피를 개발하여 내놓은 것이다. 인스턴트커피의 개발을 주문한 것은 대공황으로 인한 커피 수요의 위축에서 벗어나고자 했던 브라질커피협회였다. 네스카페는 제2차 세계대전 동안 미군들에게 보급되어 엄청난 인기를 끌었고, 전후 세계 커피 시장에 돌풍을 일으켰다. 이로써 네슬레는 세계적인 기업으로 성장하였다.

유럽에는 미국과 달리 커피 시장을 주도하는 재벌형 기업이 없었다.

인스턴트커피 네스카페의
1930년대 신문 광고(Nestlé 홈페이지)[26]

대부분 지역 단위의 소규모 업체들이 커피의 수입과 로스팅을 담당하였는데, 우리에게도 익숙한 이탈리아의 라바짜Lavazza나 일리카페 illycaffé, 독일의 에듀쇼Eduscho 등이 대표적이다. 19세기 말에서 20세기 전반기에 출범한 이들 커피 관련 기업들은 미국의 기업들처럼 기업 합병 등을 통한 권력화를 지향하지는 않았다. 그들은 이윤이 아니라 커피를 지향하였다.

3부

11

1861년 4월 7일
한양에 배달된 커피

동아시아에 등장한 커피

한국, 일본, 중국 중에서 커피가 가장 먼저 소개된 나라는 어디일까?
상식적으로는 17세기에 이미 포르투갈이나 네덜란드와 무역을 시작한
일본이나 명나라 말기 서학을 받아들인 중국이라고 보는 것이 맞을 것
이다. 위원魏源(1794~1857)은 《해국도지海國圖志》(1844)에서 아시아, 아프
리카, 중남미 지역에서 생산되는 커피라는 식물 정보와 영국인들의 커
피 음용 풍습을 소개하였고, 서계여徐繼畬(1795~1873)는 지리서《영환지
략瀛環志略》(1850)에서 커피의 산지 정보뿐 아니라 생두의 모양과 음용
법까지 소개하였다.[1] 기록에 의하면 1836년경 덴마크인들이 광저우에
중국 최초의 카페를 열었고, 이를 흑관黑舘이라고 불렀다. 청대의 극작
가 리도우李斗의 《양주화방록揚州畵舫錄》에 나오는 기록이다. 중국인들

이 커피를 마시기 시작한 것은 이보다 뒤인 1866년 즈음이었던 것으로 알려져 있다.[2]

커피 전래가 중국보다 앞선 것은 일본이다. 에도 시대 초기인 17세기 일본의 무역은 4개 항구 도시를 통해 이루어졌다. 사쓰마를 통해 류큐왕국(오키나와), 마쓰마에를 통해서 아이누, 쓰시마를 통해서는 조선 그리고 나가사키를 통해서는 네덜란드나 중국과 교역을 하였다.[3] 그중 17세기 일본 무역의 중심은 나가사키의 데지마出島였다. 데지마는 에도 막부가 천주교의 전래는 막되 서양과의 교역은 지속하려는 목적으로 만든 인공섬으로, 축구장 두 개 정도 크기의 작은 섬이다. 1636년 이 섬의 완성 초기에는 포르투갈 상인들이 출입하였으나 1639년에 추방되었고,[4] 이후 1641년부터 개국 직후인 1859년까지 무려 200년 이상 네덜란드 상관이 주재하면서 대외무역의 창구 역할을 하였다. 서양 학문을 상징하는 난학蘭學이 이곳을 통해 들어왔다.

이곳에 네덜란드 상인들이 출입하기 시작한 1640년대에는 네덜란드 동인도회사의 커피 무역은 아직 활발하지 않았고 네덜란드인들의 커피 소비도 미미한 상태였다. 하지만 18세기에 들어서면서 동인도회사 본부가 있던 자바를 중심으로 커피 생산이 확대되면서 네덜란드인들의 커피 거래나 소비도 확산되었다.

이즈음 데지마에 출입하던 네덜란드 상인들이 커피를 마셨던 것은 확실하다. 물론 최초로 커피를 소개한 사람이나 이를 마신 일본인에 관한 기록은 남아 있지 않다. 일본인 관리, 통역, 혹은 유녀(매음 여성)들이 최초의 경험자였을 것으로 짐작된다. 이들 이외에 데지마를 출입할 수 있던 일본인은 없었고, 네덜란드 상인들의 본토 상륙도 특별한 경우를 제외하고는 원칙적으로 금지되어 있었기 때문이다.

커피 역사가인 탄베 유키히로에 의하면 일본 커피 역사에서 가장 오래된 기록은 1776년 스웨덴의 식물학자 칼 페테르 툰베리Karl Peter Thunberg(1743~1828)가 남긴 것이다. 커피에 학명을 부여하여 'Coffea arabica'라고 표기한 식물학자 린네의 제자인 툰베리는 네덜란드인 의사로 가장하여 1775년 데지마에 들어와 1년 3개월간 체류하였다. 그 후 유럽으로 돌아간 툰베리는 동아시아에 자생하는 많은 식물에 학명을 부여했다. 식물 이름에 일본을 상징하는 용어 '자포니카japonica' 혹은 일본과 툰베리를 합한 '자포니카 썬브japonica Thunb'가 많이 붙게 된 것은 이 때문이다. '일본의 린네'라고 불리는 그는 자신을 도왔던 일본인 통역 두세 명이 커피 맛을 겨우 알았다는 기록을 남겼다.[5]

역사가 조너선 모리스는 네덜란드 동인도회사를 통해 일본에 커피가 처음 소개된 것은 17세기 후반이며, 당시 커피를 마셨던 일본인은 몸을 파는 유녀들이었다고 주장하였다. 그는 손님들이 화대를 지불하지 않고 떠나는 것을 감시하기 위해 유녀들이 밤새 깨어 있어야 했고, 그래서 커피 마시기를 좋아했다고 분석했다.[6] 일본의 커피 역사에도 종종 등장하는 이야기이지만 정확한 근거는 없다.

1804년에는 문인 오오타 남보大田南畝가 네덜란드 배에서 마신 커피 맛에 대해 "탄내가 역하여 참고 마시기 어렵다"는 기록을 남겼다. 커피에 관해 일본인이 남긴 최초의 기록이다. 이처럼 일본은 1850년대까지 커피에 관한 기록들이 간헐적으로 나타나기는 하였지만 일본인들 사이에 커피가 유행하지는 않았다. 차를 즐겨 마시던 일본인들에게 커피는 호감 가지 않는 음료, 외국인들이나 찾는 음료로 오랫동안 외면당했다.

일본에 커피가 처음 수입된 것은 개국 직후인 1858년이고, 일본인들이 커피를 마시기 시작한 것은 메이지유신 직후인 1870년대, 최초의 킷사텐喫茶店(커피숍) '가히사칸可否茶館'이 문을 연 것은 1888년이었다. 뉴욕과 런던 커피하우스를 경험한 데이에이케이Tei Ei-Kei라는 인물이 서구의 엘리트 클럽을 모방하여 호화롭게 문을 열었지만 4년 만에 영업 부진으로 문을 닫았다.[7]

조선 사람으로는 윤종의尹宗儀(1805~1886)가 최초의 커피 기록을 남겼다. 1848년 완성한 《벽위신편闢衛新編》을 1852년에 개정하면서 필리핀을 소개하는 내용을 추가하면서 커피를 소개했다고 한다. 이어서 최한기(1803~1877)는 1857년에 쓴 《지구전요地球典要》에서 커피를 언급하였다.[8]

철종 11년 춘 3월 커피를 주문하다

한국 역사에서 초기 서양인의 도래를 상징하는 인물은 벨테브레(박연)와 하멜이다. 이들이 네덜란드를 떠난 1620년대와 1650년대 사이는 일부 네덜란드인들에게 커피가 막 알려질 시점이다.

하멜 이후 조선에 표류한 외국인 사례는 1888년까지 무려 1,017건이 기록되어 있다. 표류한 외국인들 중에 18세기 이후 커피 재배가 본격화된 동남아 출신이나 동남아의 대표적 무역항이었던 바타비아나 홍콩 등을 경유하여 온 사람들이 커피를 소지하고 있었을 것이라고 추측할 수는 있다. 그러나 역시 기록은 없다. 조선 사람들이 다른 나라에 표류한 사례도 무수히 많다. 그러나 성종조의 최부처럼 《표해록》과 같은 기록을 남긴 사례도 극소수에 불과하고, 더구나 커피 이야기를 담은 표류 기록은 전무하다.

표류 이외에 동서 문명 간 교류에서 주목해야 할 것은 천주교 전래이다. 조선에 천주교가 본격적으로 전래된 것은 18세기 말이다. 이승훈이 북경에서 최초로 영세를 받고 귀국한 것이 1784년이다. 1801년 신유박해를 비롯해 크고 작은 박해를 받으면서 천주교는 성장하였다. 1831년 독립된 조선교구를 설립한 교황청은 프랑스 파리외방전교회에 의뢰해 피에르 모방Pierre Maubant 신부를 최초로 조선에 파견했다. 모방 신부는 1836년 상복 차림으로 위장하여 밀입국한 후 선교 활동을 시작하였다. 그 이듬해 김대건, 최양업, 최방제 등 조선인 신학생 3명을 선발하여 마카오로 유학을 보낸 것도 모방 신부였다. 이듬해에는 로랑 앵베르Laurent Imbert 주교가 입국하였는데 당시 자생적으로 성장한 조선의 천주교인 숫자는 이미 9,000명을 넘어선 상태였다.

1837년 6월 7일 마카오에 도착한 김대건 등 조선 유학생이 그곳에서 신학을 공부할 때 프랑스 신부들로부터 커피를 대접받았을 가능성이 있다. 마카오 파리외방전교회 동양경리부의 책임자였던 나폴레옹 리부아Napoleon Libois 신부가 이들을 지도하고 후원했는데 리부아 신부는 훗날 조선에 커피를 보낸 주인공이다. 리부아 신부에게 커피를 주문한 주인공은 조선교구 제4대 주교 시메옹 베르뇌Siméon Berneux(조선 이름 장경일) 신부인데, 그는 1840년 9월 선교지 베트남으로 가는 도중에 마카오에 머무른다. 그리고 이곳에서 김대건과 최양업에게 철학을 가르치는 인연을 맺는다.[9] 파리외방전교회가 오래전부터 중남미와 동남아시아 등에서 포교 활동을 할 때 커피를 하나의 포교 수단으로 활용하였다는 점에서 이들 초기 천주교 유학생들이 최초로 커피를 마셔 보았을 가능성은 충분히 있다.

김대건 신부는 1845년에 귀국하여 포교 활동과 선교사 입국로 개척 활동을 하다가 체포되어 1846년 9월에 순교하였다. 조선의 천주교 역사에서 김대건 신부의 체포와 순교 이후 1866년 대원군에 의한 대대적 탄압(병인박해)이 시작되기까지의 20년, 철종의 재위 기간은 비교적 조용한 시기였다. 선교사들의 생활 또한 비교적 안정적이었다.

3대 페레올 주교에 이어 1856년 조선교구의 네 번째 대표 신부로 임명된 이가 시메옹 베르뇌 신부이다. 교인 홍봉주가 상해까지 가서 베르뇌 신부를 중국인 어선에 태우고 백령도 근처 무인도를 거쳐 한강 하구 쪽으로 입국하였다. 입국 초기에는 한양의 전동典洞(현 종로구 견지동)에 사는 신자 이군심의 집에 머물며 전교를 하였다. 1859년 12월에 시작된 경신박해 때 이군심이 수배를 당하자 태평동으로 이사하였다. 이후 홍봉주의 태평동 집과 정의배와 부인 피皮가타리나가 자신들의 이름으로 산 남대문 밖 자암(지금의 순화동과 봉래동 1가)의 작은 집을 오가며 생활하였다.[10] 당시 함께 살았던 조선인 신자들이 10명 정도였고, 이들의 생활비는 대부분 파리외방전교회에서 지급하였다.[11]

베르뇌 신부는 1866년 병인박해 때 체포되어 순교할 때까지 10년 정도 조선에 머물렀고, 조선의 선교 상황을 보고하거나 필요 물품을 요청하는 서신을 파리나 홍콩으로 자주 보냈고 답글을 받았다.[12] 베르뇌 주교가 홍콩이나 파리에 구입을 요청한 물품 목록에는 주로 선교 활동에 필요한 성물이나 조선에서 구입하기 어려운 물품들이 포함되어 있었다. 베르뇌 신부는 조선식 주택에서 조선식 음식으로 생활하는 어려움을 토로하는 편지를 프랑스 지인들에게 자주 보냈는데, 그는 조선인들이 음식 이외에 마시는 음료로서 쌀을 끓여 마시는 숭늉에 대해 언급하기도 하였다.[13]

남아 있는 그의 서신 자료 중 파리외방전교회 극동 대표부의 리부아 신부에게 보낸 1860년 3월 6일 자 서신의 요청 물품 목록에 보면 커피 40리브르, 흑설탕 100리브르가 포함되어 있다. 리브르libre는 당시 프랑스인들이 파운드(lb, 약 0.45킬로그램)를 나타내는 단위였다.[14]

베르뇌 주교가 커피를 주문한 시점은 1859년 여름부터 유행하기 시작한 콜레라, 1859년 12월부터 시작된 경신박해로 인한 불안감이 극에 달해 있던 시기였다.

조선에서 요청한 물품 대부분이, 약간의 예외나 사고도 있었지만, 해로와 육로를 거쳐 조선 땅에 전달된 것으로 알려져 있다.[15] 커피 전래와 관련된 최초의 문서 기록은 위에서 살펴본 대로 1860년 3월 6일 자 베르뇌 주교의 서신이다.

베르뇌 주교가 커피 구입을 요청한 편지.

베르뇌 주교는 1860년 3월 7일 홍콩 주재 파리외방전교회 극동대표부의 리부아 신부에게 보낸 서신을 통해 설탕 100리브르와 함께 커피 40리브르를 구입해 줄 것을 요청하였다. 이날 주문한 커피는 1년 1개월 1일 후인 1860년 4월 7일 새벽 5시에 한양 남대문 밖 자암에 있는 베르뇌 주교의 거처에 도착하였다. 중국에서 출발하여 백령도 북방 월내도, 한강 하구를 거쳐 입국한 랑드르, 조안노, 리델, 칼레 등 4명의 신부가 가져온 것이다.

© Institut de recherche France-Asie/MEP

커피 세계사

주문한 지 1년 1개월 1일 만에 배달된 커피

이때 요청한 물품들은 이듬해인 철종 12년(1861) 4월에 백령도, 정확하게는 백령도 북방에 있는 무인도 월내도[16]를 통해 입국한 랑드르 신부, 조안노 신부, 리델 신부, 칼레 신부 편에 한양의 베르뇌 주교에게 전달되었다.

네 신부가 한양에 도착한 것은 1861년 4월 7일 새벽 5시경이었다. 베르뇌 신부가 물품을 요청한 지 정확하게 '1년 1개월 1일' 만이었다. 베르뇌 주교가 1861년 8월 22일에 프랑클레 신부에게 보낸 답장에서 새로 부임하는 신부들이 "짐 꾸러미 60개를 가지고 아무 사고 없이 입국하였다"고 썼고, 같은 해 9월 4일 알부랑 신부에게 보낸 편지에서는 이 신부들이 보름간 한양의 베르뇌 주교 집에서 머문 후 리델 신부는 베론의 신학교로, 조안노 신부와 칼레 신부는 손골(현재의 용인시 수지구 동천동)로 떠났고, 랑드르 신부는 베르뇌 주교 곁에 남았다고 기록하였다.[17] 베르뇌 주교는 보름간 한양에 함께 머문 이 신부들과 기다리고 기다리던 커피를 마셨다. 리부아 신부에게 보낸 9월 30일 자 서신에서 베르뇌 주교는 달콤한 커피 덕분에 우울한 시절을 무사히 넘겼다고 썼다.

당시 베르뇌 주교가 머물던 남대문 밖 자암에 함께 기거하거나 자주 드나들었던 조선인 신자들 중 이름이 알려진 사람은 그의 입국을 도왔던 홍봉주와 그의 아내 김소미, 주변에 거주하며 주교를 도왔던 정의배와 피皮가타리나 부부, 원윤철, 이선이, 김성실, 이李바르바라, 김입돌, 피皮바오로 등이다. 이들이 베르뇌 주교와 함께 홍콩에서 들어온 커피를 처음으로 끓이거나 마셔 본 초기 조선인들이었을 것으로 추측된다.

베르뇌 주교는 첫 주문을 한 지 1년 6개월 후, 커피를 받아본 지 5개월 후인 1861년 9월 30일에도 포도주, 꼬냑, 설탕과 함께 커피 50리브르를 구입하여 보내 달라는 요청을 하였다. 이런 요청은 2년 후인 1863년 11월 24일에 커피 50카티스catis(파르케paquet)와 설탕 50카티스, 그리고 1865년 12월 4일에 커피와 설탕 각 100리브르를 요청하는 것으로 이어졌다. 카티스는 박스나 통을 헤아리는 단위다.

베르뇌 주교가 요청하였던 커피 50리브르나 100리브르, 혹은 50카티스는 어떤 의미를 지닌 분량이었을까? 이를 이해하는 데 도움을 주는 것은 당시 조선 주재 신부들이 구입을 의뢰하는 물품의 종류나 양이 많아짐으로써 반입이 점점 어려워지는 것에 대해 베르뇌 주교가 걱정하는 심정을 토로한 그의 서신들이다. 1865년 서신에서 베르뇌 주교는 조선으로 보내는 물품 꾸러미가 100리브르(45킬로그램 정도)를 넘기지 말아야 한다고 당부하고 있다.[18] 사람이 직접, 그것도 조선인 관원들의 눈을 피해 운반해야 하는 실정에서 무거운 짐은 여러 가지 불편을 초래했을 것이다.

베르뇌 주교의 초상.

커피 세계사

요청 물품 가운데 가장 많은 것이 선교 활동에 필요한 미사용 제복과 초, 촛대, 미사주, 십자가, 상본, 교리서 등 신앙생활이나 종교의식에 필요한 물품이었는데,[19] 이런 가운데 커피를 40, 50, 혹은 100리브르씩 주문하였다는 것은 매우 주목할 만한 내용이다.

베르뇌 주교가 요청했던 커피는 적지 않은 양이었다. 무게를 줄여야 했기 때문에 생두를 들여왔을 리는 없다. 무게와 운반 그리고 이용의 편의성을 높이기 위해 볶은 커피를 들여오거나 혹은 가루 상태로 들여오는 것이 최상이었을 것이다. 그렇다 하더라도 당시 커피의 비중이 매우 높았던 것은 커피가 선교에 도움이 되었기 때문이었다고 보아야 한다.

베르뇌 주교의 서신을 읽어 보면 선교에 도움이 되지 않는 개인적 기호품을 무리하게 요청했을 가능성은 전혀 보이지 않는다. 주변의 조선인들 중에 선교사들로부터 커피를 받아 마시는 것을 좋아하는 사람들이 없었다면, 커피가 조선에서의 선교 활동에 직접 도움이 되지 않았다면 요청하지 않았을 물품이었다. 당시 조선인들 중 베르뇌 주교의 권유로 커피를 마시는 사람들이 적지 않았을 것이라는 추측이 충분히 가능하다. 주변의 조선인 신자들이 꺼려하는 음료를 힘들게 반입하여 마셨을 리는 없다.

19세기 중반 유럽인들은 대부분 터키식 커피를 마셨다. 커피 가루 소량을 설탕과 함께 넣고 끓인 후 찌꺼기를 걸러 내고 잔에 따라 마시는 방식이다. 당시 커피 한 잔에 사용되는 커피 가루의 양은 요즘 마시는 드립커피나 에스프레소 제조에 사용되는 양보다는 매우 적었다. 커피 마니아였던 베토벤이 커피를 만들 때 사용했다는 60알의 커피콩 무게가 7그램 내외 정도인 것을 고려하면 일반인들은 커피 한 잔을 위해 그보다 적은 4~5그램 정도를 사용했을 것으로 짐작된다. 남북전쟁 시기였던 1860년대 미국에서 북군 1명이 하루에 공급받았던 원두 43그램으로 열 잔의 커피를 내려 마셨다는 것을 고려하면 당시에는 많아야 4~5그램으로 한 잔의 커피를 내렸다는 추측은 사실에 가까울 것으로 보인다.

커피 생산이 폭발적으로 증가하고, 커피가 대중화되기 시작한 19세기 후반까지 커피는 세계 어디에서나 귀했을 뿐 아니라 진한 커피 맛에 대한 거부감 또한 적지 않았다. 특히 나폴레옹 치하에서 치커리 등 대용품에 익숙했던 프랑스인들이 마시는 커피는 매우 연한 것이었다. 당시 프랑스인들은 보통 연한 커피에 우유와 설탕을 넣어 마셨다. 베르뇌 신부의 편지에도 이런 내용이 나온다. 그가 서신 속에서 커피 이야기를 처음으로 한 것은 1858년이었다. 만주의 베롤 주교에게 보낸 편지에서 베르뇌 신부는 조선에 종교의 자유가 생기고, 자기가 만주를 방문하게 되면 "우유를 넣은 커피"를 준비해 달라고 부탁한다.[20]

이런 점들을 고려해 보면 1860년대 초 23~46킬로그램 정도로 환산되는 50리브르 혹은 100리브르(50카티스도 비슷한 양이었을 것이다)의 원두로 커피를 끓였을 때 적어도 5천 잔에서 1만 잔(1잔에 4.5그램 원두 사용으로 계산) 정도가 나올 것으로 보인다. 조금 묽게 마셨을 경우에는 그것보다 훨씬 많을 것이다. 하루에 적게는 15잔, 많게는 30잔씩 1년 동안 매일 마실 양이다. 이를 전국 각지로 흩어져 숨어 살면서 신앙생활을 하던 10명 남짓한 프랑스 신부들이 다 마시기에는 많은 양이고, 조선인들이 싫어하는 음료를 마시며 선교 활동을 했을 가능성은 없다고 보면 당시 프랑스 신부들 주변의 조선인들이 커피를 적지 않게 마셨다는 것을 짐작할 수 있다. 서양 물품의 구입 요청과 반입은 1866년 2월 하순 병인박해 때 베르뇌 주교를 비롯한 선교사들이 순교할 때까지 지속되었다.

현재 남아 있는 기록을 통해 확인 가능한 사실은 한국에서 최초로 커피를 마신 주인공은 베르뇌 주교, 그에게 커피를 전달한 랑드르, 조안노, 리델, 칼레 신부 또는 그들을 위해 커피를 끓였을 조선인 신자 중 한 명이었고, 그날은 1861년 4월 7일이라는 것이다. 베르뇌 주교가 입국한 1856년 당시나 커피를 요청한 1860년 3월에 이미 중국을 통해 커피를 반입하여 마시고 있었는지, 아니면 이 서신에서 처음으로 커피를 요청한 것인지는 알 수 없다. 그러나 한반도에서 커피 원두의 향이 처음 전해지거나 처음으로 마셨을 가능성이 있는 날이 1861년 4월 7일 혹은 그 이전 어느 날인 것은 확실하다.

한국에 커피를 처음으로 전한 베르뇌 신부는 대원군의 출국 권유를 거부하고 머물다가 1866년 병인년 2월 23일 한양에서 체포되어 3월 7일 새남터에서 브르트니에르, 도리, 볼리외 신부 등과 함께 순교하였다. 리델, 페롱, 칼레 세 명의 신부는 중국으로 피신했다. 이는 조선으로의 세력 확장 기회를 엿보고 있던 프랑스에 의해 병인양요가 발발하는 배경이 되었다. 이들 천주교 신부들이 다시 조선을 찾기 시작한 것은 10년 후인 1876년 개항과 함께였다. 블랑 신부가 1876년, 리델 신부가 1877년에 입국하였고, 이후 많은 선교사들이 입국함으로써 이들에 의해 커피는 적지 않게 반입되고 주변에 소개되었을 것으로 짐작된다.

훗날 유길준이 《서유견문》(1889년 집필을 마치고, 1895년 간행)에서 조선에 커피가 들어온 것은 중국을 통해서였다고 서술한 것이 사실에 가까운 이야기이다. 왜냐하면 천주교가 경유한 곳도, 그리고 천주교 신부들이 밀입국을 하거나 물품을 반입하는 데 이용한 통로도 모두 중국 땅이기 때문이다.

베르뇌 신부가 커피를 요청하며 보낸 편지 3통의 수신인은 홍콩 극동 대표부의 리부아 신부였다. 리부아 신부는 파리외방전교회 동양경리부가 홍콩으로 옮기기 전에 마카오에 있었고, 이곳에서 조선인 최초의 신부인 김대건, 최방제, 최양업을 가르쳤다. 김대건과 최방제는 1839년에 아편전쟁 여파로 민란이 일어나자 필리핀 롤롬보이에 있는 수도원의 농장으로 피란을 가기도 하였다. 당시 필리핀에서도 커피 재배가 매우 활발했다. 따라서 김대건 일행이 마카오와 필리핀을 오가며 신학 교육을 받는 동안 커피를 마셔 보았을 가능성도 적지 않다. 네덜란드, 영국, 프랑스의 영유권 쟁탈 대상이면서, 아시아 최대의 커피 재배지였던 자바와 멀지 않은 마카오의 지리적 위치로 보거나 무역항으로서의 기능을 고려해 본다면 이곳에서 커피를 접한 것은 매우 자연스러운 일이었을 것이다. 이렇게 보면 우리나라 사람으로서 커피를 처음으로 마시는 경험을 한 사람은 김대건, 최양업, 최방제 등 마카오 유학생 3명 중 한 명이었을 가능성이 있다. 기록에 의해 확인되지 않을 뿐이다.

커피 세계사

12

조선
최신상 커피의
유행

신문에 등장한 첫 커피 기사

1883년에 창간된 최초의 근대 신문《한성순보》1884년 2월 17일 자에
는 〈태서泰西의 운수론運輸論〉이라는 제목의 기사가 실렸다. 서양 여러
나라에서의 운수의 발달이 물품과 사람의 왕래를 촉진하여 인간의 답
답함을 열어 주고, 각 나라의 국민들이 5대 주를 넘어 활발하게 활동하
도록 하고 있다는 사실을 설명한 이 기사에는 아래와 같은 내용이 언급
되고 있다.

> (생략)……마치 남객이근나南喀爾勤那(사우드캐롤라이나)와 약이치若耳治
> (조지아)의 면화와 서인도제도西印度諸島의 **가배**珈琲 및 연초와 노서안납
> 魯西安納(루이지애나)의 사탕과 밀사실비密士失秘(미시시피) 연안 여러 주

州의 곡물 및 축산과 프랑스의 견백絹帛과 영국의 면포, 도기, 철기는 이 모두가 혼자만 부유하고 혼자만 모자라는 것이다. 이상의 여러 나라가 만일 운수運輸의 편리함이 없으면……

신문 기사에 커피가 최초로 등장한 것이다. 세계 여러 발달한 나라에서 각자의 특산품을 교환할 수단이 없거나 교환할 의사가 없으면 아무리 부자라도 편리한 생활을 할 수 없는 시대가 되었다는 점을 역설하면서 서인도제도의 커피를 언급하고 있다. 이 기사에서 커피를 지금의 중국식 표기인 '가배珈琲'라고 쓰고 있다. 사설의 필자를 알 수는 없다. 당시 이 신문에 게재된 기사 중 많은 꼭지가 중국이나 일본 신문 기사의 번역이나 전재였다는 점에서 보면 중국인이나 일본인 필자일 수도 있다. 이 신문 1884년 3월 27일 자에서는 이탈리아 정부에서 시험 삼아 차나무와 커피나무를 시칠리섬에 심었는데 매우 잘 번식해 정부에서는 이것을 국민들에게 많이 심게 해서 국산의 증식을 꾀했다는 소식을 전하고 있다.

1884년 5월 25일 자에는 〈북미합중국의 외국무역연보〉가 실렸다. 이 기사 내용 중 미국에서의 1년간 주요 수입 물품과 수입액이 소개되고 있는데 대표적인 물품의 하나로 '가배咖啡 4,205만 513불'이 포함되어 있다. 1년간 미국이 외국으로부터 수입한 총금액 7억 2,318만 918불의 5.8퍼센트를 커피에 사용하였다는 내용이다. 이 신문은 같은 해 9월 10일 자에서 유럽인들의 식생활 문화를 소개하며 커피를 또 다른 한자인 '가비加非'로 표기하였다.

조선의 '최신상' 음료, 커피

천주교 외에 다른 몇 가지 경로로 커피가 조선 사람에게 혹은 조선 땅에 전래되었다. 문헌을 통해 확인할 수 있는 또 다른 커피 이야기는 퍼시벌 로웰Percival Lowell의 기록이다. 이는 커피를 직접 마셨다는 기록으로서 의미가 있다. 1876년 하버드대학교를 졸업한 로웰은 1883년 일본을 여행하던 중 1883년 8월 조선 주재 일본 영사로부터 조미수호통상조약의 체결과 초대공사 루시어스 푸트Lucius H. Foote의 부임을 기념하는 사절단(보빙사)의 미국 안내 역할을 부탁받았다. 사절단은 단장 전권대신 민영익, 부대신 홍영식, 종사관 서광범, 그리고 단원 유길준, 고영철, 변수, 현흥택, 최경석 등 11명으로 구성되었다. 8월에 출발하여 3개월간 미국 일정을 마치고 일본으로 돌아온 사절단은 그해 12월 중순에 조선으로 돌아왔다. 고종의 초대를 받아 로웰도 조선까지 동행하였다.

로웰은 1883년 12월부터 3개월이 채 안 되는 조선 체류 경험을 토대로 1885년에 하버드대학 출판부에서 《조선, 조용한 아침의 나라Chosön, the Land of Morning Calm; a Sketch of Korea》를 발간하였다. 한 세기 가까이 잊힌 이 책은 천문학자 조경철 박사에 의해 세상에 알려졌다. 로웰천문대 도서관에 로웰이 남긴 한국 관련 저서와 사진 자료가 있다는 정보를 접한 조경철 박사가 1982년 이 책을 입수하였는데, 거기에 로웰이 조선에서 경험한 커피 이야기가 나온다.

한양에 온 지 한 달쯤 지난 1884년 1월 어느 추운 겨울날 로웰은 경기도 관찰사[1]의 초청으로 서대문 밖 한강변 언덕에 있는 관찰사의 별장을 방문하였다. 저녁식사를 마치고 한강 얼음 위를 걷기도 했던 일행은 다시 별장에 올라 커피를 마셨다. 그 장면을 이렇게 기록하였다. "1884년에 로웰 일행은 '잠자는 물결'이라는 뜻을 가진 집에 올라가서 당시 최신상인 커피를 저녁 후식으로 마셨다We mounted again to the House of the Sleeping Waves to sip that latest nouveauté in Korea, after dinner—coffee in 1884."[2] 여기에 나오는 '누보떼nouveauté'는 프랑스어로 '새로운 것,' 요즘 표현으로 '신상'을 의미하는데 여기에 최신이라는 뜻의 '레이티스트latest'를 붙인 것을 보면 당시 커피는 조선에서 '최신상'이라고 누군가 로웰에게 설명했던 것이 틀림없다. 귀한 음료를 대접한다는 것을 자랑하기 위해 초청자인 경기도 관찰사 김홍집이 설명했을 수도 있다.

이는 최근까지 우리나라 최초의 커피 관련 기록으로 인정된 내용이다. 이날 경기도 관찰사의 집에서 커피를 후식으로 대접하였다는 것은 이미 이전부터 관찰사 혹은 그 가족이나 주변 인물들이 커피를 마셔 보았다는 사실을 말한다. 김홍집은 1880년 5월부터 8월까지 3개월간 제2차 수신사로 일본을 방문한 바 있었다.

1880년대 '커피' 관련 기록이 또 있다. 1884년 3월 17일 조선 주재 영국 부영사로 임명된 윌리엄 칼스William R. Carles가 남긴 것이다. 같은

퍼시벌 로웰이 쓴 《조선, 조용한 아침의 나라Chosön, The Land of Morning Calm》 표지.

조선 정부에서 미국에 파견한 보빙사의 안내 역할을 맡았던 로웰은 보빙사 일행과 함께 1883년 12월에 조선 땅을 밟았다. 로웰은 귀국하여 1885년에 간행한 이 책에서 자신이 1884년 1월 경기도 관찰사의 집에서 마신 커피 이야기를 전하고 있다. 지금까지 우리나라에서 최초로 커피를 마신 기록으로 알려져 왔었다.

커피 세계사

해 4월에 제물포로 입국하여 한양에 도착한 칼스 일행은 자신을 안내한 사업가 패터슨Paterson의 지인인 묄렌도르프의 집에 초대를 받았다. 정확한 날짜는 나와 있지 않지만 그가 부임한 1884년 4월인 것은 분명하다. 한양에 체류하던 몇 안 되는 서양인이었던 독일인 묄렌도르프는 청나라 리훙장李鴻章의 추천에 의해 조선 왕실의 고문으로 활동하면서 관세를 담당하는 해관의 책임자이기도 하였다. 칼스는 자신의 조선 방문 경험을 기록한《라이프 인 코리아Life in Corea》(1888)에서 당시 장면을 "감사하게도 목욕을 하고 따뜻한 커피를 마시는 호사를 누렸다the luxuries of a good wash and of hot coffee properly appreciated"라고 기록하였다.

이를 통해 1882년 12월에 조선에 첫발을 디딘 묄렌도르프는 칼스를 접대하였던 1884년 4월 이전부터 이미 커피를 마시고 있었다는 것을 알 수 있다. 또한 고종의 총애를 받았던 그가 고종이 커피를 접하고 좋아하는 데 영향을 미쳤을 것이라고 짐작할 수 있다. 1896년 2월 러시아 공사관으로 피신하기 훨씬 이전부터 고종은 이미 커피를 마셔 보았던 것이 틀림없다.

고종이 아관파천으로 러시아 공사관에 머무는 동안 커피를 즐긴 것이 우리나라에서 가장 오래된 커피 역사라는 주장은 오랫동안 받아들여졌다. 고종이 커피를 좋아한 것은 역사적 사실이지만 커피를 최초로 마신 조선 사람일 가능성은 희박하다. 더욱이 왕에게 제공되는 모든 음식은 왕의 입에 닿기 전에 몇 사람이나 기미를 한다는 점을 생각하면 고종이 우리나라에서 최초로 커피를 마셨을 가능성은 전혀 없다.

1882년 미국을 시작으로 영국, 프랑스, 러시아, 독일 등 서양과의 수교가 이어졌고, 서양인들의 출입이 잦아지면서 궁궐에서 커피를 디저트로 제공하는 일도 빈번했다. 갑신정변 당시 민영익을 치료하여 고종의 신뢰를 얻은 호레이스 알렌Horace Allen을 비롯해 조선에 체류하거나 조선을 방문하였던 많은 외국인들이 일기, 기행문, 회고록을 통해 조선 왕실에서 커피를 대접받았다는 기록을 남겼다.

1890년대에 들어 궁궐의 왕족, 조선 주재 외국인, 그리고 개화 지식인들 사이에 커피가 꽤 유행하였다. 많은 기록들이 이런 모습을 보여준다. 영국인 이사벨라 버드 비숍이 1895년 명성황후를 알현하였을 때 커피와 케이크를 대접받았고, 저녁식사에 초대되었을 때도 후식으로 포도주와 커피가 나왔다고 한다. 명성황후를 진찰하였던 애니 엘러스 벙커Annie Ellers Bunker도 1895년 영문 잡지《한국휘보The Korean Repository》기고문에 궁중에서 커피와 과일을 대접받았다는 기록을 남겼다.

조선인 중에서 커피를 처음 마신 사람이 누구였는지, 그게 언제였는지를 명확하게 확인할 수 있는 방법은 없다. 상식적 판단에 따르면 앞에서 살펴보았듯이 초기 천주교 선교사들 주변에 머물던 조선인 신자들일 가능성이 첫 번째다. 커피를 경험하였을 것으로 짐작되는 두 번째 조선인 집단은 1876년, 1880년, 1882년 세 차례 일본에 파견되어 신문물을 경험하였던 수신사 일행이다. 근대 문물을 경험하는 것이 파견 목적이었다는 점에서 근대 문물의 상징 중 하나였던 커피를 마셨을 개연성이 높다. 물론 1880년대 초 일본에서도 커피가 일상화되어 있지는 않았다.

윤치호가 상해에 머무는 동안 처음으로 커피를 구입했다는 사실을 일기에 남긴 것은 1885년이다. 1886년 일기에서는 커피하우스인 다관茶館에 가서 커피를 마셨다는 기록을 남겼다. 윤치호는 커피를 가비加非

또는 가배加啡로 적었다. 윤치호 이전에 미국을 방문하였던 보빙사 일행이 일본과 미국에 체류하는 동안, 아니면 먼 항해길에 선상에서 커피를 마셨을 가능성도 매우 높다. 당시 미국은 커피의 대중화가 시작된 시기이기 때문에 어디를 가나 커피 향이 진동하던 시절이었다.

조선 최초의 커피하우스는 어디일까? 개항장 제물포에 1880년대 후반에 처음으로 문을 열었던 대불호텔에서 서양 음식과 함께 커피를 제공하거나 판매하였다는 주장이 있지만 진위를 확인할 수는 없다. 조선 정부는 러시아공사 베베르를 따라 1885년에 입국하여 궁내부에서 외국인 접대 업무를 담당하였던 독일인 손탁Antoinette Sontag에게 정동 소재 한옥을 허문 자리에 서양식 건물을 지어 주었고 손탁은 이 건물에 '손탁빈관'이라는 간판을 걸고 호텔 영업을 시작하였다. 1902년에 '손탁호텔'로 발전하게 된 이곳에서 커피를 제공하였을 것이라는 주장이 있지만 역시 정확한 기록은 없다.

19세기 후반 당시 외국산 물품이 우리의 예상이나 상식보다는 훨씬 광범위하게 조선 사회에 들어와 있었다는 것은 당시 면직물의 소비를 보면 알 수 있다. 영국에서 발행되던 신문 《이코노미스트Economist》에 실린 기사를 보면 1890년대 초 조선의 수입품 중 절반이 면직물이었고, 그 대부분이 영국의 맨체스터산이었다. 물론 직접 무역이 아니라 인도의 봄베이(현재의 뭄바이)를 통한 중개무역에 의한 것이었다. 이를 주도한 것은 중국인이나 일본인 무역상이었다.[3] 조선은 이미 19세기 후반에 세계 자본주의 시장 체제 한가운데로 빠져들고 있었고, 커피는 서구 자본주의를 상징하는 물품의 하나로 전혀 어색하지 않게 등장했다.

조선 최초의 커피 광고와 커피하우스

조선에서 커피가 일상 음료로 자리 잡기 시작한 데에는 선교사를 비롯한 조선 주재 외국인들과 왕실, 그리고 이들 주변 인물들의 역할이 컸다. 그리고 그 중심 지역은 정동 일대였다. 1900년 7월 한강철교가 준공되면서 노량진—경성 구간이 연결되었는데, 당시 경성의 중심역은 이화학당 근처 서대문역이었다. 남대문역이었던 지금의 서울역이 경성역이라는 이름으로 서울 철도교통의 중심이 된 것은 신청사가 완공된 1925년이었다. 그 이전까지는 제물포에서 출발한 기차가 도착하는 종점이자 서울 여행의 출발점이 서대문역이었다. 정동은 그 지척이다. 교통이 편리한 덕에 정동 일대에는 외교 공관, 선교사 주거시설, 외국어학교, 교회가 많았다. 서대문역과 남대문 사이에는 서울 3대 시장의 하나였던 칠패거리도 있었다.

커피를 찾는 사람들을 대상으로 커피 광고가 처음으로 신문에 게재된 것은 1896년 9월 15일 자 《독립신문》이었다. 독일인 알버트 F. 고샬키Albert F. Gorschalki(1856~1917)가 정동에 문을 연 상점에서 새로 로스팅한 모카 커피 원두를 1파운드에 75센트, 자바 커피를 70센트에 판매한다는 광고였다. 1897년 3월 20일 자 《독립신문》의 영문판 《디 인디펜던트The Independent》에는 고샬키가 정동에 제과점을 열었는데, 자바 커피가 바로 입하되었다는 광고가 실렸다. 4면으로 간행된 이 신문의 마지막 면에는 9개의 광고가 게재되었는데 그중 하나가 'A. Gorschalk!, Chong Dong, Seoul'이라는 제목의 아래와 같은 광고이다.

We have started a bakery, and will supply the community with the best bread made of the best American flour. Price 8 cent per pound.

Just received a fine consignment of Java coffee.

자바 지역의 커피나무는 앞에서 살펴본 바와 같이 1880년대에 녹병으로 인해 거의 전멸하였다. 그리고 그 빈자리를 이미 브라질 커피가 채우기 시작한 상태였다. 귀한 자바 커피는 고급 커피의 대명사로 불리던 시절이었다. 이 커피가 일본을 통해 들어왔는지 아니면 중국이나 홍콩을 통해 들어왔는지는 분명하지 않다.

같은 신문의 1899년 8월 31일 자 광고에는 조선인 윤용주가 홍릉역에 다과점Refreshment Rooms을 열었는데, 이곳에서 차, 커피 그리고 코코아 등 모든 종류의 다과가 제공된다고 쓰여 있다. 광고 하단에는 외국인들의 요구를 특별히 배려한다는 문구가 들어 있다. 비록 커피 음료만을 파는 가게는 아니었지만 윤용주가 문을 열었던 이 다과점은 적어도

조선 최초의 커피, 커피하우스 광고.

우리나라 신문에 처음으로 커피 판매 광고가 게재된 것은 1896년 9월 15일이었다. 《독립신문》에 고샬키라는 사람이 방금 도착한 자바 커피와 모카 커피를 판매한다는 광고였다. 최초의 커피 전문점 광고는 1899년 8월 31일 자 《독립신문》 영문판에 윤용주가 게재한 다과점이었다. 홍릉에 있었다.

A. GORSCHALKI.

Chong Dong, Seoul.

I have just received a new consignment of European and American goods.

Malaga raisins	Per lb.	$	.40
Pudding raisins	" "	"	.25
Corn-meal	" "	"	.12
Newly Roasted Moka Coffee per lb.		"	.75
Java Coffee		"	.70
Russian Caviare	per lb.	"	1.75
Smoked Salmon	" "	"	.55
Chefoo Jams	per can	$	.30
Blackberry Jams	" "	"	.35
Russian Salt Salmon	per lb.	"	.30

Japanese Coal is expected in a week. Price (best quality) $12 per ton. Second class $11.

Flour, Cigars, Stoves, Olives, etc.
Prices moderate.

기록에 남은 한국 사람이 개설한 최초의 커피 음료 판매점이었다. 《황성신문》 1900년 11월 24일, 26일, 27일 자에도 '청향관 가피차淸香館加皮茶 파는 집' 광고가 실렸다. 내용만 보면 한국 최초의 커피 전문점 광고라고 할 수 있다. 아쉽게도 지금의 광화문에 있던 이 집 이야기는 전해지는 것이 없다. 상호로 보아서는 중국 음식을 하는 곳에서 커피를 함께 팔았던 것으로 보인다.

한국 사람들이 차를 집이 아니라 전문 상점에서 구입하여 마시는 풍습은 이미 고려시대에 시작되었다. 고려의 개경 거리에는 다점茶店 혹은 다방茶房이라 불리는 가게가 있었고 여성들을 포함해서 신분과 성별 구분 없이 출입이 가능하였다.[4] 고려의 차 문화가 비록 불교의 쇠퇴와 함께 조선에 잘 계승되지는 않았지만 차를 전문적으로 파는 장소에 낯선 민족은 아니었다. 《한성순보》 기사(1884년 5월 25일 자)에도 이미 다방에 관한 언급이 자연스럽게 이루어지고 있는 것을 보면 비슷한 목적의 커피하우스 문화가 우리 민족에게 생소한 것은 아니었다.

REFRESHMENTS!
—:o:—
Yun Yong Ju has opened Refreshment Rooms at the Queen's Tomb Terminus, close to the line, where refreshments of all kinds may be obtained including, Tea, Coffee, and Cocoa, etc.
Special attention given to the needs of foreigners.

윤용주 제과점의 커피 광고.

고종 황제 커피 독살 기도사건

1898년 9월 12일 밤, 고종 황제와 황태자가 저녁식사 후에 커피를 마셨다. 커피 향이 이상하다고 느낀 고종은 마시지 않았다. 하지만 황태자는 조금 마신 뒤 쓰러졌고, 황제를 가까이에서 모시던 김한종은 남은 커피를 반 잔쯤 마시고 인사불성이 되었다.

김홍륙이 저지른 사건이었다. 러시아 공사관에서 통역관으로 일하다 친러파의 몰락으로 자리를 잃은 김홍륙이 공금 횡령 혐의로 유배를 가게 된 데에 불만을 품고 궁중 요리사 김종화를 시켜 커피에 다량의 아편을 넣었던 것이다. 이 사건을 상세하게 보도한 《독립신문》은 커피를 '카피차'로 표기하였다.

이 사건으로 김홍륙은 사형에 처해졌다. 당시 독립협회에서는 집회를 열고 황제에 대한 충성을 다짐하는 동시에 범인을 엄벌에 처할 것을 주장하였고, 이를 둘러싼 여러 기사가 《독립신문》에 연일 보도되어 항간의 관심을 끌게 되었다.

이에 서양 음식에 대한 경계를 요구하는 상소문도 이어졌다. 1898년 9월 18일에 전 부호군 현학표는 이렇게 주장하였다.

> 서양 요리로 말하면 곧 서양 사람들만 먹는 것입니다. 대체로 우리나라 사람들의 장과 위는 서양 사람들과 달라서 보통 사람들도 먹을 수 없는데 더구나 더없이 귀한 전하에게 올리는 것이겠습니까. 삼가 원하건대 폐하는 특이한 음식과 맛이 다른 음식을 들지 말고⋯⋯(《고종실록》 35년 9월 18일).

이 주장에 대해 고종은 이렇게 답을 내렸다.

소행을 성토한 문제는 공적인 분개에서 나온 것이다. 마지막에 진술한 문제에 대해서는 유의하겠다(《고종실록》 35년 9월 18일).

이런 사건 속에서도 황제의 회복을 축하하는 행사를 건의하는 사람도 있었다. "잠깐 앓다가 즉시 나은 것이니 경축할 필요는 없다(《고종실록》 35년 9월 22일)"는 고종의 지시에도 축하 행사를 하자는 대신들의 주장이 계속 이어졌다. "지금은 다른 때와 다른 만큼 크게 행사를 벌이려고 하지 않는다"라는 비답을 반복하였지만 대신들도 굽히지 않았다. 명성황후의 시해사건이 지난 지 얼마 되지 않은 음울함으로 인해 축하 행사를 거절하던 고종도 반복되는 주장에 결국 승인을 하였다.

고종 황제 커피 독살 기도사건은 엉뚱하게 연좌제 논쟁을 불러일으켰다. 커피 독살 기도에 직접 관여한 범인들과 함께 범인의 가족들을 엄벌하자는 주장과 그것은 잔인한 옛 법으로 돌아가는 것이므로 부당하다는 주장이 팽팽하게 맞섰다. 의관議官직에 있던 개화 인사 윤치호가 후자의 입장을 대변하였다면, 의정議政직에 있던 수구파 심순택이 전자의 입장을 대변하였다. 갑신정변에 연루되었던 개화파 인사들에 대한 조사와 징벌을 다시 함으로써 나라의 기강을 바로잡아야 한다는 주장도 이어졌고, 백성들의 목소리에 귀를 기울이자고 주장하는 사람들의 속내가 의심스럽다는 서구 문명 비판론자들의 목소리도 강하게 제기되었다. 서구 문물의 하나인 커피가 가져온 수구의 부활이었다.

사건에 대한 신속한 조사 결과 10월 10일에 법부에서 죄인들에 대한 고등재판소의 문의서를 고종에게 보고하였다. 재판소는 독살을 주도한 김홍륙, 아편을 전달한 공홍식, 아편을 커피 관貫에 직접 넣은 김종화는 교수형, 음식을 만들던 보현당의 요리사들과 기록을 하던 서기들에게는 태형 50대, 김홍륙의 아내 김소사에게는 무죄를 제안하였다. 이에 대해 법부대신은 김소사가 남편의 음모를 몰랐을 리가 없다는 이유로 곤장 100대와 징역 3년을 제의하였다. 고종은 모두 제의한 대로 집행하되 김소사에게는 징역 대신 귀양을 보낼 것을 지시하였다.

그런데 형을 집행하기도 전에 공홍식이 옥중 살해되는 사건이 발생하였고, 이에 대한 문책을 요구하는 윤치호와 독립협회의 탄핵이 이어졌다. 의정대신 심순택이 책임을 지고 물러났다. 고종은 법부대신 신기선이 주모자 3명을 교수형에 처한 후 시신을 거리로 끌고 다니며 마음대로 칼질을 하게 한 죄를 물어 파면하였다. 신기선을 이은 신임 법부대신 서정순은 김소사의 형을 집행하기로 한 날 고종을 알현하여 김소사가 임신 중이라는 것을 보고하였다. 고종은 이에 "태형에 대해서는 속죄시키고 귀양지로 떠나보낼 것"을 지시하였다(《고종실록》 35년 10월 12일). 여성 인권에 대한 최소한의 배려가 느껴지는 결정이었다.

이런 일련의 사건을 지켜보던 척사파의 거두 최익현이 학생들과 군인들 사이에서 널리 행해지고 있던 단발과 소매 좁은 옷(양복)을 금지시킬 것을 주장하는 등 나라를 살리는 데 필요한 12가지의 시무책을 매우 상세하게 정리하여 올렸다(《고종실록》 35년 12월 10일). 그중 한 조에서 커피 사건을 다루었는데, 아울러 외국에서 오는 음식은 비록 산해진미라 하더라도 위가 손상을 받게 될 것을 염려하며, 음식물과 다과 중 외국으로부터 온 것은 일체 먹지 말 것을 청하기도 했다.

고종 황제 커피 독살 기도사건은 정치적 논쟁으로 번져 사건의 본질과 무관한 방향으로 흘렀다. 사건의 동기도 개인적인 불만이었고, 사건의 수단은 새로운 음료 커피였다. 그럼에도 커피에 대한 논쟁은 없었다. 과연 이 음료가 건강에 좋은 음료인지 아니면 해로운 음료인지, 황제가 마셨던 커피는 어느 나라에서 생산되어 어떤 경로로 수입되었고 어떻게 황제의 후식 테이블에 올라온 것인지, 이 음료를 황실에서 계속 외빈 접대용으로 마시는 것이 타당한지에 대한 논쟁 없이 외국 음식을 전면 배제할 것인지 말 것인지, 외국 음식이나 외국 제도를 따라가고자 하는 사람들을 계속 황제 주변에 남겨 두어야 할 것인지 말 것인지 등과 같은 정치적 논쟁과 갈등만 있었다. 커피가 처음으로 전해졌던 암울한 조선의 19세기는 이렇게 저물어 갔다.

13

끽다점 풍경

끽다점이 연 20세기 조선

20세기 전반 조선의 커피 문화를 상징하는 단어 중 하나가 끽다점喫茶店이다. 《조선왕조실록》에 '차를 마신다'라는 의미로 '끽다喫茶'라는 표현이 다섯 번《중종실록》1번, 《선조실록》4번) 정도 나오는 것을 보아 이 용어가 쓰이기는 하였지만 흔한 표현은 아니었던 듯하다. 끽다점이라는 표현이 우리나라 문서에 처음 등장한 것은 19세기를 마감하는 1900년의 3월 17일 자 《황성신문》이었다. 이날 《황성신문》은 영국의 만국박람회 소식을 이렇게 전하였다.

영국 글라스고우에서 1901년 여름에 개최할 만국박람회장에 끽다점을 설치한다.

이 기사에서 보듯 영국은 20세기를 만국박람회로 시작하였다. 같은 해에 미국에서는 제25대 대통령 윌리엄 맥킨리가 무정부주의자에 의해 암살되고 부통령이었던 시어도어 루스벨트가 대통령직을 승계하였다. 이해에 시작된 노벨상 시상 첫해 과학 부문에 페스트균을 발견한 일본 의학자 기타자토 시바사부로北里柴三郎가 후보로 올랐다. 대한제국을 선언한 지 5년, 고종이 즉위한 지 38년째였다. 한양성 내에서 첫 전등을 켜는 점등식 행사가 거행되었고, 경부선 기공식이 영등포에서 열렸다. 경부선 기공식 1년 전에 조선 최초의 철도인 경성역(서대문역으로 명칭 변경)에서 인천까지의 경인선 전 구간이 개통되었다. 경인선 철도 부설은 제국주의에 의한 이권 침탈의 시작을 알리는 신호였다. 기차는 전기와 함께 서구 문명의 우월성을 드러내는 상징이었다.

서구 문명을 상징하는 작지만 큰 물질—페르낭 브로델Fernand Braudel이 역사의 흐름에 끊임없이 영향을 미치는 물질의 하나[1]로 지적한 음료—인 커피가 조선에 본격적으로 등장한 것도 이때였다. 조선에 주재하는 천주교 및 기독교 선교사, 외교관, 기타 사업을 위해 조선을 찾은 서양인들과 왕실 사람들이 마시던 커피가 서서히 일반 백성들에게 퍼져 나가기 시작하였다. 사업을 위해 1901년에 조선에 온 프랑스인 폴 앙뚜앙 플래상Paul Antoine Plaisant이 무악재를 넘어오는 땔감 장수들에게 따뜻한 커피를 주며 흥정을 벌였다는 얘기도 있다.[2]

1898년에 있었던 고종 커피 독살 기도사건은 '커피'라는 낯선 음료의 존재를 조선 사람 대부분에게 알리는 계기가 되었다. 고종은 헤이그 밀사사건이 빌미가 되어 1907년 7월 20일 자리에서 물러났고, 그 뒤를 이어 순종이 즉위하였다.

순종이 즉위하던 해 우리나라 최초의 서양식 대학병원인 대한의원 (지금의 서울대학교 부속병원)이 문을 열었고, 이듬해인 1908년에 건물이 준공되었다. 현재 대학로 서울대학교병원 내에 남아 있는 의학박물관 건물이다. 이 건물 준공식에 끽다점이 차려졌다. 《황성신문》 1908년 10월 25일 자 보도에 따르면 대한의원 낙성식에 다양한 물품들의 기증이 이루어졌는데 그 명단에 '끽다점 오자와 신타로喫茶店 小澤愼太郞'가 보인다. 낙성식에 참석한 사람들에게 커피나 차를 제공하기 위해 임시로 차려진 끽다점이었는지, 이 병원을 방문하는 사람들을 대상으로 문을 연 우리나라 최초의 끽다점이었는지는 확실하지 않다.

1909년 1월 21일 《대한매일신보》 3면의 소설 〈매국노-나라 팔아먹은 놈〉에 '카피차'가 등장한다. 양기탁과 영국인 베델이 창간한 《대한매일신보》에 독일인 작가 주더만Hermann Sudermann의 소설이 〈매국노〉라는 제목으로 번안되어 연재되었고, 제6회에 아래와 같은 장면이 나온다.

프랑스인 플래상(부래상).

프랑스 마르세유 출신 플래상(조선이름 부래상)은 1900년 파리만국박람회에 설치된 조선관을 참관한 후 사업을 하기 위해 이듬해에 조선에 들어왔다. 도성으로 들어오는 땔감 장수들의 환심을 사기 위해 뜨거운 커피를 제공한 것으로 알려진 플래상은 우리나라에 기계로 찍은 연탄을 최초로 보급하기도 하였다. 1939년에는 가짜 화장품을 제조 판매한 혐의로 재판을 받고 투옥되었다가 추방되었다. 사진은 그가 사기와 탈세 혐의로 경찰 조사를 받았다는 것을 보도한 신문에 실린 상회 간판과 그의 사진이다.

요셔가 매일 아침에 정면하수에 가서 목욕하고 돌아오면 상 위에 카피차 한 잔과 면포 두서너 조각을 준비하여……(필자 주: 요셔는 주인공 이름).

당시 서양인들에게는 이미 일상적인 문화로 자리를 잡았던 아침에 빵(면포)과 모닝커피를 마시는 모습이다. 1909년 7월 18일 자《대한매일신보》3면 '외보'에는 독일에서 커피에 세금을 부과한다는 소식을 전하였다. 같은 해에 소설가 박태원의 숙부이자 의사였던 박용남이 찬술한《가정구급법家庭救急法》의 두통 편에는 "두부에 냉수 또는 얼음조각으로 찜질하거나 혹은 박하를 이마에 바르고 바로 뉘어 안정케 하며, 가배차咖啡茶 또는 포도주를 조금 주고……"라는 내용이 나온다.[3] 가정에서 취할 수 있는 두통 치료법의 하나로 커피 음용을 권장하고 있다. 이를 보면 당시 커피는 이미 일반인들에게 그리 낯설지 않은 음료였다는 것을 알 수 있다.

드디어 커피를 전문적으로 판매하는 끽다점이 문을 열었다. 일반인들이 많이 드나드는 기차역에 생긴 것이다. 1909년 11월이다.《황성신문》1909년 11월 3일 자에 '다좌 개설茶座開設'이라는 제목이 보이고 이런 기사가 실렸다.

남대문 정거장에는 1일부터 끽다점을 개설하였다더라.

현재의 서울역인 남대문 정거장에 세워진 이 끽다점은《황성신문》에 소개된 청향관과《독립신문》에 광고를 게재하였던 윤용주의 커피 판매소Refreshment Rooms에 이어 등장한 우리나라 초기 커피 전문점 중 하나이다.

외국인에 의해 철도가 개설되고, 호텔이 지어지고, 전깃불이 밝혀지는 등 문명의 이기는 점차 조선인들의 생활 속으로 들어오고 있었지만, 안타깝게도 나라의 운명은 점차 스러져 갔다. 안중근이 이토 히로부미를 저격한 것이 이즈음인 1909년 10월 26일이었다. 안중근은 체포 이듬해인 1910년 2월 7일 열린 공판에서 이토를 저격하던 날 아침을 이렇게 회상하였다.

거사 당일 이른 아침 7시에 하얼빈 정거장에 도착하여 "모 끽다점에서 휴식을 하면서 차를 마시고 이토의 도착을 고대할……"(《황성신문》 1910년 2월 15일 자).

사람이 많이 모이는 기차역 등에 커피와 차를 파는 끽다점이 생기고 여기에서 기차와 사람을 기다리는 문화는 이미 일본과 조선 그리고 중국에 널리 퍼져 있었다.

1909년 끽다점이 개설되었던 남대문역.

1925년 경성역(현 서울역) 역사가 완공되기 이전까지는 염천교 방면에 있었던 남대문역이 서울 철도교통의 중심이었다. 1900년 경인선 철도의 종착역도 남대문역이었다. 이곳에 철도 이용객들의 휴식처로 끽다점이 개설되었고 메뉴에 커피가 올라 있었다.

식민지 초기 끽다점 풍경

1910년 8월 29일 조선은 몇몇 매국노들의 협조에 의해 일본에 강제병합되었다. 일본인, 일본 문화, 일본 자본은 밀물처럼 조선으로 밀려들었다. 남대문역에 생긴 끽다점이 당시 일본에서 유행하고 있던 끽다점과 매우 비슷한 모양으로 발전하는 것은 당연한 일이었다. 끽다점에서는 커피와 차뿐 아니라 간단한 음식을 함께 제공하였다. 1913년 8월의 《매일신보》에는 개업 5년을 맞은 남대문역 끽다점의 기사가 실렸다.

> 남대문역 승강객은 합계 6만 5,510인, 승객 3만 2,527인, 강객 3만 2,983인이오 그외 입장절부入場切符(입장 티켓) 인원人員 1만 9,912인, 즉 승강객 3.03인에 대하여 1인의 송영자가 있었고, 동 구내 끽다점은 7월 중 음식객 743인, 수입 금액 453원 4전, 그 안에 식료 71원 50전, 식료 256원 75전, 음료 109원 5전, 연초14원 45전, 잡료 1원 29전이라더라 《매일신보》 1913년 8월 7일 자).

기사에 따르면 남대문역 끽다점의 식사 수입이 총 328원 25전 정도인데, 커피와 차가 중심인 음료가 109원 5전을 차지하고 있다. 총 수입에서 음료가 차지하는 비중이 24퍼센트 정도였다. 절반을 커피로 보면 한 잔에 5전 기준(1920년대에 7전)으로 1,000잔 정도이고 하루 35잔 내외를 판 셈이다. 1916년 10월 20일 자 《매일신보》 기사를 보면 이 끽다점의 음료 가격을 짐작할 수 있다. 당시 철원행 기차를 기다리며 이 끽다점에서 '산도우잇지[샌드위치]' 3개와 홍차 2잔을 마신 괴옹槐翁이란 사

커피 세계사

람이 '산도우잇지'로 90전, 찻값으로 50전을 계산하고 바빠서 승차하였다. 승차 후 계산해 보니 이 가격이 너무 높은[太高] 것을 알았고, 이 것은 틀림없이 일하던 '뽀이' 김군의 오산(잘못된 계산)이었을 것이라고 확신하고 있다.

남대문역에 이어 1914년 6월 8일에는 지금의 탑골공원인 중앙공원에 '탑다원' 혹은 '카페 파고다'라는 이름의 끽다점이 문을 열었다. 당시 30만 명의 경성 시민을 잠재적 고객으로 생각한 이 끽다점의 주인은 명동의 청목당에서 일하던 요리사였다. 조선 요리계에 일대 혁명을 일으키겠다는 결심으로 시작했다는 끽다점의 개업 소식을 전한《매일신보》(1914년 6월 7일 자)에 따르면 당시 일본인들이 경영하는 요리점에서 조선인 고객에게 불친절한 점을 통한히 여긴 '카페 파고다' 주인이 음식값은 저렴하게, 조선인 고객에게는 친절하겠다는 각오를 다졌다고 한다. 개업 후 이런 의지가 얼마나 실현되었는지, 언제까지 영업을 하였는지는 알려지지 않았다.

초기 끽다점에는 '뽀이'라고 불리는 남자 종업원들이 서비스를 하는 것이 보통이었다. 그러다 어느 시점에서 '여뽀이'라고 불리는 여자 직원이 등장하기 시작하였다. 근대적인 직업이 등장하며 직업에 남녀 구분이 생겨났고, 일자리의 대부분은 남성들 차지가 되었다. 여성이 이런 남성 영역화된 직업에 뛰어들면 그 직책 앞에 '여'라는 접두사를 붙이기 시작하였는데 그 초기 모습을 보여 주는 것이 '여뽀이'였다.

일본에서 차를 파는 킷사텐에 이어 등장한 것이 카페였다. 당시 일본어 신문에는 '카페에-ヵベェ-'로 표기되었고, 한글 신문에는 보통 '카페' 또는 '카페-'로 표기되었다. 일본 카페에 여급이 등장한 것은

마츠야마 세이산이 1911년 3월에 오픈한 '카페 프랭탕'이었다. 우리나라의 경우에는 1918년 10월 1일 대구역 신축과 함께 역사 안에 문을 연 끽다점에서 여자를 급사로 채용했다는 기사가 《부산일보》(1918년 10월 6일 자)에 게재된 것을 보면, 1910년대 중후반 어느 시점부터 '여뽀이'가 등장하기 시작한 것으로 보인다. 대구역 끽다점은 봉래당 주인인 일본인 타마무라玉村가 경영하였다. 서울이나 대구 이외에도 부산에 등장한 '카페 에비스'(《부산일보》 1916년 1월 15일 자) 등에서 여급을 채용하여 영업을 하는 새로운 풍조는 급격하게 확산되기 시작하였다.

새로운 유행의 하나는 서구 문물의 상징인 커피를 집에서 직접 내려 마시는 풍조였다. 순종이 백작 이완용에게 커피 내리는 기구[가배 기구 咖啡器具]를 하사한 것도 이즈음이었다(《순종실록》 부록, 1915년 3월 4일 자). 미국에서 유행하던 퍼콜레이터였거나 아니면 유럽인들이 즐기던 드립 세트였을 것이다.

1910년대 중반에 조선에 불기 시작한 끽다점과 커피 붐은 제1차 세계대전으로 인한 브라질 커피 가격의 급락 그리고 연합국으로 참전한 일본 경제의 급속한 국제화가 가져다준 영향도 있었다.

일본에서는 19세기부터 브라질 커피 농장으로의 이민이 지속되고 있었고, 브라질에서는 전쟁으로 인한 커피 가격 폭락 위기를 돌파하고자 일본에 커피 생두를 무상으로 제공하였다. 이는 커피와 카페 확산으로 이어졌다. 유명한 '카페 라이온', '카페 파리우스타' 등이 생겨났고, 체인점 개념도 등장하였다. 브라질 이민자의 아버지로 불린 미즈노 류水野龍가 1911년 12월에 긴자에 오픈한 '카페 파리우스타'를 통해 '키 커피'와 '마츠야 커피' 등 일본 커피 산업의 초기 개척자들이 탄생하였다.

1917년 볼셰비키혁명, 그리고 1918년 제1차 세계대전의 종료에 따라 일본의 식민지 정책은 점차 강화되었다. 조선에 대한 지배를 강화하는 것은 만주를 비롯한 대륙으로의 팽창을 위한 준비로서의 의미가 컸다. 이런 일본의 지배 정책에 조선 민중은 3·1운동으로 저항하였고, 이로 인해 불붙기 시작한 커피, 끽다점 그리고 카페의 유행에 잠시 제동이 걸렸다. 하지만 오래 지속되지는 않았다.

끽다점 붐과 광고 홍수

미국인들은 1920년대를 '광란의 20년대Roaring Twenties' 혹은 '재즈 시대Jazz Age'라고 부른다. 프랑스인들 또한 '광란의 시대Années Folles'라고 부르기를 주저하지 않는다. 그야말로 서구인들에게 1920년대는 '황금시대'였다. 제1차 세계대전의 종전에 따른 경제적 부흥과 문화적 역동성으로 남녀노소 모두를 흥분시킨 시대였다.

제1차 세계대전 승전국의 일원이 된 일본은 중국 산둥성에 대한 이권과 적도 이북 남양군도에 대한 영유권을 확보하였다. 이런 분위기 속에 일본 경제는 연 10퍼센트 가까이 성장하였고, 자유주의의 열풍 속에 서구화의 속도는 더욱 빨라졌다. 일본 지배하의 조선에도 일본의 경제 성장과 자유주의 열풍이 밀려들었다. 다만 1919년 조선에서 3·1독립운동이라는 정치적 변수가 발생하여 열풍을 잠시 식혔다면, 일본에서는 1923년에 간토대지진이라는 자연재해가 변수로 등장한 것이 차이였다.

서구 사상과 문화를 추종하는 근대적 도시형 인간을 상징하는 모던

보이와 모던걸이 등장한 것이 이 시대였고, 이 시대 커피 문화를 주도한 것도 이들이었다. 어느 때부터인지 모던보이는 '모뽀'로 그리고 모던걸은 '모껄'로 줄여서 불렸다. 1920년대에 시작하여 1930년대 중반까지 지속된 '모뽀와 모껄의 시대'는 우리나라 고유의 커피 문화를 잉태한 흥미로운 시간이었다.

3·1운동으로 인해 일본의 통치 방식에 변화가 온 것만큼 조선인들의 삶에도 많은 변화가 찾아왔다. 근대식 직업, 근대식 주택, 근대식 의복과 음식, 근대식 교통수단, 그리고 근대식 학교 등 수많은 서구 문명의 표상들이 조선인들의 삶 속으로 밀려들어왔다. 이 시대에 커피는 서구 문명을 상징하는 대표적인 표상의 하나였다.

1890년대에 싹 튼 다과점 문화는 한일합방을 전후하여 대만식 혹은 일본식 끽다점 문화로 자연스럽게 연계되었다. 1910년대 초반에 불붙기 시작한 일본의 '카페에-カベエ-' 열풍은 1920년대 초에 이르러 전성기를 맞았다(《매일신보》 1923년 6월 12일). 조선에도 서울과 부산을 중심으로 많은 끽다점과 카페가 생겨났고, 신문을 통한 끽다점, 카페, 다실 광고가 홍수를 이루기 시작하였다.

1923년 1월 1일 자 《조선시보朝鮮時報》에는 부산 대정공원大正公園 내에 견청다실見晴茶室을 연다는 광고가 실렸다. 대정공원은 1912년 일왕의 즉위를 기념하여 착공한 운동장 겸 공원이었는데 1918년에 완공되었다. 현재의 부산 서구청 자리이다. 1월 5일에는 경성 남촌의 중심인 본정2정목(지금의 충무로2가)에 다리야끽다점이 개설된다는 광고가 실렸다.

1924년 1월 1일 자 《조선시보》 신년호에도 다리야끽다점 광고가 실렸는데 이때 처음으로 전화번호(본국 2894번)가 게재되었다. 《조선시보》

커피 세계사

는 명성황후 시해를 주도한 일본 미우라 공사의 측근 아다치 겐조安達謙藏가 창간한 재조선 일본인을 위한 일본어 신문이었다. 서울과 인천의 일본인들을 위해 발간되던 일본어 신문 《조선신문朝鮮新聞》의 1924년 1월 28일 자 광고에는 철도 공원 내 끽다점 암견여관岩見旅館이 전화번호 42번과 함께 소개되었다. 전화가 근대적 업소의 필수품으로 등장하기 시작한 시기였다. 아다치 겐조가 창간한 또 다른 일본어 신문인 《경성일보京城日報》 1924년 4월 30일 자에 따르면 이 신문사는 진남포(지금의 평안남도 남포)에서 개최하는 곡물무역상연합대회장 내에 끽다점을 설치할 계획이었다.

이 당시에 문을 연 흥미로운 끽다점 중의 하나는 대만끽다점臺灣喫茶店이다. 1925년 5월 23일 자 《조선신문》에 처음 등장하는 대만끽다점은 본정2정목에 5월 10일 문을 열었는데 이미 꽤 평판이 높은 편이고, 우롱차를 비롯한 대만산 차, 대만 음식과 함께 커피를 제공하는 찻집으로 소개되었다. 일본에서도 이미 19세기 후반에 중국차를 주로 파는 찻집인 타이완킷사텐이 유행하였고 여기에서 커피를 제공하였다.[4] 일본 킷사텐의 초기 발전에 영향을 미쳤던 업소 형태의 하나였다. 이후 신문을 통한 끽다점 광고에서 차지하는 대만끽다점의 비중은 매우 높았다. 《조선신문》은 5월 31일, 6월 4일, 6월 16일, 6월 18일, 6월 20일, 6월 22일 자 신문에 계속해서 대만끽다점 광고를 게재하였다.

대만끽다점의 《조선신문》 광고는 7월에도 이어졌는데, 7월 18일 자 광고는 만화 형식을 이용하였다. 만화 형식을 이용한 끽다점 광고의 시초였다. 끽다점 앞에서 가족이 나누는 대화 형식이다. 이 신문의 7월 20일 자, 24일 자에도 같은 만화 광고가 게재되었고, 27일 자에는 다른 만화 광고가 실렸다. 아이가 포함된 가족이 함께 대만끽다점 안에서 나누는 대화 형식이었다. 《조선신문》은 1925년 8월과 9월에도 같은 형식의 광고를 지속하였다.

대만끽다점은 다른 끽다점과 마찬가지로 음료와 함께 음식을 파는 곳이었다. 《조선신문》 1925년 9월 11일 자 대만끽다점 광고를 보면 양풍 A, B, C 요리 각 20전 균일이라는 내용이 등장한다. 일종의 세트 요리를 제공한다는 광고로 9월 17일 자, 9월 22일 자에도 소개되고 있다. 대만끽다점 광고는 1926년 4월 1일을 마지막으로 사라진다. 광고를 그만둔 것인지, 폐업한 것인지는 확인할 수 없다.

대만끽다점 이외에도 많은 끽다점이 개업을 전후하여 신문 광고를 하는 것이 대세였다. '카페 런던'을 확장한다는 광고(《부산일보》 1925년 5

1920년대 대만끽다점 광고.

충무로2가에 문을 연 대만끽다점의 광고가 일본어 신문인 《조선신보》에 연속해서 등장하였다. 만화 형식을 빌린 광고로서 진기한 맛과 적당한 가격을 내세웠다. 1920년대 중반에는 대만끽다점 이외에도 많은 끽다점들이 신문에 개업 광고나 행사 광고를 실었다.

(위)
남: 여기다. 치이야가 좋아하는 다방
여: 그래요. 저도 그래요.

(아래)
남자: 이건…… 진기하군.
아이: 맛있는데요.
여자: 진짜…… 싸기도 하네요.

커피 세계사

월 24일 자), 부산역전 경상남도 상품 진열장 끽다점(《조선신보》 1925년 6월 27일, 7월 4일, 7월 5일) 광고는 기사 형식을 띤 광고였다. 부산역전 끽다점은 '차 1인 금 2전, 고히(커피) 내지 홍차 1잔 금 7전, 사이다 내지 시트론(1개) 25전, 다과 1인 앞에 금 10전'이라는 메뉴까지 소개하는 광고에 사진도 게재하였다.

대만끽다점 이외에도 1920년대 신문 광고에 자주 등장하였던 끽다점으로는 경성 본정2정목의 다리야끽다점과 금강산끽다점이 대표적이었다. 이외에도, 본정1정목(지금의 충무로1가)의 메가사끽다점, 본정2정목의 중천끽다점, 본정3정목(지금의 충무로3가)의 후타미테루무끽다점 등이 신문 광고를 통해 개점 소식이나 메뉴를 알렸다. 경성 이외에도 부산의 카페 까모네, 다리야끽다점, 천안에 공주 갑부 김갑순 씨가 세운 '카페에', 원산 송도원 내에 승원여관升元旅館이 경영하는 승원끽다점 등도 신문 광고를 통해 그 존재를 알렸다.

1920년대에 끽다점들은 신문 이외에도 유명한 전시회나 공연 등 행사의 입장권 판매나 협찬을 통한 광고에도 적극적으로 참여하였다. 1926년 가을 조선시보사 주최로 대구에서 개최되는 밤 줍기 행사에 입장할 수 있는 회원권 판매 장소의 하나로 부산 초량의 암야岩野끽다점이 소개되었다(《조선시보》 1926년 9월 30일, 10월 1일, 10월 2일, 10월 3일). 1928년 10월 19일 자《조선신문》은 일본의 여배우 요시코 오사카岡田嘉子 일행 관극 할인권 발매소를 소개하고 있는데, 이 중에 대한의원 소재 평산平山끽다점이 포함되어 있다. 같은 기사에 끽다점과 별도로 명치정(지금의 명동) 소재 우치옥다포宇治屋茶舖라는 상호도 등장하는데 이는 끽다점과는 다른 차 재료 판매소였던 것으로 보인다.[5] 10월 20일 자에도 같은 기사가 게재되었다.

1920년대는 끽다점 광고의 홍수 시대였고 광고주는 대부분 일본인들이었다. 광고가 실리는 매체도 주로 일본인을 독자로 하는 일본어 신문이었다. 이런 점에서 보면 당시 끽다점 이용객 중 다수가 일본인 혹은 일본어를 사용할 줄 아는 일부 계층들이었다고 보아야 할 것이다. 광고를 게재하였던 끽다점 대다수가 남촌, 그러니까 청계천 남쪽 지역인 지금의 충무로, 명동, 소공동 쪽에 자리 잡고 있었다. 이 지역은 일본인들의 집단 거주지이며 일본식 문화의 중심지로서 근대적 문물을 쏟아 내는 번잡한 곳이었다.[6] 이에 비해 청계천 북쪽의 종로나 경복궁 주변 지역은 조선인들이 전통적인 삶의 흔적을 간직한 채 넘쳐나는 근대 문물을 조심스럽게 바라보는 곳이었다.

1926년 조선총독부 건물이 북촌과 서촌 사이 경복궁 한가운데 세워지고, 같은 해에 경성제국대학이 동소문 안쪽인 종로5가에 세워진 것은 북촌 사람들의 삶에 변화를 가져오는 계기가 되었다. 1927년에는 우리나라 최초의 영화감독으로 알려진 이경손이 관훈동에 '카카두다방'을 열었고, 1928년에는 배우 복혜숙이 종로2정목(지금의 종로2가)에 '비너스다방'을 개업하였다. 종로2정목 YMCA 옆에는 1929년에 '멕시코다방'도 문을 열어 인기를 얻기 시작하였다.

커피 세계사

14

카페
전성시대

카페의 등장과 융성

1911년 도쿄에 '카페 프랭탕'에 이어 '카페 라이온' 등 '카페'라는 명칭을 가진 업소가 등장하기 시작하였다. 초기에는 킷사텐과 마찬가지로 요리가 중심 메뉴이고 커피와 차는 부차적이었다. 그런데 1923년 6월 간토대지진 이후 술과 여급이 중심인 장소로 급작스럽게 변하여 사회적 물의를 일으키기 시작하였다.

카페에 없어서는 안 될 것이 아름다운 여급으로 인식되더니 드디어 매춘업소나 다름없는 카페도 생겨났다. 카페는 그야말로 '에로틱, 그로테스크, 넌센스' 시대의 밤 문화를 상징하는 장소가 되어 갔다.[1] 1920년대 말까지 일본의 카페는 전성기를 누렸다.

광란의 1920년대는 갑자기 차갑게 식기 시작하였다. 차가운 바람이 시작된 곳은 뉴욕이었다. 1929년 10월 24일 목요일 뉴욕증권거래소에서 갑자기 주식 값이 절반이나 떨어지는 일이 벌어졌다. 소비력의 확대없는 투자와 생산의 과잉이 불러온 재앙이었다. 공장이 문을 닫자 사람들은 일자리를 잃게 되고, 그에 따라 소비 능력이 떨어지고, 소비의 부재는 다시 생산력의 하락을 가져오는 악순환을 불러왔다. 인류가 처음 경험하는 세계 대공황이 닥친 것이다.

미국에서 시작된 대공황은 독일, 영국, 프랑스 등 유럽은 물론 일본으로 파급되었다. 미국과 유럽의 공업 분야뿐 아니라 중남미 농업 분야도 일순간에 붕괴되었다. 커피 생두의 가격 폭락이 시작되었다. 특히 미국 소비 시장에 대한 의존도가 높았던 브라질 커피의 수출 가격이 가장 크게 흔들렸다.

세계 대공황으로 당사자 미국이 1차 피해를 입었다면, 미국과 가까운 유럽과 일본은 2차 피해를 입었다. 반면에 일본의 변두리였던 조선은 3차 피해 정도를 입어야 했다. 일본의 카페 문화는 1920년대 후반에 이르러 셋으로 나뉘었다. 술과 여급을 중심으로 하면서 차와 커피를 제공하는 카페, 차와 커피 판매를 주로 하는 킷사텐, 그리고 이 둘의 중간 성격을 지닌 '특수 킷사텐'이었다.[2] 대공황의 여파로 카페 전성기는 내리막길에 들어섰다.

식민지 조선에 카페가 처음 문을 연 것은 1911년이었다. 일본에 최초의 카페가 등장한 것과 같은 해였다. 남대문동3정목에 '카페 타이거'가 문을 연 것이 카페의 효시라고 본정 경찰서장이었던 고마츠小松寬美가 《경무휘보》(1931)에서 밝혔다.[3]

1920년대에 들어서는 일본식 카페를 닮은 끽다점에 이어 새로운 형태의 카페들이 속속 등장하였다. 1925년 5월 24일 자 《부산일보》 광고에 '카페 런던'이 시설을 확장하고 여급 미인 12명을 두고 영업을 재개한다는 소식이 실린 것을 보면 이 업소는 1925년 이전에 문을 연 것으로 보인다. 여급이 12명이었던 것을 보면 작지 않은 규모였다.

1920년대 중반에 나타나기 시작한 카페는 1910년대에 시작된 끽다점이나 카페와는 달랐다. 음식보다는 술이 중심이었고, 축음기에서 흘러나오는 음악과 손님 분위기를 맞추는 '웨이트리스'라는 이름의 여급이 있었다.

1920년대 중반 이후 카페는 지속적으로 늘어났다. 1927년 10월 10일 자 《부산일보》의 보도에 따르면 부산 지역에는 이미 50여 개의 정식 카페가 있고 간판 없이 영업하는 곳도 많았다.

1926년 12월 25일 다이쇼 천황이 사망한 뒤 일본인들의 추모 분위기에 1927년 봄까지 풍기문란 행위에 대한 단속이 심해졌고, 이에 관한 신문 보도도 빈번하였다. 대공황이 가져온 일본에서의 커피 소비 감소와는 관계없이 조선에서는 카페가 전성기를 맞기 시작하였고, 커피 소비는 격증하였다. 《매일신보》에 따르면 대공황 첫해였던 1929년 1년

珈琲需要激增

1920년대 후반 커피 수요 급증을 알리는 신문 기사.

1920년대 후반 들어 조선의 커피 수입은 급증하였다. 대공황으로 서양과 일본에서는 경기가 위축되고 있음에도 불구하고 조선에서의 커피 소비는 증가일로였다. 경제대공황이 있던 1929년 조선의 커피 수입은 4,608kg이었다.

간 커피 수입은 7,680근(4,608킬로그램), 금액으로는 9,470원이었다. 당시로서는 적지 않은 분량이었다. 문제는 증가세였다. 커피를 포함한 차류의 수입은 대공황 이전이었던 1928년에 비해 양으로는 34퍼센트, 금액으로는 무려 149퍼센트 증가하였다. 이 신문의 표현대로 '격증' 혹은 '급증'이었다.[4]

카페와 비슷한 업종으로 당시 커피를 메뉴에 포함하고 있던 상점의 명칭은 다양했다. 카페 이외에도 끽다점, 바bar, 다실, 다방, 살롱 등이 사용되었다. 이 중에서 가장 성업 중인 곳은 카페였다. 술을 팔지만 커피도 제공하고, 웨이트리스라는 여급이 있었다. 끽다점은 음식 위주였다. 처음에는 '뽀이'라고 불리는 남자 종업원이 많았지만, 점차 '여뽀이'라고 불리는 여자 종업원으로 교체됨으로써 카페와의 차이가 좁혀졌다. 바는 성격상 카페와 유사한 곳이었는데 술장사가 중심이었고, 이른바 '에로 서비스'가 훨씬 강조되었다.

1930년 11월 15일 자《조선신문》에 경성의 끽다점 특집이 게재되었다. 청목당, 은수, 귀옥, 그리고 명치제과 등 남촌에서 성업 중이던 대표적인 끽다점 네 곳의 메뉴와 시설, 특징 등이 소개되었다. 경성역에 있던 부인 대합실을 없애고 그 자리에 간이 끽다점을 만든다는 계획을 발표한 것도 이즈음인 1931년 11월이었다(《매일신보》 1931년 11월 20일). 철도국이 적자 보충을 위해 궁여지책으로 선택한 것이 끽다점이었다. 물론 시내 다른 카페나 바처럼 여급을 두거나 음악을 써서 질서를 문란케 하는 일은 않겠다는 각오를 밝히며 공사에 착수하여 이듬해인 1932년 6월 1일에 개업을 하였다. 그런데 처음 각오와는 달리, "시대의 요구에 부응하여 웨이트리스도 미인으로 4인을 두어 피곤한 여객에게 위

커피 세계사

안을 주는 곳"으로 바뀌었다(《매일신보》 1932년 5월 3일). 이 업소는 1940년에 폐업하였다.

이 시기 카페의 유행을 보여 주는 사례는 많다. 1932년에는 평양에 있던 유곽(성매매업소 집결지) 건물 16채를 모두 개조하여 카페화하겠다는 계획이 발표되었고, 이를 둘러싼 찬반 논쟁이 뜨거웠다. 찬성과 반대 격문이 날아다녔고 신문지상에도 자주 보도되었다. 1924년에 조선 사람이 세운 첫 당구장인 '무궁헌無窮軒'도 결국은 카페로 바뀌었다. 무궁헌 자리에 '카페 평화'가 들어섰다(《매일신보》 1932년 3월 19일). 대공황이 무색하게 조선은 그야말로 카페 전성시대로 접어들고 있었다.

음식과 차를 제공하는 전통적인 끽다점이 여전히 많이 있었지만 1930년대에 들어서는 서서히 카페에 밀리기 시작하였다. 과거 기생 문화나 요릿집 문화가 카페 문화로 대체된 모습이었다.

조선의 카페 유행으로 일본 도쿄나 오사카의 카페가 경성에 직접 문을 열기도 하였다. 특히 조선인이 많이 거주하던 오사카의 유명한 카페 '미인좌美人座'가 경성에 진출했고, 일본에서 훈련시킨 웨이트리스들을 조선의 카페에 공급하는 일에도 적극적으로 나섰다.

1931년 8월 17일에는 '미인좌'의 영향을 받은 모던 카페 '아리랑'이 남산장에서 문을 열었다. 이 카페에는 도쿄에서 17명의 웨이트리스를 직접 비행기로 데려올 정도였다(《매일신보》 1931년 8월 16일). 한 일간신문의 표현대로 1930년대 초 경성은 '카페의 전성시대'였다. 100여 개 카페에 1,000여 명의 여급, 청등홍등의 으슥한 불빛으로부터 흘러나오는 "환락의 짜스(재즈)는 밤의 경성을 음탕하게 어즈러히"(《조선일보》 1931년 9월 25일) 만들고 있었다.

'미인좌'와 '아리랑' 두 카페는 문을 연 지 얼마 되지 않은 1931년 10월 6일에 본정서(지금의 중부경찰서)에 10원씩의 과료(벌금)를 물었다. 이유는 조선 안에서는 금지된 외국인 웨이트리스를 무허가로 고용한 까닭이다. '미인좌'는 러시아 여자 마리야를 고용하였고, '아리랑'은 독일 여자 리레메를 채용했다(《매일신보》 1931년 10월 7일). 대공황에 따른 불경기로 유럽 여성들이 일본과 조선의 카페에서 '에로 서비스'를 제공하던 시대였다.

물론 불황의 여파로 카페 영업이 잘 안 되는 지역도 있었다. 당시 기록에 의하면 경제적으로 가장 힘든 곳이 대구 지역이었고, 거기에 카페 단속마저 이어지는 바람에 문을 닫는 카페가 속출했다(《부산일보》 1932년 2월 16일). 대구를 제외하면 경성, 부산뿐 아니라 많은 도시에서 카페는 성업 중이었다.

《부산일보》는 1932년 3월 11일 상주에 있는 현대식 카페가 만원 성황이라고 보도하였고, 3월 15일에는 부산의 봄을 맞아 '카페에-시대'를 느끼게 한다고 썼으며, 10월 10일에는 마산에 있는 카페 '적옥赤玉'이 호평이라는 기사를 올렸다. 《매일신보》에 따르면 군산에는 1932년 6월 당시에 카페가 15개에 이르러 영업 전선에 대혼란이 생겼다고 한다.

1930년 11월에 이어 《조선신문》은 1932년 11월 12일 자에 경성 시내의 대표적인 끽다점을 소개하고 있다. 2년 전에 소개되었던 귀옥, 명치제과와 함께 본성옥, 역전봉래옥, 장곡천정(지금의 중구 소공동) 낙랑파라와 조선호텔파라 등이 포함되었다. 1930년대 중반으로 향하면서 카페는 계속 증가하였다. 《조선중앙일보》의 1933년 11월 5일 자 기사의 제목에는 '오직 늘어가는 것은 카페-와 여급뿐'이라는 표현이 보인다.

커피 세계사

카페가 우후죽순처럼 생기고 있다는 것을 우려하면서도 이들 업소에서 납부하는 영업세와 부가세가 만만치 않은 규모라는 점을 부각시켰다.

악惡카페와 공설카페

'에로 서비스' 중심의 이런 '악惡카페'에 대한 단속은 1930년대 전반 언론에 단골로 보도되는 내용이었다. 1931년 10월 17일 자《매일신보》에 보면 경성 영락정(지금의 중구 저동)에 있는 카페 '미쯔와'는 흐리컴컴한 광선을 사용했다는 이유로 16일에 호출해서 과료 처분을 받았다고 한다. 이런 사회 문제에 대한 분기는 조선 지식인 사이에도 적지 않게 나타났다. 사회주의 운동가이며 언론인, 그리고 화가이기도 했던 이여성李如星은《중앙일보》에 기고한 글에서 카페는 조선을 "에로와 알코올로 죽이려 하는 독살범"이라고 질타하였다.

> 마작당은 조선을 시간으로 죽이랴 하는 독살범이요, '카페-'는 조선을 '에로'와 '알코올'로서 죽이랴 하는 동양의 독살범인 까닭입니다. 조선 사람은 시간을 죽이고 정력을 죽이고 없는 돈을 죽이고 있는 이 반동당 퇴치를 1932년 조선의 신 프로그램 중에는 꼭 집어넣어야 될 줄 압니다. ……(생략)……더욱이 퇴폐적 유흥당들의 대부분이 유식 계급에 속하는 청년이라 하면 조선을 위하여 조상弔狀할 일이 아니고 무엇이겠습니까(《중앙일보》 1932년 1월 1일).

《매일신보》는 카페에 종사하는 웨이트리스들의 교육 수준을 보도하였다. 대개는 소학교 출신이지만 고등과 출신도 상당히 있는 것으로 나타났다. 1930년대 여자아이들의 취학률이 20퍼센트에 미치지 못했던 것을 생각하면 매우 높은 학력이었다.

최근 경성 시내에 카페가 대진출을 하게 되는 데 따라서 웨이트리스도 상당히 늘게 되었는데…… 학력으로 보면 조선 사람 측은 전연 아무것도 모르는 사람이 3명이오, 대개는 보통학교 졸업생이며 그중에 락원회관, 킹홀, 목단 등에는 숙명여자고등보통학교, 경성여자고등보통학교, 이화여자고등보통학교 졸업생이 3명이나 된다 하며 내지인은 거의 심상소학교 출신이오, 고등여학교 출신이 5명이나 된다고 한다(《매일신보》 1932년 2월 5일).

카페가 너무 많이 생기고, '에로 서비스' 문제로 고민하던 당국이 단속을 강화하기 시작하였다. 이를 풍자하는 글이 등장하였다. 당국이 드디어 '공설카페'를 열었다는 만담이 등장한 것이다. 잡지 《별건곤》 제60호(1933년 2월)[5]에 실린 이 만담의 해학은 실로 기발하다. 카페에 커피를 마시러 간 세 사람은 입구에서 이름과 주소, 나이, 직업을 적은 뒤 도장까지 찍고서야 입장할 수 있었다. 심지어 몸에 병이 있는 사람은 신체검사를 해야 하고 몸에 흉기가 있는지 검사를 받아야 했다. 이에 화가 난 세 사람이 홧김에 위스키를 마시려다 이마저 한 사람 앞에 석 잔만 마실 수 있다고 제제를 당한다. 그런 규칙에 심기가 불편해진 그들이 여급의 손목이라도 잡으려고 하자 경관이 나타나 눈을 부라렸다.

세 사람은 "경관 입회 아래 술을 먹어 보기는 참말 생후 처음인걸!"이라고 투덜대며 카페를 나선다. 당국의 지나친 단속에 대한 풍자이기도 하지만, 당시 카페의 풍기문란 실태를 엿볼 수 있는 대목이기도 하다.

이와 같은 단속과 잡음에도 불구하고 카페 전성시대는 1936년경까지 이어졌다. 1936년 2월 27일 자 《조선중앙일보》의 보도에 의하면 당시 도시는 물론 농촌에 이르기까지 카페가 격증하는 사태가 벌어지고 있었다.

문제는 이들 모던 카페들이 만들어 내는 풍기문란이었다. 특히 학생들의 일탈 배경으로 끽다점이나 카페가 자주 거론되었다. 부산 〈용두산은 못된 학생의 집합소였다〉라는 《매일신문》 기사 속에도 끽다점이 등장한다.

부산부 내 남녀 학생의 풍기가 문란하여…… 활동사진관 출입과 끽다점 출입이 빈번함에 따라 야심한 틈을 타서 부내 용두산에 가서 불의의 쾌락을 탐하는 등…… 《매일신보》 1930년 2월 10일).

경성과 부산을 비롯한 도시 지역의 경찰서에서는 카페 여급의 '정조 서비스' 혹은 '에로 서비스'에 대한 단속을 수시로 실시하였다. 그러나 단속은 단속일 뿐, 경찰의 잦은 단속에도 불구하고 카페는 계속 증가하였다.

1934년 9월 18일 자 《조선중앙일보》의 보도에 의하면 1933년 당시 전국적으로 카페는 420개소, 고용된 여급이 2,489명에 달하였다. 카페 운영자 중 일본인이 353명으로 80퍼센트 이상이었다. 여급 중에 일본인이 1,988명, 조선인이 501명이었으며, 지역 별로 보면 경성이 포함된 경기 지역에 40퍼센트 가량인 1,030명이 있었다. 카페 중 약 4분의 1 정도가 경성에 있었고 나머지는 부산, 평양, 대구, 군산, 인천, 마산, 진남포, 원산, 상주, 천안, 나남 등 전국 각지에 산재해 있었다. 카페와 여급 수는 지속적으로 증가하여 1936년에 이르면 전국적으로 총 4,060명에 달하였고, 이 중 일본인이 2,661명, 조선인이 1,399명이었다.[6]

카페에서 매춘이 공공연하게 벌어져 경찰의 단속이 이루어지는 일도 잦아졌다. 예를 들면,《조선중앙일보》는 1935년 9월 15일 인천 경찰서에서 시내 '미가도' 카페 주인 부부와 여급 3~4명을 매춘 혐의로 잡아들여 조사한다는 소식을 전하였다.

카페를 둘러싼 잡음은 비단 여급 문제에만 그치지는 않았다. 카페 주인이 폭력단을 조직하여 폭행을 일삼는 등 물의를 일으키는 일도 빈번하였다. 그 한 예로 1934년 8월에는 '카페 올림픽'의 주인 양점수가 곰조[熊組]라는 폭력단을 만들어 여급의 남편을 폭행한 혐의로 10일간 영업 정지를 당하는 일이 벌어지기도 하였다.

경찰은 카페에 대한 단속 규정을 만들어 대응하였는데 단속 대상은 주로 극단적인 에로 서비스를 제공하는 것, 청등·홍등 등을 사용하여 광학적으로 성적 도발을 자극하는 것, 학생들의 탈선적 행동을 자극하는 것 등이었다.《부산일보》1935년 6월 10일 자 기사의 제목은 〈여급씨 에로는 그만, 도발적 네온도 주목, 카페에-에 엄한 훈시〉였고, 기사 내용은 경찰서장이 관내 40여 명의 카페업자들을 불러서 여급의 복장 등에 대한 엄한 단속 기준을 전하는 것이었다.

이 당시 카페나 끽다점이 모두, 혹은 늘 이런 풍기문란의 온상만은 아니었고, 이곳에서 일하는 모든 여급들 또한 에로 서비스에 빠져 있지만은 않았다. 이들 업소는 적지 않게 문화예술 활동의 공간이 되기도 하였다. 1930년대 중반에 유행하기 시작한 조선식 다방의 모습이 조금씩 나타나기 시작하였다. 1930년 귀옥의 끽다점 '금강산'에서 개최한 외국 도시 사진 전시회, 1930년 9월 다방원에서 열린 박영희 저작《소설 평론집》출판 기념회, 1931년 3월 명치제과 끽다점에서 열린 무라카미 가가쿠村上華岳 개인전, 그리고 1931년 12월 다방원에서 열린 카프KAPF 시인집 출판 기념회 등이 신문을 통해 알려진 1930년대 초반 문화 행사들이었다.

카페나 끽다점 운영자들의 선행도 보도되었다. 1930년 12월에는 부산 시내 빈곤자에 대한 온정의 쌀과 현금 모으기 행사에 다리야끽다점이 50원을 하사한 미담이나 초음끽다점 직원의 이발 봉사 등이 신문에 보도되었다. 물론 이런 문화 행사나 선행으로 당시 카페나 끽다점이 가지고 있던 풍기문란의 주범 이미지를 벗어날 수는 없었다. 1930년대 후반으로 향하면서 오히려 이런 부정적인 이미지는 더욱 확대되었다.

15

'모뽀', '모껄' 그리고 제비다방의 추억

다방의 출현

여자 종업원을 두고 영업을 하는 카페 문제에 대처하는 방식은 두 가지였다. 하나는 엄격한 단속과 카페 폐지를 요구하는 주장이 등장한 것이고, 다른 하나는 조선의 정서에 맞는 새로운 형태의 커피업소가 나타난 것이다. 풍기문란 문제를 벗어나기 위해 주류를 판매하지 않고 음식과 차만을 취급하는 끽다점이 등장하였다. 《조선신문》 보도에 따르면 경성 시내 본정3정목에 '순純끽다점'을 표방하며 등장한 '후타미테루무'가 대표적이었다《조선신문》 1927년 12월 18일). 일본에서 1930년대 전반에 나타난 쥰킷샤[純喫茶][1]가 서울에 먼저 등장한 것이다.

1928년 8월 1일에 본정2정목 식료품점인 끽다점 '금강산'은 처음부터 아주 저렴한 가격의, 순민중적인, 주류를 팔지 않는 끽다점을 선언하였다. 신문 광고에서도 '사회생활의 안식소' 혹은 '거리의 안식처'라는 광고 문구를 크게 부각시켰다(《매일신보》 1928년 12월 29일, 1929년 2월 19일)는 점에서 보면 순끽다점의 일종이었고 '다방'의 뿌리였다.

1920~30년대의 경성은 일본인 중심의 남촌과 조선인 중심의 북촌으로 명확하게 나뉘어 있었다. 심지어는 무성영화 시대 영화관의 주인공이었던 변사도 남촌에서는 일본인, 북촌에서는 조선인이 맡아서 할 정도로 청계천을 두고 남쪽과 북쪽의 문화는 달랐다. 남촌을 중심으로 번성하던 카페 문화가 활발하게 북촌으로 옮겨가기 시작한 것은 1930년대 들어서였다. 이런 분위기를 잘 보여 주는 신문 기사이다.

남촌 일대에는 상당히 카페가 많으나 북촌에는 지금까지 완전한 설비를 한 카페가 없어서 일반이 이래 유감으로 생각하던 바 일찍이 본정에서 '공작카페'를 경영하던 나카노미치中野道 씨가 부내 인사동 조선극장 위 계명구락부 아래층에 락원이라는 카페를 실시하고…… 웨트리스도 무궁헌에서 화형花形(필자 주: 스타)으로 이름이 높던 김춘자 양을 비롯하여 미인으로만 7인을 두었는데 24일부터 개업을 하고……(《매일신보》 1931년 5월 25일).

기사에 등장하는 '무궁헌'은 1924년경 광통교 거리에 일본 와세다대 유학을 다녀온 조선인이 세운 조선 최초의 당구장이다. 조선인 인텔리들이 즐겨 다니던 이 당구장의 스타였던 김춘자 양이 락원카페의 웨이트리스로 스카우트가 된 것이다. 1931년 8월 종로2정목 중앙기독교 청년회관YMCA 맞은편 쪽에 '니꼬니꼬'가 생기자 연일 만원을 이루었고, 락원카페는 젊은이들로부터 인기가 폭발하여 인근에 있는 크고 작은 카페들을 인수하였다. 이렇게 영업망을 넓히던 락원카페는 종로2정목 우미관 옆 땅을 매수하여 최신식 건축을 짓기 시작하였다(《매일신보》 1931년 8월 11일). 일찍이 《중앙일보》 기자 이상호李相昊는 신문사를 사직하고 종로2정목 동아백화점 앞에다 '본아미'라는 끽다점을 열어 1932년 5월 22일에 개업하는 등 카페 개업 열기는 식을 줄 몰랐다. 본아미에서는 1933년 11월에 이상의 친구인 화가 구본웅의 개인전이 열리기도 하였다(《동아일보》 1933년 11월 19일).

1932년 말에 이르러 종로통에는 카페 19개, 끽다점 3개가 있었다. 1920년대식 끽다점보다는 1930년대식 카페가 압도적으로 많은 시대가 되었다(《매일신보》 1932년 11월 30일). 종로경찰서에서는 이렇게 많아진 카페에서 발생하는 불미스러운 일을 편리하게 단속하기 위해 카페조합을 조직하는 구상을 하였다. 조합이 만들어지면 조합 구성원들 사이에 서로에게 피해를 주는 지나친 서비스 경쟁을 자제하는 자정 운동이 가능할 것으로 본 것이다. 성공했을 리 만무하다.

카페 전성과 함께 '에로 서비스'니 '정조 서비스'니 하는 퇴폐적인 풍조가 만연하였지만, 다른 한편 이런 퇴폐적 분위기를 극복한 새로운 조선식 다방 문화가 생겨났다. 초기에는 주로 '모뽀'로 불리던 모던보이가 주도하였지만, 점차 '모껄', 즉 모던걸들도 다방으로 몰려들기 시작하였다.

대공황의 여파로 값비싼 바를 찾던 주당들이 '구로·빠ー'(필자 주: '구로'는 영어 grotesque의 일본식 표현)라고 칭하는 선술집으로 발길을 옮기는 사이에 비주당들은 새로운 향락의 터를 찾아 움직이기 시작하였는데, 그들이 적은 돈으로 커피를 마시고, 음악을 들으며, 긴 시간을 보낼 수 있는 장소가 바로 다방이었다. 특히, 일본인 중심의 고급 카페나 바가 즐비한 남촌의 향락 문화에 비판적이거나 적응하기 어려운 조선인 인텔리들이 북촌에 그들만의 보금자리를 마련한 것이다. 〈유행 환상곡〉이라는 제목으로 《매일신보》에 올라온 글의 일부분이다.

> 그리고 모뽀들 사이에는 이 새로 난 선술집을 지칭하여 신식으로 '구로·빠—'라고 부를 것이다. 이상적 '구로' 평민주점이 출현…… 비주당들은 또한 새로운 향락의 터를 찾기에 애를 쓸 것이다. 그 눈치를 알고 지금 교동 근처에서 끽다점을 하는 사람같이 북촌 일대에도 본정의 금강산이나 '푸라치나' 비슷한 다점茶店이 두셋은 생길 것이다. 그리고 그곳에는 어여쁜 웨이트레—스를 네다섯씩 둘 것이다……. 1931년식 모뽀는 두세 사람이 한 찻집에 가서 커피 한 잔만 먹고도 현금 십 원짜리 지전 한 장을 내어놓고 오십 전은 찻값으로 제하고 어여쁜 웨이트레—스에게 오십 전이나 일 원씩의 '행하'(필자 주: 팁)를 주며 호기를 뽑을 것이다(《매일신보》 1931년 1월 14일).

이상의 제비다방

커피를 좋아하던 시인 이상이 북촌 한가운데서 '제비다방'을 연 것도 이즈음이었다. 이상은 20대 초반까지 통인동 154-10번지(현재 '이상의 집'과 복원된 '제비다방'이 있는 장소) 큰아버지 집에서 살았다. 양아버지였던 큰아버지가 1932년에 세상을 떠나면서 이상에게도 약간의 유산을 남겼고, 유산을 받은 이상이 1933년 7월에 종로1가 청진동의 한 건물에 전세를 내 문을 연 다방이 바로 제비다방이었다.[1] 이 다방을 드나들었던 이상의 지인 김기림, 이헌구, 구본웅, 박태원 등의 기억에 의하면, 건축가였던 이상은 통유리를 통해 거리와 소통이 가능한 모던한 모습으로 건물을 꾸미고, 벽에는 그가 좋아하던 프랑스 소설가 주르 뢰나르 Jules Renard의 에피그램epigram 액자 몇 개를 걸었다.[2]

1894년에 발표한 《홍당무*Poil de Carotte*》라는 작품으로 당시 일본이나 조선의 문화계에 널리 알려진 뢰나르는 파리에 살며 문학 카페를 즐겨 찾던 커피 마니아였다. 그의 작품 《홍당무》만큼 유명한 그의 말 "게으름은 피곤해지기 전에 쉬는 습관 이상 아무것도 아니다Laziness is nothing more than the habit of resting before you get tired"는 당시 다방에서 소일하던 조선의 문화예술인들이나 인텔리들, 이들을 합해서 부르던 '고등 룸펜'들에게 위안이 되기에 충분하였다. 물론 더 유명한 것은 그의 시 〈뱀〉이다.

The Snake

Too long.

— Jules Renard

제목은 한 단어 '뱀'이고 내용은 '너무 길다' 두 단어다. 18세기에 프랑스에서 유행하던 짧은 시 양식인 에피그램의 전형이다.

커피 세계사

이상의 절친이며 나혜석의 제자이기도 했던 화가 구본웅의 아들이 증언한 바에 의하면 제비다방은 종로1가 33번지에 있었다.[3] 작가 김용범의 추론에 의하면 '제비다방'이라는 이름은 주르 뢰나르의 책《박물지*Histoires Naturalles*》(1896)에 실린 제비 이야기, 그리고 이를 표현한 화가 피에르 보나르Pierre Bonnard(1867~1947)의 제비 삽화에서 유래했을 가능성이 매우 크다.[4] 보나르는 20세기 초 프랑스를 대표하는 후기인상파 아방가르드 화가로서 프랑스에 일본 미술을 알리고, 스스로도 일본풍의 그림을 많이 그린 것으로 유명하다.

연인 금홍과의 사이도 악화되고, 건강도 나빠진 1935년 여름 이상은 평안남도 성천으로 잠시 요양을 떠난다. 이곳에서 친구에게 보내는 편지 형식으로 쓴 수필이 바로 〈산촌여정〉이다. 서울에 돌아오자마자 《매일신문》에 '성천기행 중의 멧절'이라는 부제와 함께 1935년 9월 27일부터 6회에 걸쳐 연재 형식으로 발표한 이 연재물 첫 번째 글의 시작은 이렇다. "향기로운 MJR의 미각을 니저버린 지도 이십여 일이나 됩니다."

이상이 커피를 즐겼다는 것을 가장 잘 표현하는 글이다. 여기에 나오는 MJR은 아마도 MJB의 오기였을 것으로 보인다. 다방을 운영하던 이상이 잘못 썼을 가능성은 적다. 원고지에 쓴 B가 신문사의 활자화 과정에서 R로 잘못 옮겨졌을 것으로 보인다. 담당하였던 사람이 커피 전문가가 아니었다면 정확하게 표현하기 어려웠을 수도 있다.

MJB는 1899년에 이 회사를 설립한 독일 출신 유대인 3형제 중 장남이었던 막스 J. 브란덴슈타인Max J. Brandenstein의 이니셜이다. 미국의 서부 지역에서 커피 원두를 공급하는 대표적인 회사로 성장한 MJB는 힐스브라더스Hills Brothers에서 개발한 진공 캔 방식을 1913년 미국에서 처음으로 커피 원두를 포장하는 데 도입하였다.[5] 진공 캔 기술을 바탕으로 미국의 중부와 동부, 이어서 아시아 시장으로 판매망을 확대하면서 대대적인 성공을 거두었다. 특히 일본에서 인기가 많았다. 제1차 세계대전을 전후한 일본의 커피 붐을 타고 식민지 조선의 커피 시장에서도 인기가 있었다. 이상이 제비다방에서 사용한 원두가 MJB였을 것으로 짐작된다. 1930년대 영화나 소설에서 커피 원두를 양철통에서 꺼내는 모습이 자주 등장하는데 당시 양철통을 사용한 커피의 대명사가 바로 MJB였다.

제비다방은 개업 3년 만인 1935년 9월에 문을 닫았다. 그 후에도 이상은 인사동에 카페 '쓰루' 그리고 광교에 '맥'(무기), '69' 등을 차리거나 인수하려 했지만 뜻대로 되지 않았다. 1936년 일본으로 떠난 이상은 이후 조선으로 돌아오지 못했다.

이상의 〈산촌여정〉과 MJB커피.

이상은 제비다방을 2년쯤 운영한 후 1935년 평안남도 성천으로 요양을 떠났다. 이곳에서 집필하여 《매일신보》에 6회에 걸쳐 연재한 수필이 〈산촌여정〉이었다. 첫 번째 연재물의 첫 문장에서 이상은 "향기로운 MJR"커피를 마시지 못하는 아쉬움을 토로하였다. MJR은 당시 미국과 일본에서 유행하던 커피 원두 MJB의 오기임에 틀림없다. 신문사의 활자화 과정에서 생긴 오류일 것이다.

조선의 다방은 '조선만의 그것'

이 당시 커피의 유행을 보여 주는 데 소설가 이효석 이야기를 빼놓을 수 없다. 1930년 경성제국대학 영문학과를 졸업한 이효석은 함경북도 최북단 경성 출신 여성과 결혼을 하며 머나먼 경성으로 이사를 했다. 경성농업학교 영어 교사로 근무하던 이효석은 버스로 10분 거리였던 나남에 있는 '동'이라는 찻집에 자주 들렀는데, 어느 때는 커피를 마시기 위해 10리 길을 걸어갔던 적도 있다고 한다. 3년 후 평양으로 이사한 이효석은 이곳에서도 '세르팡'이나 '낙랑'과 같은 다방에 들러 커피를 마시고 음악을 듣곤 했다.[6] 백화점에서 갓 볶은 커피 원두를 사 가방에 넣고 향을 맡으며 집으로 향하는 전차에 오르기도 했다. 그런 그이기에 낙엽 태우는 연기 속에서 갓 볶아낸 헤이즐넛 커피 향을 느낄 수 있었을 것이다.

'사회적 안식처'인 다방을 차리는 것은 당시 적지 않은 '모뽀'와 '모껄'들의 희망사항이었다. 1935년 6월 2일부터 《조선중앙일보》에 4회에 걸쳐 연재된 수필 〈다방: 어떤 문학 청년의 일기〉는 이런 모습을 잘 묘사하고 있다. 필자는 이약슬李約瑟이었다. 성장 과정과 배경이 잘 알려지지 않은 소설가 이약슬은 그 후에도 《조선중앙일보》에 단편소설 〈육체〉(1935년 12월), 〈제비집〉(1936년 4월) 등을 연재하였고, 시대상에 대한 울분을 담은 몇 편의 글을 신문에 투고한 인물이다. 약슬約瑟이 요셉이라는 천주교 세례명이었던 것으로 추측해 보면 꽤 독실한 천주교 신자였던 것 같다.

수필 〈다방〉의 내용은 고등상업학교를 졸업한 K를 중심으로 몇 명의 '룸펜', 혹은 그의 표현으로는 '아팟슈'(필자 주: 프랑스어로 '무뢰한'을 뜻하는 apache)들이 당시 유행하고 있던 다방을 차리기 위해 준비하는 과정을 풍자적이며 냉소적으로 보여 주다가 조선의 인텔리답게 조선의 현실 문제에 조금 더 관심을 가져 달라고 준엄하게 꾸짖는 것으로 결론을 맺는다. 이들이 다방을 차리기로 의기투합하는 장면은 이렇게 묘사되어 있다.

> 금년에 고상[高等商業] 졸업한 어느 귀한 집 아드님 K가…… 다방을 내여 보겠다고 ××상사에 모이는 '아팟슈'들에게 의론을 하니 이구동성으로 찬성 찬성 대찬성의 코-라스를 울렸다. 일찍이 그들은 자기네들이 살고 있는 이곳에 아직 이해 있는 조선 사람의 손으로 된 이상적인 다방이 없다는 것에 항상 고정苦情을 가지고 있어 문화적 현대 생활이 너무도 뒤떨어져 있음을 탄하든 배輩들이었으므로 모처럼 다방에 붙은 불이 혹이나 꺼질까 하여 붙는 불에 부채질이라는 격으로 응원 응원 대응원으로 집을 구하러 다니는 S, 설비에 대한 지식을 얻으러 다니는 C, 다방 장식은 어떻게 어떻게 무슨 식으로, 양식도 할 것인가 아닌가? 물론 양주야 좋은 놈으로 갖다 두어야지, 피아노나 오르간쯤 한 개 두는 것이 어떨까? 레코-드는 될 수 있는 대로 외국의 것으로 구해야 되어 - 암, 라디오야 두어야지 하고 야단이었다(《조선중앙일보》 1935년 6월 4일).

이 수필에 등장하는 인물 중에서 C는 박사라는 별명을 가졌다. 문학 애호가인 C는 "이상異常의 다방 팬"으로 묘사되고 있는데, 아마도 제비다방의 주인이었던 이상을 연상하며 사용한 표현으로 보인다. C는 그전부터도 다방, 다방을 연발하고 다녔고 그럴 때마다 필자는 "18세기의 불란서 시인의 떼가 파리의 캬바레—현금 조선에 있는 카페와는 전연 다르다, 말하자면 다방의 성질의 것이다—에 모여 그들의 우울을 토하였다"는 것이 연상되었다고 한다(《조선중앙일보》 1935년 6월 6일).

이런 표현을 보면 당시 생겨나기 시작한 조선식 다방은 조선의 일부 인텔리들에게는 단순한 사교의 장을 넘어 프랑스혁명 직전의 카페를 연상케 하는 일종의 해방구로 인식되었던 셈이다. 수필에 등장하는 주인공들은 "고상한 취미를 가진 신사 숙녀의 사교장이 될 이상적인 다방의 탄생"을 기대하여 모인 것으로 보였지만 필자 이약슬은 이들이 바라는 바를 도무지 이해할 수 없었다.

석간의 3면 기사라도 읽고 조선의 사회상을 이야기하는 다방이 아니라면 자기는 이들 룸펜들에 동조하지 못하겠다고 선언한다. 마지막으로 이약슬은 "조선의 현실을 한잔의 커피에 몇 번이고 몇 번이고 비춰 보라"는 당부의 말로 글을 맺는다. 1930년대 중반 식민지 조선 사회를 살아가던 '모뽀'와 '모껄'의 고민과 울분을 잘 보여 주는 글이다.

문학평론가이며 소설가였던 홍효민 또한 《동아일보》에 게재한 〈다방〉이라는 제목의 글에서 다방을 문명, 카페나 바를 비문명으로 대비하면서 젊은 세대의 각성을 촉구하고 있다. 홍효민은 1924년에 세이소쿠가쿠엔正則学園 고등학교를 졸업한 후 1927년 잡지 《개척》에 〈문예시평〉을 발표하여 등단한 인물이다. 세이소쿠가쿠엔은 안익태, 윤보선, 김성수, 송진우, 조만식, 이기영, 김교신, 박영희 등 많은 조선인 유학생을 배출한 학교였다. 홍효민은 문학의 사회적 가치를 강조하는 글을 다수 발표하였다.

카페가 느는 반면에 주점이 줄어드는 현상은 우리가 보는 바이다. 이들 열병적인 서구, 혹은 아메리카니즘의 동적 문명은 동방인의 문화와는 멀었다. 그래서 젊은 제너레슌의 일시적 기호에는 이들 카페나 빠ー 또는 딴스가 소용이 되었지만은 좀 고급적인 무엇을 요구할 때에는 이들의 열병적인 서구 문명은 그 적처를 잃었다. 이곳에 서구 문명의 환멸이 있었다……. 가두의 다방 출현은 현대인이 두뇌를 얼마쯤 안정하게 하고 여유를 갖게 하였다. 이곳에 현대인의 두뇌는 다시금 카페에서 다방으로 옮기는 어느 정도의 깨끗한 심리적 희열은 느끼는 것이다. 다방의 유행은…… 시대성을 띤 극히 필연의 것이어니와 현대인이…… 이다방의 맛을 몰라서는 비문명인일 것이다(《동아일보》 1935년 6월 30일).

다방은 유행을 넘어 문명의 상징으로 해석되었다. 1930년대 후반으로 접어들며 일본 지식인들 중심으로 제기되던 서구 문명에 대한 적대감이 조선식 다방 예찬론으로 나타난 측면도 있다.

유행에 비극이 동반하는 것은 예나 지금이나 여전하다. 1935년 12월 27일, 《매일신보》는 다방 경영을 꿈꾸며 장인과 아내에게 지원을 요청했지만 거절당하자 음독자살을 시도한 젊은 화가 지망생 김수곤의 소식을 전한다. 기사 말미에 그가 유서로 쓴 글귀가 소개되어 있다.

고요한 끽다점
술 없는 끽다점
석양의 끽다점
아! 쓸쓸한 이내 마음이여ー

이 유서에서 '모뽀' 김수곤의 마음에 비친 당시 다방의 모습은 고요하고 로맨틱한 곳이었다. 그러나 식민지 조선의 경제적 불안정성을 극복하고 기성세대의 동의나 지원을 받는 것은 결코 쉬운 일이 아니었다.

1935년에 〈패배자의 소원〉(인문평론)으로 등단한 청년 시인 이용악李庸岳은 등단 이듬해인 1936년 1월 17일 자 《조선중앙일보》에 〈다방茶房〉이란 시를 게재하였다.

바다 없는 항해에 피곤한
무리들 모여드는
다방은 거리의 항구……

남달은 하소를 미연에 감출여는
여인의 웃음 끔쯕히 믿엄직하고
으스러히 잠든 등불은 미구의 세기를 설계하는 책사?

주머니를 턴 커피 한잔에
고달픈 사고를 지지하는
……
…… 나…… 너……
휴식에 주린 동지여
오라!!
유연히 조화된 분위기 속에서
기약 없는 여정을 잠깐 반성해 보작구나

서정주, 오장환과 함께 식민지 조선 시단의 3대 천재로 불렸던 이용악에게 다방은 버틸 곳이 마땅치 않은 청춘들의 휴식처였고, 미래가 불투명한 여인들이 미소로 하소연하는 곳이었으며, 기약 없는 인생을 반성해 보는 도시의 항구였다. 커피는 도시의 항구가 제공하는 위안이었다.

물론 모든 다방이 이런 모습은 아니었다. 배우 복혜숙이 운영하는 인사동의 '비-너스', 김연실이 운영하는 장곡천정의 '낙랑' 그리고 강석연이 운영하는 본정2정목의 '모나리자'는 문화예술인이 모이는 곳이었고, 다양한 연애 풍경이 펼쳐지는 곳이었다. 극작가 유치진 씨가 관계하던 '뿌라탄', 신문기자와 은행원들에게 인기가 있었던 종로 네거리의 '본아미', 배우와 기생 등 여성들 출입이 많았던 낙원회관 건너편의 '멕시코' 등이 유명하였다.[7]

'비-너스'에는 현진건, 최상덕, 구본웅, 이청전, 김말봉 등 문인과 언론인 김준연과 이서구, 정치인 여운형 등이 드나들었다. '모나리자'에는 명치정 금융가에 종사하는 주식 관계자들이 많이 드나들었다. 1931년 도쿄미술학교 출신 화가 이순석이 개업한 '낙랑파라'는 문화예술인들에게 특히 유명했다. 안석영, 최정희, 정지용, 김상용, 함대훈, 이헌구, 김광섭, 이광수, 박태원, 이상, 김팔봉, 김기림, 모윤숙, 노천명, 나운규 등이 단골이었다. 이상이 삽화를 그리고 박태원이 글을 쓴 〈소설가 구보씨의 일일〉(1934년, 《조선중앙일보》)에 등장하는 다방도 '낙랑파라'이다. '낙랑파라'는 다양한 문화행사 장소로 사용되었는데, 대표적인 행사로는 괴테백년기념제, 안석영의 〈청춘영화〉 축하회, 화가 구본웅 개인전, 기타 많은 출판 기념회가 열렸다. 이후 '낙랑파라'는 김연실이 운영하면서 상호를 '낙랑'으로 바꾸었다.

　1928년경까지 서울에서 가장 낭만적인 데이트 장소는 덕수궁 돌담
길이었다. 이곳에 경성재판소가 문을 연 이후에는 연인들이 이곳을 기
피하면서 장곡천정으로 바뀌었다. 한성부 청사(지금의 서울시청)에서 조
선호텔을 지나 조선은행으로 가는 길은 '연애가' 혹은 '랑데뷰가'로 등
장하였다. 이곳 입구에 '낙랑파라'가, 그리고 중간쯤에 '뿌라탄'이 있
었다. 《삼천리》에 실린 〈끽다점 평판기〉에 따르면 '본아미'는 제비다방
과 함께 카운터에 미모의 여인이 앉아 있는 곳으로 유명했다. 이 글에
의하면 '멕시코'에는 무용가 최승희 씨의 사진을 비롯하여 매우 선정
적인 극장 포스터들이 많이 걸렸고, 다른 곳과 달리 서양 음악과 함께
일본 노래와 조선 노래가 함께 흘러나왔다. 특히 이곳의 소다수가 마실
만하였다고 한다. 1930년대 중반 즈음 이곳 남촌에만 카페가 60곳 이
상이었다.[8]

　이들 다방에는 최신 레코드판과 각종 신문, 잡지가 놓여 있어서 손
님들의 기대에 응하고 있었다. 잡지 중에서는 《스크린》과 같은 외국 영

낙랑파라와 손님들.

지금의 서울시청 앞 소공동 입구에 있었던 낙랑파라는
문화예술인들이 즐겨 찾는 대표적인 문화공간이었다.
이상이 삽화를 그리고 박태원이 글을 쓴 〈소설가
구보씨의 일일〉(1934)에 등장하는 다방도 '낙랑'이다.
'낙랑'에서 열렸던 문화행사로는 괴테백년기념제,
안석영의 〈청춘영화〉 축하회, 화가 구본웅 개인전 등이
있었다. 청춘남녀들의 데이트 장소가 덕수궁 돌담길에서
소공동으로 옮겨오는 데 낙랑의 역할이 컸다.

화 소식을 담은 영화 잡지가 가장 인기가 높았다. '낙랑'에는 아예 '낙
랑문고'라는 이름이 붙을 정도로 신문, 잡지, 각종 서적이 많이 비치되
어 있었다. 유명 다방이라고 해서 유명인들만 출입하는 것은 아니었다.
청춘 남녀들의 연애 풍경은 마담들이 질투를 느낄 정도로 부러운 일상
이었다.[9]

이처럼 1930년대 식민지 조선의 다방은 다양했고 여러 가지 의미로
읽혔다. 그것은 식민지 지배하의 조선 사회를 바라보던 당시 인텔리들
의 정신 세계만큼이나 복잡하고 다양하였다. 이약슬이 그린 다방은 조
선의 우울을 토하는 곳이어야 했고, 홍효민이 그린 다방은 심리의 희열
을 느끼게 하는 문명의 상징이었으며, '모뽀' 김수곤에게 다방은 고요
하고 낭만적인 장소일 뿐이었다. 이용악에게 다방은 채워지기 어려운
다양한 욕구가 모여들었다 흩어지기를 반복하는 거리의 항구였다.

1930년대 다방의 의미를 가장 잘 보여 주는 것은 1937년 1월 1일
자 《매일신보》에 게재된 〈감각의 삼매경, 정서 듬뿍 실은 다방〉이란 글
이다. 아쉽게도 필자를 확인할 수는 없다.

다방은 차를 먹기 위한 곳이라며는 그것은 다방을 잘못 이해한 것이다.
차를 사랑함으로 다방을 찾는다는 것은 잘못이다. 다방, 그것을 사랑하
여야 된다. 그것이란 분절할 수도, 설명할 수도, 이것이라 뚜렷이 지적
할 수도 없는 것이다. 나 자신이 그 분위기 안에 동화되어서 감각하는
삼매경이다. 그곳은 도시 '인테리'들의, '소뿔죠아-(필자 주: 소부르주
아)'들의 감정 생활의 한 표현으로 볼 때, 비로소 다방의 참다운 존재를
알게 되는 것이다. 가벼운 애수, 흥분, 그러한 다각한 감정이 봄날 아지

랑이같이 혼합한 공기가 다방의 매력이다. 다방을 15전의 '코-히(필자 주: 커피)'로 연상하면은 그것은 잘못이다. 다방은 '다방' 그것이다.

조선의 다방은 그 무엇과도 비교할 수도 없고, 언어로 쉽게 표현할 수도 없으며, 오직 그 안에 동화되어서 느낄 때 비로소 다다르게 되는 경지, 일종의 삼매경이었다. 1930년대 조선의 다방은 조선에만 있던 '다방' 그것이었다.

16

융 드립하는
현모양처

유행하는 커피 상식

1920년대에 본격화된 끽다점과 카페는 커피에 대한 일반인들의 관심을 확대시켰다. 일반 주부들이 문화주택 응접실에서 직접 커피를 끓여서 손님에게 접대하는 경우도 많았다.[1] 자연스럽게 신문에서도 이들을 위해 '커피 만드는 법'을 소개하기 시작하였다.

> -커피 만드는 법-
> 커피 만들 때에 특별히 주의할 일은 향기로운 내음새를 잃지 않도록 할 것이니, 먼저 주전자에 물을 끓여 가지고 가령 차 다섯 잔을 만들고저 하거든 '알미늄'으로 만든 다른 주전자에 끓인 물 여섯 잔을 두고 커피 한 잔을 넣은 후 뚜껑을 덮고 다시 끓입니다. 얼마 아니하면 차가 끓기

시작하여 커피가 둥둥 떠돌도록 끓기를 약 삼십 분 한 뒤에 불에서 내려 가지고 설탕을 조금 넣습니다. 커피에 우유를 넣는 사람도 있으나 그것은 도리어 커피차 맛을 좋지 못하게 하는 것입니다. 크림이 있으면 좋습니다. 크림은 우유보다 좀 값이 비싼데 한 합을 스무 잔에 넣을 수 있습니다(《중외일보》 1926년 12월 22일).

당시 커피 내리는 방식을 잘 묘사하고 있다. 끓는 물에 커피 가루를 넣고 30분 끓인 후에 설탕이나 크림을 가미하는 방식이었다. 커피와 물의 비율은 1대 5 정도였는데 이는 커피 향을 적당하게 즐길 수 있는 합리적인 분량이었다. 커피에 우유를 넣는 것은 선호하지 않았던 것으로 보인다. 중세 이후 거의 1,000년 동안 육류 혹은 그 부산물인 유제품을 섭취하지 않았던 일본인들의 식문화 영향이었을 수도 있다.

집에서 커피를 끓여 마시는 사람들 사이에 커피 원두의 원산지에 대한 관심도 생겨났다. 1927년 12월 29일 자 《매일신보》는 커피 원두에 대한 상식을 게재하였다.

(생략)……아비시니아란 나라에 '카페'라는 지명이 있으니 그곳에서 야생하는 식물이 커피라 한다. 그런데 세계적으로 애용되는 커피의 원산지는 남아메리카 브라질이 가장 유명하여 세계 '고-히' 총 산액의 약 육 할은 브라질에서 생산된다. 그러나 품질이 가장 좋은 것은 아라비아의 것인데 아덴이 그 집산지이다. 그 외에도 자바, 스마트라, 세이론, 마다가스칼, 하이티, 콜럼비아 등지에서도 생산된다. 그중에서 일본에 수입되는 것은 자바, 브라질 등지의 것이 제일 많이 온다. 요새는 커피

를 애용하는 사람이 무척 많아서 일 년에 수입되는 총액이 칠십오만 파운드에 달한다.

커피의 고향이 아비시니아(에티오피아)라는 것과 브라질이 최대의 커피 생산국이라는 것, 최고 품질의 커피는 아라비아(모카)를 비롯하여 자바, 수마트라, 실론, 마다가스카르, 아이티, 콜롬비아라는 것 등 커피에 관한 최신 정보를 담았다.

1920년대에 서양에서는 이미 아라비아종 커피는 명성을 잃은 지 오래였고, 뒤를 이어 자바나 하와이 커피가 고급 커피 혹은 마일드 커피로서 서서히 명성을 얻고 있었다. 게다가 유명한 자바산 아라비카종 커피는 녹병 피해로 생산량이 극소량에 불과하였고, 대부분의 농장이 저급한 로부스타종 커피 재배로 전환하던 때였다. 신문 기사의 내용에 역사적 사실에 뒤진 정보가 있기는 하지만 커피 애호가들에게는 커피 산지에 대한 궁금증을 해결해 주는 흥미로운 정보였을 것이다. 커피의 약물적 효과를 연구하는 과학자의 말을 빌려 커피를 적당하게 마시면 만인에게 영약靈藥이라는 커피 예찬론도 자주 보도되어(《부산일보》 1928년 5월 9일) 커피 유행에 불을 지폈다.

융 드립하는 현모양처

1930년대 커피 문화에서 빼놓을 수 없는 것은 커피를 끓이는 현모양처 모습이다. 1900년대 초반 신식 여학교의 교육 목표 내지는 바람직한 근대 여성상을 의미하는 용어로 등장한 것이 '현모양처론'이었다. 남성과 여성의 차이를 반복적으로 설명하는 성적 본질론과 여성은 과거부터 원래 그러하였다는 문화 본질론이 시대 흐름과 결합하며 생성과 변용을 반복하면서 식민지 시대 현모양처 담론을 형성하였다.[2] 1920년대 중반 이후 시작되어 1930년대에 확대된 카페 주변 '모껄'들의 사치와 허영 그리고 카페 안에서 벌어지는 풍기문란 등으로 인해 근대적 여성들에게 가해지기 시작한 비판 속에서 현모양처론이 더욱 강조된 것도 그런 현상의 하나였다.

서구적 가치로 무장된 신여성에 대한 부정적 이미지와 대조되는 현모양처는 동양의 도덕성을 강조하였다. 남성은 집 밖, 여성은 집 안이라는 활동 공간의 분리 속에서 여성의 역할은 자녀 교육 및 남편 내조자로서 한정되었다. 현명한 엄마와 좋은 아내의 역할을 하는 데 필요한 정도의 교육도 허용되었다. 적어도 서가의 책을 거꾸로 꽂는다든지, 자녀의 책가방에 교과서를 잘못 넣어서 학교에 보낼 정도로 무식해서는 안 되었다. 무식한 여성으로 인해 자녀 교육이 제대로 이루어지지 않고, 남편의 사회생활이 방해를 받는 것은 사회 발전에 큰 장애물로 인식되었다.

현모양처론으로 드러나는 여성의 역할은 사회 발전을 주도하는 남성들의 보조자였다. 비슷한 배경하에 탄생한 것이 일본의 양처현모, 중국의 현처양모 그리고 조선의 현모양처였다. 일본이나 중국은 처의 역할을 앞세운 방면 조선은 어머니 역할을 강조한다는 차이점이 있었다. 조선에서 특별해지기 시작한 교육열의 배경이기도 하다.

1930년대 현모양처라는 큰 이미지를 만드는 조각 중에는 집에서 커피를 끓이는 모습도 적지 않은 비중으로 포함되었다. 이미 1920년대에 시작된 이런 종류의 신문 기사는 1930년대 다방의 유행과 함께 폭발적으로 늘었다. 커피 끓이는 방법, 커피 재료를 구입하는 방법, 커피의 산지별 특성, 외국의 커피 문화 등을 소개하는 기사들이 넘쳐났는데, 기사의 행간을 보면 이런 기사를 읽어야 하는 사람은 여성이었고, 이것을 읽고 실천하는 것이 현모양처가 되는 바른 길이었다. 1930년 2월 6일자 《중외일보》는 〈가정에서 커피차를 만드시려면〉이라는 기사를 실었다. 한글로 '커피'라는 단어 사용이 보편화되기 시작한 즈음이다.

> (생략)……집에서 만드는 것은 다 나쁘다고 생각해 버리는 것은 일종의 오해입니다. 커피를 사 오시거든 양철통을 열거든 습기에 젖지 않도록 다른 그릇에 옮겨 둘 것을 잊어서는 안 됩니다. 폰트(필자 주: 파운드)의 커피는 사십인분으로 되어 있는데, 즉, 보통 한 사람 앞에 차 숟갈로 세 숟갈씩 쓸 수 있는 것입니다. 여러 사람의 먹을 차를 준비할 때에는 이만한 분량을 계산하여(야) 할 것이요. 그저 눈짐작으로 양철관에서 덥석 부어 가지고 만드는 것은 좋지 못한 일입니다. 물은 언제든지 펄펄 끓는 것으로 할 것이요, 미지근한 물에 타 가지고 다시 데우는 것은 모처럼 좋은 커피의 향기를 다 날려 보내는 것이니 주의하여야 됩니다. ……폿트는 금속제보다 자기나 유리로 만든 것이 더욱 적당합니다. 우유를 넣을 때에는 따듯한 것이라야 됩니다.

커피 40인분을 만드는 데 1파운드의 커피 가루를 사용하는 것을 권장하고 있다. 평균 10그램으로 한 잔을 만드는 셈이다. 요즘 에스프레소(싱글 샷)나 드립커피 한 잔 만들 때 사용하는 원두 분량과 크게 다르지 않다. 20세기 들어 브라질과 중남미 지역의 커피 생산 증가로 커피 값이 대폭 하락하였고, 이로 인해 19세기보다 커피 만들 때 사용하는 원두의 양이 늘었는데 식민지 조선도 이런 시대적 흐름에 뒤처지지 않았다. 보관할 때 습기를 피해야 하는 것과 금속제 그릇보다는 유리나 도자기 그릇을 사용하는 것이 건강에 좋다는 팁도 제시하였다. 《중앙일보》도 1933년 2월 11일 자에 커피 끓일 때의 주의 사항으로 〈금속제 그릇은 금물〉이라는 기사를 실었다.

《매일신보》는 다양한 방식의 커피 끓이는 법을 소개하여 독자들의 관심을 끌었다.

(생략)······외국 가정에서 하는 간단히 타는 법을 소개합니다.
처음으로 소위 고전적 방법인데 이것은 여과 장치를 한 '커피' 끓이는 것을 사용하는데 새로 볶은 '커피'를 골라서 사다가 여기 넣고 끓는 물을 살근살근 부은 다음에 '커피' 끓이는 그릇 밑창을 끓는 물에 담가 놓고 마십니다. 또 다른 방법으로는 일반이 행하는 방법인데······(생략)······ '커피'를 세 등분하여 최초의 3분의 1을 차관에 넣고 끓입니다. 그리하여 끓기 시작하면 다음 3분의 1을 넣고 곧 차관을 불에서 내려놓은 다음에 향기가 발산되지 않게 뚜껑을 밀폐한 뒤, 미리 '커피' 끓이는 그릇에 넣어 두었던 마지막 3분의 1에다 이것을 붓습니다. ······(생략)······ '브라질'식의 '커피' 타는 방법인데 이것은 몹시 간단한 것이 특징입니다. 특별한 '커피' 끓이는 그릇을 장만할 필요는 없으나 주전자든지 탕관이든지 아무것이나 할 수 있는데 우선 그 그릇 주둥이에 맞을 만한 쇠줄을 둥그렇게 꾸부린 다음에 무명 헝겊을 거기다 부칩니다.

그리한 다음에 좋은 '커피'를 골라서 여기다 넣고 그 위에다 끓는 물을 천천히 붓습니다. 이때 끓는 물이 '커피'와 잘 섞이기 위하여 숟가락으로 가끔 저어야 합니다. 또 한 가지 방법은 물이 끓을 때에 '커피'를 넣고 곧 무명 헝겊으로 받쳐서 사용하는 것도 있습니다. ……(생략)…… 다음으로 '토이기식(필자 주: 터키식)'이라 하는 '커피' 타는 법이 있습니다. 이것은 끓이기만 하면 그만임으로 특별한 그릇도 필요치 않고 가장 간단한 방법입니다. '커피'는 극히 보드라운 가루를 사용하고 여기에다 끓는 물을 부어서 한참 동안 그냥 내버려 두어서 커피가 가라앉도록 기다려서 다 가라앉은 다음에 흔들리지 않게 가만히 그릇에 따라 마십니다. 본식을 하려면 커피를 충분히 볶아서 가루를 만든 다음에 커피 그릇 대신에 건질 손이 있는 구리로 만든 단지를 사용합니다. 이와 같이 하여 커피를 마시는 자는 결코 사탕을 타지 않는다고 합니다. 그러나 만일 사탕을 타려면 커피를 넣을 때 가루 사탕을 함께 넣어서 가라앉기를 기다려서 그 위의 부분만을 마신다고 합니다(《매일신보》 1931년 3월 7일 자).

여과 장치를 이용한 커피 도구로부터 요즘 사용하는 드립식, 그리고 긴 손잡이가 달린 이브릭을 사용하는 터키식에 이르기까지 다양한 방식을 소개하고 있다. 결론은 브라질식이라고 이름 붙인 드립식 커피 만들기가 가장 편리하다고 했다. 가정에서 커피를 마시려면 생두, 볶은 원두 그리고 볶아서 간 커피 가루 등의 세 가지 형태 중 하나의 재료를 구입해야 했다. 여기에서 사탕이라고 말한 것은 설탕인데 당시 대부분의 커피 소비자들은 커피에 설탕을 넣어 마시는 분위기였지만 간혹 요즘 아메리카노나 드립커피처럼 달지 않게 커피 향 그대로 마시는 사람들

커피 세계사

이 생겨나고 있었다는 것을 알 수 있다. 아직은 물에 녹는 인스턴트커피가 대중화되기 이전이었다. 따라서 커피는 '타는 것'이 아니라 '내리는 것' 혹은 '끓이는 것'이었던 시절이다. 인스턴트커피만을 주로 마셨던 1950~70년대보다 적어도 커피의 향과 맛의 수준은 결코 낮지 않았다.

《매일신보》는 1930년 11월 9일 자 〈맛 나는 커피를 잡수시려면 콩 사는 때 주의하시오〉라는 기사를 통해 좋은 커피 원두 구하는 법을 다루었다.

(생략)……맨 먼저 주의할 것은 볶은 콩에 대한 지식입니다. 커피에는 자기에서 더 넘을 사람이 없는 듯이 말하는 사람들도 커피를 씹어 보고는 '이건 좋다, 이건 나쁘다' 하고 말하는 것을 보면 요절하겠습니다. 그렇게 감정하는 것은 큰 잘못이니 이런 방법으로는 커피의 향기를 분간할 수 없습니다. 제일 좋은 것은 커피콩 한 가운데가 금이 쪽 간 것입니다. 그 금난 데를 쪼개어서 코에 대고 맡아 보면 그 가운데의 오래 부유 냄새가 납니다. 그리고 볶은 콩은 표면에 기름기가 있고 광채가 나

커피의 대중화를 보여 주는 1930년대 신문 기사.

1930년대에 접어들자 커피가 더이상 사치품이 아니라 일반인들도 마시는 기호품이 되었다는 보도가 이어졌다. 이 기사는 1930년 11월 9일 자 《매일신보》에 실린 기사로서 맛나는 커피를 즐기려면 커피콩을 살 때 주의해야 할 사항들을 정리해서 제시하였다.

는 것은 잘 볶지 못한 것이니 그것은 지방이 분해된 것입니다. 그리고 콩을 가는 것도 보드랍게 갈면 좋다고 하지만 그것도 모르는 말씀입니다. 좀 거칠게 갈아야 더욱 향기롭습니다. 그런데 살 때에는 갈아 놓은 것을 사지 말고 온 콩을 사서 서서히 갈닐(필자 주: 원문 표기대로) 것입니다. 그리고 신용 있는 상점에서 사야 합니다. 통에 넣어서 파는 것은 대개 질이 나쁘지만 여행 같은 때에는 하는 수 없는 것이니 통의 네 귀퉁이를 눌러보고 냄새를 맡아 보아 좋지 않은 냄새가 나거든 사지 말아야 합니다. ……(생략)…… 그리고 커피는 습기 있는 데 두지 말아야 합니다. 분량도 정확히 하여야 할 것이니 한 폰트면 사십인분이 됩니다. 그리고 금속제 그릇을 사용치 말아야 합니다. 왜 그러냐 하면 커피의 양부良否는 필경 산의 양부와 다소로써 결정되는 것인 바 그처럼 대절한 산이 금속제 그릇을 만나면 큰 영향을 받습니다. 사기나 유리나 자기 같은 데 끓이면 썩 좋습니다.

가정에서 커피를 만드는 것은 전적으로 여성의 일로 묘사하고 있다. 좋은 커피 원두의 조건으로 표면에 광채나 기름기가 있는 것은 피해야 한다는 것은 요즘 기준으로 말하면 강하게 볶은 커피를 피하라는 말과 같다. 사실 1980년대 후반 스타벅스의 등장 이전까지만 하더라도 원두를 이용하여 커피를 끓이거나 내려 마시는 경우에 약하게 볶는 것이 당연한 것으로 여겨졌다. 즉, 커피를 볶을 때 균열이 생기는 소리가 처음으로 들리기 시작할 때 불을 끄는 정도로 볶는데, 이때 원두에서는 기름기가 있거나 광채가 나지는 않는 상태이다. 커피의 고유한 향을 느끼려면 이 단계를 넘기는 것은 피해야 하는 것이다. 이 기사에서 권장하고 있는 원두의 상태는 그런 상태에 가깝게 하라는 것이다. 기타 습기를 피해야 한다거나 용기에 유의하라는 제안도 타당해 보인다.

《조선중앙일보》[3] 또한 명확하게 현모양처를 대상으로 커피 맛있게 끓이는 비결을 가르치려 하였다. 1933년 12월 22일 자 〈커피 맛있게 끓이는 비결, 진한 것은 해롭다〉라는 기사의 첫머리이다.

요새 일반 가정에서는 홍차나 커피를 사용하는 경향이 많습니다. 그러나 대체로 가정에서 끓이는 차는 맛이 없다고 사랑양반들의 핀잔을 받게 되는데 이는 어쩐 일인가?

커피는 안방의 여성(주부)이 사랑양반(남편)에게 만들어서 바치는 대상으로 묘사되고 있다. 남편의 핀잔을 듣지 않기 위해서 배워야 하는 것이 커피 끓이는 법이었다. 기사에 소개된 맛있게 커피 끓이는 법을 간략하게 소개하면 다음과 같다. 아침과 점심에는 조금 엷게, 저녁에는 조금 진하게 마시되 레몬이나 브랜디를 한 방울 타서 마실 것을 권한다. 커피의 종류로서 모카와 자바 커피가 선호되었는데, 이 둘을 반반 혹은 3대 7 비율로 블렌딩하여 마시는 것도 좋다고 한다. 미국 맥스웰하우스에서 블렌딩 커피를 판매하기 시작한 지 그리 오래지 않은 시점에 조선에서도 블렌딩의 가치를 알고 활용하였다는 것을 알 수 있다.

커피를 거르는 헝겊으로는 플란넬frannel을 추천하고 있는데, 이것으로 보아 종이 여과지는 아직 들어오지 않은 상태로 보인다. 플란넬이 바로 융이다. 영국 웨일스 지방에서 생산되기 시작한 직물로 가볍고 부드럽기 때문에 잠옷이나 아기용품을 만들 때 많이 사용된다. 요즘도 융

드립을 사용하는 카페나 가정이 있을 정도로 커피 드립용 천으로 널리 쓰이고 있다. 한쪽 면에 도톰한 기모가 들어가 있어서 미세한 커피 가루까지 걸러 준다. 물론 냄새를 방지하기 위해서는 세탁을 꼼꼼하게 해야 하는 번거로움이 크기는 하다. 1930년대 부지런한 조선의 현모양처들이 주로 사용했던 방식이 바로 융드립이었다는 사실이 흥미롭다.

커피를 만드는 방식은 하루가 다르게 발전하고 있었다. 《매일신보》 1935년 4월 3일 자 기사가 이를 잘 보여 준다. 이 기사 역시 제목에서 커피를 만드는 것은 주부의 일임을 명료하게 드러내고 있다. 제목이 〈주부의 알아 둘 커피차 만드는 법〉이다.

어떻게 만들어야 맛있을까?
커피—를 즐기는 사람이면 누구나 다 그 맛은 물론이려니와 빛깔이나 컵에까지 무관심할 수는 없을 것입니다. 그뿐 아니라 현재에 커피— 조리 연구는 여간 진보된 것이 아닙니다. 따라서 가정주부는 손님에게 커피—를 대접할 적에 이 시대성이 나타난다는 것을 항상 주의하실 필요가 있습니다. 다음에 커피—조리의 묘리를 간단히 말씀하겠습니다. ……(생략)…… 우선 첫째로 커피—의 표준 컵을 알아 두어야 합니다. 컵의 대소는 결코 함부로 정할 물건이 아니어서 현재 표준 컵으로 사용되는 것은 높이와 원의 직경이 다 같이 한 치 아홉 푼(약 4.75cm)—한 파운드의 커피에서 마흔 잔—이렇게 되어 있습니다.
다음에 주의할 것은 함부로 새까맣게 탄 커피만을 사시지 말 것입니다. 이때까지는 이런 것이 고급품으로 인정되어졌으나 그것은 잘못입니다. 커피를 사실 적에는 한 할割쯤은 굵게 나머지는 가늘게 타도록 말씀하실 것입니다. 이런 것도 커피 조리의 묘리라 할 수 있습니다. 또 한 번에 너무 많이 사시지 말 것, 그리고 탄 것을 사셨을 때에는 습기 안 들어오는 그릇에 담아 두실 것—이 두 가지도 중요한 점입니다. 커피의 배합은 사람마다 각각 달라서 진한 것을 즐기는 분 혹은 엷은 것을 즐기는 분 여러 가지이니 그것은 자유입니다만은 요컨대 물 끓이는 데 비결이 있다 할 것입니다. 물의 분량은 커피를 한 잔만 끓이실 적엔 표준 컵으로 약 두 잔 반, 두 잔 끓이실 적엔 다섯 잔 반 이 정도로 하시면 좋을 것입니다. 이것은 커피와 커피 거르는 봉지가 물을 빨아들일 것을 미리 생각하기 때문입니다.

물이 펄펄 뛸 때(화씨 2백도) 불을 잠깐 끄고 물의 표면이 조용하여짐을 기다려 커피 가루를 약 세 푼 중 넣고 3(분) 동안 그대로 뚜껑을 덮어 둡니다. 커피 가루가 밑으로 가라앉았을 때 편면片面 네루(꼭, 편면 네루야만 합니다)로 걸러서 짭니다. 이렇게 해서 취한 커피액으로 다시 한번 냄비나 질그릇으로 끓인 후 적당한 컵에 담아 손님에게 냅니다. 끝으로 사탕을 먼저 넣나 크림을 먼저 넣나가 문제입니다만은 이것은 반드시 사탕을 먼저 넣을 것입니다. 그다음에 크림으로 맛을 조화시켜야 합니다. 컵은 반드시 더웁게 하여 둘 것. 컵이 차면 커피 본래의 맛을, 향기를 상하게 되는 법입니다.

1930년대 중반 커피 내리는 방법을 가장 잘 보여 주는 기사이다. 커피 원두를 지나치게 볶는 것은 피할 것, 커피를 보관할 때 습기를 피할 것, 커피와 물의 분량을 적당하게 조절할 것, 크림보다는 설탕을 먼저 넣을 것, 컵은 반드시 따뜻하게 할 것 등은 사실 요즘 전문 바리스타들도 지켜야 할 원칙들이다.

《매일신보》는 1935년 즈음에 이미 원산지에 따른 커피 맛의 차이에도 관심을 기울이기 시작하였다. 1935년 10월 14일과 15일 자에 연재한 〈가배차 이야기〉(상, 하)를 보면 알 수 있다.

맛있는 커피는 어떻게 끓이나.

(생략)……같은 커피차라도 원산지에 따라 각각 맛이 다릅니다. 조선에는 '브라질' '자바'를 위시하여 '멕시코' '하와이' '과테말라' '살바도르' 등지에서 나는 커피가 수입됩니다만은 다 각각 대단히 '데리케-트'한 특질을 가지고 있습니다. 커피는 '알카로이드'에 속한 물질을 포함하고 있는 고로 몸에 해롭다고 생각하여 왔었으나, 그러나 이것은 최근에 의학적으로 확실히 중독증이 아니라는 것을 증명하였을 뿐 아니라 채소와 같이 '알카리성'이 있는 고로 고기 먹고 난 후의 소화를 돕는다는 것을 알았습니다. 또 커피 속에 있는 '카페인'은 피로를 낮게 하는 데 효과가 있다는 것도 알 수 있게 되었습니다. 커피차를 끓이는 비결은 요컨대 향기를 없애지 않는 데 있습니다. 커피 가게 앞에서 부지 중 그 향기로운 냄새에 끌려 집에 사다가 2~3일 두면 어디로인지 향기는 사라지고 맙니다. 이래서 그 커피는 폐물이 되고 마는 것입니다. 이렇게 커피의 향기가 없어지는 것은 빠릅니다만 맛에 대하여도 이렇게 말할 수 있습니다. 정당한 맛을 나게 하려면 여러 가지 점을 주의하셔야 합니다……(생략).

어떤 가정에서든지 대개는 '커피-포트'에 넣고 그대로 대고 끓이는 모양입니다만 그렇게 해서 정말 커피차의 맛이 나올 리는 없습니다. 그리고 한 번 끓인 커피는 절대로 다시 끓이거나 데우거나 해서는 못 씁니다. 흔히 집에서 하면 진하게 나오지 않는다고 하시지만 그것은 양이 적은 때문입니다. 제일 이상적으로 커피차를 끓이는 법은 한 사람 앞에 한 잔씩이면 적은 사지로 세 사지나 네 사지가 보통입니다만 그보다 약간 많게 하고 펄펄 끓는 물을 붓고 헝겊으로 받치면 제일 맛있게 나옵니다. 이렇게 해서 끓인 커피가 제일 맛있을 것입니다. 미국 같은 데서는 여러 가지로 커피의 맛과 향내를 상하지 않게 하기 위하여 용기를 개량하고 있습니다만 근래 이런 결점을 없앤 커피가 생겼다 합니다. '자바'나 '브라질'에서는 커피 콩이 풍부한 고로 많이 끓여서 대단히 진한 것을 만들어 두고 씁니다만 이렇게 하면 어느 틈엔지 향내가 없어지는 법입니다. 이 점을 개량한 것이 미국에서 만든 '츄브'(필자 주: 튜브)에 든 '커피-'입니다. 이것은 뜨거운 물에다 타기만 하면 언제든지 맛있는 '커피'가 생기는 고로 각 가정에서는 대단히 환영하고 있답니다.

커피의 맛은 원산지마다 다르고, 매우 미묘하기 때문에 커피 원두를 구입하거나 보관할 때, 커피를 만들 때 많은 주의를 기울여야 한다는 점을 설명한 후 최근 미국에서 간편한 '튜브'로 된 커피가 나왔다는 소식을 전하고 있다. 이것은 당시 미국에서 시도되고 있던 인스턴트커피로 보인다. 인스턴트커피의 발명과 상품화 소식이 조선에 전해진 때는 1935년이었다. 1930년대 중반 신문을 읽을 수준의 조선 지식층 사이에서 커피에 대한 관심과 지식은 외국과 큰 차이가 없는 상태였다고 할 수 있다.

《매일신보》 1936년 1월 5일 자 기사는 〈커피차, 홍차 맛있게 끓이는 법〉을 다루고 있는데 서양 속담으로 시작한다. 이 멋진 속담은 사실 우리가 아는 서양이 아니라 커피를 서양으로 전한 나라인 터키 사람들이 만들어 낸 속담이다. "커피는 지옥처럼 검고, 죽음처럼 강하고, 사랑처럼 달콤해야 한다Coffee should be black as hell, strong as death and sweet as love"인데 19세기 초 프랑스 외교관이었던 드 탈레랑Charles Maurice de Talleyland-Périgord이 뒷부분에 '천사처럼 부드럽고, 키스처럼 달콤하다'를 덧붙였다. 이 말은 지금도 커피 예찬론자들의 입에 오르내리고 있다.

커피차는 '악마와 같이 검고, 지옥과 같이 뜨겁고, 사랑과 같이 단 것이 좋다'는 서양 격언이 있습니다만 그렇게 맛있는 커피차를 끓이려면 우선 콩대로 사다가 집에서 타는 것이 제일입니다. 그러나 기계가 없으면 탄 지 얼마 안 되는 것을 식료품점에서 사십시오. 탄 지 오래된 것은 맛이 없습니다. 끓일 때에 달걀껍질을 조금씩 넣으면 건더기를 빨아들이는 고로 만든 커피가 대단히 맑습니다. '파-코레이터'를 사다가 끓이시면 보통 가정에서는 충분할 것입니다.

주목할 것은 달걀껍질이다. 커피를 끓여 마실 때 불편하게 하는 것이 바로 가라앉지 않고 떠다니는 커피 찌꺼기인데, 이것을 잘 가라앉히는 데 효과적인 것이 달걀껍질이다. 이는 20세기 초반에 커피 가루를 끓이는 방식이 유행하던 미국을 비롯한 많은 나라에서 이용하고 있던 커피 찌꺼기 침전법이었다. 이외에도 달걀껍질에는 알칼리성 탄산칼슘이 함유되어 있어서 커피를 내릴 때, 달걀껍질 볶은 가루를 조금 섞으면 신맛을 줄이고 부드러운 맛을 내주는 효과가 있다는 것이 알려져 있었다.

또 주목할 것은 '파-코레이터'로 표기한 퍼콜레이터의 등장이다. 요즘 많이 이용하는 프렌치 프레스와 유사한 구조를 지닌 커피포트의 하나인데, 아래로 기다란 관이 연결된 둥근 모양의 바스켓에 커피 가루를 넣고 물을 부은 후 가열하면 끓는 물이 관을 타고 올라가서 커피 가루를 적시도록 설계되어 있다. 커피 가루를 적신 뜨거운 물이 아래로 떨어지면 이것을 마시는 식이다. 이는 19세기 초반에도 사용했지만 본격적으로 시장을 지배하기 시작한 것은 1889년 미국의 일리노이주 농부였던 핸슨 굿리치Hanson Goodrich가 스토브 위에 올려서 커피를 끓이는 퍼콜레이터를 발명한 이후였다. 미국의 커피 붐과 함께 퍼콜레이터는 1970년대 인스턴트커피와 커피메이커가 등장하기 이전까지 미국 가정에서 선풍적인 인기를 끌었다. 《매일신보》에 소개된 퍼콜레이터도 굿리치식 퍼콜레이터였을 것이다.

전쟁으로 접어들기 직전인 1936년 즈음에는 일반 가정에까지 커피가 보급되어 사랑을 받고 있었다. 《매일신보》 1936년 9월 16일 자는 커피차의 진정한 맛은 입으로 느끼는 맛보다는 코로 느끼는 그 향기에 있다는 점을 강조하고 있다.

커피차를 맛있게 끓이려면 다음의 여섯 가지를 주의하십시오.
(1) 커피차 가루는 녹지 않는 그릇에 담아서 보존할 것
(2) 분량을 정확하게 할 것, 보통 커피차 한 폰드면 40인분, 이것이 표준입니다.

⑶ 커피차를 탈 적에는 펄펄 끓는 물이어야 합니다. 한 번 끓였다 식힌 물을 다시 끓여도 못씁니다.

⑷ 커피차는 절대로 가루를 그대로 끓여서 먹어선 못씁니다.

⑸ 어물어물하고 시간이 걸려서는 못씁니다.

⑹ 그릇을 청결히 하십시오. 먼저 끓인 것이 남아 있거나 해서는 정말 맛이 나지 않습니다. 콥푸(필자 주–컵)도 더웁게 해서 쓰십시오⋯⋯ (생략).

일반 가정에서의 커피 소비 확대에 빠질 수 없는 것이 강습회나 시음회와 같은 판촉 행사이다. 《부산일보》는 1933년 5월 29일 본사 3층에서 커피 감별과 내리는 법에 관한 연구회 겸 시음회를 연다는 소식을 하루 전 신문에 공고하였다. 회비는 무료였다(《부산일보》 1933년 5월 28일). 이 신문은 행사가 끝난 후에 그 결과를 사진과 함께 게재하였다. 이 행사는 '브라질커피연구회'가 주최하였고, 대흑남해당大黑南海堂, 충식료품점沖食料品店 그리고 《부산일보》 사업부가 공동 후원하는 행사였다.

행사 시작 전부터 참가자가 몰려들어 강당을 가득 채웠고, 행사 후에는 모두 브라질 커피를 시음하는 것으로, 그야말로 성황리에 행사가 마무리되었다. 게재된 사진을 보면 강사는 양복을 입은 남자인데, 앉아서 듣는 청중은 모두 여성이었다. 기록으로 알 수 있는 한국 최초의 커피 강습회였다.

1930년대 중반에 신문을 통해 본격적으로 소개된 커피 만드는 법을 읽다 보면 이 당시 조선의 주부들이 커피 정보와 관련해서는 세계적인 흐름에 크게 뒤지지 않았다는 것을 알 수 있다. 커피 산지별 특성을 알았고, 유행하는 커피 도구를 이해하였으며, 커피 내리는 다양한 방식들도 터득하고 있었다. 융드립의 장점, 퍼콜레이터의 존재, 그리고 튜브식 인스턴트커피의 등장 소식 등 커피에 관한 세계적 흐름을 알고 실천하는 것 또한 1930년대 남성 중심 사회가 기획하고 실천을 요구한 현모양처가 되는 방식 중 하나였다.

아이들도 마시는 커피

정보 유통이 활발하지 않던 시대에 가끔 전해지는 해외 토픽은 종종 화제가 되곤 한다. 19세기 말에 등장한 신문과 1927년 2월에 첫 방송을 시작한 라디오는 조선인들의 정보 욕구를 채워 주는 주요한 매체로 점차 성장하였다. 1930년대는 조선도 서양과 차이 없이 신문과 라디오 전성시대에 접어들었고, 해외 커피 소식도 문자와 전파를 타고 대중들에게 파고들었다.

기쁜 소식도 적지 않게 전해졌다. 1932년 4월 28일 자 《동아일보》는 〈많이 먹지 아니하면 커피는 무해하다〉는 기사를 실었다. 150잔 이상 마시지 않으면 괜찮다는 이야기가 미국의 생리학자 말을 인용하여 보도되었다. 커피가 해롭다는 말을 가끔 듣던 애호가들에게는 희소식이 아닐 수 없었다.

150잔부터는 해롭다. 미국 뉴욕대학의 생리학자 '췌네' 교수의 말을 들으면 커피가 사람의 몸에 미치는 영향은 90%의 사람에게는 무익무해하다고 합니다. 카페인의 해를 입는 것은 150잔 이상을 짧은 시간에 계속해서 먹는 경우라고 합니다. 실상 피로 회복에 큰 효과를 가지고 있습니다.

여기에서 언급된 쉐네 교수가 어떤 사람인지, 이런 내용을 담은 연구가 무엇이었는지 확인할 수는 없다. 《동아일보》에 이어 《매일신보》는 〈'커피' 한 잔쯤은 해가 안 된다〉는 제목의 기사를 실었다.

'시카고'대학의 '노-만 쿠-퍼만' '뮬린' '나다니엘 클레이트만' 3교수의 공동 연구에 의한 수면에 관한 실험 보고가 미국생리학협회에 제출되었는데 그것에 의하면 취침 전의 '커피'는 한 잔 정도이면 그리 수면을 방해하지 않으나 두 잔 이상이면 차차로 잠을 못 자게 된다'라 하였습니다(《매일신보》 1936년 5월 12일).

《중앙일보》에서도 커피의 장점을 이렇게 소개하였다. 영양 성분이 들어 있어서 노인, 부인, 심지어는 아동들의 발육과 보건에 좋다는 이야기는 흥미를 끌기에 충분하였다.

한 잔 커피 중에는 피로를 회복하기에 넉넉한 충분한 영양적 성분이 섞여 있어 노인 부인 아동들에게 주면 발육과 보건에 충분한 효과가 있으며, 더욱 두뇌를 쓰는 사람 스포-츠맨들에게는 없지 못할 필수품이다. 일야日夜 커피와 친하는 것은 건전한 육체와 건전한 정신을 기르는 것이다. 더욱 의학적으로 그 효과가 증명됨으로 매년 그 소비는 급수적으로 증가되고 있다(《중앙일보》 1933년 4월 3일).

아이들의 발육과 보건에 효과가 있고, 두뇌 발달에 좋다는 이야기를 들은 부모들은 주저하지 않고 아이들과 함께 커피를 마셨다. 물론 어린이나 중등학생이 커피를 마실 수 있는 장소는 집이었지, 카페나 다방 출입은 금지되어 있었다. 중등학생의 카페나 다방 출입은 징계 사유였다.[4]

20세기 전반까지 서양에서도 커피는 어린아이들에게 허용된 음료였으며, 커피는 어린이들의 입맛을 놓고 탄산음료와 경쟁을 해야 했다. 영국인들이 홍차에서 커피로 전향하고 있다는 소식도 커피 애호가들에게는 즐거운 소식이었다. 《매일신보》 1935년 12월 31일 자 기사의 제목은 〈홍차에서 커피차로〉였다.

영국 사람과 홍차는 전통적으로 끊을 수 없는 것인데 '국민성'과 기호물의 연구가인 '리-부랜드'의 '루-스 아트워-터-' 여사는 최근 '영국인 홍차에서 커피차로 전향하고 있다'라고 발표하였습니다. 여사는 다음과 같이 말하고 있는 것입니다. '물론 아직 영국 사람들은 아침밥에 홍차를 반드시 먹고 있습니다만 차차로 커피차를 많이 먹게 되었습니다. 그리고 요사이는 각처에서 '커피-파-틔-'가 개최됩니다. 아마 커피차가 신시대의 영국 사람의 기호에 합치되는 것이겠지요.

'신시대'인들에게 차보다는 커피라는 이야기로서 역시 커피 애호가들의 귀를 즐겁게 하는 소식이었다. 커피의 유행을 부추기는 비슷한 내용의 기사들이 1930년대 신문에 넘쳐났다.

커피 유해론, 커피 해외 토픽

물론 부정적인 소식도 없지는 않았다. 1932년 3월 10일 자 《매일신보》를 보면 '커피' 검사를 하는 서구인들의 진지한 사진이 실려 있다. 세 명의 검사관들이 커피를 맛보는 광경인데, 이는 뉴욕 커피 시장에 나쁜 커피들이 많이 들어오는 까닭에 이를 검사하는 모습이다. 세계 커피 소비량의 2분의 1 정도를 차지하고 있던 미국 시장에 세계 여러 나라의 커피가 물밀듯이 들어오기 시작하던 시점이다. 특히 동남아시아와 중남미 그리고 아프리카에서 대량 생산을 시작한 로부스타종 커피의 범람이 문제였다. 건강에 좋지 않은 카페인 성분이 과다할 뿐 아니라 아라비카종 고유의 향미를 해치기도 하는 로부스타종을 섞은 커피가 넘쳐나고 있었다.

미국에서는 로부스타종 커피의 수입과 거래를 금지하고 있었다. 그런데 1930년대에 시작된 유럽의 에스프레소 커피와 인스턴트커피의 재료로 로부스타종이 인기를 끌면서 미국 커피 시장에도 미묘한 분위기가 형성되었다. 아라비카종에 로부스타종을 섞어서 파는 방식으로 이득을 취하려는 업자들이 생겨나고, 이를 적발하고자 하는 당국자 사이에 갈등이 벌어졌다. 일본과 조선에 커피를 수출하는 대표적인 국가였던 브라질에서도 로부스타종 커피의 재배를 확대하고 있었기에 미국 커피업계의 우려 또한 커져만 갔다.

　커피 유해론을 다룬 기사 제목이 매우 자극적인 경우도 있었다. 《조선일보》는 1934년 7월 15일 자 기사에 〈커피를 많이 먹으면 자식이 귀해〉라는 제목을 달았다. 카페인을 많이 먹으면 남자의 생식기에 악영향을 미치고, 경우에 따라서 생식 기능을 해할 수 있다는 새 학설을 소개하는 내용이었다. 독일 교수가 쥐를 대상으로 실험을 했는데 카페인을 많이 섭취한 쥐의 생식기가 고장났다는 것인데, 사람의 경우로 환산하면 커피 4~5갤런(14~18리터)을 일시에, 그리고 오랫동안 지속적으로 마셨을 때 발생 가능한 위험이었다. 《매일신보》 1927년 11월 3일 자 기사의 제목은 〈가배를 마시면 분앙奮昻이 된다〉였다. 커피 과다 섭취는 소화불량, 변비증, 불면증을 가져온다는 대표적인 커피 유해론이었다.

　해외 토픽은 커피에 관한 흥미로운 정보들을 전하기도 하였다. 1931년 2월 15일 자 《매일신보》에 실린 〈세계 에로 풍경―런던 삐가데리–끽다점 풍경〉이라는 기사는 '안개 끼고 비 뿌리는 영국 서울 거리, 끽다점마다 얼크러진 '에로', '구로'의 '교향곡''이라는 자극적이고 감성적인 부제를 달았다. '모껄', '모뽀'들의 마음을 설레게 하기에 충분한 기사였다.

　화려한 파리의 거리에는 '카페'가 많지만 세우細雨 내리고 농무가 잘 끼이는 런던의 거리에는 끽다점이 많다. 화려 양기가 불란서 국민의 상징이라면 유한 명상이 영국의 국민성일 것이다. 거리거리마다 가장 유쾌한 정조를 띄게 하는 끽다점, 그중에도 런던의 유명한 '삐가데리–'의 끽다점은 로맨틱한 멜로디가 흐르고 만장의 '에로' 기분을 감염케 한다. 아침 일찍이 생활 시장에 나아간 남편의 돌아오기를 기다리는 젊은 부인들이 그 손님의 대부분이나 한 잔의 고-히차를 마시며 남편의 돌아오기를 기다리는 아내! 하루의 일을 마치고 돌아오는 남편의 쥐는 끽다점 문의 핸도루가 돌려질 때에는, 그리고 하루 낮 서로 헤어졌다가 다시 만나서 화락한 가운데 젊은 부부들의 주고받는 이야기 소리는 다만 이 끽다점이 유일한 그들의 안락지경安樂地境으로 알고 아침저녁으로 모여든다. ……백 가지 천 가지의 에로 구로가 교착된 교향악과 같은 사람 사람, 남녀의 무리는 물결과 같이 이곳으로 저곳으로 몰렸다 밀렸다 한다. 열두 시가 지나서 레스토랑의 문이 닫히기 시작하면 하나씩 둘씩 헤쳐져서 자기 집으로 돌아가지만 열두 시가 지난 뒤에도 여전히 샤롯트가 친가의 골목 속에는 밤을 새우는 요염녀 도박꾼 술 아편 매소부가 남아 있어 인간의 야비한 모-든 것을 노골적으로 나타내이고 있다. 수천만 가지 소리가 한데 어울려 아우성을 치든 런던의 거리가 점점 적막해지고 자동차의 싸일렌 소리가 멀-리 사라진 뒤에도 여전히 밤을 축복하는 에로 인간들은 헤어질 줄을 모른다.

《중앙일보》에 실린 〈가배 이야기〉(브라질 학도)는 앞에 소개한 커피가 주는 영향 효과를 전하면서 함께 커피에 관한 흥미로운 정보들을 많이 제공하였다. '세계 3대 음료'라는 용어도 처음으로 언론에 등장하였다.

우리 일상생활에 있어 물은 없지 못할 중대한 역할을 가지고 있다. 수

커피 세계사

분의 욕구는 생리적으로 더욱 격렬한 운동을 한 후의 휴양과 수분의 섭취는 필요 이상의 필요한 것이다. 원시인은 그들의 이 생리적 욕구로부터 처음에는 단미한 냇물을 마셨고 후에 화력을 발명하면서부터 물을 끓일 줄 알았으며, 여기에 여러 가지 자연 식물을 가하여 각기 기호대로 끓여 먹기 시작한 것이 마침내 금일 세계의 3대 음료로 된 것이니 차, 코코아, 커피가 즉 이것이다. 그중 최대 생산과 소비를 점하고 있는 것은 오직 커피뿐이니 얼마나 커피의 가지고 있는 풍미가 각 민족 간에 회자되고 있는가를 넉넉히 알 수 있을 것이다.

세계 중에서 제일 커피가 많이 나는 곳은 남미 브라질로 세계 전 (생)산액의 70퍼센트를 점하고 있으니 재배 면적이 실로 1,480만 에-커-이다. 동해안 더욱 상파울로주가 제1위로 총 재배 면적의 약 3분의 1을 점하고 있다. 파종은 11월부터 익년 2월까지며 4년 되는 해부터 수확을 시작하는데, 그 시기는 5월부터 9월까지고 그 경제적 수령은 보통 25년 이내이다. 한 나무에서의 수량收量은 대체로 1키로그람 내외며 제법에는 건법과 습법이 있다. 그런데 이 커피묘苗를 기르는 데는 여간 품이 드는 것이 아니다. 염천에 내놓으면 고사해 버리는 까닭에 재배원에는 바나나를 심어 일광의 직사를 막는다. 또 혹은 자연성 초목 중에 심어 좀 크기를 기다려 그 주위의 초목을 벌제한다. 그리하여 커피의 약 7할은 산토스항으로부터 약 2할을 리오데자네이루로부터 수출되어 과반은 북아메리카로 타는 구주 각국으로 흩어진다(《중앙일보》 1933년 4월 3일).

세계 1위 커피 생산국인 브라질의 재배 규모, 커피나무의 특성과 재배 방법 그리고 대표적인 수출 항구와 수출 지역 등이 소개되고 있다. 요즘의 많은 커피 관련 서적들에도 들어 있는 정보들과 유사한 내용들이다. 커피 가공에는 건식법과 습식법이 있다는 것, 커피 이름에 붙는 산토스가 브라질 수출 항구 이름이라는 것은 당시 커피를 즐기던 애호가들이나 커피를 만들던 주부들에게는 매우 흥미로운 정보였을 것임에 틀림없다.

이 기사에는 비록 12년 이전 통계이기는 하지만 세계 여러 나라의 1인당 커피 소비량이 소개되고 있다. 1년간 소비량에서 1위는 15.83파운드(약 7.17킬로그램)를 마시는 스웨덴인이고, 2위는 14.90파운드(약 6.75킬로그램)로 덴마크인, 3위는 12.96파운드(약 5.87킬로그램)로 노르웨이인이었다. 최하위는 0.01파운드(약 5그램)를 마시는 중국인이었다. 차하위는 영국인으로 0.71파운드(약 321그램)를 소비하였다.

《부산일보》의 보도에 따르면 살바도르공화국의 만주국 승인을 기념하여 만주국의 일만日滿클럽에서는 만살 친선 증진을 위하여 커피 최상품 500여 파운드, 2등품 500여 파운드, 총 1,000파운드를 주문하였다는 소식을 하얼빈 발 전보를 인용하여 전하였다(《부산일보》1934년 5월 24일).

식민지 조선의 커피 소비 확대를 주시하던 오스트리아는 목포상업회의소에 브라질 커피를 조선에 직접 판매하고, 조선산 과일과 야채를 구매해서 유럽 지역에 판매하고자 하니 적당한 업체를 주선해 달라는 요청을 해왔다(《매일신보》1935년 5월 20일). 상파울루에서 직접 커피를 가져다가 목포 지역에서 팔기 위해 합당한 상인과 함께 목포 지역의 커피업자 수, 1개년의 커피 및 코코아 소비량, 현재의 시가 등을 알려 달라는 것이었다. 식민지 조선이 이미 오스트리아와 같은 유럽 커피의 중심지 무역업자들에게 신흥 커피 소비국의 하나로 떠오르고 있었던 것이다. 자본주의 음료인 커피와 코코아 시장으로서의 조선의 가치에 대한 서구인들의 상업적 관심이 이미 식민지 시대 중반에 표출되기 시작하였다.

17

대용 커피를
마시며 군가를 듣는
다방

'가배당'을 우울하게 한 대용 커피

일본 군국주의 세력을 대표하던 관동군은 1931년 7월 만보산사건과 9월 유조호柳條湖 철도 폭파사건을 구실로 만주사변을 일으켰고, 이듬해에 만주 지역 대부분을 점령하였다. 1932년 3월 만주국을 세우고 1년 뒤에는 일본의 만주 지배를 불법으로 규정한 국제연맹에서 탈퇴하였으며, 1937년 7월에 중국 본토를 향한 공격을 시작함으로써 8년간의 전쟁에 돌입하였다.

대공황에 이은 전쟁으로 인해 일본의 커피 대중화 속도는 급격히 떨어졌다. 이는 유럽 대부분의 국가나 미국과 비슷한 양상이었다. 식민지 조선은 부분적으로는 일본에서의 커피 대중화 지체 양상을 따라갔지만, 다른 면에서는 조선 고유의 다방 문화를 만들어 갔다. 적어도 커피에 있어서만은 일본은 일본이고 조선은 조선이었다.

커피를 마시고는 싶으나 구하기 어렵거나 지나치게 비싸면 다른 유사한 물질로 만든 음료를 커피라 생각하고 마시고, 소량의 커피 가루에 유사한 맛이 나는 이물질을 넣어 만든 음료를 마시는 대용 커피의 역사는 유럽에서 시작되었다. 이미 살펴보았듯이 19세기 초반 나폴레옹의 대륙봉쇄령으로 유럽의 여러 나라에서 커피 대용품을 만들었다. 독일과 프랑스는 늘 다투었지만 대용 커피에서는 의기투합하여 말린 치커리 뿌리로 만든 대용 커피에 사탕무로 만든 대용 설탕을 넣어 마셨다. 미국은 19세기 후반 브라질과의 커피 전쟁을 치르면서 커피에 벽돌 가루, 연탄재, 담배꽁초 등 이물질이 들어간 커피를 팔고 마셔야 했던 치욕적인 시간을 경험하였다.

20세기 들어 두 번째로 세계대전을 겪게 되자 이미 경험이 있던 유럽과 미국 사람들뿐 아니라 일본 사람들은 기꺼이 대용 커피를 마시기 시작하였다. 조선에도 그 영향을 미쳤다. 중일전쟁 발발 이듬해인 1938년 5월 《동아일보》는 대용 커피를 소개하는 기사를 3회에 걸쳐 연재하였다. 1회(5월 20일)에서는 국제수지의 완화를 위해서는 평시에도 대용 커피를 마시는 것이 필요하다고 주장하면서 무화과, 대맥, 낙화생, 대두 등이 대용 커피로 적합하다고 소개하였다. 2회(5월 21일)에서는 현미 커피를 권장하였고, 3회(5월 24일)에서는 맥주 양조용 맥아를 가공한 커피를 제안하는 등 대용 커피를 권장하는 분위기를 이어갔다.

대용 커피로 인해 우울하던 차에 희망적인 소식이 전해졌는데 그것은 일본 식민지인 대만산 커피 소식이었다.

수입품 가배는 사변하의 통제를 받아 가배당을 우울케 함은 부득이한 일이라 하겠으나…… 대용품을 연구하고 있으나 모양이나, 도저히 가배 독특한 그 향기를 얻을 수 없다고 한다. 근래 주목받게 된 것이 대만산의 가배이다. 청의 광서 10년, 즉 명치 17년 영국인이 마닐라에서 묘목을 수입해서 삼협변에 식재하였으나 실패, 이후 계속 시도하여 왔다 (《동아일보》 1939년 4월 22일).

그러나 대만산 커피의 성공 소식이 전해지지는 않았다. 대용 커피를 찾아다녀야 하는 '가배당'을 화나게 하는 소식도 전해졌다. 일본에 커피 원두를 가장 많이 제공해 온 브라질에서는 커피가 남아돌아 다양한 활용 방안을 모색 중이라는 소식이었다.

머지않은 장래에 우리들은 커피로 글씨를 쓰고 커피로 수염을 깎게 된다는 것은 좀 이상하게 들리는 일이나, 실상인 즉 브라질 커피는 쓰고도 너무 많이 남는 고로 요즘 뉴욕에 있는 'H. S 포-링' 화학연구소에서 '커피'를 이용하는 연구가 착착 열매를 맺어 커피를 원료로 하여 여러 가지 공업 제품을 만드는 밖에 커피 기름 비타민 D 같은 것도 만들고 비료도 만들 수 있게 되었다는 것이어서 커피업자들은 쓸데없이 남는 커피의 2할부터 5할까지를 보람 있게 쓰게 된 고로 기뻐한다고(《매일신보》 1939년 7월 13일).

실제로 브라질에서는 남아도는 커피를 이용하여 기름을 생산하고, 나아가 건축 자재나 염료를 만드는 등 커피 가격 안정화를 위한 다양한 노력을 기울이고 있었다. 전쟁이 만든 국제 커피 가격의 양극화는 모두의 비극이었다.

커피와 함께 소비되는 설탕도 마찬가지였다. 1939년 9월 독일의 폴란드 침공으로 제2차 세계대전이 발발하자 일본은 전시 체제를 더욱 강화하였고, 이에 따라 수입 물품 조달은 점점 더 어려워졌다. 1940년 1월 31일 자《동아일보》보도에 따르면 다방에서는 설탕이 적어서 씁쓸한 커피를 그대로 마시는 풍경이 생겼고, 가정에서도 역시 설탕 구입이 곤란하여 주부들의 비명소리가 점차 높아지고 있었다. 이에 경성부에서는 설탕 배급을 원활하게 하기 위해 사탕배급조합을 설치할 것이라고 발표하였다. 1940년대에 접어들어 전쟁이 확대되고 격해질수록 커피는 귀해졌고, 대용 커피의 필요성은 늘어갔다. 국내에서 조달 가능한 검정콩을 이용하여 대용 커피를 만드는 상세한 방식이 신문 기사에 등장하였다.

콩으로 국산 커피를 제조한다는 신문 기사.

전시 체제에 접어들면서 커피 수입이 어려워지고, 커피 가격이
폭등하자 대용 커피에 대한 관심이 증가하였다. 조선에서는
검은콩으로 커피를 만들기 시작하였다. 원산에 최초의 국산 커피
제조 공장이 세워진다는 소식이 신문 기사로 등장하였다.

수입을 못하는 관계로 커피가 극히 귀해졌는데 그의 대용으로 검정콩이 좋습니다.

검은콩을 두 홉쯤 물에 씻어서 자루 위에 놓고 물을 깨끗이 털어 버린 다음 프라이팬으로 잘 볶아서 한 개를 깨물어 보아 속까지 검은 빛이 들었으면 잘 된 것인데 충분히 볶아야 합니다. 콩 냄새가 나는 것은 덜 볶은 까닭입니다. 다 볶은 후에는 헝겊에 조금씩 싸서 위로부터 무거운 쇠뭉치 같은 걸로 찧어서 가루를 만들어 가지고 끓는 물 속에 사시로 가득 대여섯 숟가락을 떠 넣고 조금 삶아 설탕이 들어 있는 커피 잔에 넣으면 곧 커피 대용이 됩니다. 아무리 많이 먹어도 흥분하지 않으니 어린 애기에게는 일품입니다(《매일신보》 1940년 5월 13일).

1941년, 드디어 대용 커피를 생산하는 공장이 세워졌다. 원산에 세워진 이 공장에서는 1941년 7월 1년에 5,000석의 대두를 가공할 계획으로 국산 커피를 만들기 시작하였다. 일본의 인도차이나 침략에 대응해 미국, 영국, 네덜란드 정부가 자국 내 일본 자산 동결과 일본으로의 석유 수출 금지를 선언한 즈음이었다.

식량계의 총아로 등장되고 있는 함남산의 우량 대두를 가지고 국산 '커피-'를 제조하여 국민 보건 영양제로서 방매하려는 새로운 기업이 원산에서 일어났다. 원산 시내 중정 三隅義一(필자 주: 미스미 요시카즈) 씨는 요즈음 동아커피유한회사와 함남식품공업회사라는 새로운 회사를 조직하고서 함남산 대두의 배급을 요청하여 왔다. 고-히 제조 공장은 함남산 대두를 화학적으로 가공하여 소위 국산 커피-를 만들어 내는 것인데 1년 5천 석의 대두를 쓰도록 하는 대규모의 것이다. 이것은 영양 위생 어느 방면으로 보든지 함남산의 대두로서 이제까지 외국으로부터 수입하여 오는 커피 이상의 좋은 커피를 만들어 낼 터이라고 하며 우선 7월부터 9월까지의 동안 2천 석을 배급하여 주어 곧 착수하겠다는 것이다(《매일신보》1941년 6월 8일).

대두에 이어 대용 커피 재료로 백합 뿌리도 등장하였다. 1941년 7월 일본은 베트남 침략을 시작으로 동남아시아에 진출함으로써 미국을 비롯한 연합국과의 관계는 최악의 상태로 전개되었다. 미국은 미일 통상 조약을 파기하였고, 일본은 "양키 타도"를 외치기 시작하였다. 진주만 공격 이전에 일본과 미국은 이미 적대 관계에 접어들었다.

백합 뿌리로 훌륭한 대용 커피가 된다. 자금동결령의 여파를 받아 지금까지 '양키!'들에게 1년에 1천만 개의 백합 뿌리를 보내던 기옥현埼玉縣(필자 주: 사이마타현)에서는 금년에도 이것을 8백만 개나 준비해 두었는데 수출 직전에 동결령을 만나 머리를 앓고 있었다. 한편 콩으로 대용 원료를 만들어 오던 커피업자들이 요새 콩이 없어서 대용 원료를 물색하던 중 이 말을 듣고 백합 뿌리를 사용하였더니 '카로리'의 분량과 맛이 진짜 커피보다 낫다는 것을 알았으므로 바로 두 업자 사이에 매매 계약이 성립되었다고(《매일신보》1941년 9월 21일).

전쟁으로 인한 커피 재료 부족, 그리고 이윤을 극대화하고자 하는 미국의 대형 커피업자들이 대용 커피 제조를 위해 일본으로부터 구입하던 백합 뿌리의 수입을 중단하자 이를 활용하여 내수용 대용 커피를 만드는 움직임이 벌어진 것이다. 오래전부터 백합 뿌리는 한방의 약재로 사용되어 오던 터라 조선인이나 일본인들에게 거부감이 덜한 재료였다.

1941년 12월 8일 하와이 진주만을 습격한 일본은 계속해서 동남아시아의 인도네시아, 싱가포르, 미얀마, 필리핀 등지에 대한 침략을 단행하였다. 이들 지역에서 생산되는 농산물 중 커피가 일본을 통해 조선에도 유입되었다. 1942년 7월 29일 자《매일신보》는 이를 자랑스런 어투로 보도하였다.

남방 각지에서 활약 중인 황군으로부터 총후 국민에 보내는 선사로서 이번은 향기 높은 홍차와 '커피-'가 내지에 도착되었으므로 농림성에서는 '커피-'는 대일본 커피-사상조합연합회卸商組合聯合會에, 홍차는 일본홍차협회를 통하여 8월 하순경 전국 일제히 발매하기로 되었다. 커-피는 대용 커-피에 혼입하여 규격 10호로 하고 소매는 한 폰도(필자주: 파운드)는 1원 20전, 홍차는 통에 든 것 한 폰도에 3원 20전씩의 공정가격으로 되었으므로 당국으로서는 일반은 황군 용사의 수고를 생각하며 사용하여 주기를 요망하고 있다.

동남아 점령 지역 커피가 조선에서도 발매되었는지는 확인되지 않는다.

다방에서 듣는 군가

전시 체제가 강요되는 식민지에서 커피를 파는 사람들과 커피를 소비하는 사람들의 반응이 한 가지일 수는 없었다. 그것은 조선인들 사이에 식민지 권력이나 시대를 바라보는 시각의 다양성이 존재했던 것과 다르지 않다. 앞장서서 국방 헌금을 납부하는 다방이나 카페가 나타나기도 했지만, 지성인들이 모여들어 울분을 토로하는 장으로서의 역할에 충실한 다방도 존재했다. 품귀를 빚고 있는 커피를 끊는 사람도 있었지만, 대용 커피를 기꺼이 마시는 사람, 비싼 커피를 암시장에서 구입하여 마시는 사람도 있었다.

전쟁이 본격화되자 일본 정부는 커피를 비롯한 수입 의존도가 높은 물품들에 대한 가격 통제를 통해 소비를 억제하였다. 1939년 3월 7일에는 커피도 다른 12종과 함께 가격이 지정되었다. 1938년 3월 4일 가격보다 1전이라도 비싸게 파는 자에게는 5,000원 이하의 벌금 또는 1년 이하의 징역에 처한다고 공포하였다. 커피와 설탕은 중일전쟁 이후 특히 가격이 오른 품목이었다(《매일신보》 1938년 3월 7일).

카페와 바 등 유흥업소의 영업 시간도 제한되었다. 일부 지역에서는 자발적으로, 일부 지역에서는 경찰의 결정으로 일정한 시간까지만 영업을 하는 분위기가 만들어졌다. 경성의 본정경찰서에서는 1938년 봄부터 영업 시간을 제한하였고, 이런 분위기는 타 지역으로 확산되었다. 종로경찰서 관내에 있는 85개의 바와 카페로 조직된 종로화양음식점조합鐘路和洋飲食店組合에서는 자숙하는 의미로 영업 시간을 밤 12시까지로 제한하고, 이미 입장한 손님들도 새벽 1시까지는 모두 내보내기로 결의했다(《매일신보》 1938년 7월 23일).

만주사변 이후 카페, 바, 주점 등에 대해서는 신규 영업 허가를 내주지 않았다. 1937년 말 서울의 각종 음식점은 7,200여 개였다. 사변 이후 이 수를 넘기지 않도록 했는데 문제는 음식점을 경영하던 중국인들의 귀국이었다. 한반도에서 50년 이상 음식점을 해오던 중국인들이 중일전쟁 발발로 중국으로 돌아가면서 이들이 운영하던 600여 개의 음식점이 줄어든 것이다. 이 빈자리를 노리는 카페와 바의 신설 허가 신청이 밀려들었다. 허가 업무를 맡고 있는 경찰에서는 '음식 판매를 위주로 하는' 신청자에게 우선권을 주어 카페나 바를 배격하기로 방침을 정하였다. 그런데 전년도 사변 이후 1938년 3월까지 불과 반년 사이에 허가 신청자가 1,500여 명에 이르렀고, 이들이 '캄푸라치' 전술을 써서 '음식점 판매'라는 간판을 걸고 허가를 신청하는 분위기가 만들어졌다. 경찰에서는 이들을 구별하느라 골치를 앓았다(《매일신보》 1938년 3월 24일).

카페에 대한 규제 속에서도 카페의 인기가 완전히 꺾인 것은 아니었다. 조선의 카페에서 여급을 구한다는 광고를 보고 찾아오는 일본 여성들이 있었고, 신문에는 일본 카페의 웨이트리스 모집 광고가 게재되었다. 1940년대 초반까지 카페 전성시대는 이어졌다.

법적으로 카페 외에 다방, 끽다점, 바 등에서 웨이트리스를 두는 것은 허용되지 않았지만 잘 지켜지지 않았다. 여급과 함께 외출을 하는 행위 등도 금지되었다. 평안남도에서는 1940년 7월 카페나 음식점에서 술값을 올리는 대신 팁(필자 주: 행하 또는 서비스료라고 부름)을 폐지함으로써 팁에 의존해 오던 여급 200여 명이 하루아침에 일터에서 쫓겨나기도 하였다.

　이런저런 구실로 행정 관청이나 경찰서의 단속 규칙을 어기는 것이 공공연한 일이었다. 신의주에 있는 한 카페에서는 신문 광고를 통해 높은 급여를 보장한다며 고용한 일본인 여급에게 실제로는 낮은 급여를 줘 폭행 사태가 발생하기도 하였다. 명동에 있는 '77'이라는 카페의 일본인 여급 두 명이 8월 1일에 손님들과 외출하여 8월 2일에 돌아옴으로써 경찰에서 조사하는 일이 벌어지기도 하였다. 매월 1일은 일본이 지정한 애국일로서 자숙이 요구되는 날이기 때문이었다. 조선에서 발간되는 온갖 신문에는 이런 종류의 사건과 사고에 대한 보도가 끊이지 않았다.

　일제의 다방이나 카페 단속은 여급 채용, 가격 폭리, 풍기문란 등에 그치지 않았다. 1939년에 접어들어 전쟁이 격화되면서 모든 카페 명칭에 영어 사용이 금지되었다. 서울역 앞에 있던 음악다방 '돌체'가 '경성다방'이 되었다. 타도 영국을 외치는 배영排英 운동의 일환이었다. 영국이나 미국에서 만들어진 레코드도 추방 대상이었다. 진주만 공격으로 시작된 미국과의 전쟁으로 카페나 바에 대한 단속은 더욱 심해졌다. 1941년 12월 30일 자《매일신보》에 따르면 오후 5시 이전에는 레코드 음악을 들으면 안 되고, 5시 이후에도 아무 노래나 틀 수 없었다. 우울한 음악, 감상적인 음악도 단속 대상이었다. 카페나 바에 앉아 커피를 마시며 일본 군가나 들어야 하는 분위기였다. 확실히 단속에 걸리지 않으려면 레코드를 틀기 전에 가까운 경찰서에 가지고 가서 틀어도 되는지를 미리 알아봐야 할 정도였다.

　이즈음 이탈리아 소식 몇 가지가 조선에 전해졌다. 이탈리아는 1936

년 말에 에티오피아를 침략하였고, 1937년에는 독일과 일본이 그 이전 해에 체결하였던 반코민테른협정에 동참하면서 추축국 대열에 끼어든 상태였다. 흥미로운 소식 중 하나는 '빠터 시스템'이란 생소한 제도였다. 1939년 6월 6일 자《매일신보》와 6월 7일 자《동아일보》는 같은 내용을 보도하였다. 이탈리아와 브라질이 축구선수와 커피를 교환한다는 흥미로운 기사였다.

'빠터 시스템'이란 것은 상품과 상품의 물물교환제도를 말한 것인데 각국 통상계의 총아가 되고 있다. 그런데 신기하게도 '쁘라질'과 '이태리' 사이의 이 제도의 한 종목으로 축구선수를 서로 교환한 일이 있었다. 즉, '브라질' 경기 연맹에서 '이태리-'의 축구선수를 코-치로 데려가는 데 대하여 '이태리-'측은 그대로 보내기는 아깝다고 그 대신으로 '쁘라질'에서 커피 약간을 수출할 것을 조건으로 하고 계약을 하여 결국 커피와 축구선수의 '빠터'제가 성립된 셈이다.

얼마 후에는 이탈리아에서 식량 배급제를 실시하며 커피를 한 달에 1인당 두 잔씩만 배급한다는 소식이 전해졌다(《매일신보》 1940년 1월 13일). 이탈리아는 여기에서 한걸음 더 나아가 1940년 7월부터는 커피 소비 자체를 금지하고 기존에 가지고 있던 커피는 모두 군대용으로 몰수하는 조치를 취하였다. 식민지 조선에서도 일제는 주요 물품에 대한 배급제를 실시하였는데, 미곡의 경우 카페는 배급 대상에서 아예 제외하였다.

커피 품귀 현상은 당연히 커피 가격의 상승을 가져왔다. 한 잔에 20

커피 세계사

전 내외 하던 커피를 무려 3원까지 올려 받는 업소가 나타났다. 커피한 잔에 40전도 폭리라고 하여 단속을 받던 시절에 발생한 이 일은 뉴스거리였다(《매일신보》 1940년 1월 14일).

커피 가격은 그야말로 시대의 혼란만큼이나 천태만상이었다. 들쭉날쭉하던 커피값에 대하여 공정 가격이 책정되기 시작하였다. 1940년 11월 20일부터 경기도에서는 홍차 한 잔 가격을 기존 20전 내지 25전에서 12전으로 낮추기로 결정하였고, 경상남도에서는 다방업조합의 결정으로 종래 한 잔에 25전이던 커피 가격을 18전으로 내리기로 하였다고 발표하였다. 반면 대구 지역에 있는 카페들은 불황으로 인한 어려움을 호소하며 가격을 인상해 달라고 신청하였다.

1940년대에 들어서는 '7·7 금지령' '8·1 금지령' 등 자고 나면 발표되는 금지령과 온갖 구실로 실시되는 경찰의 단속으로 인해 카페, 바, 다방 등의 영업이 부진하자 여기저기서 비명소리가 들려왔다. 1940년 8월 14일 자 《매일신보》를 보면 잦은 금지령, 단속 그리고 강요되는 자숙 분위기로 인하여 카페나 바의 폐업이 줄을 이었다는 것을 알 수 있다. 카페와 바가 집중되어 있는 본정경찰서과 종로경찰서에는 휴업과 폐업을 신청하는 수가 날마다 4~5통씩 접수되는 실정이었다. 특히 7월부터 9월까지는 휴폐업 신청이 격증하는 시기인 데다가 전시 국민 체제의 영향이 더해져서 심각한 지경에 이르렀다. 대구와 부산 등지에서도 카페나 바의 폐업 소식이 끊이지 않았다.

전쟁의 확대와 격화에 따라 유흥업소에 대한 압박은 더욱 심해졌다. 카페도 결전 체제로 재편되어야 했다. 1943년에 이르러 일제가 부르짖는 이른바 성전에 부응하는 결전 생활 체제가 더욱 강요되었다. 종로

관내의 중국식 및 서양식 요식업소 대표들은 협의를 한 결과 103개의 영업소를 35개로 통합하기로 결의하였다. 통합 대상 103곳 중 바와 카페는 56개였는데, 이는 10개로 축소되었다. 최근의 영업 실적이 존속과 폐업의 기준이 되었다(《매일신보》1943년 9월 26일). 전쟁이 막바지로 향하던 1944년 3월 인천 시내의 바와 카페 22개는 모두 통합하여 12개의 대중식당으로 정비되었다(《매일신보》1944년 3월 24일). 황해도의 경우 고급 요리점이나 카페, 바는 1944년 3월 5일에 일제에 의해 강제로 휴업하였다. 그리고 끽다점도 자진 휴업이 권유되었다(《매일신보》1944년 3월 8일).

전쟁의 광기가 생활 곳곳에 스며들고 있었다. 전쟁을 위해 모든 시간, 에너지, 물품을 바쳐야 했고, 전쟁 이외에는 아무것도 생각하면 안되었으며, 군가 이외에는 어떤 음악도 들어서는 안 되는 폭력의 시간이 마지막을 향해 달리고 있었다.

독신자용 커피포트와 아이스커피의 등장

전쟁으로 우울함이 넘치는 시대에도 커피 관련 신상에 대한 관심이 완전히 사라지지는 않았다. 카페 광고는 이어졌고, 새로운 물품에 대한 소개나 광고도 그치지는 않았다. 이번에는 일인용 도기 커피포트가 개발되었다는 소식이 사진과 함께 전해졌다. 이 당시에도 혼밥이나 혼차를 즐기는 독신자는 존재했고, 이들을 대상으로 한 커피용품 창작이 이루어졌다는 것은 흥미로운 일이다.

커피 세계사

독신자의 살림살이로는 '컵피'를 먹는데도 그릇이 커서 불편하기가 짝이 없었는데 이번에 한 사람 분의 도기 '컵피-포트'가 창작 발매케 되었습니다. 그전에 있던 것은 위에 뚫린 '컵피-' 넣는 부분이 얕아서 뜨거운 물에 채이는 부분이 비교적 얼마 안 되든 것이 그의 큰 결점이었는데 이것은 그런 결점을 보충한 것입니다(《매일신보》 1939년 6월 3일).

피마자기름이 소화불량에 좋다는 소문이 있던 시절이었는데, 문제는 냄새 때문에 아이들이 못 마신다는 점이었다. 《매일신보》는 친절하게도 이런 아이들에게는 '커피'에 타서 먹이면 된다는 생활의 지혜를 전하였다(《매일신보》 1939년 7월 27일). 아이들에게 커피를 마시게 하는 것이 거북스럽지 않던 시절이었다. 아이스커피라는 신품을 만드는 법도 소개되었다. 우리나라 언론에 등장한 첫 아이스커피 이야기라고 볼 수 있다.

커피는 더운 것에는 여러 가지를 쓰지마는 찬 커피에는 자바 것이 제일 좋습니다. 이 '자바 커피'는 캄도 그리 많치 않고, 맛도 퍽 답니다. 따라서 아이스커피는 이 자바 커피로 만든 것이 퍽 좋은데 아이스커피는 흐리거나 검게 보이는 것은 보기에도 흉하고 마시면 맛도 좋지 못합니다. 아이스커피는 반드시 투명하게 맑아야만 합니다. 이 커피를 넣는 방법은 큰 사시에다가 잔득 담은 커피를 물 한 컵의 비례로 타는 것이 좋습니다. 이것을 잘못 넣으면 맛이 좋지 못합니다. 좀 더 자세히 이야기하면 다음과 같습니다.

세 사람 먹을 것을 만든다고 하면 먼저 큰 사시에 커피를 듬뿍 세 숟가락을 떠서 커피 끓이는 주전자에 넣은 다음 닭의 알 흰자위 한 개 분과 흰 껍질을 한꺼번에 넣고 물을 조금 부은 뒤에 숟가락으로 잘 젓습니다. 다 저은 뒤에 뜨거운 물을 컵으로 네 컵쯤을 붓고 불을 때서 끓입니다. 끓으면 더러운 찌꺼기가 올라오니까 뚜껑을 열어 놓고 한 40분 동안 그대로 끓이면 커피는 아래로 가라앉고 투명한 맑은 커피가 됩니다. 아이스커피는 이것을 차게 하면 그만입니다. 이 아이스커피에다가 크림을 조금 타면 맛도 더 좋아지고 빛깔도 좋습니다(《매일신보》 1941년 5월 22일).

자바 커피가 아이스커피에 어울린다는 내용인데 그 근거로 제시한 "캄도 그리 많지 않다"는 것이 무슨 의미인지는 알 수 없다. 아이스커피인데 얼음을 넣지 않고 뜨거운 커피를 조금 묽게 한 후 차게 하여 마신다는 것인데, 요즘 유행하는 더치커피와 비슷한 맛이 아닐까 싶다.

짓밟힌 다방의 푸른 꿈

잡지 《개벽》 제3호(1935년 1월호) 〈다방잡화〉라는 글에서는 1930년대 중반 서울의 대표적인 다방들을 소개하면서, 경성에는 "작은 다방들이 헤아릴 수 없다小小茶店이 不知其數"라고 묘사하였다.[1] 1930년대 후반 서울 다방의 중심은 지금의 명동 일대였다. 와세다대학 출신 평론가 이헌구는 이 지역을 '서울의 다방구茶房區', '다방의 총본영'이라고 표현할 정도였다.[2] 이헌구는 당시 다방들이 가지는 공통성과 개성을 중심으로 마치 지도처럼 서울의 다방 풍경을 묘사하였다. 다방의 공통성은 이랬다.

남양南洋의 열대 식물이 있고 베-토-벤의 사안형死顔型과 2~3인의 다방 양娘 또는 다방 아兒와 가급적 좁은 지면을 공리적으로 이용하야 벌려진 테-불과 의자, 소란한 레코-드, 여기저기 널려져 있는 그날 그날의 신문과 헐어진 그달 그달의 취미 잡지 영화 잡지, 커-틴, 몇 개의 화폭, 조상彫像, 탁상 전등 등 그리고 자욱한 담배 연기와 몇 개의 독립된 대사의 교착, 창백한 인텔리급의 청년 남녀의 분산된 진영 등.

이헌구가 그린 지도 속의 다방으로는 장곡천정의 '낙랑'이 첫 번째였다. 서울의 다방다운 다방의 새 기원을 연 다방이었다. 그리고 가정

이헌구가 그린 다방 지도. ⓒ이다현

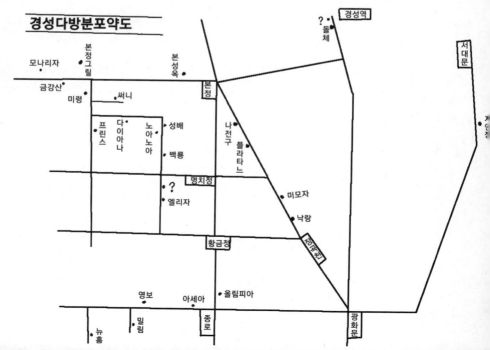

적인 분위기의 친밀한 '플라타ー느', 새로 문을 연 '나전구羅甸區', '미모자', '엘리자', '돌체', '본아미', '명치제과', '금강산', '미령', '프린스', '썬니', '다이아,' '성림', '노아노아', '백룡', '페치카', '아세아', '올림피아', '영보', '뉴ー홈', '은령', '자연장' 등이다.

전쟁이 한창이던 이 무렵, 카페나 바와는 달리 술이나 음식이 아니라 커피가 중심이었던 조선식 다방은 활기가 사라졌다. 많은 '모뽀'와 '모껄'들의 안식처였고, 모닝커피의 유행을 찾는 인텔리들의 안식처였던 다방은 담배 연기 속에 우울함을 더하여 갔다.

심지어는 카페 여급들 중에는 일본에 포섭되어 일종의 밀정 역할을 하는 사례도 있었다. 기록에 의하면 광주에는 기생과 카페 여급 등으로 구성된 이른바 의용단이 조직되어 일본주의를 배척하는 자를 발견하여 밀고하는 일을 하였다.[3] 이런 혐의로 훗날 반민특위에서 조사를 받은 여성의 소속이 광주지부 서부의용단이었던 것을 보면 전국적으로 이런 단체가 조직되어 활동하였고, 카페나 다방 여급들도 일부 참여하였던 것으로 보인다.

1935년에 〈목포의 눈물〉을 발표하여 널리 알려졌던 가수 이난영은 1939년 11월에 우리나라 최초의 4분의 4박자 블루스 리듬의 노래 〈다방의 푸른 꿈〉을 내놓아 다시 선풍적인 인기를 끌었다. 바를 상징하는 것은 붉은 등불, 다방을 상징하는 것은 푸른 등불이었던 시절이었다.

내뿜는 담배 연기 끝에 흐미한 옛 추억이 풀린다
고요한 차집에서 커피를 마시면
가만히 부른다 그리운 옛날을

부르누나 부르누나
흘러간 꿈은 찾을 길 없어
연기를 따라 헤매는 마음 사랑은 가고
추억은 슬퍼
블루스에 나는 운다
내뿜는 담배 연기 끝에 희미한 옛 추억이 풀린다

조우는 푸른 등불 아래 흘러간 그날 밤이 새롭다
조그만 찻집에서 만나던 그날밤 목메어 부른다
그리운 그 밤을 부르누나 부르누나
서리에 시든 장미화려냐
시들은 사랑 쓰러진 그밤
그대는 가고 나 혼자 슬퍼
블루스에 나는 운다
조우는 푸른 등불 아래
흘러간 그날 밤이 새롭다

미래가 보이지 않는 암울한 시간 속에서 흘러간 옛날을 그리워하는 가수 이난영이 있는 반면에, 우울한 다방 풍경에 절망하는 작가 박종화도 있었다. 시 〈사의 예찬〉과 역사소설 《다정불심》 등으로 유명한 낭만주의 작가 박종화는 《매일신보》에 1940년대 초반 '다방 풍경'을 이렇게 그렸다.

다방이란 것은 조선에 '카페-' '빠-'보다 훨씬 뒤져서 확실히 10년 이
내에 외국에서 새로 들어온 풍경舶來風景의 하나였다. 비록 비좁은 집이
기는 하지만 너댓 개의 분盆이 있고, 명곡 레코-드 판이 돌아가기 때문
에 때로는 거리를 걷다가 들어가면 피곤한 다리를 쉬일 수 있고, 친구
와 만나서 오래 막힌 정회를 풀려면 들어갈 수 있는 곳이 다방이었다.
추운 겨울 따끈한 한 잔 커피를 드는 맛도 잊지 못할 정조의 하나였다.
그러나 요즘의 다방 풍경은 이런 낭만과 휴식이 있던 옛날 다방이 아니
었다. 우울이 넘치는 곳으로 변했다. "음침하고, 답답하고, 우울한 풍
경"만을 빚어 내는 그런 곳이 되어 있었다(《매일신보》 1940년 5월 26일).

장성진張星軫은 1941년 3월에 혜화전문학교(현 동국대학교)를 졸업한
젊은 문학도였다. 그는 《매일신보》에 〈짓밟힌 다방〉이란 시를 남겼다.
시대의 주인공인 '모뽀'가 느낀 다방이다.

어린 양등洋燈 속에 기-다란 비극이 누워 있고
젓빗 벽위로 회색 우울이 피어 오른다.
슬픈 고독일랑 짙은 '커-피' 컵 속에 조용히 묻어라
설레이는 마음을 달래여
영롱한 자연紫煙을 타고 낭만한 마을을 찾아
고요히 꿈을 베풀어 보리!
비속한 유행가의 화살이 요염한 계집의 유방을 간지른다
끝없이 부푸는 백치들의 만용
철없이 덤비는 세기말적 추태

온갖 잡종이 조수처럼 밀리는 소란한 거리의 거꾸러진 항구라
묵은 향수에 시드는 야자수 그늘 밑에
안타까운 사념思念이 가장 쓰라린 눈물을 뿌린다
(《매일신보》 1941년 4월 28일).

우울하기 그지없고, 세기말적 추태를 느끼게 하는 다방이었음에도
청년들은 다방을 포기하지 못했다. 진남포의 한 청년은 이렇게 묘사하
였다.

새 젊은이들 가운데 특히 무엇 좀 남보다 낫게 안다는 계급의 청년들
가운데 흔히 저녁만 먹고 나면 의례 그날 일과가 다방 순례다. 모 다방
에 커피 맛이 어떻다느니 어느 다방에 밀크 맛이 어떻더라느니 하며 이
다방 저 다방으로 순회한다. 그네들은 요새 젊은 사람치고 다방 출입
못하면 무엇하나 크게 모자라는 것이나 같이 생각하는 모양이다. 공연
히 할 일 없이 우두커니들 모여 앉아서 커피 한 잔 주문하여 놓고 밤이
깊도록 앉아서 담배만 피우고 있다. 그 시간 그 비용을 가지고서 좀 다
른 방면으로 기울이면 얼마든지 유익한 곳에 이용할 수 있을 것이다
(《매일신보》 1942년 2월 22일).

다방을 드나드는 우울한 '모뽀', '모껄'들에게서 하나둘 사라지고
있던 것은 흘러간 추억과 푸른 꿈만이 아니었다. 전쟁의 광기 속에서
존경하던 인물들이 하나둘 사라지는 것도 이들의 우울함을 심화시켰
다. 안석영도 그런 인물의 하나였다.

안석영(본명은 석주)은 일제강점기와 해방 직후 한국 대중문화에 큰 영향을 끼친 영화감독, 배우 그리고 미술가였다. 나도향의 연재소설 《환희》의 삽화를 그려 인기를 얻었고, 홍명희의 소설 《임꺽정》의 삽화를 그렸다. 토월회 공연에도 참여한 그는 〈심청전〉(1937), 〈지원병〉(1941), 〈애국자의 아들〉(1949) 등의 영화를 만들었다. 해방 직후인 1947년 KBS의 3·1절 기념 어린이 노래극에 주제가 〈우리의 소원〉을 작사했다. "우리의 소원은 통일……"로 시작하는 노래가 그것이다. 안석영은 아침부터 다방에 앉아 커피를 마시는 '모뽀', '모껄'에 대해 이렇게 분개하였다.

양풍을 없앤다고 해서 커피-까지를 마시지 말란 말은 아니올시다. 커피-를 마시되 적당한 때와 장소를 찾아서 적당한 절차를 지켜서 마시도록 해야 한다는 것입니다. ……내가 특별히 지적해서 말씀드리고 싶은 것은 오전 중에 커피-를 마시는 젊은 남녀의 오전 '커피-당'이올시다. 시험 삼아서 여러분은 오전의 한 시각을 끝나서 어떤 백화점의 지하 식당이나 또는 커피-맛이 좋다고 하는 차점(끽다점)을 찾아보십시오. 거기에는 반듯이 두서넛 무리의 젊은 남녀의 '커피-당'이 앉아 있는 것을 보게 되리다. 시국은 근로를 부르겠고, 국가는 인재의 부족을 말하는 이 시절에 무슨 일이라도 할 수 있는 젊은 여자가 오전의 차점의 의자 위에 다리를 꼬고 앉아서 테이블 위에 커피 한 잔을 놓고 한가로히 담배를 피이면서 무슨 깊은 묵상에 잠긴 모양을 하고 있는 것을 바라보면 이건 이 시국 아래서 아메리카의 향락 생활을 그대로 본뜨고 있는 것이라고 비난을 해도 그들에 일구반언의 답변할 말이 없으리라

커피 세계사

고 생각합니다. 이 시국 특히 대동아전쟁의 한가운데서 우리 국민에게 유한遊閑이란 두 글자는 아주 말살해 버려야 할 때에 아직 차점에서 이런 유한한 풍경을 보게 되는 것은 실로 의외로 보기에 미안스러운 일입니다. ……본래 커피는 이 시국의 자숙하는 국민 생활의 입장에서 보면 하나의 사치요 향락에 틀림이 없습니다. 그것도 적당한 시각에 마신다는 것은 생활의 위안과 피로를 회복하기 위하여 해롭지는 않을지 모르나 오전 중에 커피를 마시러 다니는 버릇은 이 시국의 정신에 비추어서 단연 그만두기로 해야 할 것입니다. 위선 이때의 국민생활은 이런 데서 하나씩 고쳐 가야 할 줄 압니다(《매일신보》 1942년 1월 19일).

시도 때도 없이 다방이나 카페를 찾아 커피를 즐기는 이른바 '가배당' 혹은 '커피당'을 시국에 비추어 비판하려던 것이 안석영의 뜻이었다. 시국은 일제가 말하는 대동아전쟁이다. 이런 시국에 커피를 마시는 것은 아메리카의 향락생활에 대한 추종이기에 버려야 한다는 주장인데, 여기에 그치지 않고 안석영은 여자를 꼭 지목하여 이야기하고 있다. 젊은 여자가, 오전 시간에, 다리를 꼬고 앉아, 커피를 마시고, 담배를 피우고, 묵상을 하는 것은 아마도 당시 대부분의 남성들에게 곱게 보이지는 않았던 모양이다. 새로운 문화의 첨단에 서 있던 안석영에게 조차도 받아들이기 어려운 풍조였다.

개화가 시작된 지 반세기가 지난 일제시대 후반에도 여성을 바라보는 가부장제적인 시각은 여전했다. 다리를 꼬고, 담배를 물고, 묵상을 하는 것은 같은 '커피당'에 속하더라도 남자들의 특권이었다. 커피도, 전쟁도 무너뜨리기 어려운 가부장제적 질서였다.

4부

18

인스턴트커피와
커피 제1의 물결

우리 시대의 커피

500년 동안 유지되어 오던 커피의 생산과 소비 문화는 제2차 세계대전의 종결과 함께 완전히 새로운 모습으로 변하였다. 생산 측면에서 아라비카종과 경쟁하는 로부스타종 커피의 확대가 변화의 핵심이라면, 소비 측면에서는 지역적으로 유럽과 북아메리카를 넘어 세계 대부분의 지역과 국가에서, 그리고 일부 상류층만이 아니라 모든 계층의 사람들이 커피를 소비하기 시작한 것이었다.

이런 변화의 역사를 '제1의 물결', '제2의 물결' 그리고 '제3의 물결'로 표현하기 시작한 것은 21세기 초반 커피 전문가 티모시 캐슬Timothy Castle과 트리쉬 로드갭Trish Rothgeb 등이었다. 대체로 미국 커피 시장을 염두에 둔 시대 구분이었지만 이후 커피의 역사를 이해할 때 이렇게 3단계로 정리하는 것이 상식이 되었다.

제1의 물결은 소비자들이 커피 원료의 생산지나 음료의 형태를 묻지도 따지지도 않는, 식료품점에서 싼 가격에 표준화된 재료 구입이 가능했던 때이다. 음식점에서는 무료 후식으로 커피가 제공되던 인스턴트커피의 전성시대였다. 커피의 질에는 관심이 없고 오직 이윤 창출에만 몰두하는 거대 상업 자본이 만든 상품커피가 시장을 지배했다. 물론 나라마다 제1의 물결이 시작된 시기나 제1의 물결이 지속된 기간에는 차이가 난다.

미국의 경우 19세기 말 커피 원두 판매회사 폴저스Folgers가 등장하여 커피를 대중화시킨 것을 제1의 물결의 시작으로 보기도 하지만 보통은 인스턴트커피가 유행하기 시작한 제2차 세계대전 이후를 시작으로 본다. 한 세대 이상 지속된 제1의 물결 시대에 미국인들 중에는 심지어 커피가 과일처럼 농장에서 나오는 것이 아니라 공장에서 만들어지는 것으로 아는 사람이 많았다. 미국 커피의 영향이 컸던 한국도 마찬가지였다.

제2의 물결은 미국 샌프란시스코에서 시작한 커피 로스팅업체 피츠커피Peet's Coffee를 시작으로 이른바 스페셜티 커피specialty coffee[1]에 대한 관심이 생기고, 스타벅스를 시작으로 표준화된 에스프레소 음료를 파는 체인점들이 지배한 시대이다. 에스프레소에 우유, 시럽 등을 섞어서 만드는 다양한 음료가 애호가들의 입맛을 사로잡았고, 강하게 볶은 커피콩을 사용하였다는 공통점이 있다. 1970년대에 모습을 드러내기 시작했지만 1980년대 중반 스타벅스의 탄생과 시장 지배로 제2의 물결은 본격화되었다. 커피에서 하나의 규칙이 된 스타벅스를 닮은 많은 프랜차이즈 형태의 커피 전문점들이 생겨났다.

제3의 물결은 소비자, 생산자, 바리스타가 협력하여 최고 수준의 커피를 즐기기 시작한 새로운 커피 문화의 시대이다. 미국 시카고의 인텔리겐시아Intelligentsia Coffee&Tea, 포틀랜드의 스텀프타운Stumptown Coffee roasters, 그리고 더럼의 카운터컬처Counter Culture Coffee, Durham가 커피 제3의 물결을 탄생시킨 빅3라고 한다면, 오클랜드의 블루보틀Blue Bottle Coffee은 제3의 물결이 지닌 의미를 대중적으로 확산시킨 대표적 브랜드이다. 스타벅스도 2010년대 중반에 이르러 제3의 물결에 관심을 보이기 시작하였다. 조너선 모리스는 제3의 물결이란 훌륭한 커피 맛을 만드는 데 있어서 그 어떤 규칙도 없는 이른바 '노 룰스no rules'를 추구하는 것이 핵심이라고 보았다.[2]

한국이나 일본에서도 이미 제2의 물결을 넘어 제3의 물결을 창출하려는 많은 시도들이 2000년대 초반부터 있었다. 부분적으로는 외국을 모방하였지만, 어느 순간 독자적인 방식으로 시작되었다. 제3의 물결을 상징하는 미국 기업 블루보틀은 2015년에 해외 점포로는 처음으로 일본에 문을 열었다. 한국에는 2019년에 성수동의 1호점을 시작으로 현재 삼성동의 8호점까지 개설하였다. 블루보틀이 유럽이 아니라 일본이나 한국을 우선 진출 국가로 선정하였다는 것, 홈페이지에서 미국, 일본, 한국 네트워크를 자랑한다는 것은 한국과 일본 이 두 나라에는 이미 제3의 물결이 지역 커피 전문가들에 의해 시작되었고, 충분한 규모와 수준의 잠재적 소비자 집단이 존재한다는 판단 때문이었다.

한국 커피가 제3의 물결에 도달하기까지는 한국 고유의 경험과 적지 않은 도전이 있었다. 잘못 내린 커피처럼 쓰기만 한 경험도 있었지만 잘 내린 커피처럼 신묘하고 독특한 경험도 있었다. 실패한 도전도 많았지만 성공한 도전도 적지 않았다.

인스턴트커피가 만든 제1의 물결

제2차 세계대전 이후 커피 문화를 결정하는 데 영향을 끼친 두 가지 요소는 단연 인스턴트커피 기술의 발달과 로부스타종 커피 재배의 확대이다. 서로 연결된 이 두 가지 현상으로 인해 커피는 20세기 후반에 지구촌 모든 사람이 즐기는 소비재가 될 수 있었다. 커피를 생산하고 가공하기 위해 땀을 흘리지만 커피를 마시지는 못하던 커피 생산국의 노동자들도 조심스럽게 즐기기 시작한 음료가 되었다.

19세기 말에 아라비카종 커피의 재배를 포기하였던 네덜란드 지배 하의 인도네시아에서 100년 만에 커피 생산이 본격적으로 재개되었다. 이번에는 19세기까지 재배되던 것과 다른 품종이었고, 가격도 매우 낮은 품종이었다. 바로 로부스타종이었다. 1930년대에 이 지역 생산 커피의 90퍼센트 이상이 로부스타종으로 대체되었고, 미국에서의 자바 커피 명성과 여러 종을 섞는 블렌딩 커피 유행을 타고 일시적으로 호황을 누렸다. 그러나 제2차 세계대전과 이어진 독립전쟁으로 자바와 수마트라의 커피 산업은 다시 붕괴되었다.

로부스타종 커피의 고향인 중서부 아프리카 지역의 프랑스와 벨기에 식민지를 중심으로 로부스타종 커피의 재배가 본격화한 것은 1960년대에 시작된 독립의 열기와 함께였다. 독립을 이룬 아프리카의 많은 나라들이 커피 재배를 국가경제의 출발점으로 삼는 전략을 선택하였다. 아이보리코스트(현재의 코트디부아르), 카메룬, 콩고, 세네갈, 가봉, 우간다, 앙골라 등이 대표적이다. 1965년 아프리카 지역의 커피 생산량은 전 세계 생산량의 23퍼센트를 차지함으로써 1914년의 2퍼센트 수준에서 10배 이상 증가하였고, 생산량의 75퍼센트가 로부스타종이었다.[3]

아프리카 서부 지역 커피 생산의 리더였던 코트디부아르는 1970년대에 브라질과 콜롬비아에 이어 세계 3위의 커피 생산국이 되었다. 커피 농부의 아들로 태어난 초대 대통령 펠릭스 우푸에-브아니Félix Houphouët-Boigny의 영향이 컸다. 2021년 현재도 코트디부아르는 로부스타종 생산량에서 세계 7위를 차지하고 있다. 우간다의 경우에도 1962년 독립과 함께 로부스타종의 생산이 급증했지만, 1970년대 중반에 시작된 이디 아민Idi Amin의 독재 아래서 커피 산업은 붕괴하기 시작하였다. 1990년대에 회복되기 시작한 우간다의 커피 산업은 성장을 거듭하여 이제 베트남, 브라질, 인도네시아, 인도에 이어 세계 5위의 로부스타종 커피 생산국이 되었다.

아프리카 서부와 중부 그리고 동남아시아 여러 지역에서 로부스타종 커피 생산이 확대되는 데 밑받침이 된 것은 1940년대 중반 이후 인스턴트커피의 대유행이다. 끓이고 걸러 내야 하는 복잡한 과정 없이 끓는 물에 녹여서 바로 마실 수 있는 커피의 등장은 세계 커피 시장에 격변을 가져왔다. 유럽에서의 전쟁으로 인해 생산은 주로 미국에서 이루어졌고, 참전 군인들의 배낭에 담겨 유럽 전선으로 보내진 것이 대유행의 계기가 되었다. 식민지 막바지 조선에도 그 소식은 해외 토픽으로 바로 전해졌다.

1960년대에는 동결건조법이 개발되어 커피 본연의 맛과 향기가 잘 유지되는 인스턴트커피가 등장하였다. 1965년에는 예쁜 병에 넣어진 동결건조 인스턴트커피인 네스카페 골드블렌드Nescafé Gold Blend가 출시되어 유행하였다. 1950년대 한국전쟁 막바지에는 미국의 맥스웰하우스를 비롯한 메이저 커피업체들 또한 인스턴트커피 생산을 시작하였고, 그동안 소비를 꺼리던 로부스타종 커피를 아라비카종 커피와 섞는 데 주저하지 않았다.

미국에 의한 커피 저급화

커피 제1의 물결이 지닌 특징을 가장 잘 보여 준 나라는 미국이다. 19세기 후반부터 대형 로스팅업체에 의해 생산된 특성 없는 커피에 길들여진 미국인들의 커피 취향은 1940년대 전쟁을 겪으면서 더욱 저급화되었다. 미국인들이 마시는 커피 맛은 획일화되고, 사용하는 커피 가루는 브라질산으로 통일되었으며, 전후 20년 동안 소비자의 선택은 맛이나 향이 아니라 오직 광고에 의해 좌우되었다. 미국식 실용주의와 편의주의가 커피를 덮침으로써 커피의 품위와 격이 지속적으로 떨어진 것이다.

1946년을 정점으로 미국인들은 그동안 사용하던 퍼콜레이터를 더 이상 구입하지 않았고, 가정에서 커피를 내리는 번거로움을 견디기 싫어하였다. 펜더그라스트의 표현대로 미국 소비자들은 편리함을 위해

기꺼이 커피의 품질을 양보하였다.[4]

　1953년에 미국 커피 시장에서 맥스웰하우스 인스턴트커피는 네스카페를 앞지르기 시작하였다. 인스턴트커피 소비를 더욱 촉진시킨 것은 1947년에 등장하여 1950년대에 유행하기 시작한 자판기 커피였다. 1952년에 라틴아메리카 기반의 커피 소비 촉진 기구인 범아메리카커피사무국PACB이 광고를 통해 '커피브레이크coffee break' 개념을 확산시켰고, 이는 자판기 커피의 유행에 박차를 가했다. 펜더그라스트에 의하면 PACB는 연 광고비 200만 달러를 투자하여 "당신 자신에게 커피브레이크를 주세요, 그리고 커피가 당신에게 주는 혜택을 누리세요Give Yourself a Coffee-Break, And Get What Coffee Gives to You"라는 캠페인을 벌였고, 이 캠페인 이후 조사 대상 사업장 80퍼센트가 커피브레이크를 도입하였다. 커피브레이크에 가장 유용하고 인기 있는 것이 자판기였다.

　1950년대의 TV 보급이 확대되자 커피 광고가 홍수를 이루었다. 이를 주도한 것은 제너럴푸드의 맥스웰하우스였다. 코카콜라와 함께 TV 광고의 양대 주인공이었다. 1960년에는 미국에서 거래가 금지되었던 로부스타종 커피의 거래가 허용되었다. 자판기 성능, 인스턴트커피 제조법, 그리고 커피 광고의 수준은 갈수록 높아졌고, 이에 비례하여 커피의 맛은 점점 더 떨어졌다. 1960년대 중반 커피보다 더 편리하게 마실 수 있는 기호음료인 콜라가 청소년들의 입맛과 취향을 사로잡으면서 커피는 미국의 음료 시장에서 위기를 맞게 된다. 커피의 질이 낮아지는 것과 함께 1인당 소비량도 지속적으로 감소하였다. 이런 소식은 한국에도 전해졌다. 《동아일보》 1967년 2월 18일 자 기사를 보면 미국인 하루 커피 소비량은 1962년에 3.12잔에서 1967년에는 2.86잔으로 하락하였다.

물론 미국의 인스턴트커피나 자판기 커피 문화가 이탈리아식의 에스프레소 문화나 유럽식 카페 문화의 진입을 원천적으로 봉쇄한 것은 아니었다. 이탈리아식 에스프레소를 제공하는 커피하우스들이 뉴욕, 샌프란시스코 등지에서 문을 열어 유럽의 향수를 그리워하거나 궁금해하는 문화예술인, 보헤미안, 히피들의 감성을 자극하였다. 가정용 에스프레소 머신을 파는 시장도 형성되기는 하였다. 그러나 그 무엇도 미국에서 인스턴트커피가 주는 편리함의 벽을 넘지는 못하였다.

브라질 커피의 지배력이 압도적이었던 미국 커피 시장에 콜롬비아 커피가 두각을 나타내기 시작한 것 또한 광고 덕분이었다. 1960년에 콜롬비아 커피생산자연합Federacion Nacional de Cafeteros de Colombia에서 탄생시킨 후안 발데스Juan Valdez라는 가공의 인물이 주인공이었다. 노새와 함께 서 있는 콧수염을 기른 커피 농부 캐릭터인 발데스는 광고에 약한 미국인들의 관심을 끄는 데 성공하였고, 매우 짧은 시간에 콜롬비아 커피를 세계 최고급 커피의 상징으로 만들었다.[5] 미국에서 콜롬비아 커피는 고급 커피의 상징이 되었고 많은 커피 블렌딩에도 콜롬비아 커피는 꼭 들어가야 되는 필수 아이템이 되었다. 제너럴푸드의 맥스웰하우스도 콜롬비아산 커피를 앞세우는 이미지 광고로 시장을 확대하였다.

1964년 미국 인스턴트커피 시장에서 50퍼센트를 상회하는 점유율을 유지하던 제너럴푸드에서 최초의 냉동건조 커피 맥심Maxim을 출시하였다. 네슬레의 네스카페가 주도하던 기존의 인스턴트커피는 가열 농축 방법을 이용한 분무건조 커피였다. 진공 상태에서 200도 가까이 가열하므로 열에 의해 향미의 손실이 발생하였다. 물에 완벽하게 녹지 않는 것도 문제였다. 이런 문제를 해결한 것이 바로 냉동건조법이다. 찬 온도에서 물을 얼려 수분을 제거하는 방식으로, 수분을 제거한 후 농축된 작은 입자를 분쇄하기 때문에 커피 고유의 향미를 꽤 유지할 수 있고, 물에도 잘 녹는 것이 장점이다. 설비 비용이 비싸지만 대량 생산의 경우에는 큰 문제가 되지 않는다. 맥심은 우리나라에 1970년에 도입됨으로써 다방, 가정, 사무실 커피 문화의 혁명적 변화를 가져왔다.

미국의 커피 제1의 물결 후반기에는 커피를 자동으로 만들어 주는 이른바 커피메이커가 개발되어 퍼콜레이터를 완전히 대체하였다. 커피를 자동으로 내려줄 뿐 아니라 내린 커피의 온도를 유지시켜 주는 장점으로 미국의 모든 가정과 사무실의 필수 아이템으로 자리 잡았다. 1972년에 탄생한 미스터커피Mr. Coffee가 대표적 브랜드로, 미스터커피는 이듬해에 야구선수 조 디마지오를 광고 모델로 기용해 1년 사이에 100만 개 이상 판매되는 등 커피메이커 붐을 이끌었다. 커피메이커는 1970년대부터 1990년대까지 미국 커피머신 시장에서 최강자였다. 제1의 물결을 상징하는 인스턴트커피와 제2의 물결을 상징하는 에스프레소 사

콜롬비아 커피 광고.

콜롬비아 커피생산자협회에서는 후안 발데스라는 가공의 인물과 노새를 주인공으로 한 포스터를 이용하여 콜롬비아 커피에 대한 대대적인 광고를 하여 큰 인기를 얻었다. 콜롬비아 커피가 브라질 커피를 대신하는 고급 커피의 대명사로 등장하는 계기가 되었다.

이의 공백을 채워 주었다. 미국 커피 문화의 저급화가 지속되는 것을 막아 주는 동시에 제2의 물결 탄생이 가능하도록 소비자들의 취향을 준비시키는 역할을 해낸 것이다.

　인스턴트커피의 유행으로 인한 커피 문화의 저급화와 평준화 속에서도 중남미와 아프리카 동부의 여러 커피 생산국들이 등장하여 아라비카종 커피의 다양성 확장에 기여하였다. 콜롬비아를 비롯하여 과테말라, 코스타리카, 파나마, 에콰도르, 멕시코, 페루, 볼리비아, 온두라스, 케냐, 탄자니아, 르완다 등이다. 이들 많은 지역에서는 지역의 기후와 토양 그리고 커피 농가들의 독자적인 노력으로 다양한 향과 맛을 지닌 아라비카종 커피들을 생산하기 시작하였다.[6]

인스턴트커피, 유럽의 커피 문화를 흔들다

인스턴트커피의 등장으로 세계 각 나라로 커피 소비가 확산되었고, 커피 소비의 중심지인 유럽의 커피 문화에도 변화가 생겼다. 18세기 후반부터 커피 대신 차를 선택하였던 영국인들도 드디어 1950년대 이후 커피를 선택하기 시작하였다. 1990년대에 이르러 시장에서의 거래 가치를 기준으로 커피 소비가 차 소비를 넘어섰다. 물론 영국에서의 커피 소비 물량 중에서 인스턴트커피가 차지하는 비중이 압도적이었다. 가격과 편리성에서 볼 때 도구를 이용해 내려 마셔야 하는 기존의 커피나 차는 경쟁이 되지 않았다. 프랑스에서도 1960년대 즈음에는 로부스타종으로 만든 인스턴트커피의 소비가 확산되었고, 벨기에나 네덜란드도 마찬가지였다. 에스프레소 커피 문화를 자랑하던 이탈리아나 포르투갈에서도 로부스타종 소비가 증가하였다.

로부스타종 커피 소비의 증가와 인스턴트커피의 확산이라고 하는 큰 흐름 속에서도 유럽 지역에서는 국가별로 고유한 커피 문화를 만들어 나가 몇몇 나라들에서는 자국의 커피를 대표하는 브랜드를 탄생시켰다. 가장 눈에 띄는 나라는 독일이다. 현재 유럽에서 커피 총소비량 1위의 국가 독일에서는 20세기 들어 커피가 아침과 저녁식사에 늘 함께하는 동반자의 지위에 올랐다. 특이한 것은 순수 커피가 아니라 다른 물질과 혼합된 대용 커피 혹은 혼합 커피가 차지하는 비중이 매우 높았다는 사실이다. 1914년 통계에 의하면 당시 커피 소비량이 1억 8,000만 킬로그램이었고 대용 커피 또한 1억 6,000만 킬로그램이 소비되었다.[7] 유럽 지역 커피 수입 물량을 독점해 온 함부르크항의 위세나 유럽 최대 커피 거래소의 존재도 독일의 커피 소비를 촉진시켰고, 100년 전에 독일 주부들이 만든 커피클라체나 산업 현장에서의 커피브레이크 문화 또한 독일의 커피 소비를 유럽 최고 수준으로 만드는 데 크게 기여하였다.

북유럽 국가들은 20세기 대부분의 기간 동안 1인당 커피 소비량에서 세계 최고 수준을 자랑하였다. 1920년대에 이미 덴마크와 스웨덴이 미국을 앞질러 세계 1, 2위 소비국이 되었고, 1950년대에는 핀란드와 노르웨이가 그 자리를 차지하였다. 조녀선 모리스가 해석하였듯이 추운 날씨에서 일을 해야 하는 기후 여건과 교회 중심의 금주 운동이 그 배경이었다. 핀란드 최북단 라플란드 지역에서 순록을 키우며 사는 사미족 사람들은 1950년대에 이미 하루 최소 12잔, 많게는 20잔의 커피를 마셨다고 한다. 친구나 가족 모임에서 커피와 케이크를 나누는 스웨덴의 피카Fika 또한 커피가 만들어 낸 상징적인 문화이다. 스칸디나비아 지역에서는 남부나 동부 유럽과 달리 로스팅을 가볍게 하는 특징이 있다. 커피마다 지니고 있는 고유의 풍미를 잃지 않으려는 의도에서다.

이탈리아에서는 커피 제2의 물결을 상징하는 에스프레소 양식이 발달하였다. 비교적 손쉽고 빠르게 음료를 제공하고, 편리하게 즐기는 칵테일 바 문화가 커피에 적용된 것인데, 추출 과정에서 강한 압력을 이용함으로써 추출 시간을 획기적으로 단축하고 커피 고유의 향과 맛을 유지하는 방식이었다.

에스프레소 방식이 처음 개발된 1905년에는 추출 시간이 1분 정도 되었고, 맛도 드립커피와 큰 차이가 없었다. 20세기 전반 파시스트 체제하에서 수입품인 커피의 소비가 제한됨으로써 발달이 지체되었던 이탈리아의 커피 기술과 문화는 제2차 세계대전의 종전과 함께 부활하였다. 1948년 아킬레 가찌아Archille Gaggia가 획기적으로 개선된 에스프레소 머신을 개발하는 데 성공하였다. 9기압의 압력을 사용함으로써 추출 시간을 25초 내외로 단축하고, 추출된 에스프레소 위에 커피 오일이 응축된 갈색 크레마(커피 거품)가 나타나게 하는 기계였다.

에스프레소의 탄생은 이를 바탕으로 한 베리에이션 음료인 카푸치노, 라떼, 마키아토 등의 개발로 이어졌다. 1950년대와 1960년대의 도시화 진행에 맞추어 에스프레소 머신을 설치한 소규모 커피 바 문화가 이탈리아 전체로 확산되었다. 제2차 세계대전 직후 값이 저렴한 브라질 산토스 커피에서 출발하여, 이후에는 더욱 저렴한 아프리카산 로부스타종 커피를 베이스로 한 블렌딩 원두로 만든 에스프레소는 매우 풍부하고 강한 크레마와 풍미를 만들어 냈다. 1950년대 중반 이후 이탈리아 커피 소비의 폭증에는 또한 모카포트의 영향이 컸다. 1933년에 알폰소 비알리티Alfonso Bialetti가 개발한 이 제품은 물을 끓일 때 생기는 수증기 압력으로 커피 가루를 적셔서 커피를 만드는 방식인데 역시 제2차 세계대전이 끝난 후 이탈리아 대부분의 가정에서 상비품이 되었다. 이런 에스프레소 붐과 함께 TV 광고를 타고 1960년대에 이탈리아를 대표하는 로스팅 브랜드로 등장한 것이 바로 라바짜Lavazza 커피다.

아인슈페너와 멜랑쥐melange(커피와 우유 혼합 음료) 등 고유한 커피 문화를 발달시켰던 오스트리아의 빈은 1950년대에 지리적으로 가까운 이탈리아로부터 에스프레소 문화가 유입됨으로써 아쉽게도 지역 커피와 카페가 간직해 오던 특색이 조금씩 사라지기 시작하였다. 오스트리아 주변 동유럽의 커피 문화는 한 세대 이상 지속된 공산주의 지배하에서 정체된 상태였다. 체코, 헝가리, 루마니아, 불가리아, 폴란드 등 동유럽 지역의 커피 소비는 1989년 베를린 장벽 붕괴 이후 급격히 증가하기 시작하였고, 커피 문화 또한 부활하기 시작하였다.

19

국산 커피의
탄생과 DJ 오빠의 시대

전쟁 전후 '커피당'의 비명소리

해방과 함께 일본군이 물러간 자리에 미군이 들어왔다. 미군과 함께 들어온 미국 문화를 대표하는 물품이 커피였다. 일제강점기에는 주로 조선 거주 일본인들이나 이들과 친분이 있는 조선의 상류층, 조선의 예비 상류층이었던 '모던보이'나 '모던걸'들의 전유물이었던 커피가 이제는 미군 혹은 미국 사람들 주변을 서성이는 한국 사람들의 호기심과 관심의 대상으로 등장하였다.

1930년대 후반까지 일대 붐을 일으키다가 전시 체제에 접어들면서 일시적으로 침체되었던 다방들이 해방공간에서 하나둘 문을 열었다. 주인이 일본인에서 조선인으로 바뀌고, 다방의 이름에서 일본어가 사라지고 한글이나 영어가 등장한 것이 차이라면 차이였다. 명동의 '봉선화', '마돈나', '플라워', '모나리자', '돌체'(해방 직후 서울역 앞에서 명동으로 이전) 등에는 특히 예술가들이 많이 드나들었다. 해방 직후에 활동을 시작한 문화예술인들의 회고담 속에 자주 등장하는 다방 이름들이다.[1] 이 당시 다방은 분위기나 역할에서 일제강점기 후반에 번성하였던 다방의 부활이었다. 한 신문의 표현대로 "거리의 오아시스"의 재탄생이었다.

문제는 커피 가격이었다. 해방 직후 한 잔에 50원 정도 하던 커피는 5년 후 한국전쟁 직전에는 80원에서 100원이나 했고, 커피에 설탕이라도 넣어 주면 150원까지 받는 지경이었다. 이에 따라 정부에서는 협정가격으로 묶어 둘 계획을 세우기도 하였다(《동아일보》 1947년 3월 16일, 3월 30일).

자고 나면 커피 가격이 올랐다. 커피는 수입 금지 품목에 들어 있었기 때문이다. 재료를 구하기가 어려우니 부르는 게 값이었다. 당시 보도에 의하면 커피의 유통 경로는 두 가지였다. 하나는 주한미군부대에서 불법적으로 흘러나오는 커피였고, 다른 하나는 일본 커피가 홍콩을 거쳐 미국이나 영국 상품으로 포장되어 수입되는 것이었다. 어떤 경로든 쉽지 않았고, 커피 원료는 귀하였다.

한국전쟁 직전에는 다방 커피 한 잔에 250원을 받기도 하여 드디어 '커피당'의 비명소리가 들렸다(《동아일보》 1950년 5월 4일). 커피 값을 감당하기 어려운 다방 고객들 사이에는 '아까데미차'라는 이름의 생강차가 잠시 유행하기도 하였다.

역사적으로 전쟁은 군대를 커피 소비의 중심지, 새로운 커피 문화의 실험실로 만드는 효과가 있다. 미국의 남북전쟁, 제1차 세계대전, 그리고 제2차 세계대전을 겪으면서 학습한 내용이 한국전쟁에서도 확인되었다. 마침 미국의 주요 커피업체들이 경쟁적으로 개발하고 있던 과립형 인스턴트커피가 군인들에게 넘치도록 공급되었다. 미군들이 사용하고 남은 커피뿐 아니라 한국 사람과 결탁한 미군을 통해 빼돌려진 커피가 양키 시장에서 인기품목으로 거래되었다. 미군 배급식량, 이른바 시레이션 속에 들어 있던 커피가 주변에 흘러나와 부대 주변 사람들의 호기심을 충족시켰다. 전쟁 중에 400원까지 치솟았던 커피 한 잔 가격은 1953년 화폐개혁의 실시, 그리고 정부의 행정가격제로 1954년에는 41환이 되었다.

문제는 이른바 양키 시장에서의 커피 재료 거래였다. 양키 물건의 상징인 커피는 미군들이나 미군부대 출입이 가능한 한국인들에 의해서 불법적으로 조금씩 빼지는 것은 빙산의 일각이었다. 수많은 사람들이 동원되는 대규모 빼돌리기, 이른바 '얌생이질'이 더 큰 문제였다. 미군 수송선에서 물품이 육지로 옮겨질 때 큰 짐짝이 통째로 빼돌려지는 경우가 허다하였는데, 가끔은 바다에 짐짝을 던졌다가 몰래 건져 올리기도 하였다. 창고에 보관되었던 물품을 트럭을 이용하여 단위 부대로 옮기는 과정에서 빼내는 방법과 미군 PX에서 빼내는 방법도 있었다. 이 모든 과정에는 미군부대 문지기, 트럭 운전수, 그리고 양공주에 이르기까지 많은 사람들이 동원되었다(《동아일보》 1955년 5월 16일). 당시 서울에만도 다방이 500개가 넘었는데 이들 다방에서 끓이는 모든 커피는 이런 과정을 통해 유통되는 것이었다. 정식 수입이 금지되어 있었기 때문에 당연한 일이었다.

이런 일들은 한국전쟁 이후에도 미군부대 주변에서 지속적으로 벌어졌다. 지난세기 말부터 맛을 조금씩 알았던 커피라는 신기한 물품이 그곳에만 있었으니 당연한 일이었다. 커피를 얻기 위해서는 미군들에게 잘 보이거나 그들과 결탁해야만 했는데, 미국에서 1972년부터 1983년까지 인기리에 방영되었던 CBS 드라마 〈MASH〉에 이런 장면이 자주 등장하였고, 이 때문에 미국인들이 한동안 한국인 하면 떠오르는 이미지가 '기만'이나 '배반' 등이었던 적도 있었다.[2]

1953년 여름, 전쟁은 끝났지만 커피를 둘러싼 전쟁은 지속되었다. 커피 가격 전쟁이었다. 커피의 인기를 타고 커피 가격을 올리려는 다방과 이를 단속하려는 당국 사이의 전쟁은 1950년대 내내 지속되었다. 당시 다방이 증가하고 커피의 인기를 부추기는 데는 커피에 관한 과장된 정보의 영향이 컸다. 커피가 기분을 상쾌하게 하고, 피로를 회복시켜 주며, 수험생의 졸음 방지에도 좋다는 등의 소식이 신문을 통해 전해졌다. 이는 학부모들에게 희소식 중의 희소식이었다. 서양 사람들은 아침식사를 커피로 한다는 '모닝커피' 소식, 일터에서 잠시 휴식을 취하며 커피를 마시는 '커피타임'(미국에서는 커피브레이크)의 유행도 신문, 잡지, 라디오 그리고 영화 등을 통해 자주 전해졌다. 커피를 마시는 것이 곧 문화인이 되는 것이라는 인식이 퍼져 나갔다. 게다가 당시는 요즘과 달리 언론을 통해 제공되는 정보에 대한 신뢰가 최고조였다. 언론을 통해 소개되는 커피 소식이 의심 없이 받아들여졌다.

1950년대에 신문에 보도된 커피 관련 기사 중에서 가장 많이 눈에 띄는 것은 커피 가격 이야기다. 정부의 시책에 맞추어 적당한 커피 가격을 표시하는 것이 의무였으나 이를 어기고 마음대로 올려 받거나, '특제 커피' 등의 이유를 만들어서 폭리를 취하는 다방이 많았다. 정부

커피 세계사

가 정한 이른바 '행정 가격'인 한 잔에 50원이어야 할 커피에 '특제'라는 이름이 붙으면 100원이 되었다. 이는 영업 정지 처분 대상이었다.

명동에 있던 '라일구다방'은 이런 문제가 지적되어 1957년 2월에 영업 정지 처분을 받았음에도 불구하고 다시 문을 연 후 행정 가격 80원을 어기고 150원을 받았다가 결국은 1957년 10월에 폐업 처분을 받았다(《동아일보》 1957년 10월 13일). 수요는 넘치고, 공급은 부족한 상황에서 벌어지는 당연한 현상이었다. 업자들의 입장에서는 그때나 지금이나 '안 걸리면 그만'이었는데, 걸리면 일벌백계의 대상이 되었다. 커피 가격을 둘러싼 업자와 당국 사이의 전쟁은 1957년 12월 20일부터 커피를 포함한 다방 음료 가격에 대한 허가제를 폐지하고 임의제를 실시하기로 함으로써 드디어 종료되었다.

당시 커피 마시는 풍조를 잘 보여 주는 사건 하나가 신문에 보도되어 빈축을 샀다. 1960년 초겨울 어느 날 자녀의 치료를 위하여 국립의료원에 갔으나 '커피타임'으로 인해 접수가 늦어지는 바람에 치료를 못 받은 부모의 하소연이었다. 마침 금호동 버스 전복 사고로 응급환자들이 실려 왔는데 응급실 담당 간호사마저도 '커피타임'을 즐기러 자리를 비우는 바람에 인사불성 상태의 응급환자들조차 치료를 제때 못 받는 모습을 목격한 것이 제보자의 울분을 키웠다(《동아일보》 1960년 12월 4일).

치솟는 가격으로 세상을 시끄럽게 하고, '커피타임'으로 시민을 화나게 만들면서도 커피의 인기는 식지 않았다. 문화인이 되고자 하는 모두의 욕망, 도시로 도시로 몰려드는 청춘 남녀들의 발걸음이 만나는 도시 속의 '오아시스'가 다방이었다. 식민지 시대의 여급이나 웨이트리스가 마담과 레지로 바뀌었을 뿐 한국의 다방은 여전히 다방 '그것'이었다. 다방의 유행을 목격한 사람의 입에서 "우리나라에서 세계 수준에 오를 만한 것을 뽑는다면 두말할 것도 없이 다방일 것"[3]이라는 말이 나오던 시대였다. 이 시대에 문을 연 다방 중에는 대학로에 위치한 학림다방(1956년 개업)이 유일하게 남아 있어 당시의 추억을 불러일으키고 있다.[4]

쿠데타에 말라 버린 '오아시스'

커피를 둘러싼 낭만도 혼란도 1961년 5월 16일 쿠데타와 함께 사라졌다. 거리의 '오아시스'였던 다방은 일시적으로 삭막해졌다. 다방업자

학림다방.

1956년에 개업한 대학로의 학림다방 내부 모습이다. 개업 이후 학림다방에는 문화예술 분야의 유명인들과 민주화 운동의 주역들이 모여들었다. 1960~80년대에 한국 청년들의 낭만과 민주화 운동을 상징하는 장소로서의 이미지를 얻었다. 서울시에서는 이런 의미를 인정하여 2013년에 학림다방을 서울미래유산으로 선정하였다.

커피 세계사

들은 마치 쿠데타를 기다렸다는 듯이 불과 발발 2주일 만에 커피를 팔지 않겠다고 다짐하였다. 혁명 과업 수행에 앞장서겠다는 각오를 표시한 것이다.

29일부터 서울 시내의 각 다방은 스스로 커피 판매를 중지하고 생활의 검소화와 불필요한 외래용품 배격 등의 혁명 과업 수행에 발맞추었다. 서울 시내에 있는 다방만도 1천여 개, 하루 평균 백 잔씩의 커피를 판다 해도 그 소비량은 한 집 2파운드, 전체 2천 파운드라는 엄청난 숫자가 나온다. 이것을 다시 돈으로 환산하면 하루 천만 환 정도(파운드 당 최고 5천 환)씩 절약하는 셈이 된다. 이날 다방협회는 앞으로 국산차의 질 향상과 그 보급에 힘쓸 것이라고 새 결의를 다짐하였다(《동아일보》 1961년 5월 29일).

실제로 5월 29일 아침부터 서울 시내 다방에서 커피가 사라졌다(《조선일보》 1961년 6월 29일). 그러나 이 다짐이 강요된 다짐이었다는 것은 이후에 많은 다방이 커피를 판매하다 경찰의 단속에 걸리는 일이 신문에 자주 보도된 것을 보면 알 수 있다. 커피 다량 보유 판매자 및 악질 행위자를 처벌하는 근거는 〈특정 외래품 판매 금지법〉이었다. 이 법은 박정희 군부가 만든 법은 아니었다. 쿠데타 발생 6일 전인 1961년 5월 10일 장면 정부가 국내산업 보호를 통한 국민경제 발전을 위하여 제정한 법이었다. 4·19혁명 이후 대학생들 중심으로 벌어지고 있었던 국산품 애용 운동, 커피 안 마시기 운동의 영향도 없지는 않았다.[5]

법은 민주당 정부가 제정했지만, 그 집행은 민주당 정부를 무너뜨린 쿠데타 주역들이 담당하였다. 다른 면에서는 몰라도 커피를 바라보는 시각에서는 민주당 정부와 쿠데타 세력 사이에 동질감이 존재했던 것이다. 다수의 다방이 단속에 걸렸고, 압수된 커피는 바다에 뿌려지기도 했다. 예컨대 1962년 6월 4일 부산세관은 압수하여 보관해 오던 미제 커피 83통(시가 300만 환)을 영도다리 부근 바다에 버리는 퍼포먼스를 벌이기도 하였다. 부산지검은 같은 해 7월 4일 외제 커피를 팔아 온 남포동의 '내집다방' 마담 인 모 여인을 구속 기소하였다. 부산은 전쟁 중에 만들어진 양키 시장이 성행하던 곳이었기 때문에 커피 거래도 단속도 심하였다. 미군부대가 많은 서울 북쪽도 커피 거래가 활발한 지역이었다. 1963년 6월 3일에는 포천읍에 사는 현 모, 김 모 씨가 미제 커피 한 트럭분을 서울로 싣고 오다 붙잡혀서 구속되었다.

3년간 지속되던 커피 판매 금지 조치가 해제된 것은 1964년 9월 25일이다. 이날을 기해 정부는 〈특정 외래품 판매 금지법〉 제2조 제1항 판매 금지 대상 목록에서 커피를 제외함으로써 커피의 자유 거래를 허용하였다. 그다음 달인 1964년 10월에는 수입 금지 품목에서 커피가 제외됨으로써 합법적인 수입이 가능하게 되었다. 비록 커피 수입이 가능하게는 되었지만 수입이 허용된 것은 원료 가공품이었지 완제품 커피는 아니었다. 따라서 미군 PX를 통한 미제 커피의 유통은 여전히 활발하였고, 커피 원료를 수입하여 가공 판매하는 일은 활발하지 않았다. 민간 수입은 거의 끊겨 있었다. 정부는 미군 PX 커피 유통 단속을 강화하였지만 사실 별 효과는 없었다.

외제에 전적으로 의존하는 커피의 소비를 억제하려는 정부 정책에 부응하기 위하여 커피 유해론이 언론을 통해 전파되기도 하였다. 미국

《네이처》지에 실린 기사를 토대로 커피를 마시면 심장마비에 걸릴 확률이 높아진다는 보도가 그중 하나다(《동아일보》1968년 1월 6일). 이런 보도에도 불구하고 시민들은 이미 오랫동안 익숙해진 커피의 맛, 다방의 낭만을 포기하지 않았다.

청춘 남녀들은 커피를 앞에 두고 맞선을 보았고, 커피를 한번 마시자고 말하는 것은 '잘 지내보자'는 신호였으며, 집에 오는 손님에게 커피를 대접하는 것은 집주인이 문화인에 꽤 접근했다는 증거였다. 김신조 무장공비사건으로 국민들의 불안이 극에 달하고, 이런 분위기를 딛고 국민 통합을 이루려던 박정희 정부가 국민교육헌장을 공포했던 1968년 겨울, 한편에서는 "커피 한 잔을 시켜 놓고 그대 올 때를 기다려 봐도……"로 시작하는 펄 시스터즈의 노래 〈커피 한 잔〉이 다방 전축과 흑백 TV 화면에서 흘러넘치고 있었다.

다방 커피와 도끼빗을 꽂은 DJ오빠

커피와 다방의 부활을 가져온 결정적 계기는 국내 커피 산업의 출범이었다. 1968년 1월에 설립된 동서식품은 같은 해 8월 커피 공장을 짓기 위한 차관 도입을 신청하였다. 그러나 외자도입심의위원회는 커피가 아직은 소비를 억제해야 하는 특정 외래품에 속한다는 이유로 차관 승인을 보류하였다. 그러나 같은 해 11월 4일 심의위원회는 커피 공장 설립을 위한 차관 150만 달러 유치를 승인하였다. 승인 신청서에는 인스턴트커피 300톤, 커피 373톤을 생산하는 공장을 짓겠다는 것과, 원료는 브라질로부터 원두 100만 달러 분량을 수입하겠다는 계획이 들어 있었다(《동아일보》 1968년 11월 4일).

이 승인에 따라 동서식품은 외자 유치에 나섰고, 이듬해인 1969년 8월 이스라엘의 '엘리테'라는 기업이 100만 달러를 투자하여 커피 공장을 설립하기 위한 계약을 체결하였다. 인천 공장은 1970년 3월에 착공하여 8월에 준공하였고, 맥스웰하우스 커피를 생산하는 미국 제너럴푸드사와 공장 설립이 한창이던 같은 해 6월 제조 기술 도입 계약을 체결하였다. 국내 생산 커피 제1호인 맥스웰하우스 레귤러 그라운드 커피가 첫 발매를 시작한 것은 1970년 9월이었고 곧이어 인스턴트커피도 생산을 시작하였다.[6]

국내 커피의 생산으로 전성기를 맞은 것은 다방이었다. 1970년대 들어 급속한 경제 성장으로 인한 구매력의 증가, 전후 베이비붐 세대의 20대 진입으로 생긴 새로운 커피 수요층의 등장, 그리고 음악 전문 다방과 DJ의 탄생도 한몫하였다. 이 당시에 새로 생긴 다방에는 한결같이 한 구석에 뮤직 박스가 있었는데, 그 안에서 DJ가 손님들이 건네준 쪽지 속 사연을 읽어 주고, 신청곡을 들려주는 풍경은 서울뿐 아니라 대부분의 지방 도시에서도 흔히 볼 수 있었다.

1950~60년대에 다방의 꽃이 마담과 레지였다면 1970년대 음악다방의 주인공은 단연 DJ 오빠였다. 음악 다방을 찾는 손님들이 마시는 음료는 한결같이 커피였다. 당시 음악 다방 중에는 국내 최초로 비엔나커피와 핫케이크를 제공하는 곳이 등장하여 인기를 끌었다. 1975년 명동에서 문을 연 '카페 까뮈'였다. 다방 커피 값의 몇 배를 받는 비엔나커피를 마시기 위해 줄을 서야 했다. 한국에서 카페 앞에 줄을 서는 문

화의 시작은 스타벅스가 아니라 까뮤였다. 영어 이름 사용이 금지되면서 카페 이름이 '가무'로 바뀌어 현재까지 이어지고 있다.

이른바 다방 커피의 소비는 폭발적이었다. 더운 여름에는 냉방시설, 추운 겨울에는 난방시설 때문에 더위와 추위를 피해 다방을 찾는 손님들도 적지 않았다. 여름이 되면 다방 커피에 얼음을 넣는 아이스커피도 유행하였다. 1973년 8월에는 다방에서 다과류나 경양식을 파는 것이 허용됨으로써 커피 소비는 더욱 확대되었다. 한국 최초로 여성 전용 다방이 생긴 것도 이즈음이었다. 대도시의 경우 새로운 빌딩이 하나 지어지면 지하에는 거의 예외 없이 다방이 들어설 정도로 다방은 서울을 상징하는 풍경이 되었다.

많아진 다방 사이에는 여러 가지 경쟁이 벌어졌다. 시설 경쟁, DJ 경쟁 등이 대표적이었다. 부정적인 모습도 생기기 시작하였다. 일제강점기 카페에서의 에로 서비스를 상기시키는 모습이 나타난 것이다. 바로 1970년대 다방 문화를 상징하는 단어 중 하나인 '퇴폐 다방'이다. 1972년 2월 명동 '심지다방' 사건이 대표적이다. 심지다방은 YMCA, 파레스, 양지다방, 본전다방 등과 함께 다방업 분야에서 개인 납세 상위권에 드는 대표적인 곳이었다. 이곳이 마약 거래와 음란 행위, 그리고 탈세 등 혐의로 폐업 조치를 당하게 된 것이다. 떠들썩했던 이 사건 이후 퇴폐 다방은 시대를 상징하는 용어의 하나가 되었다.

1972년 10월유신 선포로 정치적 불안감이 증가하는 가운데 1974년 1월에 시작된 제1차 오일쇼크는 경제분야를 일시적으로 마비시켰다. 불황 속에서의 물가 상승이라는 스태그플레이션 현상을 초래한 것이다. 석유류 가격의 상승에 따라 1975년 소비자 물가가 연 24.7퍼센트

상승하였고, 국제수지는 더욱 악화되었다. 원료를 수입에 의존하는 커피 가격도 당연히 흔들렸다. 소비 억제를 위해 정부에서는 1974년 12월 15일부터 다방의 신규 허가를 일절 해주지 않기로 결정하였다.

정치와 경제에 드리운 불안한 그림자 속에 커피업계에 우울한 소식이 전해졌다. 1975년 7월 18일에 브라질 커피 농장을 초토화시킨 이른바 '검은 서리black frost'사건이다. 갑자기 몰아닥친 서리로 인해 1976년과 1977년 브라질 커피 수확이 무려 73.5퍼센트 감소하고, 생두 수출 가격은 두 배로 뛰었다. 이 소식이 전해지자 국내 커피 시장이 흔들리기 시작하였고, 다방에서는 커피에 이물질을 섞어서 판매하는 사건이 발생했다. 유명한 '꽁초 커피', '톱밥 커피'가 그것이다. 커피 가루에 담배나 톱밥 등 이물질을 섞는 것은 이미 19세기 초반 프랑스와 독일, 19세기 후반 미국, 그리고 제2차 세계대전 중 일본 등에서도 커피 대용품 확보 경쟁 속에서 등장한 바 있다. 이것이 한국 다방에 등장하여 충격을 안겨 주었다. 1976년 서울시는 커피에 담뱃가루를 섞어서 판매한 시내 '동궁다방'과 '귀부인다방'의 허가를 취소하는 동시에 시내 2,980여 다방에 대한 특별 위생 검사를 실시하였다《동아일보》1976년 5월 31일).

이런 가운데서도 흥미로운 판결이 내려졌다. 서울지방법원 판사는 1976년 11월 26일 담배꽁초를 넣어 커피를 끓여 판 혐의로 기소된 '귀부인다방'의 주인과 주방장에 대한 선고 공판에서 아래와 같은 사유로 모두 무죄를 선고하였다.

단속반원이 적발, 수거한 커피와 커피 찌꺼기 등 4종의 증거물 가운데 한 가지에서만 니코친이 함유된 것으로 나타났으나 문제의 니코친은

수거, 감정 과정에서 흡입될 가능성도 없지 않아……(《동아일보》 1976년 11월 26일).

1976년 서울 시내 다방의 수는 2,982개, 전국적으로는 9,000여 개에 이르렀다. 오일쇼크와 브라질 생두 가격의 폭등으로 이들 다방은 커피 가격에 대한 부담을 안고 영업을 이어가야 했고, 소비자들은 인삼차 마시기 운동, 커피 안 마시기 운동 등으로 대응하였다. 10월유신 이후 정권 안보 차원에서 강조되었던 민족 주체성 정서가 잘 활용된 것이다.

정부는 1977년 5월 19일을 기해 커피값을 대폭 인상하였다. 레귤러 커피의 공장도 가격을 49퍼센트, 인스턴트커피 가격은 51퍼센트 인상하였고, 다방 커피는 한 잔에 100원에서 130원으로 올려 받도록 하였다. 수출 의존 경제가 본격적으로 자리 잡으면서 국제경제의 큰 흐름에서 벗어나기 어려운 현실을 반영한 것이었다.

1960~70년대의 다방이 음악을 듣거나 로맨스를 꿈꾸는 대학생들의 미팅 장소이기도 했지만, 농촌 봉사 활동을 준비하는 대학생들이 경비 마련을 위해 이른바 '일일찻집'을 여는 장소이기도 했다. 한국 현대사 연구자 브루스 커밍스 교수의 해석대로 유럽에서 카페가 시민사회 발전에 핵심적인 역할을 담당했던 것과 유사하게 한국의 다방은 민주화로 나아가는 과정에서 '공론의 장' 역할을 충실히 담당하였다.[7] 특히 1970년대 대학가의 다방은 단순한 '수다의 공간'을 넘어서는 '의식 창출의 공간'이었다.

믹스 커피, 자판기 그리고 티켓 다방

이런 와중에 세계 커피 역사에 기록될 만한 발명이 한국에서 이루어졌다. 다름 아닌 커피 믹스coffee mix의 탄생이었다. 동서식품은 이미 1974년에 '프리마'라는 이름의 식물성 커피 크림을 개발한 바 있었다. 이 기술을 이용하여 인스턴트커피, 설탕, 프리마를 적당한 비율로 섞어서 1회분씩 스틱형 봉지에 포장한 제품을 내놓은 것이다. 맥심Maxim이라는 이름이었다. 혁명적인 제품이었고, 이를 토대로 커피 시장은 더욱 팽창하였다. 동서식품에 이어 1978년에 미주산업MJC이 등장하였다.

믹스 커피에 이어 커피 열풍을 가져온 또 다른 주인공은 커피 자판기였다. 미국에서 1947년에 개발될 당시 명칭은 퀵 카페Kwik Kafe였다. 커피 한 잔을 제공하는 데 불과 5초가 걸리는 장점으로 급속히 확산되었다. 특히 일본에서 다양한 제품과 기능을 지닌 자판기 제품들이 쏟아졌고, 커피 자판기가 그중 대표적인 것이었다.

한국 거리에 최초로 자판기가 등장한 것은 1978년이었다. 그해 3월 22일 종각, 시청, 서울역 세 곳에 설치되었고 커피 한 잔 가격은 100원이었다. 자판기 사업에는 롯데, 삼성, 금성사 등 대기업들이 참여해 빠른 속도로 보급되었다. 1978년 첫해에 이미 서울 시내 다방 수를 넘어섰고, 초등학교 매점에까지 설치될 정도였다.[8] 자판기 커피는 1980년대 후반, 특히 1988년 서울올림픽을 전후로 성장 속도가 빨라졌고, 제품도 다양해졌다. 1990년대 이후 시작된 카페 문화의 발전 속에 자판기 커피의 성장은 둔화되었지만, 요즘도 음식점 입구에 설치된 소형 커피 자판기가 제공하는 달달한 커피는 한국의 고유한 커피 문화를 잘 보여 주고 있다.

커피 산업과 다방의 호황에 찬물을 끼얹는 일이 발생했다. 1978년 12월에 이란혁명으로 촉발된 제2차 오일쇼크가 세계 경제에 타격을 주면서 석유 의존도가 높았던 한국 경제도 적지 않은 영향을 받았다. 다행히 지속 기간이 짧았고, 제1차 오일쇼크를 통해 학습한 대응력 덕분에 어렵지 않게 극복하는 분위기였다. 이때 정치적 격변이 시작되었다. 1979년 12월 많은 희생과 뜨거운 열정으로 이어오던 민주화 운동을 억압하고 신군부가 등장한 것이다.

신군부는 억압적 통치와 함께 생길 수 있는 불만을 최소화하기 위해 생활과 문화 부문에서의 자율과 개방을 확대하는 각종 조치들을 발표했다. 3S정책이라고도 불리던 스포츠, 섹스, 스크린 산업이 본격적으로 개방되기 시작한 것이었다. 1980년 12월 컬러TV 방송을 비롯해 1981년 9월에는 1988년 하계올림픽을 서울로 유치한 데 이어 프로야구, 프로축구, 프로씨름을 출범시켜 국민의 눈과 귀를 쏠리게 하였다. 1982년 1월 5일에는 37년 만에 야간 통행금지를 해제했지만, 이는 성매매 업소의 증가를 가져왔고, 에로 영화의 전성시대를 열었다. 1982년과 1983년에 취해진 중고생 두발 및 교복 자율화도 이런 시대가 만든 사회적 부산물이었다.

그동안 규제되었던 강북 지역의 다방업 허가 규제 조치가 1980년 12월 10일 해제되었다. 1981년 2월에는 다방의 허가 조건을 완화하였다. 올림픽을 유치하기 위한 분위기 조성의 하나였다. 그해 9월 88올림픽을 유치하자 모든 다방에서 국산차를 팔도록 강제하였다. 1983년 1월부터 서울시의 경우 모든 다방은 의무적으로 7종 이상의 국산차를 판매하도록 하였다. 수입 커피의 소비를 줄이는 동시에 올림픽에 맞추어 국산차의 보급을 장려한다는 취지가 강조되었다.

1983년 말 즈음에 서울은 '다방의 도시'가 되었다. 1980년에 4,102개였던 것이 3년 만에 6,855개로 무려 67.1퍼센트가 증가한 것이다. 도심에 들어서는 빌딩마다 다방이 생겨났다. 중구, 종로구, 영등포구, 동대문구 등에 특히 많았다. 서울시 관계자는 이들 다방에서 마시는 커피 가격이 하루 11억 원 이상이라고 추산하였다(《동아일보》1983년 12월 19일).

1980년대 신문과 TV 뉴스에 등장한 다방 관련 뉴스에 가장 많이 등장하는 단어는 강도, 불, 인질극, 퇴폐, 윤락 등이었다. 야간 통행금지가 해제됨으로써 오랜만에 누리게 된 심야생활의 중심지로 다방이 자리 잡으면서 온갖 부정적인 일들이 벌어진 것이다. 에로 영화를 보여 주는 심야 다방은 퇴폐와 윤락 알선의 장소라는 이미지가 만들어졌다. 겨울이 되면 다방에서는 난방기계의 과열로 불이 자주 났고, 군인들이 무장을 하고 탈영을 하면 통과 의례처럼 다방에 들이닥쳐 인질극을 벌였다.

당시 다방 관련 신문 제목을 살펴보면 〈지하 다방에 불, 4명 사망〉, 〈다방서 20대 인질극〉, 〈다방 전문털이 8명 검거〉, 〈다방 3인조 강도〉, 〈오늘 아침 두 무장 탈영병 다방서 인질극〉, 〈음란, 탈선 가득, 심야 다방의 새벽 3시〉 등 매우 어둡고 자극적이었다. 올림픽을 앞두고 외국인들에게 한국은 자유롭고 낭만적이고 화려한 나라라는 이미지를 보여 주겠다는 욕망의 과잉이 만들어 낸 일그러진 자화상이었다.

1980년대 다방 문화와 커피 문화를 가장 잘 보여 주는 사례는 역시 티켓 다방이었다. 여성 종업원들이 손님으로부터 시간당 출장료를 받고 커피를 배달해 주고 성매매를 하는 다방이 등장하여 물의를 빚기 시작한 것이다. 도시와 농촌을 가리지 않고 이런 종류의 영업을 하는 변종 다방들이 다수 등장하였다.

아시안게임을 눈앞에 둔 1986년 8월에는 이런 시대상을 반영한 영화 〈티켓〉이 만들어져 개봉되었다. 〈티켓〉은 티켓제 매춘 행위를 고발하고 피해 여성들의 인간성 회복을 주장하는 영화였다. 영화가 상영되자 다방 여자 종업원들이 명예훼손이라며 불만을 제기하는 사태가 벌어졌다. 이런 가운데 1986년 2월에는 다방 마담의 정년이 40세라는 흥미로운 판결이 내려지기도 하였다. 교통사고를 당한 다방 종업원 여성이 가해 버스 회사를 상대로 낸 소송에서 손해배상 액수를 계산하는 근거로 내려진 판결이었다. 티켓 다방의 열풍은 1990년대 후반 IMF 경제위기 직후까지 지속되었다. 이후에는 새로운 커피 문화의 출현으로 열풍은 사라졌지만 경제 불황기에 일부 지역을 중심으로 다시 유행하기를 반복하고 있다.

커피는 도시뿐 아니라 농어촌의 생활도 바꾸어 놓았다. 이른바 수백 년 이상을 이어져 왔던 새참 문화가 배달 커피 문화로 대체된 것이다. 〈들녘으로 배달 가는 아가씨〉라는 제목의 한 신문 기사를 보면 당시 웬만한 시골 다방이면 오토바이 한 대를 갖춰 놓고 주문을 받자마자 커피 포트를 든 레지 아가씨를 태워 들판으로 달린다고 하였다(《동아일보》 1987년 5월 13일). 올림픽을 기점으로 빨라진 경제 성장 속에 늘어난 소비력은 다방의 성장을 가져왔다. 다방은 증가를 거듭하여 1992년 말 최고점인 4만 5,000개에 이르렀다.

1980년대 중반 이후 활기를 띤 광고 산업의 발전은 다방과 커피 산업 성장에 결정적으로 기여하였다. 김진규, 이순재 등에 이어 1984년에 동서식품 맥스웰하우스 모델로 등장한 안성기 효과는 대단하였다. "아내는 여자보다 아름답다"는 문구가 돋보였던 최진실과 함께 출연한 광고를 시작으로 그는 30년 이상 동서식품 커피를 세상에 알렸다. 안성기에 이어 한석규, 심은하 등이 같은 제품의 광고 모델로 활약하였다.

동서식품은 국내 커피 시장을 독점하다시피 했다. 이에 도전하는 경쟁자가 나타난 것은 1987년이었다. 그해 9월 두산그룹이 스위스 네슬레와 합작하여 커피를 생산하기로 합의한 것이다. 이미 네슬레의 '초이스'나 '네스카페'라는 브랜드 이름은 유럽과 미국의 커피 시장에서 영향력이 막대하였고, 일본에서는 시장 점유율이 70퍼센트를 넘는 압도적 1위를 유지하고 있던 상태였다. 한국에도 비록 공장은 없었지만 미군 PX 등을 통해 그 제품 이름이 널리 알려진 상태였다. 1989년부터 TV 광고를 시작하면서 내세운 모델은 김남주로부터 시작해서 배용준, 이보영, 다니엘 헤니로까지 이어졌다.

1980년대를 전후한 시기를 한국 다방의 역사에서 그 이전의 '문화 다방기'(식민지기~1950년대 말), '생활 다방기'(1960년대 초~1970년대 중반)와 구분하여 '상업 다방기'로 부르는 것[9]이 그럴듯해 보이는 이유는 아마도 이 시대의 커피 하면 떠오르는 선명한 상업광고의 이미지 때문일 것이다.

20

커피 전문점의 등장과
커피 제2의 물결

커피 전문점의 탄생

식민지 시대 다방이나 카페에서 제공하던 커피가 융이라는 천으로 원두 가루를 드립하여 제공하는 커피, 혹은 퍼콜레이터라는 기계를 이용하여 내리는 괜찮은 수준의 커피였다는 것을 이해하는 사람이 많지 않다. 실제로 그랬다. 한국이나 외국이나 끓는 물에 타서 편리하게 마시는 인스턴트커피가 널리 이용되기 시작한 것은 제2차 세계대전 이후였다. 커피의 대중화를 인스턴트커피와 함께 시작한 한국에서 커피는 곧 인스턴트커피였다.

　그런데 새로운 커피가 등장하였다. 원두를 그라인딩하여 내려 마시는 커피였다. 식민지 시대까지 마시던 커피였지만 인스턴트커피에 커피라는 이름을 내어 준 상태였다. 새로운 이름이 필요했다. 그래서 만들어진 이름이 한국에만 있는 '원두커피'였다. 손님 접대를 할 때 "커피 드실래요? 원두커피 드실래요?"라고 묻기 시작하였다. 커피는 달달한 인스턴트커피를 의미하였다. 인스턴트커피를 설탕 없이 마시려면 "블랙으로 주세요"라고 말해야 했다.

원두커피는 그대로 마시는 것이 원칙이었지만 설탕을 넣어 마시는 사람도 간혹 있었다. 대학가 주변에는 사이폰Syphon이라는 진공식 추출 기구를 이용하여 원두커피를 제공하는 곳도 생겨 젊은층의 관심을 끌기도 하였다. 물이 담긴 플라스크를 가열하면 뜨거워진 물이 관을 타고 상부 용기로 이동해서 그곳에 담겨 있던 커피 가루를 적셔 줌으로써 추출이 이루어지는 방식이다. 낭만적이지만 번거로워서 대중화되지는 못하였다. 1975년 명동에 문을 연 '카페 가무'나 1979년 대학로 연건동에 문을 연 '난다랑'은 일찍이 원두커피와 비엔나커피를 판매한 커피 전문점들이었다. 하지만 새로운 커피 문화를 만들지는 못하였다.

원두커피를 제공하는 새로운 업소가 본격적으로 등장하기 시작한 것은 1980년대 후반 서울올림픽 열기 속이었다. 올림픽 직전인 1987년에 커피 수입이 자율화되었다. 이때부터 어두운 분위기의 다방이나 카페와는 달리 밝은 분위기의 커피 전문점이 하나둘 문을 열었다. 원두커피 가루를 이용하여 자동으로 커피를 내려주는 커피메이커도 가정과 직장에서 사용되기 시작하였다. 해외 유학, 특히 미국 유학을 마치고 귀국하는 사람들마다 당시 미국에서 유행하던 커피메이커를 하나씩 들고 귀국하던 시대였다. 언론에도 커피 끓이는 법을 소개하는 글들이 점차 많아지기 시작하였다.

한국의 바리스타 1세대를 상징하는 인물 네 사람을 지칭하는 '1서 3

박'이 등장하였다. 모두 일본에서 커피를 공부한 이들이었다. 신촌 콜롬비아의 서정달, 이대 앞 다도원의 박원준, 커피 맛을 찾아 세계를 주유한 것으로 유명해 마도로스 박이라 불리던 박상홍, 강릉 보헤미안의 박이추가 그들이다. 재일조선인 박이추는 한국으로 돌아와 몇 년간 젖소를 키우며 살던 중 커피 공부를 하겠다는 생각에 다시 일본으로 돌아갔다. 일본 커피 연구소에서 본격적으로 커피 로스팅, 블렌딩, 드립 등을 배운 후 귀국하여 서울에 원두커피 전문점을 차린 것이 혜화동의 '가배 보헤미안'이었다. 박원준이 그의 스승이기도 하다.

1990년대의 시작과 함께 이들 바리스타 1세대의 영향을 받은 2세대 바리스타들이 등장하였다. 대학로에 '클럽에스프레소'를 차린 마은식, 대구에 '커피명가'를 오픈한 안명규, 그리고 포항에 '아라비카'를 차린 권영대 등이다. 이들은 지금도 지역을 대표하는 커피 로스터들이다. 그러나 인스턴트커피가 지배하는 땅에서 커피 전문점 문화는 쉽게 확대되지는 못하였다.

커피 체인점 붐과 커피 제2의 물결

대기업이 운영하는 커피 체인점이 등장한 것은 서울올림픽이 열린 1988년이었다. 크라운제과 계열의 ㈜영인터내셔널이 1988년 11월 압구정에 커피 전문점 '쟈뎅'을 열고, 카페오레, 카푸치노, 스페셜 커피 등을 메뉴에 담았다. 1호점 이후 불과 2년 만에 서울에만 14호점을 낼 정도로 쟈뎅의 인기는 높았다. 매장에서는 각종 커피 원두와 커피포트,

커피잔, 여과지, 스푼 등 커피용품도 진열 판매하였다. 1980년대에 폭발적으로 증가한 대학생 인구가 보헤미안이나 쟈뎅의 대표적인 수요층이었다.

쟈뎅에 이어 한국도토루커피(주)가 '도토루'를 그리고 동서식품이 '헤르젠'이라는 이름의 커피 체인점을 열었다. 1991년 10월 기준으로 8개의 업체가 운영하는 커피 체인점이 전국에 100여 개에 이르렀다(《동아일보》 1991년 10월 10일). 원두커피의 향과 함께 탁 트인 공간, 그리고 밝은 분위기로 젊은이들에게 인기를 끌었다. 다양한 원두커피를 제공하였고, 고객이 직접 가져다 마시는 셀프서비스가 기본이었으며, 비스킷이나 샌드위치 등 간단한 간식거리도 판매하였다. 원두커피에는 패션 커피 혹은 향 커피라는 별칭도 생겼다.[1] 커피 가격은 다방보다 약간 높은 수준이었지만 연평균 10퍼센트대의 경제 성장이 가져온 구매력의 증가 덕분에 문제가 될 수준은 아니었다.

원두커피, 셀프서비스, 개방적 분위기 등 초기 커피 전문점과 체인점들이 지닌 특징들은 제2의 물결 시대를 상징하는 요소들이었다. 따라서 한국의 커피 역사에서 제2의 물결이 시작된 것은 1980년대 후반

커피 전문점 문화를 상징하는 드립용 주전자.

커피 전문점에서는 갓 볶은 커피를 갈아 드립퍼 위에 담고, 여기에 뜨거운 물을 떨어뜨리는 방식으로 커피를 내리는 문화를 만들었다. 뜨거운 물을 내리는 데 사용하는 목이 긴 주전자가 모든 커피 전문점과 커피 애호 가정의 필수품이 되어 갔다.

커피 세계사

으로 보는 것이 타당하다. "마냥 앉아서 시간을 때우는 장소"였던 다방이 지배하던 제1의 물결 시대와는 다른 "잠깐 들러 커피를 마시며 대화를 나누는 곳"인 커피 전문점이 등장하였고, 커피 체인점이 새로운 유행으로 자리 잡기 시작한 것이다. 동서식품이 '동서커피문학상'을 제정한 것도 이즈음인 1989년이었다.

커피 체인점은 1992년 10월에 서울에만 300여 곳에 이르렀다. 미주산업을 인수한 ㈜미원은 1993년 초에 이런 분위기를 반영하여 경양식과 커피를 함께 취급하던 '나이스데이'를 완전한 형태의 커피 판매업소로 전환하여 신촌 연세대 앞에 1호점을 열었다. 1993년 3월에는 체인점을 운영하는 업체가 50여 개에 달하였다. 이들 커피 체인점의 매출액이 1990~1993년 3년 사이에 300억 원으로 증가하였다. 연 100퍼센트 가까운 성장을 보인 원두커피 시장에 비해 인스턴트커피 시장의 성장은 연 24퍼센트에 머물렀다. 반세기 가까이 인스턴트커피에 밀렸던 원두커피가 다시 '옛 명성'을 되찾기 시작한 것이다(《동아일보》 1993년 5월 19일).

흥미로운 것은 당시 언론에서 원두커피의 인기를 새로운 문화의 출현이 아니라 옛 명성의 회복으로 해석하였다는 점이다. 한국에서도 이미 인스턴트커피의 유행 이전이었던 20세기 중반까지 활발한 원두커피 문화가 있었다는 점을 상기시키는 표현이었다. 서울 지역의 커피 체인점은 1993년 8월 말 기준으로는 500곳 이상이 되었고, 전국적으로는 1,000여 곳에 이르렀다. 폭발적인 증가였다.

커피 체인점의 유행에는 1990년대 중반에 불어닥친 명예퇴직 붐과 소자본 창업 열풍도 영향을 미쳤다. 명예퇴직자들에게 비교적 안전한 투자로 여겨졌던 것이 체인점이었고, 대표적인 것 중 하나가 커피 체인점이었다. 그러나 짧은 기간에 벌어진 체인점 난립이 가져온 포화 상태로 인해 성공률은 급격히 낮아지기 시작하였다. 경제 성장에 대한 자신감에서 나온 과잉 투자와 과소비, 그리고 임금 인상에 대한 압박 등이 합해지면서 불안감도 생기기 시작하였다.

커피 체인점의 증가에 따라 원두 수입도 증가하였다. 1989년 43억 원에서 1992년에는 117억 원으로 3배 가까이 늘었다. 커피 체인점은 지속적으로 성장하여 1997년 말 경제위기 즈음에는 1만 개 이상이 전국에서 성업 중이었다.

다방의 몰락

1990년대 후반에 접어들며 양상이 급격히 변하였다. 1993~1994년경 100여 개에 이르던 커피 체인점 본부가 거의 다 문을 닫고, 1997년경에는 불과 10여 개만 남은 상태였다. 새로 문을 여는 업소들은 체인점이 아니라 개별적인 이름을 지닌 로컬 커피 전문점의 모습을 갖추었다. 약국을 포기하고 가수를 하는 것도 흥미로운 뉴스였지만, 약국을 하다 커피 향과 음악에 매료되어 약국 문을 닫고 커피 전문점을 차렸다는 뉴스도 관심을 끌기에 충분하였다(《조선일보》 1993년 8월 30일). 특색 있는 커피 전문점들이 하나둘 등장하기 시작한 것이다.

불황의 조짐은 보였지만 커피 소비는 위축되지 않았고, 국민소득 1만 달러 시대라는 자긍심은 과소비를 유지시키는 심리적 기반이 되었다. 광고, 광고성 기사, 그리고 대중음악은 단연 커피 소비의 촉진자 역할을 하였다. '가을엔 한 잔의 원두커피를……', '커피 한 잔에 가을 한 스푼', '가을을 커피 향기와……' 등 흥미를 유발하는 신문 기사 제목은 커피 소비를 불러일으키기에 제격이었다. 〈당신은 천사와 커피를 마셔 본 적이 있습니까〉(김성호), 〈갈색 추억〉(한혜진), 〈블랙커피〉(강산에), 〈모닝커피〉(이선희) 등 커피를 주제로 한 대중가요의 홍수도 1990년대 커피 유행을 자극하였다.

신문과 방송을 통해 새로운 커피 전문점 광고가 홍수를 이루었다. 대부분 영어 이름이었다는 것도 공통적이었다. 아이리스, 커피타임, 쟈네이르, 미스터커피, 메디아, 상파울로, 벨몽, 팡세, 자바 등이 당시 신문 광고에 자주 등장하였던 커피 전문점들이다. 신문 기사 제목으로도 자주 나왔던 표현 '불황을 모르는 고소득 유망 사업 커피 전문점'의 시대였다. 이런 분위기를 타고 명절 때마다 등장하는 선물 광고에서도 커피 선물 세트는 단연 인기품의 하나였다. 국민소득 1만 달러 시대를 맞아 새로 장만한 마이카의 트렁크를 열고 자랑스럽게 커피 선물 세트를 싣는 귀성객의 모습이 매우 익숙한 시절이었다.

커피 체인점에 이은 커피 전문점의 약진에 따라 도심의 다방은 하나둘 문을 닫았다. 1970년대에 시작된 믹스 커피, 1980년대에 시작된 자판기 커피의 등장에 이어 나타난 캔 커피도 다방의 인기 하락에 영향을 미쳤다. 1986년에 동서식품에서 시작한 캔 커피 시장에 1990년 미원음료가 '로즈버드'라는 상품으로 도전하였고, 1991년에는 롯데칠성의 '레쓰비'와 OCNR(코카콜라 네슬레)의 '네스카페', 그리고 1992년에는 일화의 '라비엔느'와 해태음료의 '투데이스' 등이 줄줄이 등장하였다.

인스턴트커피는 명칭만큼이나 내용과 형태도 다양해졌다. 기존의 믹스 커피에 이어 프리미엄 커피, 헤이즐넛 커피, 원두커피가 등장하였고, 포장 용기도 캔에 이어 컵과 병으로 진화하였다.

1990년대에 본격화한 커피 체인점, 커피 전문점의 확산과 인스턴트 커피의 진화 속에 전통적인 다방은 서서히 역사의 뒤편으로 사라졌다. 올림픽 이후 5년 사이에 서울의 다방은 2,000여 곳이 문을 닫아 1980 년대 후반 8,300여 개에서 1994년에는 6,000여 개 수준으로 줄었다. 1997년 2월에는 전국 다방업자들의 모임인 '다방업중앙회'도 '휴게실 업중앙회'로 명칭을 바꿔야 했을 정도였다. 전국적으로 한때 4만 5,000 개에 이르던 전통 다방이 절반 수준인 2만 3,000개 정도만 남았다. 다 방은 서서히 그러나 명확하게 나이 든 단골손님들이 찾아가는, 시대에 뒤떨어진 곳이라는 이미지를 갖기 시작하였다.[2]

커피 세계사

21

커피를 갈아
황금을
만들다

커피가 보여 준 경제위기 조짐

커피 분야에서는 1997년 국가경제 위기 이전인 1994년에 이미 위기 조
짐이 나타났다. 1994년 봄 브라질에서의 기상 이상, 인도네시아 등 동
남아시아 커피 재배 지역에서의 극심한 흉작으로 커피 원두 가격이 폭
등한 것이다. 1994년 6월 말 뉴욕 선물시장에서의 커피 원두 가격이 하
루 만에 26퍼센트가 오르더니(《조선일보》 1994년 7월 1일), 그해 9월 런던
국제커피거래소에서는 1994년 초에 비해 무려 4~5배 오른 가격에 거
래되었다(《동아일보》 1994년 10월 10일). 국내 커피 가격이 불안해지고 커
피 전문점의 수익이 하락하는 조짐이 보였다. 대외 의존도가 큰 한국경
제의 취약점을 잘 보여 주는 장면이 커피 시장에 나타났지만 국가 차원
의 관심도 대비책 마련도 거의 없었다. 1994년에 있었던 중남미 국가

들의 외환위기, 그리고 투기성 외환자본의 급격한 유출입 등 예비적 징후들이 나타났음에도 이에 대한 경계심을 갖는 데는 정부나 기업이나 둔감했다. 결국, 1997년 12월 국가 부도를 눈앞에 두고서야 IMF에 구제금융을 신청하게 되었다.

갑작스럽게 닥친 경제위기는 커피 시장에도 충격을 안겼다. 외국제품에 대한 경계와 기피 속에 '커피도 외제'라는 인식이 확산되면서 커피 전문점의 매상이 떨어지기 시작하였다. 환율 상승으로 커피 원두와 관련 원자재의 가격이 70퍼센트 이상 상승했지만 커피 전문점들은 가격을 올릴 수 없었다. 손님을 유치하기 위해 오히려 가격을 낮추는 등 전국적으로 1만 개 이상의 커피 전문점들이 생존을 위해 치열한 경쟁을 해야 했다. 대형 커피 판매업체들의 경우 일정한 인원 이상이 모이는 장소라면 어디든 달려가서 커피에 관한 상담과 강의를 해주는 서비스를 기본으로 제공하였다.

위기 속에서도 커피 시장에는 기존 음료업체들이 속속 참여했다. 약간의 기현상이었다. 1998년에는 매일유업에서 '카페라떼'를, 남양유업에서 '프렌치카페'를 내놓았다. 한국에서 최초로 티백 형태의 원두커피를 출시한 것도 1998년이었다. 원두커피 전문업체 꾸띠에가 '바로커피'라는 제품을 내놓은 것이 시초였다. 이어서 2000년 중반에 로즈버드의 '헤즐넛'과 '모카'가 출시됨으로써 이 분야의 시장 경쟁도 본격화되었다.

커피 전문점의 확장과 함께 전문 로스팅 업체들도 하나둘 나타났다. 외국에서 생두를 직접 수입하여 로스팅한 후 커피 전문점에 공급하는 업체가 등장함으로써 한국 커피 문화의 수준 향상에 기여하기 시작한 것이다. 홍대 앞 '칼디커피'의 서덕식은 일본에서 배운 로스팅 기술을 바탕으로 숯불 직화 로스팅을 시작했고, 신도시 분당에서 창업한 '가비양'의 양동기는 드립 도구, 사이폰 도구, 로스터기 등 커피 기물의 수입 판매를 시작으로 1998년에 생두의 수입, 가공 및 판매로 사업 영역을 확장하였다. 위기가 곧 기회라는 것을 보여 준 인물들이다.

거대 커피 기업의 탄생

1990년대 말 한국 커피 시장의 90퍼센트 이상은 여전히 인스턴트커피가 차지하고 있었고, 원두커피의 비중은 10퍼센트 미만에 불과하였다. 이때 출현한 것이 미국 커피 산업계의 공룡 스타벅스Starbucks다.

스타벅스는 1971년 3월 30일에 친구 사이였던 제리 볼드윈Jerry Baldwin, 고든 바우커Gordon Bowker, 제브 시글Zev Siegl에 의해 창립되었다. 대학 졸업 후 유럽을 함께 여행했던 이들은 고향 시애틀로 돌아와 볼드윈과 시글은 교사가 되었고, 바우커는 광고회사의 카피라이터 일을 하기 시작하였다. 이들을 결합시킨 것이 커피였다.[1]

이들이 고향인 시애틀에 커피하우스를 열게 된 계기 중 하나는 샌프란시스코 버클리에 있던 로스팅 회사 피츠Peet's Coffee and Tea의 영향이었다. 네덜란드 이민자 알프레드 피츠Alfred Peet가 1966년에 세운 이 회사는 미국에서 처음으로 최상급의 생두만을 엄선한 후 강하게 로스팅하여 소비자들에게 공급하는 회사로 지역 내에서 큰 명성을 얻었다. 대형 커피 기업들이 생산하여 유통업체를 통해 공급하는 상품커피에 익숙해 있던 미국의 소비자들, 특히 젊은 소비자들에게 큰 인기를 얻으며 성장을 거듭하였다. 이로 인해 피츠는 지금도 미국에서 '미식가 커피 Gourmet Coffee'의 아버지로 불리고 있다. 스타벅스는 이 회사에서 제공하는 원두를 받아서 사업을 시작함으로써 순조롭게 출발하였다.

피츠 커피가 성공을 거두게 된 또 하나의 배경에는 새로 등장한 개념인 '스페셜티 커피specialty coffee'의 영향도 있었다. 1974년에 에마 크누첸Ema Knutsen이《차와 커피 무역 저널》에 기고한 글에서 처음 사용한 이 용어는 "최상의 향미를 지닌 커피beans of the best flavor"를 표현하는 용어로 등장하였다. 생산지나 품종 그리고 등급 수준과 무관하게 상업적으로 거래되는 저급 커피를 상징하는 용어인 상품커피commodity coffee와 차별화된 커피를 말한다.

1982년에는 미국스페셜티커피협회SCAA가, 그리고 1988년에는 유럽스페셜티커피협회SCAE가 출범하였고, 스페셜티 커피는 이들 협회에서 정한 엄격한 기준에 의한 심사에서 100점 만점에 80점 이상을 받는 커피 생두에 부여되는 명예로운 명칭이 되었다. 두 협회는 이후 스페셜티커피협회SCA로 통합해 커피 고급화에 기여하였다. 이런 개념의 등장으로 기존 상품커피와 차별되는 커피를 공급하는 피츠나 스타벅스의 인지도가 급속히 확산될 수 있었다.

1982년에 스타벅스를 방문하였던 텀블러(커피 용기) 세일즈맨 하워드 슐츠Howard Schultz는 이 회사의 판매와 마케팅 담당자로 합류하였다. 슐츠는 1983년에 이탈리아 밀라노 일대를 방문할 기회를 얻었고, 이곳에서 처음으로 이탈리아식 커피 바 문화와 카페라떼라는 음료를 접하였다. 귀국한 슐츠는 스타벅스를 통해 이탈리아식 커피 바 문화,

에스프레소, 멋진 바리스타, 그리고 우유를 이용해 만든 새로운 커피 음료들을 미국에 도입하고자 하였지만 스타벅스 설립자들을 설득하는 데는 실패하였다.[2] 다방 문화가 발달하지 않았던 미국에서 커피를 마시는 장소는 집이나 직장이지 이탈리아의 커피 바와 같은 제3의 장소는 아니었던 것이다.

스타벅스를 떠난 슐츠는 1986년 4월 시애틀 다운타운에 '일지오날레Il Gionale'라는 카페를 설립하였다. 카페 운영을 시작한 이듬해 1987년에 피츠의 매각 소식이 전해졌고, 스타벅스 창립자 중 마지막까지 남아 있던 볼드윈이 피츠를 인수하면서 스타벅스를 떠날 결심을 하였다. 이 기회를 놓치지 않은 것이 슐츠였다. 1987년 3월 슐츠는 필요한 자금 380만 달러를 확보해 스타벅스를 인수하였다. 자신이 만든 일지오날레라는 이름을 포기하고 스타벅스라는 이름을 남겼다. 이렇게 스타벅스를 인수한 슐츠에 의해 세계 커피 역사의 새로운 신화가 만들어지기 시작하였다.

스타벅스의 커피 맛은 사실 나쁜 것은 아니었지만, 그렇다고 결코 뛰어난 것도 아니었다.[3] 따라서 맛을 내세워 사업이 성공적으로 안착하기는 어려웠다. 투자가 필요했던 인수 첫해부터 손실이 생겼고, 첫 수익이 났던 것은 4년이 지난 1990년이었다. 1991년에 주위 사람들의 비웃음을 견디며 더운 로스엔젤레스에 뜨거운 커피를 파는 매장을 열었다. 이 과감한 결정으로 스타벅스의 명성은 미국 전체로 퍼져 나가기 시작하였다. 1991년 말에 매장 수가 100개를 넘겼고, 1992년 6월에는 주당 17달러의 공모가로 기업 공개를 단행하였으며, 시가 총액이 2억 7,300만 달러에 달하게 되었다. 3개월 후에 주가는 33달러를 넘었고,

기업 가치는 4억 2,000만 달러로 상승했다. 5년 전 인수할 당시 비용의 110배에 달하는 어마어마한 규모였다.[4]

1993년에는 주위의 우려 속에 워싱턴 D.C.에 매장을 오픈함으로써 동부 지역 문화와도 성공적으로 결합하였다. 이를 지켜본 잡지 《포춘》은 커버 스토리에 슐츠를 실었고, "스타벅스는 커피를 갈아 황금을 만든다Howard Schultz's Starbucks grinds coffee into gold"고 표현하기에 이르렀다.[5] 이후 확장을 거듭한 스타벅스는 1996년에 매장 수 1,000개를 돌파하였고, 1999년에는 전 세계 12개 국가에 2,300여 개 체인이 생겼다.

스타벅스는 동양인의 입맛에도 도전장을 내밀었다. 1996년 8월 오픈한 해외 첫 매장이 바로 도쿄 스타벅스였다. 1999년 1월 베이징에 중국 1호점을 열었다. 일본에서는 시작과 함께 성공적인 신화를 쓰기 시작했지만, 중국의 초기 성장은 일본에 비해 더디기만 했다. 그러던 차에 1999년 7월 27일, 서울의 이화여자대학교 앞에 한국 1호점을 열었다. 한국에 오래 거주했던 외국인의 입에서 한국은 "자동판매기 인스턴트커피의 천국," 서울은 마치 "도시 전체가 하나의 커다란 노천 카페"라는 표현이 등장할 정도로《동아일보》1999년 10월 2일) 쓴 원두커피보다는 달콤하고 부드러운 인스턴트커피의 맛에 길들여진 한국인들의 취향을 사로잡을 수 있을 것인지가 관건이었다.

우려와 달리 스타벅스는 등장과 함께 성공 신화를 쓰기 시작하였다. 한국인의 커피 취향뿐 아니라 문화 자체에도 적지 않은 파동을 일으켰다. 음식물을 들고 걸어 다니거나, 음료를 마시며 거리를 걷는 것을 천박하게 여겼던 한국에 1990년대 말부터는 거리를 걸으며 커피를 마시는 것이 젊음의 상징, 하나의 유행으로 등장하였다. 특히 스타벅스 로

고가 새겨진 컵이나 텀블러를 들고 다니는 것은 첨단 유행이었다. 낯설던 테이크아웃 문화도 친숙해졌다.

스타벅스는 예술적으로 볶은 최상의 커피를 마신다는 심미적 감성, 그리고 공정무역을 통한 커피를 마심으로써 커피 생산자를 도울 수 있다는 윤리적 의식, 재생 펄프로 만든 컵을 사용함으로써 환경 보호에 동참한다는 사회적 책임감 등의 요소들을 적절하게 내세움으로써 소비자들에게 다가가는 데 성공하였다.[6]

스타벅스는 한국 진출 3년 만인 2002년 여름에 점포 수가 50개를 넘어섰다. 스타벅스가 들어오면 주변 상권이 살아나는 후광 효과까지 발생하면서 스타벅스를 유치하려는 경쟁이 벌어지기 시작하였다.

스타벅스로 시작된 원두커피와 커피 전문점 붐은 세기말인 2000년 말에 조사된 소비자 만족도에서 커피를 소비재 분야 만족도 1위로 만들었다. 한국 최초의 로스팅 기계가 출시된 것도 그즈음인 2001년 5월이었다. 중소기업 ㈜에소의 업적이었다.

한편 스타벅스 진출 이전에 세워진 커피 체인점 중에서 일본계 도토루, 토종인 쟈뎅, 헤르젠 등은 철수하거나 문을 닫았다. 새롭게 미국계 시애틀즈베스트, 커피빈, 자바(2000), 이탈리아계 파스쿠찌(2002) 등이 들어왔고, 할리스커피(1998), 엔제리너스커피(2000), 이디야(2002), 투썸플레이스(2002), 탐앤탐스(2004) 등 국내 자본에 의한 커피 체인점들이 2002년도에 열렸던 월드컵 축구 대회를 전후하여 생겨났다. 이어서 커핀그루나루(2007), 카페베네(2008) 등의 창업이 이어졌다.

아시아 최초의 커피 전문 전시회이며 글로벌 비즈니스 플랫폼을 지향한 서울카페쇼가 2002년에 제1회 대회를 연 이후 매년 개최되어

2020년으로 19회를 맞았다. 2017년 행사는 월드바리스타챔피언십과 함께 열렸고, 영국의 데일 해리스Dale Harris가 우승하였다. 최근 행사인 2019년 제18회 서울카페쇼에는 40개국 635개 사, 3,503개 브랜드가 참여했고, 참관객이 80개국 15만 5,012명이었다. 2020년 행사는 코로나19 펜데믹 여파로 최소화되는 아쉬움을 겪어야 했다.

스타벅스가 촉발한 커피 전문점의 증가, 그리고 여전히 강한 인스턴트커피의 인기로 2000년대 중반에 한국은 세계 11위의 커피 소비국이 되었다. 2005년 커피 수입은 8만 5,000여 톤, 가격으로는 1억 4,000만 달러에 달하였다. 전체 수입량의 40퍼센트는 인스턴트커피의 재료인 베트남산 로부스타종이었다. 원두커피의 약진에도 불구하고 한국인들의 인스턴트커피 선호는 여전히 지속되고 있었던 것이다. 베트남 다음으로는 콜롬비아산 아라비카종 커피가 시장의 19.4퍼센트, 브라질산 아라비카종 커피는 17.1퍼센트를 차지하였다. 전체 커피 소비에서 차지하는 아라비카종 원두의 비중이 높아지는 추세는 분명하였다.

커피에 대한 관심의 증가는 바리스타 자격증에 대한 관심으로 이어졌다. 한국커피교육협회(현재의 한국커피협회)가 출범하고, 이 협회 주관으로 바리스타 자격시험이 처음으로 실시된 것이 2005년 12월이었다. 2007년에는 TV드라마 '커피프린스 1호점'이 큰 인기를 끌게 됨으로써 촬영 장소였던 부암동 소재 카페뿐 아니라 드라마 주인공의 직업인 바리스타의 인기가 치솟았다. 바리스타 교육을 하는 공·사설 교육기관에 수강생들이 넘쳐나기 시작하고, 자격시험 주관 민간단체나 협회도 우후죽순처럼 생겨났다.

스타벅스의 상륙 10년째인 2009년 7월 국내 커피 시장 규모는 5배로 확장되었다. 커피 전문점 시장이 1999년의 2,660억 원에서 2008년에 1조 2,150억 원으로 성장한 것이다(《동아일보》 2009년 7월 28일).

2010년에 커피 수입액은 3억 달러를 넘어섰다. 5년 만에 두 배 이상 증가한 것이다. 이어 2011년에는 단숨에 5억 달러를 돌파하였다. 전국의 커피 전문점은 1만 개 이상, 매출액은 2조 원에 달했다. 원두커피 소비가 지속적으로 증가하기는 했지만 인스턴트커피 비율이 여전히 전체 커피 소비의 92.2퍼센트에 달하였다. 원두커피 소비량이 인스턴트커피 소비량보다 많은 미국이나 일본과 비교하면 한국은 여전히 인스턴트커피 공화국에서 벗어나지는 못하고 있었다.

원두커피 소비의 폭증에 맞추어 스타벅스는 2009년에 스틱형 인스턴트커피 VIA를 개발하여 출시하였고, 1년 후인 2010년에는 일본에 이어 한국 시장에도 이 제품을 내놓았다. 2011년 10월에는 동서식품에서도 '세상에서 가장 작은 카페'를 콘셉트로 하여 '카누'를 출시하였다. 카누를 출시하며 처음으로 사용한 개념인 '인스턴트 원두커피'가 지금은 일반적인 용어로 사용되고 있다. 한국에서는 당시까지만 해도 '커피'는 물에 녹여 바로 먹는 솔루블soluble 커피를 의미하는 인스턴트커피였고, 원두커피는 볶은 커피콩을 갈아서 기구를 통해 뜨거운 물을 여과시켜 마시는 커피를 의미하였다. 서양에서는 커피=원두커피, 인스턴트커피=솔루블 커피인 것과는 대조적이었다. 한국에서는 커피=인스턴트커피, 서양에서는 커피=원두커피였다.

한국에서 '인스턴트 원두커피'라는 용어가 사용되기 시작하면서 이런 차이가 소멸되었다. 이제 한국에서 '커피'는 '커피'일 뿐 원두커피와 인스턴트커피 중 하나만을 의미하지는 않는다. 서양 대부분의 나라에서 커피는 여전히 에스프레소와 드립커피 등 원두를 이용하여 만드는 커피를 의미한다.

커피특별시 강릉

21세기 한국의 커피를 이야기할 때 빠뜨릴 수 없는 곳이 '강릉'이다. 스타벅스의 압도적 영향하에서도 강릉이라는 인구 21만의 한적한 바닷가 도시가 지역 특색을 살린 고유한 커피 문화를 개척하였다. 강릉의 커피 문화를 상징하는 안목 해변에서 커피를 마시며 해변을 산책하는 연인들이 등장하기 시작한 것은 1980년대부터였다. 해변을 따라 마을 상인들이 설치해 놓은 커피 자판기 수십 대가 주머니 사정이 넉넉하지 않은 젊은 남녀 청춘들의 사랑을 받으면서 강릉 여행의 필수 코스의 하나로 안목항이 인식되기 시작하였다. 강릉을 전국적 이미지의 커피 도시로 떠오르게 한 것은 2000년대에 들어 열정을 지닌 몇몇 커피 마니아들이 운영하는 커피 전문점들이 하나둘 씩 등장하면서부터다.

　강릉 커피를 이야기할 때 '국내 1호 바리스타,' '커피 명인,' 또는 '커피 명장' 등의 수식어가 붙는 박이추를 떠올리지 않을 수 없다. 혜화동에서 '가배 보헤미안'을 열어 원두커피의 세계를 알려 주던 박이추가 카페를 강원도 강릉 북쪽 사천 바닷가 마을로 옮긴 때는 2004년이었다. 강릉으로 자리를 옮긴 그의 영향을 받아 많은 2세대 바리스타들이 생겨났고, 이들에 의해 강릉은 커피특별시로 진화하기 시작하였다. '처음부터 끝까지 커피쟁이'라는 홈페이지 글귀[7]처럼 박이추는 지금도 주전자를 들고 커피를 내리고 있다.

'보헤미안'의 강릉 이전을 전후하여 이 지역에서 전문 카페들이 하나둘 등장하였다. 특히 2002년에 강릉시 구정면 학산리에 커피 공장 '테라로사Terra Rosa'가 세워진 것은 한국 커피 역사에서 매우 큰 의미를 지닌다. 외환위기를 맞아 다니던 은행을 그만두고 커피 사업가의 길을 선택한 김용덕이 서울이 아니라 고향 마을에 커피 공장을 세우고, 자신의 제품에 '메이드 인 강릉'을 자랑스럽게 표시하기로 마음을 먹은 것은 이후 강릉이 커피 도시 이미지를 구축하는 과정을 보여 주는 좋은 사례다. 김 대표는 최고의 커피 맛을 만들기 위하여 전 세계 각지의 커피 농장을 찾아가 직접 원두를 선택하고 직거래하는 방식을 택하였다. 한국이 배출한 최초의 COE 심사관 이윤선 공동 대표를 탄생시킨 곳 또한 테라로사였다.

강릉, 수도권, 부산, 서귀포 등 전국 17개 '테라로사' 매장의 감성 가득한 인테리어, 2011년에 첫 호를 내놓은 커피 소식지《테라타임즈 Terra Times》에 묻어 있는 지적 열정, 그리고 박물관이 단순한 유물 전시장이 아니라 교육과 문화와 예술의 융합체임을 가르쳐 주는 테라로사 커피 박물관이 테라로사의 수준과 미래를 보여 준다.[8]

보헤미안과 테라로사 이외에도 '산토리니', '보사노바' 등은 이 지역의 대표적인 스페셜티 카페들이다. 안목 해변 이외에도 강릉 구시가지의 시나미명주길에는 여러 가지 형태의 카페들이 모여 있다. 1940년대에 지어진 방앗간을 개조해 2011년에 문을 연 '봉봉방앗간', 적산가옥을 개조하여 만든 '오월커피', '명주배롱', '칠커피' 등이 지역 특색을 활용하여 커피특별시 강릉을 만드는 데 기여하고 있다.

강릉시와 지역의 커피 전문가들은 뜻을 모아 2009년에 제1회 강릉 커피축제를 시작하였다. 지역마다 열리는 각종 축제의 붐 속에서 시작한 작은 도전이었다. 커피 문화의 대중화를 이끌겠다는 목표로 출발한 강릉커피축제는 2019년으로 11회를 맞았다. 강릉에서 시작된 커피 축제는 이후에 서울시 덕수궁돌담길커피축제, 부산 영도커피축제 등 타 지역의 커피 축제와 몇 군데 지역 커피쇼의 출범에 모티브를 제공하였다.

현재 강릉에는 700여 개의 커피 전문점이 성업 중이다. 인구 대비로 보면 전국 평균의 2배 이상이다. 한국에서 커피 제1의 물결, 제2의 물결, 그리고 제3의 물결이 지닌 특징을 가장 집약적으로, 그리고 명료하게 보여 주는 도시가 바로 강릉이다. 안목항의 자판기 물결이 제1의 물결을 상징하였다면, 스타벅스를 포함하여 국내외의 프랜차이즈 카페들이 빠짐없이 들어와 상권 경쟁을 하고, 이들 카페에서 표준화된 방식으로 만든 아메리카노와 라떼를 테이크아웃용 컵에 들고 삼삼오오 바닷가를 걷는 여행객들의 모습은 전형적인 제2의 물결이다. 그리고 스스로 커피 생산지를 찾아가 신선한 생두를 고르고, 구입하여, 자신만의

제1회 강릉커피축제 포스터.

강릉 지역의 커피 전문가들과 강릉시가 뜻을 모아 2009년에 제1회 강릉커피축제를 시작하였다. 포스터에 등장한 인물이 한국 스페셜티 커피 1세대를 상징하는 인물 박이추 선생이다. 이런 노력으로 강릉은 한국 커피 문화의 발달 과정을 총체적으로 보여 주는 매우 흥미로운 도시가 되었다.

커피 세계사

맛을 창출하고, 맛을 통해 고객들과의 교감을 시도하는 "커피업계의 별"[9]들이 존재하는 대한민국 커피 제3의 물결의 중심 또한 강릉이다.

대한민국에서 모든 문화는 서울에서 지방으로 흐르지만, 커피 문화는 강릉에서 서울로 흐른다고 해도 과장은 아니다. 강릉은 커피 공화국 대한민국의 커피 수도이고, 대한민국 커피 문화의 과거이며 현재이고 또한 미래인 것이다.

22

사라진 규칙,
커피 제3의 물결

커피 세계의 새로운 스타들

대형 로스팅업체에서 공급하는 표준화된 커피 원두와 인스턴트커피가 지배하던 제1의 물결, 소규모 로스팅 전문가들에 의한 스페셜티 커피의 개발과 스타벅스에 의한 스페셜티 커피의 표준화가 몰고 온 제2의 물결, 그리고 2000년대 이후 스타벅스 주도의 표준화된 커피 문화를 넘어서겠다는 새로운 도전으로 나타난 제3의 물결, 현대 커피의 역사를 구분하는 널리 알려진 기준이다. 지금은 세 가지 물결이 함께 출렁이는 세계를 살며 새로운 물결을 기다리고 있는 시간이다.

제3의 물결을 상징하는 첫 번째 특징은 커피에는 "표준화된 규칙이 없다no rules"는 정신이다.[1] 규칙이 없다는 것은 다양성이 인정된다는 의미이며, 다양성이 인정된다는 것은 지배자가 없다는 것과 같다. 커피 생산자의 다양성, 커피를 만드는 바리스타의 다양성, 커피 소비자 취향의 다양성 등이 인정되는 문화 속에서 만들어지는 최고급 수준의 커피가 바로 제3의 물결인 것이다.

커피에서 제3의 물결은 표준화나 규칙을 파괴하고, 다양성을 인정하는 흐름이지만 다양성 속에서도 포기할 수 없는 공통적인 요소가 있다. 그것은 소비자와 생산자가 함께 최고급 커피를 제대로 만들고, 소비하고, 즐기고, 감상하고자 하는 새로운 커피 문화라는 점이다.[2] 생산지와 생산 농장에 따른 커피 고유의 맛을 얻기 위해 로스팅 강도를 다르게 설정하는 것은 물론이고, 새로운 드립 도구들을 이용하여 정교하게 드립하는 방식을 선호한다. 에스프레소 머신을 이용하더라도 지금까지 없던 새로운 맛을 창조하기 위해 제3의 물결 바리스타들은 고민을 하고, 고민의 결과를 세계 각지에 있는 바리스타들과 나누는 것을 꺼리지 않는다. 런던 커피페스티벌, 월드바리스타챔피온십과 같은 국제적 행사는 이들의 고민이 만나는 장이다.[3]

제3의 물결은 제2의 물결 지배자 스타벅스를 극복하고자 하는 시도, 스타벅스가 만든 스페셜티 커피 혹은 미식가 커피gourmet coffee의 산업화에 대한 저항[4]으로 출발하였다. 시장의 확대에 따른 스타벅스의 대형화는 스타벅스가 만든 초기의 특별함을 유지하기 어렵게 만들었다. 커피 이외의 음료와 상품 판매 비중이 확대되는 등 커피가 중심에서 조금씩 멀어져 갔다. 스타벅스 커피가 주는 특별함이 사라지기 시작하면서 커피의 세계에서 스타벅스에 대한 많은 비판이 제기되고, 스타벅스를 넘고자 하는 새로운 운동이 시작된 것이다. 스타벅스가 그랬듯이 제3의 물결도 미국에서 시작되었다.

21세기 세계 커피 문화를 선도하고 있는 미국의 경우 몇 개의 영향력 있는 로스팅 업체들이 제3의 물결 문화를 주도하고 있다. 저널리스트 와이스만은 이들을 음악계의 록스타에 비유해서 커피의 세계에 나타난 스타들이라고 표현하였다.[5]

1995년에 더그 젤Doug Zell과 에밀리 맨지Emily Mange가 시카고에 설립한 로스팅 회사 인텔리겐시아Intelligentsia는 지오프 와츠Geoff Watts를 바리스타로 받아들임으로써 커피계의 혁명을 시작하였다. 2000년부터 커피 원산지를 찾아다닌 것이 인텔리겐시아의 성공을 열어 주는 출발점이었다.[6] 이들이 주도하여 만든 로스터스길드Roasters Guild는 미국에서 제3의 물결을 탄생시키는 인큐베이터가 되었다. 현재 시카고에 5개, 로스엔젤레스에 3개, 보스턴과 뉴욕에 각 2개, 그리고 텍사스 오스틴에 1개 등 총 11개의 매장과 2개의 로스팅 공장(시카고와 로스엔젤레스), 2개의 교육장(뉴욕과 메릴랜드)을 두고 있다.[7] 2015년에 피츠커피앤티Peet's Coffee&Tea에 인수되었다.

인텔리겐시아가 출범한 해인 1995년에 노스캐롤라이나 더램에서 출발한 지역 로스팅업체인 카운터컬처Counter Culture는 2000년에 피터 길리아노Peter Giuliano를 로스터 겸 바이어로 채용하며 전국적 명성을 얻기 시작하였다. 길리아노 역시 커피 생산지를 직접 방문했는데 그에게 영감을 안겨 준 첫 여행지는 니카라과였다. 당시 미국 커피계에서는 미국스페셜티커피협회SCAA 소속 로스터들 중심으로 로스터스길드의 창립이 논의되고(2001년 출범), 보스턴커피커넥션Boston's Coffee Connection의 조지 하웰George Howell을 중심으로 케냐의 전통적 커피 경매와 유사한 일종의 스페셜티 커피 콘테스트를 라틴아메리카에서 개최하는 문제를 기획하고 있었다. 이것이 훗날 중남미 지역, 그리고 최근 아프리카 지역으로까지 확대된 스페셜티 커피 올림픽인 COE(Cup Of Excellence)의 시작이었다.[8] 카운터컬처의 길리아노는 이런 움직임의 주도자 중 한 명이었다. 카운터컬처는 현재 미국의 동부와 서부, 그리고 남부에 이르기까지 총 13개의 교육 센터를 운영 중이다.[9]

1999년 오리건주 포틀랜드에서 출발한 스텀프타운은 두에인 소렌슨Duane Sorenson의 특별한 경영 철학이 바탕이 되어 성장한 제3의 물결 리더 중 하나다. "세상에 좋은 커피를 구하는 데 비싼 금액은 없다"는 것이 그가 커피를 대하는 태도다. 2004년 파나마의 커피 경매에서 하시엔다 라 에스메랄다 농장에서 출품한 게이샤Geisha가 파운드당 21달러라는 경이적인 낙찰가를 기록하여 세계 커피업계를 놀라게 한 적이 있다. 그런데 4년 후 스텀프타운의 소렌슨은 경매에서 이 커피에 무려 200달러를 베팅함으로써 파장을 일으켰다. 그의 철학이 세상에 드러난 사건이었다. 포틀랜드 시내에 6개, 뉴욕에 3개, 로스엔젤레스에 2개, 뉴올리언스에 1개, 그리고 해외에는 유일하게 교토에 1개 등 13개의 로스팅 숍과 2개의 교육 센터를 두고 있다. 2015년에 인텔리겐시아와 함께 피츠커피앤티에 인수되었다. 현재 피츠의 최대 주주는 제이에이비 홀딩스컴퍼니JAB Holding Company이다. 제3의 물결을 상징하는 이들 3대 로스팅 회사 이외에도 최근에 급성장을 한 샌프란시스코의 필즈Philz, 산타크루즈의 버브Verve, 오클랜드의 블루보틀Blue Bottle 등이 유명하다. 제2의 물결을 상징하는 스타벅스도 과감한 투자로 제3의 물결에 합류하려는 움직임을 보이기 시작하였다. 리저브 바가 그런 노력의 한 표현이다.

스타벅스의 초기 정신을 이어받되 그 한계를 넘어서려는 미국의 제3의 물결은 공정무역, 스페셜티 커피, 신선한 로스팅을 통한 표준적인 맛의 극복, 그리고 소비자와 공급자의 동행 등을 중심 가치로 하여 꾸준히 발전하고 있다. 인텔리겐시아나 스텀프타운이 대형화하고, 거대 자본과 결합함으로써, 그들이 비판하던 스타벅스를 닮아 가고 있다는 비판이 제기되고 있지만 그들이 개척한 정신을 지지하는 많은 로스터와 바리스타들이 뒤를 잇고 있다.

제3의 물결 커피는 지배적인 국가, 지배적인 기업, 지배적인 맛의 표준, 지배적인 메뉴나 제조 방식 없이 지역별로, 카페별로, 바리스타별로 고유한 특징을 인정하는 것이 본질이다. 이들에게 공통적인 것은 최고 수준의 커피 맛을 유지하기 위한 노력과 커피 생산자들의 땀에 대해 합당한 보상을 해주기 위한 합리적 거래, 이 두 가지뿐이다.

모험과 변화를 추구하는 유럽의 젊은 커피인들

스타벅스가 만든 커피의 표준화에 대한 저항이라는 점에서는 공통이지만, 나라마다 지역마다 제3의 물결은 다른 모습으로 나타나고 있다. 그것이 제3의 물결의 본질이다.

20세기 초부터 1인당 커피 소비 수준에서 세계 최고를 보이고 있는 북유럽 국가들은 개별 바리스타들의 끊임없는 탐구 정신이 제3의 물결을 이끌고 있다. 대표적으로 노르웨이의 경우 제3의 물결은 도시마다 존재하는 작은 커피 바를 지키는 바리스타들의 끝없는 도전과 탐구 정신에 의해 만들어지고 유지되고 있다. 매년 개최되는 월드바리스타챔피언십은 이들의 주요 무대가 되고 있다. 오슬로의 팀웬델보Tim Wendelboe, 자바Java, 모카Mocca가 그렇고, 덴마크 코펜하겐의 커피콜렉티브Coffee Collective, 데모크라틱커피Democratic Coffee, 스웨덴 헬싱보리의 코피화인커피로스터스Koppi Fine Coffee Roasters가 그 길을 가고 있다.[10] 북유럽 커피 문화의 특징인 깨끗하고 부드러운 맛과 압도적인 1인당 커피 소비량[11]은 이들이 있기에 지속 가능해 보인다.

마을마다 골목마다 볼 수 있는 소형 에스프레소 바에서 주문과 함께 빠르게 제공되는 값싼 에스프레소에 익숙한 이탈리아에서 제3의 물결이 싹트기에는 넘어야 할 장애물이 적지 않다. 에스프레소 머신을 개발한 베쩨라, 크레마가 만들어지는 레버식 에스프레소 머신을 개발한 가찌아의 나라가 이탈리아다. 지금도 세계 대부분의 나라에서 사용되는 에스프레소 머신 중 다수가 이탈리아 제품이다. 머신이 제공하는 빠르고 값싼 에스프레소를 즐기며 살아온 100년 전통을 극복하는 것은 결코 쉽지 않은 일이다. 에스프레소 한 잔에 1유로 이상을 받기 어려운 나라가 이탈리아이다.

이런 이탈리아에서도 제3의 물결을 향한 움직임이 나타나고 있다. 볼로냐 포를리에 있는 가르델리Gardelli 로스팅 카페가 대표적이다. 이탈리아의 로스팅 경연 대회에서 세 차례 우승, 2014 세계드립커피대회에서 준우승을 한 루벤스 가르델리Rubens Gardelli가 운영하는 곳이다. 파올로 시모네Paolo Scimone가 운영하는 밀란 교외인 몬차에 위치한 히스마제스티더커피His Majesty The Coffee, 세 차례 이탈리아 바리스타 챔피언에 올랐던 프란세스코 세나포Francesco Sanapo가 운영하는 디따아르

티지날Ditta Artiginale 등도 유명하다.[12]

이들의 노력에도 구세대 이탈리아인들의 값싼 에스프레소에 대한 집착은 좀처럼 변할 줄 모른다. 기대하는 것은 모험과 변화를 추구하는 젊은 세대들이다. 이들에게서 나타나는 작은 변화에 기대를 걸고, 이들 선구적 바리스타들이 땀을 흘리고 있는 현장이 이탈리아다. 전통과 유행 사이의 거리가 얼마나 먼 지를 잘 보여 주는 것이 제3의 물결 앞에 놓인 이탈리아의 커피 문화라고 할 수 있다.

스페셜티 커피 중심의 아랍

이쯤에서 궁금한 것은 커피의 발상지 예멘과 아랍 세계의 요즘 커피 문화이다. 커피가 기호음료로 인류 역사에 등장하고, 처음으로 경작되고, 이슬람의 음료로 자리를 잡아 가는 과정이었던 15세기에서 17세기까지의 역사에서 가장 중요한 역할을 하였던 지역이 바로 예멘을 중심으로 한 중동 지역이었다. 이들에게 커피는 접대의 상징이고 사랑의 상징이었다. 커피의 대명사 모카항이 있는 예멘, 유럽으로 커피를 전한 나라 터키 등이 있는 중동 지역의 요즘 커피 문화는 어떤 모습일까?

예멘에서 커피는 수백 년 전과 마찬가지로 대규모 농장보다는 소규모 농가 단위로 경작되고 있다. 비료나 농약을 거의 사용하지 않기 때문에 대부분 유기농 커피organic coffee로 분류할 수 있다. 봄과 가을 두 차례 수확한 커피를 전통적이고 자연 친화적인 건식법을 이용해 가공한다. 2020년 국제커피협회ICO 통계에 의하면 총 생산량은 연 6,000톤 정도로 추정되며, 커피 산업 발전을 위한 국가 차원의 관심 부족으로 국제커피협회에도 가입되어 있지 않다. 세계 커피 생산량의 0.1퍼센트에도 못 미치는 수준이다. 대부분 자연 경작되고 수확과 가공이 수작업으로 이루어져 생두의 모양이 일정하지 않고, 로스팅 후에도 원두의 색깔이 균일하지 않다. 이런 특징 때문에 생두의 체계적 등급 분류조차 이루어지지 않고 있다.

예멘 사람들은 커피를 전통 방식으로 내려 마신다. 생두를 빻아 이브릭ibriq이라는 자루 달린 컵 모양 용기에 넣고 끓이는 터키식을 사용한다. 예멘 사람들은 아침에만 뜨거운 커피를 마시는 풍습이 있고, 오후에는 주로 키시르Qishr(혹은 Kishr로 표기)를 마신다. 전통음료인 키시르는 통째로 말리거나 살짝 볶은 커피체리를 끓여서 만든다. 오랜 쇠락에도 불구하고 예멘 커피는 명맥을 유지해 왔지만 체계적인 관리가 이루어지지 않아서 생산 지역이나 재배 품종이 다양한 만큼 명칭 부여 방식도 일정하지 않다. 국제적으로 '커피의 귀부인' 혹은 '커피의 여왕'이라는 칭호를 받으며 고급 커피로 인정받고 있는 것에 비해 관리는 비체계적이다.

제3의 물결 속에 국제 커피 시장에 알려진 몇 가지 대표적인 예멘 커피가 존재한다. 모카 마타리Mocha Mattari는 신맛이 강하고 강한 향을 지닌 것으로 알려져 있다. 화가 반 고흐가 좋아했던 커피로 유명하다. "반 고흐와 소통하는 방법은 마타리를 마시는 방법밖에 없다"는 말이 있을 정도다. 하와이안 코나 엑스트라 팬시, 자메이카 블루마운틴 No. 1과 함께 세계 3대 커피로 꼽히기도 한다. 그 외에도 모카 히라지Mocha Hirazi는 신맛과 과일 맛이 나고 모카 마타리보다 부드러운 향을 지녔다. 이스마일리Ismaili 또한 마타리와 비슷하지만 부드럽고 풍부한 과일 향과 다크초콜릿 향이 나는 고급 커피로 분류된다. 사나니Sanani는 마타리, 히라지, 이스마일리 등 수도 사나의 동쪽 지역에서 나는 커피 모두를 의미하거나, 이들 커피를 블렌딩한 커피를 의미하기도 한다. 따라서 산도는 낮지만, 균형 잡힌 맛과 향을 가진 예멘 커피라고 보면 된다.

'기원의 땅land of origins'이라고 불릴 정도로 다양한 인류 문명의 출발 지점이었던 예멘에서 생산되는 커피가 최근에는 다시 각광을 받기 시작하였다. 예멘이라는 이름이 내전, 폭격, 사막, 해적, 그리고 난민의 이미지를 벗고 세계 최고의 커피 생산국으로서의 이미지를 회복하는 데 앞장선 청년 목타르 알칸샤리Mokhtar Alkhanshali의 이야기는 매우 감동적이다.

미국에서 예멘 이민자의 아들로 태어난 알칸샤리는 샌프란시스코에서 대학 등록금을 벌기 위해 도어맨 등으로 생활하던 중 자신의 조국이 커피의 고향이라는 말에서 영감을 얻어 커피를 공부하기 시작하였다. 예멘계 미국인 최초로 큐그레이더Q grader(커피 감별사)가 된 그는 시애틀에서 열리는 커피 시음 대회에 예멘 커피를 출품하기 위해 고향 예멘으로 갔다. 어렵게 커피 원두를 구입한 그가 미국행 비행기를 타려던 바로 전날 수도 사나 국제공항이 폭격을 맞았다. 2015년 예멘 내전의 시작이었다. 반군과 정부군의 검문과 생명의 위협을 넘기고 넘기며 우여곡절 끝에 구한 배편으로 모카항을 출발하였다. 홍해 건너 아프리카 동쪽의 작은 나라 지부티를 거쳐 시음 대회 당일 시애틀에 도착할 수 있었다. 이 대회에서 스타벅스를 넘어 새로운 커피 문화를 창조하고자 하는 흐름인 커피 제3의 물결을 주도하고 있던 기업의 하나인 블루보틀의 관심을 사로잡았다. 블루보틀은 그의 예멘 커피를 파운드당 100 달러 이상에 구매하였고, 다른 커피 구매자들도 뒤를 따랐다. 당시 통상적인 커피 거래 가격이 파운드당 1달러 수준이었다는 것을 생각하면 어마어마한 가격이었다. 이후 알칸샤리는 '포트오브모카Port of Mokha'라는 회사를 창업하였고, 이 회사는 현재 예멘 커피를 미국에 공급하는 가장 성공적인 회사의 하나로 성장하였다.

알 자지라Al Jazeera의 표현대로 "샌프란시스코 출생 난민의 아들이 예멘 커피 부활에 불을 붙였고, 전쟁도 그의 아메리칸 드림을 막지 못했다." 알칸샤리의 이야기는 데이브 에거스Dave Eggers에 의해 2018년에 《전쟁 말고 커피》(한글판 2019)라는 제목의 책으로 세상에 알려졌다. 알칸샤리가 불을 붙인 예멘 커피 산업은 커피를 예멘인들의 표현대로 '붉은 루비red rubies'로 회복시키고 있는 중이다.[13] 현재 모카항은 사우디아라비아가 지원하는 예멘의 하디Hadi 정부 연합군과 이란이 지원하는 후티Houthi 반군 세력이 격전을 벌이는 장소가 되어 있다.

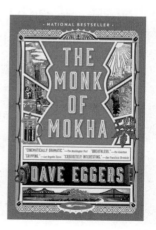

알칸샤리의 모험을 담은 책 《전쟁 말고 커피》.

기원의 땅, 한동안 커피의 대명사였던 모카의 나라
예멘의 명성을 부활시킨 인물 알칸샤리의 모험을
담은 책이다. 전쟁도 막지 못한 그의 아메리칸 드림이
실현되는 과정이 드라마처럼 묘사되었다.

예멘 사태가 보여 주듯이 반복되는 지역 정세의 불안정으로 인해 20세기 세계 커피 소비의 폭발적 증가에도 불구하고 커피 소비의 출발점이었던 중동 지역은 다른 어떤 곳보다도 커피 소비가 적었다. 커피 제1의 물결과 제2의 물결이 중동 지역에는 닿지 않았다고 느껴질 정도로 이 지역을 지배하는 음료는 차Tea였다. 그러던 것이 21세기 들어 스페셜티 커피에 대한 관심의 확대와 함께 변화의 조짐이 나타나기 시작하였다.

19세기까지 예멘을 중심으로 한 홍해 지역이 중동 커피 산업과 소비의 중심이었다면, 21세기 현재 중동 커피 소비의 중심은 아마도 아랍에미레이트, 사우디아라비아, 쿠웨이트 등 페르시아만 주변 국가들일 것이다. 1999년에 중동 지역에서 처음으로 스타벅스가 문을 연 곳도 아랍에미레이트의 두바이였다. 스타벅스로 상징되는 제2의 물결을 지나 스페셜티 커피 중심의 제3의 커피 물결이 가장 활발하게 일어나고 있는 곳 또한 두바이를 포함한 아랍에미레이트다. 이곳의 커피 시장은 매년 두 자리 수 수준으로 폭발적인 성장을 보이고 있다. 메카를 품고 있는 사우디아라비아의 커피 시장 또한 연 10퍼센트 내외의 성장세를 나타내고 있다. 2019년 12월 제2차 중동커피회의Middle East Coffee Conference가 제6차 국제커피초콜릿박람회International Coffee and Chocolate Exhibition와 함께 사우디아라비아의 수도 리아드Riyadh에서 열렸고, 여기에는 9만 명이 참석하였다.

현재 중동 지역에서 거래되는 커피의 양은 60킬로그램짜리 자루로 450만~500만 개 정도로 추정된다. 이는 미국 소비량의 1,000분의 1 정도에 불과하지만 성장 속도는 세계 커피 시장 성장률의 4~5배 정도라

커피 세계사

는 점을 주목해야 한다. 중동 커피 소비의 또 다른 특징 중 하나는 밀레니엄 세대가 주도하는 힙스터Hipster 스페셜티 카페의 등장이다. 힙스터는 독특한 문화적 코드를 공유하는 젊은이들을 의미한다. 누구나 즐기는 체인점 커피가 아니라 그들만이 즐기는 스페셜티 커피가 이들 힙스터 문화의 한 부분으로 두바이를 중심으로 유행하고 있다.

향후 몇 년간 연평균 10퍼센트 이상의 성장이 예상되는 스페셜티 커피 시장의 모습을 가장 잘 보여 주는 곳 중의 하나가 바로 중동의 중심인 페르시아만이다. 이 지역의 커피 문화를 주도하고 있는 것은 이른바 밀레니엄 세대 혹은 Z세대라고 불리는 1990년대 중반 이후 출생자들이다. 이들은 독창적인 생활을 추구하고 미학적으로 돋보이기를 추구하는 경향이 두드러지는데 음료나 음식을 선택하고 소비하는 데서도 그런 특징을 드러낸다. 누구나 갈 수 있는 곳에서, 누구나 마실 수 있는 커피보다는 나만이 즐길 수 있는 그림 같은 공간에서 나만을 위해 만들어진 특별한 커피의 맛을 즐기는 것이다. 이들이 유행시키는 공간이 바로 스페셜티 커피를 제공하는 작은 커피숍, 이른바 부티크 커피숍이다. 두바이에 있는 알케미두바이Alchemy Dubai나 매드테일러스Mad Tailors가 바로 그런 곳이다. 작은 수영장과 식물원 또는 미술관에서 스페셜티 커피를 즐기는 곳이다. 커피와 함께 제공되는 사이드 메뉴의 독창성도 이들 작은 커피숍들이 추구하는 새로운 문화이다.

또 하나의 흥미로운 나라는 터키다. 17세기에 유럽 기독교 국가에 커피를 소개하는 관문 역할을 하였던 터키는 일찍이 고유한 커피 문화를 발전시켰다. 볶은 커피 원두를 아주 곱게 간 후 물과 적당량의 설탕을 섞는다. 그런 다음 터키식 포트인 '이브릭' 혹은 '체즈베'라는 용기에 넣고 끓인다. 끓인 커피를 작은 잔에 따라서 제공한다. 마시기 전에 녹지 않은 커피 가루가 잔 바닥에 가라앉기까지 잠시 기다리는 것이 예의다. 이렇게 제공되는 터키식 커피는 강한 바디감, 맛있는 향과 오래가는 아로마가 특징이다. 터키인들은 커피를 마신 후 잔을 엎는다. 바닥에 새겨진 찌꺼기 모양을 보고 점을 치기도 한다. 남은 커피 찌꺼기 모양으로 점치는 풍습은 터키에서 만들어져 17세기 말 즈음 프랑스 파리를 거쳐 오스트리아, 헝가리, 독일 등에서 유행할 정도였다. 터키식 커피는 다른 종류의 커피에 비해 카페인 함량이 낮다고 터키 사람들은 믿고 있다.

터키인들에게 커피는 오래전부터 우정, 사랑 그리고 공감의 상징이었다. 커피가 얼마나 중요한 문화였는지는 "한 잔의 커피는 40년 지속되는 우정을 만든다"는 속담 속에도 남아 있다. 터키어로 아침식사는 '카흐발티kahvalti'라고 하는데 이 단어는 커피를 뜻하는 '카흐베kahve'와 이전을 뜻하는 '알티alti'가 합해진 '커피 마시기 전before coffee'이란 뜻이다. 전통적으로 청혼을 하기 위해 찾아온 예비 신랑에게 신부가 승낙을 표현할 때도 커피를 대접하였다.

이렇듯 커피 문화가 가장 먼저 발달하였던 터키는 20세기 들어 커피 산업이나 커피 소비 시장으로서의 의미를 잃어버렸다. 대부분의 이슬람 국가들이 그렇듯이 19세기 후반 인도로부터 전해진 차 문화의 영향도 적지 않았다. 보다 중요한 것은 제1차 세계대전으로 커피 가격이 급상승하였기 때문이었다. 1922년 제국이 멸망한 뒤 예멘을 비롯한 커피 공급 지역이 터키의 영향력에서 벗어나면서 커피는 점점 더 구하기 어려워졌다. 커피의 대용품으로 등장한 차가 국민음료의 자리를 차지하였다. 커피에 대한 차의 우위는 100년 가까이 지속되었다. 현재 차 소비량 순위에서는 세계 5위, 국민 1인당 차 소비량 순위에서는 세계 6위를 차지할 정도로 터키에서는 차를 많이 마신다. 이런 터키에서도 21세기에 들어 커피 소비가 급격하게 증가하기 시작하였다. 2010년 이후 연 15퍼센트 수준의 커피 소비 증가를 보이고 있고, 카페 시장의 27퍼센트를 차지하는 스타벅스 매장은 매년 80~100개 씩 늘어나고 있다. 커피가 다시 터키의 국민음료 자리를 회복할지 궁금하다.

킷사텐과 결합한 일본 커피 문화

일본은 제2의 물결 속에서도 커피의 맛과 커피 생산자들의 권익을 보호하기 위한 세계적인 흐름에 능동적이고 적극적으로 참여해 왔다. 대표적인 인물로는 하야시커피컴퍼니Hayashi Coffee Company의 히데타카 하야시Hidetaka Hayashi와 마루야마커피Maruyama Coffee의 켄타로 마루야마Kentaro Maruyama를 들 수 있다. 하야시는 최고급 커피를 생산하려는 농민들의 노력을 지원하기 위한 취지로 COE(Cup of Excellence)를 기획하고, 심사 기준을 만든 원년 멤버 6명 중의 한 명이었다. 나머지 다섯 명은 브라질 스페셜티커피협회 창설자인 마르첼로 비에이라Marcelo Vieira, COE의 심사위원장 실비오 라이테Silvio Leite, COE 주관 기구인 ACE(Alliance for Coffee Excellence)의 사무총장 수지 스핀들러Susie Spindler, 조지하웰 커피George Howell Coffee의 설립자 조지 하웰George Howell, 그리고 SCAA 위원 돈 홀리Don Holly 등이었다. 마루야마는 ACE의 회장을 지냈다.

비영리단체 ACE가 후원하는 COE 대회는 1999년 첫 대회 이후 지금까지 세계 커피 생산 농가를 지원하고, 세계의 커피 발전에 기여하였다. 이들의 노력으로 일본 특유의 킷사텐 문화와 결합한 일본다운 제3의 물결을 개척하고 있다. 도쿄의 쇼조Shozo, 온니버스Onibus, 카페 키츠네Café Kitsuné, 사이드워크스탠드Sidewalk Stand, 더로스터리The Roastery by Nozy coffee, 가마쿠라의 단델리온초콜릿Dandelion Chocolate, 오사카의 멜커피로스터스Mel Coffee Roasters, 히로시마의 옵스큐라커피로스터스Obscura Coffee Roasters, 교토의 쿠라수Kurasu, 카이카토Kaikato, 위켄더스Weekenders, 퍼센트, 아라비카Arabica, 클램프커피사라사Clamp Coffee Sarasa 등 헤아릴수 없이 많은 카페와 로스터들이 자신들만의 맛과 문화를 만들고 있다. 일본 도쿄에는 2015년에 미국의 제3의 물결 리더 중 하나인 블루보틀이, 그리고 최근에는 스텀프타운이 교토에 진출하였다.

23

한국형
제3의 물결,
커라밸

한국도 이미 제2의 물결 속에서 스페셜티 커피와 공정무역 등에 관심을 가진 많은 로스터, 바리스타들이 자신만의 커피 맛과 카페 문화를 만들기 위해 노력해 왔다. 한국 커피 제3의 물결은 미국, 유럽, 일본과는 다른 특징을 보여 주고 있다. 한국에서 커피 제3의 물결을 상징적으로 표현할 수 있는 용어는 아마도 '커라밸'일 것이다. 커피와 라이프의 밸런스Coffee-Life Balance가 바로 그것이다.[1]

세계 어디에서도 찾아보기 힘든 독특한 커피와 카페 문화, 커피와 일상적 삶이 균형 있게 융합된 독특한 문화를 보여 주는 곳이 바로 21세기의 대한민국이다. 커피의 기원을 다룬 저서 《에티오피아》의 저자 콜러가 필자에게 보내 온 메시지에서 이야기했듯이 세계적인 커피 전문가들에게도 한국은 "정말 흥미롭고 활발한 커피 문화interesting and active coffee culture"를 가진 나라, 그래서 방문하고 싶은 나라다.[2] 160년의 커피 역사, 100년이 넘는 다방의 전통, 커피 제2의 물결을 통해 형성된 두텁고 예리한 소비자층, 그리고 도전적이고 창의적인 많은 로스터, 큐그레이더, 바리스타들이 함께 만들어 가는 한국 커피 문화의 현재를 보여 주는 현상들은 그래서 매우 흥미롭다.

8만 커피 전문점, 50만 바리스타, 1,000큐그레이더의 나라

스타벅스가 한국에 상륙한 지 20년이 되는 2018년 말을 기준으로 한국은 커피 수입에 있어서 유럽, 미국, 일본, 러시아, 캐나다에 이어 세계 6위의 국가가 되었다. 국제커피기구ICO의 자료에 의하면 한국은 2021년 5월 기준으로 1년간 60킬로그램짜리 자루로 251만 3,000자루, 1억 5,078만 킬로그램의 커피를 수입하였다(ICO홈페이지). 2020년 코로나19로 인해 대부분의 나라 커피 수입량이 감소하거나 답보 상태임에 반해 한국은 코로나19 영향이 가장 컸던 2020년 1월부터 8월 사이에 커피 수입량이 6.4퍼센트 증가하였다. 8개월 만에 수입량이 1억 킬로그램(10만톤)을 넘어선 것은 최초다.[3] 커피 수입 상위 10위권 국가 중에서 일본을 포함하여 3개국의 수입이 줄어들었고, 7개국의 수입이 1~2퍼센트대 증가를 보인 데 비해 한국만이 가장 높은 6퍼센트대 증가율을 보인 것이다. 코로나19가 모든 일상을 위축시켰음에도 불구하고 커피 소비는 멈추게 하지 못하였다. 카페 문이 닫히자 홈 카페가 증가하였다. 커피가 일상생활과 아주 오랜 친구처럼 맞닿아 있기 때문이다.

2018년 기준으로 성인 1인당 연간 약 353잔의 커피를 마시는 것으로 나타나 세계 1인당 커피 소비량 132잔의 3배 가까운 모습을 보였다. '커피 공화국'에 걸맞은 위상이다.

시장 조사 전문업체 유로모니터에 따르면 한국의 커피 전문점 시장은 2018년 기준 5조 6,300억 원대, 코로나19의 영향을 받기 시작한 2020년 6월 기준으로는 5조 5,600억 원대로 나타나 전 세계에서 미국, 중국에 이어 세 번째로 큰 시장이 되었다. 적어도 커피 전문점 시장 규모에서는 4위인 일본을 앞서고 있다. 한국인들은 커피 전문점에서 1인당 연간 10만 9,089원을 소비하는 것으로 나타나 세계 2위 수준에 올랐다. 1위는 이스라엘이었다. 커피 전문점의 수는 8만 개를 넘어섰다.

현대경제연구원의 발표에 의하면 한국의 커피류 시장 규모는 2018년에 7조 원을 돌파하였다. 통계에 포함되지 않은 소규모 개인 카페를 합치는 경우 시장 규모는 12조 원을 넘었을 것으로 예측하였다. 12조 원에서 커피 전문점 시장이 차지하는 5조 6,000억 원을 제외한 나머지는 제품 커피 시장의 몫이다. 캔, 컵, 페트 등에 담겨 판매되는 액상 커피인 RTD(Ready To Drink) 음료의 성장이 두드러진 것도 최근의 동향이다. 이런 가운데 사회적 거리두기가 가져온 홈 카페 붐에 부응하여 캡슐 커피와 인스턴트 원두커피의 인기도 높아져 가는 추세다. 원두커피나 믹스 커피의 비중은 상대적으로 낮아지고 있다.

커피 전문점의 대명사인 스타벅스코리아의 경우 팬데믹의 영향으로 영업 이익은 23.9퍼센트 정도 감소하였지만, 총매출액은 지속적으로 상승하였다. 스타벅스의 전 세계 매출액이 감소한 것과는 대조되는 장면이다. 특히 미국 내 스타벅스의 매출은 38퍼센트나 감소한 것에 비하면 한국 시장은 매우 예외적이다. 이런 가운데 국내 프렌차이즈 최대 업체인 이디야커피는 2019년에 국내 커피 프랜차이즈로는 처음으로 체인점 3,000호를 돌파하였고, 2020년 11월에 3,200호점을 돌파하였다. 2020년 12월에 1,500개 매장을 넘어선 스타벅스의 2배 이상이 되었다.

프랜차이즈 카페로 상징되는 제2의 물결을 지나며 한국 커피 소비자들의 커피 미각은 크게 향상되었다. 커피에서 남들이 못 느끼는 나만의 맛과 향을 얻고자 하는 소비자가 늘고 있다. 소비자들의 질적 수준이 높아졌고, 소비자들의 입맛이 꽤 전문화되었다. 이런 소비자들에 맞추어 시장이 변하고 있다.

커피 소비의 증가가 가져온 눈에 띄는 변화 중 하나는 스페셜티 커피 시장의 확대다. 원두의 이력이나 추출 방식을 확인하며 커피를 마시는 소비자가 늘어나는 추세에 따른 변화였다. 시장이 포화 상태에 이르렀다는 카페 위기설이 10년 동안 지속되고 있지만, 커피 시장이 꾸준히 성장세를 유지하는 배경 중 하나가 바로 스페셜티 커피이다. 커피 소비의 기준이 가성비에서 맛으로 변하였고, 스페셜티 커피의 대중화라는 표현이 어색하지 않은 시대가 되었다. SNS 활용이 보편화되면서 유명한 스페셜티 카페, 로스터리 카페, 혹은 바리스타에 관한 정보의 유통 속도가 빠르고 광범위한 것도 한국 커피 소비자들의 수준 향상에 기여하였다.

국내 커피 정보뿐만 아니라 세계 커피 정보의 유통 속도도 한국을 따라올 나라가 많지 않다. 스페셜티 커피에 이어 21세기 커피 시장에 새로 등장한 '무산소 발효Anaerobic Fermentation' 공법을 이용한 커피가 있다. 생두의 처리 과정에서 와인 만드는 공정과 유사하게 산소를 억제한 탱크에서 일정 시간의 발효를 거친 후에 건조를 시키는데, 발효로 인해 독특한 향미를 지니게 된다. 그 맛과 향은 생두에 따라, 효모에 따라 다양하다. 2010년대 중반부터 세계바리스타챔피언십에서 유명 바리스타들이 사용하기 시작한 이 커피를 메뉴에 올린 국내 카페가 적지 않다.

커피 소비자들의 수준 향상과 커피 정보의 빠른 유통은 프랜차이즈 카페의 변화를 가져왔다. 스타벅스가 2014년 3월에 최고급 스페셜티 커피의 제공을 위해 첫 리저브Reserve 매장을 만든 이후 현재 국내에는 100개 가까운 리저브 매장을 운영 중이다. 중국, 미국에 이어 세 번째로 많은 리저브 매장이 이 작은 나라의 민감한 소비자들 주변에 분포하고 있다. 전 세계 리저브 매장이 800여 개인 것을 고려하면 대단한 스페셜티 커피 열풍이다. 인구당 스타벅스 리저브 바가 가장 많은 곳이 대한민국이다.

스타벅스 이외에도 스페셜티 커피를 내세운 전문 프랜차이즈가 속속 등장하기 시작하였다. 상위 7퍼센트의 원두로 만든 스페셜티 커피를 한 잔에 2,000~3,000원에 제공한다는 슬로건으로 출발한 만랩커피10000LAB Coffee, 다양한 소비자의 기호에 맞추는 스페셜티 커피의 제공을 선언한 셀렉토커피Selecto Coffee, 동원산업이 스페셜티 커피 시장에 진입하며 오픈한 샌드프레소 스페셜티, SPC그룹이 운영하는 스페셜티 커피 전문점 커피앳웍스, 가성비 높은 스페셜티 커피를 추구하는 1유로1EURO커피 등이다. 이외에도 기존의 프랜차이즈 카페 중 엔젤리너스, 탐앤탐스, 이디야도 이미 스페셜티 커피 매장 설립에 참여하였다.

소비자들 중에 바리스타 자격증에 도전하는 사람들이 많아진 것도 한국의 특징이다. 바리스타 자격증을 발급하는 협회나 교육 단체의 난립으로 인해 이들이 수여한 바리스타 자격증을 소지한 사람이 얼마나 되는지 확인하기가 어려울 정도다. 한국커피협회에서 수여한 바리스타 자격증 숫자만 해도 15만 명 이상인 것을 보면, 한국의 바리스타 자격증 소지자는 적어도 50만 명은 넘었을 것으로 추산된다. 인구 100명당 1명 이상이 자격증을 지닌 바리스타인 셈이다. 아파트 1개 동에 적어도 바리스타가 1명쯤은 산다. 커피가 생활 속 깊숙하게 스며들었다는 것을 보여 준다.

커피 관련 자격증 중 최고봉은 큐그레이더, 즉 커피 감별사다. 스페셜티커피협회SCA 산하 자선기금인 CQI(Coffee Quality Institute)가 주관하는 교육과 테스트를 통과해야 취득할 수 있는 국제적 수준의 자격증 소지자를 말한다. 2021년 6월 기준으로 6,044명밖에 없는데 한국 국적 소지자가 948명에 이른다. 중국에 이어 두 번째이고 미국보다 많다. 오래전에 시작된 스펙 쌓기 열풍이 커피 세계에도 등장한 것이다.

스페셜티 커피의 유행, 높아진 커피 소비자들의 취향, 커피 전문가의 증가로 한국에만 고유한 커피 상품도 출현했다. 대표적인 것이 인스턴트 원두커피 시장의 확대다. 앞에서도 설명했듯이 인스턴트커피는 내려 마시거나 끓여 마시는 커피가 아니라 물에 바로 녹여서 마시는 분말 혹은 과립으로 된 커피를 말한다. 대표적인 것이 냉동건조법이나 분말건조법으로 만들어 병이나 종이팩에 넣어 파는 커피 분말과 한국에서 개발한 커피 믹스다. 원료에 저렴한 로부스타종 커피가 많이 들어가는 공통점이 있다. 미국에서는 커피 시장의 10퍼센트 미만, 이탈리아나 프랑스에서는 1퍼센트 미만을 차지하지만, 영국에서는 지금도 인스턴트커피가 전체 커피 시장의 75퍼센트를 차지한다. 한국도 1990년대까지는 인스턴트커피 시장의 비중이 90퍼센트를 넘는 나라였고, 지금도 그 비중이 비교적 높은 나라에 속한다.

우리가 말하는 원두커피, 즉 내려서 마시는 커피의 약진에도 불구하고 인스턴트커피가 주는 간편함과 달달함을 포기하기는 쉽지 않다. 원두커피의 맛과 향에 대한 기대와 인스턴트커피가 주는 편리함이나 가용성이 결합하여 만들어진 첫 번째 제품군이 캔이나 페트 용기에 담긴 커피였다면, 두 번째로 성장한 한국 고유의 커피 상품이 스틱형 인스턴트 원두커피다. 인스턴트커피 가루에 원두커피 가루를 조금 섞는 방식이다. 2011년에 맥심카누에 이어 롯데네슬레의 수프리모크레마, 남양유업의 루카 등 대형 식품업체가 제품을 내놓은 데 이어 2014년에는 커피 전문점 이디야에서 비니스트미니를 내놓았다. 2020년에는 이탈리아 일리illy 커피의 파트너인 큐로홀딩스에서 인텐소Intenso를 내놓으며 시장에 진입하였다. 카페이탈리아에서 까페까페라는 제품으로 시장에 참여한 것도 최근이다.

이런 대규모 업체의 인스턴트 원두커피는 사실 원두의 비율이 5퍼센트를 넘지 않는다. 이름만 원두커피지 내용물에서는 인스턴트커피에 가깝고 원두커피 본연의 맛이 구현되고 있지 않다는 지적이 많다.[4]

한국에서 커피를 파는 카페는 약 9만 개 정도가 있다. 이 중에서 전국적 수준의 프랜차이즈 형태의 카페는 1만 5,000여 개이고, 나머지는 개인이 운영하는 카페들로 전체의 70퍼센트 이상이다. 그리고 개인 카페들 중에는 스스로 커피를 볶아서 스스로의 방식으로 커피를 내려 제공하는 로스터리 카페가 적지 않다.

로스터리 카페 중에 커피 농장과 직접 거래를 하거나 공정무역을 통해 생두를 구입하고, 생두의 이력에 따라 알맞은 방식으로 로스팅하여 커피를 제공하는 카페가 얼마나 되는지는 확인하기 어렵다. 공정무역을 허용하는 외국의 커피 농장을 찾아가서 직접 협상을 하여 합당한 가격으로 생두를 구입하는 일은 결코 쉬운 일이 아니다. 그래도 적지 않은 커피 로스터들이 그런 도전을 시도해 왔고, 지금도 시도를 하고 있다. 커피 재배와 생산에 필요한 노동력의 70퍼센트를 제공하는 세계 여성 노동자들과의 연대를 꿈꾸며 솔브Solve라는 이름의 커피를 출시한 '아름다운커피'의 도전도 흥미롭다.[5] 제2의 물결 한 세대 경험을 통해 취향이 드러나고 요구가 많아진 수많은 커피 소비자들에게 적응하려고 애쓰는 수많은 개별 로스터들, 바리스타들, 큐그레이더들이 함께 만들어 가는 완성되지 않은 모자이크가 바로 한국형 제3의 물결 커피이다.

세계 커피 박물관의 반이 한국에

박물관의 어원은 그리스어 '무세이온mouseion'이며 '사색의 장소'를 의미한다. 그래서 로마 시대에 세워진 초기 박물관들은 대학의 원형 역할을 하였고, 15세기에 이르러 지금처럼 유물을 전시하는 장소를 의미하기 시작하였다. 20세기 후반에 이르러 박물관은 단순히 오래된 물품을 보관하는 장소의 의미를 넘어 문화유산에 대한 교육과 체험을 제공하는 사회교육 기관의 성격으로 발전하였다.

커피 세계사

세계 최초의 커피 박물관은 영국 런던에 1992년 문을 열었던 '브라마홍차커피박물관Bramah Museum of Tea & Coffee'이다. 설립자 에드워드 브라마Edward Bramah가 커피의 유래와 역사, 그리고 그 사회적 의미를 보존하고 전승하고자 설립한 시설이었다. 그러나 이 영국의 유일한 커피 박물관이 아쉽게도 설립자가 사망한 2008년에 문을 닫은 후 다시는 열리지 않고 있다.

그렇다면 현재 지구촌에는 커피 박물관이 얼마나 많을까? 포털 사이트 구글에서 '커피 박물관coffee museum'으로 검색을 하면 한국 이외의 나라에서 문을 열고 있는 총 15개 정도의 크고 작은 커피 박물관을 만날 수 있다. 독일 함부르크의 '부르크커피박물관Das Kaffee Museum Burg'과 라이프치히의 '카페바움커피박물관Coffe Baum mit Kaffemuseum', 아랍에미레이트의 '두바이커피박물관Coffee Museum, Dubai, UAE', 일본 고베의 'UCC커피박물관UCC Coffee Museum', 체코 프라하의 '알키미스트커피박물관Alchymist Coffee Museum', 인도의 '치크마갈루커피박물관Chikmagalur Coffee Museum', 브라질의 상파울루와 산토스에 있는 '커피박물관Museu do Café', 베트남 닥락에 있는 '커피박물관The World of Coffee Museum', 타이완의 '핑황커피박물관Ping Huang Coffee Museum', 오스트리아 빈의 '커피박물관Kaffeemuseum', 이탈리아의 '라바짜커피박물관Lavazza Coffee Museum', 푸에르토리코의 '커피박물관Museo del Cafe', 그리고 최근인 2019년에 문을 연 '터키커피박물관Turkish Coffee Museum' 등이 그것이다. 중국에는 2016년에 강릉의 '커피커퍼'가 윈난성의 협조를 받아 망시芒市에 한국커피박물관韓國咖啡博物馆을 세웠다. 세계 최대의 커피 생산 국가인 브라질과 유럽 최대 커피 소비국 독일을 제외하면 커피 박물관을 두 개 이상 가진 나라는 없다. 세계 1위 커피 소비국 미국에는 커피 박물관이 하나도 없다. 세계 3위 커피 소비국 일본에도 UCC에서 운영하는 커피 박물관 하나밖에 없다.

한국에는 현재 11개의 커피 박물관이 있다. 세계 커피 박물관의 거의 절반이 한국에 있는 셈이다. 경기도에는 두 개의 커피 박물관이 있다. 커피 전문가인 박종만이 세운 경기도 양평의 '왈츠와 닥터만' 커피 박물관과 파주시에 있는 '헤이리커피박물관'이다. 커피 박물관의 천국은 강원도. 현재 네 개의 커피 박물관이 있다. 커피커퍼에서 운영하는 강릉 왕산면의 '강릉커피박물관'과 경포의 '커피커퍼커피박물관', 테라로사에서 운영하는 '강릉테라로사커피박물관', 그리고 화천군에 소재한 '산천어커피박물관'이다. 제주에는 제주 성산의 '제주커피박물관 바움'과 '블루마운틴커피박물관' 등 두 곳이 있다. 충청북도에는 '충주커피박물관'이 있고, 부산 전포 커피 거리에 '부산커피박물관'이 있다. 전라북도 군산시 성산면에 있는 호남 유일의 커피 박물관은 일반에게 공개하고 있지는 않다.

커피 박물관 숫자와 종류로 보면 한국은 세계 최고라고 할 수 있는 커피 박물관의 나라이고, 강릉은 그 중심에 있다. 강릉에는 커피 박물관이 세 개나 있다. 2016년에 개관한 '테라로사커피박물관'은 전시에 그치지 않고 전문가의 안내로 관람객들에게 커피나무의 생장 과정부터 로스팅, 커핑, 드리핑 과정까지를 체계적으로 보여 준다는 측면에서 커피 박물관의 새로운 방향을 보여 주고 있다.

'테라로사커피박물관' 이외에도 몇 곳에서는 전시 기능 이외에 커피에 관한 지식을 전달하고, 커피 관련 교육 프로그램을 운영하며, 커

커피 세계사

피 체험 행사를 진행하고 있어서 지역 주민이나 관광객들의 호응을 얻고 있다. 미미한 수준이기는 하지만 박물관에 따라 특별한 프로그램들을 운영하고 있는데 대표적인 것을 소개하면 다음과 같다.

왈츠와 닥터만에서는 커피 역사 탐험대를 조직하여 우리나라와 세계 커피 역사를 체험하는 프로그램을 운영하며, '헤이리커피박물관'에서는 카페 창업 교육을 실시하고 있다. '강릉커피박물관'은 커피 농장을 설치하여 교육장으로 활용하고 있고, '커피커퍼박물관'에는 아트 갤러리를 개설하였다. 화천 '산천어커피박물관'에서는 유물 기증자인 제임스 리가 진행하는 무료 강좌와 음악회 등이 열리고 겨울에는 산천어 축제와 연계하여 운영된다. '충주커피박물관'에서는 글램핑장을 운영하고, 적은 비용으로 커피 방향제와 커피 비누 만들기 체험 행사에도 참여할 수 있다. '제주커피박물관 바움'은

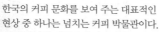

한국의 커피 박물관들.

한국의 커피 문화를 보여 주는 대표적인
현상 중 하나는 넘치는 커피 박물관이다.
전 세계 커피 박물관의 절반 가까운 11개가 한국에 있다. 아직은 박물관 전시물의
다양화와 교육 프로그램의 수준 향상 등 해결해야 할 과제들이 적지 않다.

갤러리 '빛의 벙커'와 같은 공간에 있어서 이채롭다. 제주 '블루마운틴 커피박물관'은 일종의 커피 테마파크로서 족욕을 하며 커피를 즐기는 이색 체험과 커피 비누 만들기 체험이 가능한 곳이다. '부산커피박물관'은 전포 카페 거리에 있으며, 물품 기증자인 김동규가 방문객들에게 직접 해설을 한다. 많은 커피 박물관들이 교육 콘텐츠의 확대를 위해 많은 노력을 기울이고 있다.[6]

한국에 이처럼 커피 박물관이 많은 이유를 정확하게 설명하기는 어렵다. 한국인이 지닌 남다른 지적 호기심이나 최근 유행하기 시작한 인문학적 지식에 대한 관심의 증대가 미친 영향의 하나일 수도 있다. 다른 나라에 비해 박물관 설립 조건이나 절차가 상대적으로 쉽다는 것도 커피 박물관이 많아지는 데 중요한 요인이 되었을 것이다.[7] 중요한 것은 한국인들이 커피를 단순히 그 맛을 즐기는 것에서 한걸음 더 나아가 커피가 지닌 역사, 커피라는 재료가 지닌 특성, 커피가 만들어지는 과정, 커피 속에 숨겨진 이야기 등을 함께 즐길 수 있는 하나의 문화적 소비재로 여기기 시작했다는 점이다.

많은 커피 박물관과 함께 한국인들이 커피를 문화적 소비재로 즐기는 모습을 보여 주는 것은 커피 교육의 유행이다. 이미 식민지 시대부터 시작된 커피 강좌나 전문적 커피 교육은 2000년대에 들어서 더욱 확대되고 있다. 커피 박물관뿐만 아니라 각종 바리스타 학원, 백화점 문화 센터, 주민 센터, 학교, 그리고 크고 작은 카페 단위로 수도 없이 다양한 커피 강좌나 교육 프로그램들이 제공되고 있다. 바리스타 자격증 발급 기관이 한국커피협회, 한국능력교육개발원, 한국음료직업교육개발원, 한국사이버진흥원 등 100개 이상이다. 취업을 목적으로 한 자격증 취득자가 다수지만 취미 차원에서 자격증을 취득하는 사람도 많다. 정규 대학이나 대학원에는 커피학과 또는 커피바리스타학과도 개설되어 있어서 전문가를 양성하고 있다.

이런 현상들은 21세기 커피 제3의 물결 속에서 대한민국이 보여 주는 매우 독특한 현상이며, 한국 제3의 물결 커피 문화 속에 깃들어 있는 커피와 삶의 균형 혹은 융합을 보여 주는 독특한 양상이다.

또 다른 도전, 커피 농장

한반도는 커피나무 재배가 가능한 지역인 커피 벨트에서 상당히 북쪽에 있다. 커피 벨트는 적도를 중심으로 북위와 남위 25도 사이에 있는 지역으로 평균 기온이 섭씨 20도, 강우량은 연 1,500~2,000밀리미터 정도 되는 곳이다. 북위 33.10~34.35도, 연 평균 기온이 15.6도인 제주도조차도 커피를 재배하기에는 부적합하다. 일본 열도 또한 커피 재배가능 지역에서 벗어나 있으며, 타이완이나 중국 남쪽 윈난성 정도만이 커피 재배가 가능하다.

이런 한국에서 커피를 재배하는 도전이 여기저기서 벌어지고 있다. 초기에는 필리핀이나 라오스 등 기후 조건이 가능한 동남아시아로 진출하여 커피 농장을 개척하는 도전으로 시작하였다.[8] 이것에 그치지 않고 우리 땅에서 커피 재배가 시작된 것은 2000년대 중반이었다. 조직배양 전문가인 노명철이 제주도에 하와이 코나 커피 씨앗 3만 개를 뿌린 것이 2006년경이었다. 7년 동안 노지 재배가 가능한 품종을 개발하는 노력을 기울였고, 그 결과 2013년경에는 섭씨 0도에서 생존 가능한 커피나무 1,200개를 만들어 냈다. 그의 노력은 '제주커피수목원'을 경영하는 김영한에 의해 잠시 이어졌으나 지금은 중단되었다. 김영한은 커피 체험 농장과 함께 커피 와인, 커피 꼬냑, 다이어트 커피를 생산하여 보급하고 있다.[9]

한반도에서 커피의 노지 재배는 사실상 불가능하다. 그럼에도 불구하고 여러 곳에서 비닐이나 유리를 이용한 난방 시설을 갖춘 상태에서 커피 재배가 시도되고 있는 것이다.

재배 지역으로 보면 전라남도 고흥이 국산 커피 실험의 중심지라고 할 수 있다. 2012년에 폐교시설을 이용하여 커피 재배를 시작한 주동일 대표의 '고흥커피사관학교'가 그 시작이었다. 이곳에서 생산한 커피의 맛은 "쓰지 않고 부드러우면서도 약간의 신맛이 느껴진다"고 소개되기도 하였다(《광주일보》 2020년 2월 18일). 2015년에는 7개의 농장 1만 1,000평방미터(3,300여 평)에 5만 5천여 그루의 커피나무를 재배하는 명실상부한 커피의 땅으로 발돋움하였다. 2021년 현재 과역면을 중심으로 봉래면, 점암면, 금산면 등 고흥군 내에 20여 개의 커피 농장이 귀농자 혹은 지역 농민에 의해 설립되었고, 2만 4,000여 평방미터 면적에 13만여 그루의 커피나무가 키워지고 있다. 전국에 있는 커피 농장의 절반 정도가 현재 고흥 지역에 있는 셈이다.

김철웅·유성애 부부가 운영하는 '산티아고커피농장'은 2015년에 시작되었다. 고흥 커피를 찾는 손님들의 요청은 많지만 200평 농장에서 나오는 생산량이 많지 않아서 원두를 판매하지는 못하고 있다. 봉래면에 있는 '나로커피아일랜드'도 2015년에 세워졌다. 3,000평 규모의 농장, 가공 및 체험 시설, 교육시설, 그리고 인근 나로우주발사전망대에 위치한 직영 카페 등을 운영하고 있다. 자체 브랜드인 '나로커피 220'은 20브릭스Brix(당을 재는 단위) 이상의 당도를 지닌 커피 열매만을 선별 수확하여, 2개월 이내에 가공 완료한 신선한 원두를 이용하는 스페셜티 등급의 고품격 커피를 지향한다.

한국에서 가장 큰 규모의 커피 농장은 전라남도 화순에 있는 '두베이DoBay' 커피 농장이다. 콩을 의미하는 두Do와 평지를 의미하는 베이Bay를 결합하여 만든 브랜드명이다. 2015년에 미생물 분야 전문가인 차상화가 설립한 이 농장은 5,500평 규모의 온실에서 2만 2,000그루의 커피나무를 키우고 있다. 커피체리를 연 10톤 정도 생산하여 일부는 프리미엄 커피 전문점에 판매를 하기도 하지만 대부분은 자체 브랜드인 두베이커피플랫폼에서 사용하고 있다. 생산된 커피 생두를 외부에 판매할 수 있는 규모의 상업적 커피 농장으로는 국내에서 가장 큰 규모라고 보아야 할 것이다. 최근에는 제2농장을 설립함으로써 재배 규모가 3만 7,000그루를 넘어섰다. 규모보다 중요한 것은 토양의 관리, 가공법의 혁신, 추출 방법의 개발 등을 통해서 한국식 프리미엄 커피를 생산하겠다는 설립자의 도전 정신이다. 이런 노력의 결과 최근 두베이에서 생산한 커피체리의 당도가 29.8브릭스를 보여 세계 수준의 프리미엄 커피와 견줄 정도의 맛과 향을 지닌 생두를 생산하기에 이르렀다(2020년 8월 11일 차상화 대표와의 인터뷰).

대나무 숲이 우거진 예향 담양에 있는 '담양커피농장'은 사진기자 출신의 임영주가 2012년에 귀향하여 서울의 아파트에서 키우던 커피나무를 옮겨 심으며 시작되었다. 기자 시절에 커피의 나라 케냐 취재 중에 커피 향에 매료된 경험이 계기가 되었다. 현재는 500평 비닐하우스에서 지역명인 금성면에서 따온 '골드캐슬Gold Castle'이라는 브랜드를 붙인 '메이드 인 담양' 커피를 소량 생산하고 있다.

국내에서 생산한 커피체리를 가공하여 판매하는 커피 농장으로는 충청북도 음성군 수레의산에 있는 '보그너Bogner' 커피 농장이 있다. 2008년에 이종덕이 케냐에서 들여온 커피를 재배하기 시작하여 현재 3,000평 규모의 시설에서 1만 그루의 커피나무를 키우고 있다. 생산한 체리를 자연건조 방식으로 직접 가공한다. 가공한 원두는 로스팅하여 '수리마운틴'이란 자체 브랜드로 판매를 하고 있다.

이 밖에도 전라북도 완주군에는 '솔밭농원'과 강순후 '커피체험농원'을 포함하여 13개의 커피 농장이 있어서 고흥과 함께 커피 토착화를 향한 지역 단위의 노력을 보여 주고 있다. 한국에서 가장 북쪽에 있는 가평군 '하늘커피농장'은 엄기용이 2016년에 문을 연 체험형 커피 농장이다. 하남시에 있는 '미사리커피농원', 광주시에 있는 '팔당커피농장', 경주시에 있는 '케이파머스K-farmers', 공주시의 '계룡커피농장' 등 체험형 커피 농장들도 하나둘 늘어가고 있다. 이제 커피 향과 함께 커피꽃 향기가 우리의 생활 가까이 다가오고 있다.

아라비카종 커피 씨앗이 한국 땅에 뿌려져서 발아하고, 한국의 공기를 마시고 한국 햇살을 받아 광합성을 하며, 4~5년 만에 드디어 꽃을 피우고 열매를 맺은 것이기에 수입 커피와는 다른 한국화된 커피체리의 맛을 내는 것은 당연하다. 국산 커피체리 껍질을 말리고 덖어서 만든 '카스카라Cascara'라는 이름의 차에서는 작은 달콤함이 느껴지기도 한다.

커피 벨트에서 2,000킬로미터 이상 떨어진 온대 지역에서 커피 씨앗을 뿌리고, 싹을 틔워서, 키우고 생산하여 가공하는 어려운 일을 하는 곳은 지구상에서 한국이 유일할 것이다. 이들이 커피를 재배하는 것은 오직 하나 이 땅, 이 기후에서 우리 손으로 생산한 커피체리가 지닌 맛을 궁금해 하는 재배자와 소비자의 호기심 때문이다. 아직은 국내산 커피의 맛을 보는 것이 쉽지 않은 일이지만 몇 년 안에 가능해질 것으로 기대한다. 한국형 커피 제3의 물결을 상징하는 현상 중 하나가 바로 커피 농장의 등장과 그 안에서 느껴지는 도전 정신이다.

커피에 대해 좀 아는 척하며 살아온 지난 10년 동안 주변으로부터 가장 많이 받았던 질문은 "어떤 커피가 맛있습니까?"였다. 나의 답은 당연히 "당신 혀와 코가 가장 좋아하는 커피가 가장 맛있는 커피입니다"였다. 사람마다 음식 취향이 다르듯이 커피 취향도 다르다. 그래서 누구에게나 맛있는 커피라는 것은 존재하지 않는다.

커피마다 고유한 맛과 향이 있고, 이것을 가장 잘 살려 내리려면 훌륭한 로스터와 바리스타가 있어야 하는 것은 당연하다. 역사도 마찬가지다. 나라마다 고유한 역사가 있다. 그 역사가 지닌 고유한 맛과 향이 살아나려면 훌륭한 인문학자가 있어야 하는 것이다. 역사가 길건 짧건 모든 나라의 역사는 고유한 가치를 가질 뿐 다른 나라와의 비교를 통해 우열을 가릴 대상은 아니다. 한국의 커피 역사 또한 마찬가지다. 서양에 비해 커피의 역사가 짧기는 하지만 160년 동안 마셔 온 한국의 커피 역사 속에는 한국 민족만의 특별했던 고난과 기쁨, 행복과 불행, 웃음과 눈물이 녹아 있다는 것이 중요하다. 이것을 잘 살려 내는 것은 인문학자의 책임이다. 커피 로스터와 바리스타가 커피 고유의 맛을 찾아내는 것처럼.

지금 누군가가 내게 "커피 역사책 혹은 커피 인문학 책 중에서 추천할 만한 책은 어떤 겁니까?"라고 묻는다면 나는 망설임 없이 "최근에 나온 제 책, 《세계 커피사+한국 가배사》입니다"라고 답할 것이다. 이렇게 대답을 할 수밖에 없는 이유는 두 가지다.

첫째는 지금까지 우리의 관점에서 쓴 커피 역사책이 없었기 때문이다. 주변에서 볼 수 있는 대부분의 커피 역사책은 낯선 누군가, 자기의 관점에서 써 놓은 커피 역사책을 옮겨 적은 데서 크게 벗어나지 못하였다. 그 누군가는 대부분 우리가 보통 서양이라고 부르는 유럽과 북아메리카 사람들이었다. 간혹 일본인이나 중국인이 쓴 책이 있기는 하지만 이것 또한 서양인의 시각과 유사하거나 서양인의 시각에 일본 혹은 중국 이야기를 조금 덧붙인 수준에서 벗어나지 못한다. 이야기의 배경은 서양의 시간이고, 등장하는 주인공은 대부분 서양인들이다. 그래서 우리가 읽기 편한 내용은 아니다. 역사도 음식과 마찬가지로 풍토와 입맛에 맞아야 대하기 편한 것은 어쩔 수 없는 일이다. 커피 역사책도 우리의 시각으로 쓴 것이 우리에게 편할 수밖에 없는 것이다.

두 번째는, 이 책을 쓰기 위해서 최근까지 국내에서 나온 커피 인문학 관련 책들을 대부분 읽었고, 외국에서 나온 책 중에서도 잘 알려진 대표적 저술들을 폭넓게 읽고 깊이 생각하며 썼기 때문에 현재로서는 이 책이 가장 힙hip한 커피 역사책일 수 있다. 시간이 흐르면 누군가 이 책을 읽고, 새로운 자료를 발굴하고, 더 유려한 글 솜씨로 더 좋은 커피 역사책을 쓸 것이다. 그때까지는 이 책이 적어도 한국에서는 좋은 커피 역사책으로 남을 것이다. 내 마음속에는 그 시간이 길었으면 좋겠다는 세속적인 생각과 이 책을 딛고 더 좋은 커피 역사책이 빨리 나왔으면 좋겠다는 학문적 기대감이 섞여 있다.

이 책을 쓰기 시작하면서 늘 생각했던 에필로그 주제는 원래 '커피의 미래'였다. 과연 커피는 어떻게 발전할까? 카페는 지금처럼 계속 늘어만 갈까? 스페셜티 커피가 미래 커피의 중심으로 남을까? 제3의 물결 이후 제4의 물결이 언제쯤 어떤 모양으로 생길까? 이런 질문들에 대한 답은 커피 인문학자의 경험과 머리에서 나오기는 어려워 보였다. 커피업계에서 오랜 경험을 쌓은 전문가만이 조심스럽게 할 수 있는 답이라고 생각했다. 그래서 집필을 마칠 무렵 잘 알려진 커피 전문가 몇 분에게 인터뷰 요청을 하였다. 커피 역사책을 집필하고 있다는 얘기를 하면 인터뷰가 가능하리라고 생각했지만 오해였다. 가부간에 응답을 하거나, 만날 약속을 허락하는 경우가 거의 없었다. 그래서 이 책의 마지막 부분이 미래의 커피 이야기 없이 조금 아쉽게 마무리되었다. 미래의 커피는 어떤 모습일까? 대한민국의 커피 문화는 어디를 향할까? 그려보고 싶은 그림이었지만 스케치도 하지 못한 채 책을 마무리했다. 다음을 기약할 수밖에 없다.

이 책을 준비하면서 직접 방문을 하였거나, 글을 통해 만났던 매력적인 바리스타와 카페들이 셀 수 없이 많다. 이들의 열정과 도전 속에 한국 커피의 미래가 숨어 있을 것이라고 생각한다.

커피 세계사

원고를 마칠 즈음에 세계적인 커피 작가 제프 콜러가 최근에 논문을 하나 썼다고 보내 왔다. 코로나19 팬데믹이 가져온 커피 세계의 변화를 이야기하는 글이었다. 팬데믹 세계에서 2,500만 커피 재배 농가를 포함한 1억 2,500만 커피 종사자들이 어떻게 살아가고 있는지, 팬데믹 이후 커피 시장은 앞으로 어떻게 변할 것인지? 최근의 정보를 바탕으로 쓴 글이었다. 이 글에서 콜러는 인텔리겐시아의 부사장 지오프 와츠의 말을 인용하고 있다.

"커피 농부들에게 분명한 것은 하나다. 그들은 이런 위기와 압박에 아주 익숙하다는 것이다. 그것이 시장 변동이든, 지역 정치나 사회 불안이든, 혹은 기후 변화든 그들은 그들 생의 대부분의 시간을 이런 바람에 맞서서 힘들게 싸워 왔다."

콜러는 이렇게 예상한다. 세계적인 커피 열풍에도 불구하고 2016년부터 산지에서의 커피 가격은 지속적으로 하락해 왔다. 팬데믹으로 인한 커피 수요의 감소는 커피 가격 하락을 부추길 것이고, 이는 결국 커피 농가의 소득 감소를 가져올 것이다. 농민들의 삶은 더욱 힘들어지고, 커피의 질을 유지하는 데 필요한 최소한의 투자조차 어려울 것이다. 커피의 질은 떨어질 것이고, 커피 농사를 포기하는 농가는 늘어날 것이다. 콜러에게 답장을 썼다. 너의 예상이 멋지게 빗나가기를 바란다고.

커피를 좋아하는 사람들 사이에 이런 말이 있다. "인생은 어차피 벌어지고, 이 인생에 커피가 도움을 준다Life happens, coffee helps." 이 책을 집필한 시간은 코로나19 팬데믹과 겹친다. 이 기간 동안 세계에서 커피 수입과 소비가 눈에 보이게 증가한 유일한 나라가 대한민국이다. 힘들고 우울한 시간을 이겨 내는 데 커피의 도움이라도 받고자 하는 수많은 선남선녀들의 간절함이 만들어 낸 현상일 것이다. 이 책을 선택한 독자들이 커피의 향과 맛을 제대로 즐기는 데 이 책 속에 담긴 이야기들이 작은 도움이 되었기를 바랄 뿐이다.

커피 세계사

참고문헌

1. 국내문헌

강대영·민승경, 《한국의 커피로스터》, 서울꼬뮨, 2012.

강인규, 《나는 스타벅스에서 불온한 상상을 한다》, 인물과사상사, 2008.

강준만·오두진, 《고종 스타벅스에 가다》, 인물과사상사, 2005.

강찬호, 〈문헌을 통해 본 우리나라 커피의 역사—개화기와 일제 강점기를 중심으로—〉, 《관광연구》 28(3), 2013, 205~229쪽.

김다영, 〈커피에서 여성 평등을 꿈꾸며〉, 《젠더리뷰》 2020 봄호, 65~73쪽.

김대기, 《김대기의 바리스타교본》, MJ미디어, 2009.

김동수, 〈발자크의 '시골의사'에 나타난 나폴레옹의 이미지〉, 《용봉인문논총》 39, 2011, 5~25쪽.

김석수, 〈한국다방문화의 변천에 관한 연구〉, 《한국실내디자인학회 논문집》 13, 1997, 37~44쪽.

김세리·조미라, 《차의 시간을 걷다》, 열린세상, 2020.

김승기, 《커피, 태양, 전설의 땅 에티오피아》, 킹포레스트, 2019.

김연희, 〈일제하 경성지역 카페의 도시문화적 특성〉, 서울시립대학교 석사학위논문, 2002.

김영한·강인석, 《제주 커피농부 이야기》, 도서출판 소야, 2013.

김용범, 《커피, 치명적인 검은 유혹》, 채륜서, 2012.

김용성, 《한국현대문학사 탐방》, 현암사, 1984.

김정환, 〈샤를르 달레의 조선지도朝鮮地圖〉, 《교회사연구》 38, 2012, 143~159쪽.

김현섭, 《커피가 커피지 뭐》, 연필과 머그, 2020.

문상윤·백승연·김미라, 〈한국 고흥산 커피의 gas chromatograph-ion mobility
  spectrometer에 의한 향기 특성 분석〉, 《한국식품저장유통학회지》 26(5), 2019,
  576~585쪽.

박광민, 〈구본웅과 이상, 그리고 목이 긴 여인 초상〉, 《이상리뷰》 12호, 2016, 89~101쪽.

박영순, 《커피인문학》, 인물과사상사, 2017.

박종만, 《커피기행》, 효형출판, 2007.

박지안, 《우리가 좋아하는 커피공간》, 미호, 2020.

박태순·김동춘, 《1960년대의 사회운동》, 까치, 1991.

비오, 《커피오리진》, 매거진 B, 2019.

서울역사편찬원, 《서울2천년사 30: 일제강점기 서울 도시문화와 일상생활》, 서울역사
  편찬원, 2015.

서현섭, 《한중일의 갈림길, 나가사키》, 보고사, 2020.

석문량, 〈만담, 공설 카페 출현〉, 《별건곤》 제60호, 1933.

송만호, 〈한국 커피 산업 발전사〉, 《식품과학과 산업》 53(4), 2020, 397~409쪽.

아부 자이드 하산·가브리엘 페랑 지음, 정남모 옮김. 《슐라이만의 항해기》, 도서출판 선
  인, 2020.

윌리엄 와츠, 〈미국과 한국: 인식과 오식〉, 한국정신문화연구원, 《한미수교 100주년 회
  고와 전망》, 1983, 303~318쪽.

육영수, 《지식의 세계사》, 휴머니스트, 2019.

윤야미니, 《커피농장의 하루》, 채륜서, 2017.

윤영춘, 〈실직과 다방〉, 《현대문학》 1960년 12월호.

윤오순, 《커피와 인류의 요람, 에티오피아의 초대》, 도서출판 눌민, 2016.

커피 세계사

이상, 〈산촌여정〉(연재), 《매일신보》, 1935.

이영림·주경철·최갑수, 《근대 유럽의 형성: 16~18세기》, 까치글방, 2011.

이윤선, 《테라로사 커피로드》, 북하우스 엔, 2011.

이헌구, 〈끽다점풍경〉, 《삼천리》 제6권 제5호, 1934.

이헌구, 〈'보헤미앙'의 애수의 항구, 일다방 보헤미앙의 수기〉, 《삼천리》 제10권 제5호, 1938.

전우용, 〈전우용의 현대를 만든 물건들: 커피〉, 《한겨레신문》, http://www.hani.co.kr/arti/opinion/column/664828.html, 2020년 10월 14일 검색.

전용갑 외, 《라틴아메리카 역사산책》, Huebooks, 2018.

정연태, 《식민지 민족차별의 일상사》, 푸른역사, 2021.

정영구, 〈청말민초 중국의 음식문화의 변화와 설탕소비 경향〉, 《중국사연구》 124, 2020, 151~185쪽.

정진현·최배영, 〈국내 커피박물관 교육콘텐츠에 대한 잠재적 이용객의 요구〉, 《차문화·산업학》 50, 2019, 139~170쪽.

조너선 데일리 지음, 현재열 옮김. 《역사대논쟁: 서구의 흥기》, 도서출판 선인, 2020.

조이담·박태원, 《구보씨와 더불어 경성을 가다》, 바람구두, 2005.

조현범, 《조선의 선교사, 선교사의 조선》, 한국교회사연구소, 2008.

조혜선, 《커피, 어디까지 가봤니?》, 황소자리, 2011.

조희창, 《베토벤의 커피》, 살림, 2018.

최낙언, 《과학으로 풀어본 커피향의 비밀》(증보판), 서울꼬문, 2019.

최성락, 《100년 전 영국 언론은 조선을 어떻게 봤을까?: '이코노미스트'가 본 근대 조선》, 페이퍼로드, 2019.

최우성, 《알고 보면 재미있는 커피인문학》, 퀀텀북스, 2017.

피숑, 정현명 옮김, 《성 베르뇌 주교 전기》, 수원교회사연구소, 2015.

한국교회사연구소, 《베로늬 주교 서한집, 상·하》, 2018.

《경성일보》(일본어)

《순조실록》

《고종실록》

《국민신보》(일본어)

《대한매일신보》

《독립신문》(서재필)

The Independence(독립신문 영문판)

《동아일보》

《매일신보》

《부산일보》(일본어)

《순종실록》

《조선시보》(일본어)

《조선신문》(일본어)

《조선일보》

《조선중앙일보》(여운형)

《중앙일보》(《중외일보》 후신)

《중앙일보》

《중외일보》

《황성신문》

《개벽》

《별건곤》

《삼천리》

2. 외국문헌

Allen, Stewart Lee(1999), *The Devil's Cup: A Histor of the World According to Coffee*, New
   York: Soho Press.

Annie Ellers Bunker, *The Korean Repository*.

Antol, Marie Nadine(2002), *Confessions of a Coffee Bean: the Complete Guide to Coffee Cuisine*, NY: Square One Publisher.

Braudel, Fernand(2008), 김홍식 옮김, 《물질문명과 자본주의 읽기》, 갈라파고스, 2012.

Carles, W. R.(1888), *Life in Korea*, London: MacMillan and Co.

Dwyer, Philip(2018), *Napoleon: Passion, Death, and Resurrection 1815~1840*, London: Bloomsbury.

Eggers, Davis(2018), *The Monk of Mocha*, 강동혁 옮김, 《전쟁 말고 커피》, 문학동네, 2019.

Encyclopedia Britannica.

Hoffmann, James(2014), *The World Atlas of Coffee*, London: Mitchell Beazley.

Galland, Antoine(1699), De L'Origine et Du Progrès du Café, La Bibliothèque, coll. *L'écrivain voyageur*. 1699.

Goodwin, Lindsey(2020), Ethiopian Coffee Culture: Ethiopia's Coffee Sayings, Coffee Origin Myth, Coffee History and More, https://www.thespruceeats.com/ethiopian-coffee-culture-765829. 2020년 8월 18일 검색.

Jacob, Heinrich Eduard(2006), *Kaffee: Die Biographie eines Weltwirtschaftlichen Stoffes*, 남덕현 옮김, 《커피의 역사》, 자연과생태, 2013. 초판은 1934년 간행.

Koehler, Jeff(2017), *Where the Wild Coffee Grows: The untold story of coffee from the cloud forests of Ethiopia to your cup*, New York: Bloomsbury.

Koehler, Jeff(2020), How COVID-19 Is Rippling Through the Coffee World, https://imbibemagazine.com/covid-19s-affect-on-coffee/

Lécolier, Aurélie·Pascale Besse·André Charrier·Thierry-Nicolas Tchakaloff·Michel Noirot(2009), *Unraveling the origin of coffea arabica 'Bourbon pointu' from La Réunion: a historical and scientific perspective*, Euphytica 168(1): pp. 1~10, July 2009.

Lowell, Parcival, *Chosön, the Land of Morning Calm; the Sketch of Korea 3rd edition*, Boston: University Press, 1888. World Digital Library. https://dl.wdl.org/2377/

service/2377.pdf. 2020년 7월 3일 검색)

Morris, Jonathan(2019), *Coffee: A Global History*, London: Reaktion Books.

Park, Young-soon(2018), Coffee: Withstanding the Test of Time. Trends & Traditions (Webzine), September 2018. http://www.kocis.go.kr/eng/webzine/201809/sub03.html

Parker, Scott F·Michael W. Austin(2011), *Coffee-Philosophy for Everyone: Grounds for Debate*, 김병순 옮김, 《커피, 만인을 위한 철학》, 따비, 2015.

Pendergrast, Mark(2010), *Uncommon Grounds: The History of Coffee and How it Transformed our World*, New York: Basic Books.

Phillips, Tom, *Humans: A Brief History of How We F*cked It All Up*, 홍한결 옮김, 《인간의 흑역사》, 윌북, 2019.

Pomeranz, Kenneth·Steven Topik, *The World that Trade Created: Society, Culture, and the World Economy, 1400 to the present*. 박광식 옮김, 《설탕, 커피 그리고 폭력》, 심산, 2003.

Robins, Nick(2006), *The Corporation That Changed the World: How the East India Company Shaped the Modern Multinational*, London: Pluto Press.

Trish R. Skeie(2003), *Norway and Coffee. The Flamekeeper: Newsletter of the Roasters Guild*, SCAA, Spring 2003.

Ukers, William H.(1922), *All About Coffee*, New York: Coffee and Tea Trade Journal.

Ukers, William H.(1935), *All About Coffee*, 2nd edition, 박보경 옮김, 《올 어바웃 커피》, 세상의 아침, 2012.

Valle, Barquin & 이재우(2020), Coffee Demand Analysis in Greater China, Korea, and Japan: The Effect of Income, Prices, and Habit Formation, *Journal of China Studies*, 23(1), 111-133.

Vos, Frits(2002), Master Eibokken on Korea and Korean Language: Supplementary Remarks to Hamel's Narrative, Transactions, Volume L, 1975. Korea Branch, Royal Asiatic Society.

Weinberg, Bennett Alan & Bonnie K. Bealer(2001), *The World of Caffeine: The Science and*

커피 세계사

Culture of the World's Most Popular Drug, London: Routledge.

Weissman, Michaele(2008), *God in a Cup: The Obsessive Quest for the Perfect Coffee*, New Jersey: John Wiley & Sons.

Wild, Antony(2004), *Coffee: A Dark History*, New York: W. W. Norton & Company.

Williams, Brian, *The Philoshophy of Coffee*, London: The British Library, 2018.

William Carles, *Life in Corea*.

旦部幸博(2017). 윤선혜 옮김(2018), 《커피세계사》, 황소자리.

旦部幸博(2016). 윤선혜 옮김(2017), 《커피과학》, 황소자리.

小笠原弘 幸(2018). 노경아 옮김(2020), 《오스만제국, 찬란한 600년의 기록》, 까치.

造事務所 편저, 최미숙 옮김(2020), 《30개 도시로 읽는 세계사》, 다산초당.

韓懷宗(2016). 《世界咖啡學》. 台灣: 中信出版社.

趙濤·劉揮(2019), 박찬철 옮김, 《세계사를 바꾼 15번의 무역전쟁》, 위즈덤하우스, 2020.

小松寬美, 〈カフェー業者と其の取締〉, 《警務彙報》, 1931.

3. 인터넷사이트

국사편찬위원회 한국사데이터베이스. http://db.history.go.kr/

한국언론진흥재단 빅카인즈. https://www.bigkinds.or.kr/

https://www.bbc.co.uk/programmes/b07tq8cd.

https://www.nestle.com/aboutus/history

http://www.bohemian.coffee/default/brand/about.php

http://www.terarosa.com/

https://counterculturecoffee.com/

https://www.intelligentsia.com/

http://www.santorinicoffee.co.kr/doc/about.php

https://europeancoffeetrip.com/italian-third-wave-coffee-scene/

http://www.coffeelibre.kr/bbs/content.php?co_id=company

https://www.360kuai.com/pc/9344cfaf98fb99471?cota=3&kuai_so=1&sign=360_57c3bb
　d1&refer_scene=so_1

Wikipedia: Coffee. Mocha, Yemen.

Encyclopedia Britannica: Kuprili, Khair bey.

커피리뷰 홈페이지 https://www.coffeereview.com/

국제커피기구 홈페이지 http://www.ico.org/

스페셜티커피협회 홈페이지 https://sca.coffee/

커피 세계사

주

1. 커피 탄생 설화가 만들어지기까지

[1] 린네는 식물을 분류하는 업적을 남기는 동시에 인류를 피부색에 따라 분류하고 '유럽 인종'이라는 용어를 처음으로 사용함으로써 인종차별의 초석을 놓은 인물이기도 하다. 육영수, 《지식의 세계사》, 휴머니스트, 2019, 52쪽.

[2] Jeff Koehler, *Where the Wild Coffee Grows: The untold story of coffee from the cloud forests of Ethiopia to your cup*, New York: Bloomsbury, 2017. Chapter 5. Origins 참조.

[3] 같은 책, p. 49.

[4] Lindsey Goodwin, Ethiopian Coffee Culture: Ethiopia's Coffee Sayings, Coffee Origin Myth, Coffee History and More. https://www.thespruceeats.com/ethiopian-coffee-culture-765829. 2020년 8월 18일 검색.

[5] 김승기, 《커피, 태양, 전설의 땅 에티오피아》, 킹포레스트, 2019, 169쪽.

[6] 윤오순, 《커피와 인류의 요람, 에티오피아의 초대》, 도서출판 눌민, 2016.

[7] Stewart Lee Allen, *The Devil's Cup: A Histor of the World According to Coffee*, New York: Soho Press, 2019, p. 8.

[8] Antony Wild, *Coffee: A Dark History*, New York: W. W. Norton & Company, 2004, p. 17.

[9] 커피의 역사를 다룬 모든 책에서 거의 예외 없이 언급하는 내용이다. 이런 것을 근거

로 커피의 기원을 6~7세기, 혹은 8세기 에티오피아로 보는 국내 커피 역사서도 많다. 박영순, 《커피인문학》, 인물과사상사, 2017, 40·227쪽; 박종만, 《커피기행》, 효형출판, 2007, 12쪽 등이다. 커피나무의 재배가 서기 575년경 예멘에서 시작되었다는 주장을 담은 책도 있다. John Thorn & Michael Segal, *The Coffee Companion: A Connoisseur's Guide*, Running Press, 2006; 고재윤 외 옮김, 《세계의 명품커피》, 세경, 2012, 8쪽. 모두 칼디 이야기를 바탕으로 한 주장들이다.

10 나이로니의 이름은 출생지인 레바논, 활동지였던 로마 혹은 프랑스에서 각각 다르게 불렸고 따라서 표기도 다양하다. 'Faustus Nairon', 'Antonio Fausto Naironi', 'Antonio Fausto Nairone' 등이다 그의 출생 연도는 1628년이지만 사망연도는 글에 따라 1707년, 1711년, 혹은 미상으로 나온다.

11 Antonius Faustus Naironus, *A Discourse on Coffee: Its Description and Vertues*, London: Ger.James. 1710, pp. 4~5.

12 같은 책, pp. 3~4.

13 Antoine Galland, De L'Origine et Du Progrès du Café, La Bibliothèque, coll. *L'écrivain voyageur*, 1699. Edelestan Jardin, *Le Cafeier et Le Cafe*, Paris: Ernest Leroux, Éditeur, 1895.

14 윤오순 교수 블로그, puandma.tistory.com, 박종만, 〈커피의 경로를 따라—하라르 가는 길〉, 2014, 왈츠와 닥터만 홈페이지.

15 일본의 탄베 유키히로는 그의 책 《커피과학》에서 1100년경 숯이 된 커피콩 두 알이 아랍에미레이트 두바이 북쪽 크슈에서 발견되었다고 밝혔지만 그 근거가 제시되지 않아 내용의 신빙성을 이야기할 수는 없다. 旦部幸博, 윤선혜 옮김, 《커피과학》, 황소자리, 2017, 67~68쪽.

16 아부 자이드 하산·가브리엘 페랑 지음, 정남모 옮김. 《술라이만의 항해기》, 도서출판 선인, 2020, 제1권 및 제2권.

17 하인리히 에두아르트 야콥 지음(2006). 남덕현 옮김(2013), 《커피의 역사》. 자연과생태, 초판은 1934년에 간행, 41쪽.

18 William H. Ukers. *All About Coffee*. 박보경 옮김, 《올 어바웃 커피》, 세상의 아침,

2012, 제1장.

[19] Antony Wild. *Coffee: A Dark History*, New York: W. W. Norton & Company, 2004.

[20] Mark Pendergrast, *Uncommon Grounds: The History of Coffee and How it Transformed our World*, New York: Basic Books, 2010, p. 5. 2013년에 나온 한국어 번역서에서는 뜬금없이 원문에도 없는 내용 '10세기'를 추가하여 "아무튼 바로 이 10세기 무렵에 우리가 아는 그 커피가(혹은 우리가 아는 그 커피의 일종이) 마침내 세상에 등장하게 되었다"(번역서 40쪽)고 기술하였다. 저자인 펜더그라스트의 주장과 다르다. 설화도, 번역도 근거 없이 만들어져 커피 역사를 복잡하게 만든다. James Hoffmann, *The World Atlas of Coffee*, London: Mitchell Beazley, 2014, p. 48.

2. 이슬람 커피 문화의 탄생: 중국차의 영향

[1] Antony Wild, 앞의 책, p. 39.

[2] 많은 커피 저술들에서 이를 보여 주는 증거들이 넘쳐난다고 쓰고 있지만 아랍어 1차 자료에 접근하거나 해독할 수 없는 필자는 아직 그 증거를 보지는 못했다.

[3] Antony Wild, 앞의 책, pp. 38~40.

[4] 같은 책.

[5] 전용갑 외, 《라틴아메리카 역사산책》, Huebooks, 2018, 139쪽.

[6] 韓懷宗, 《世界咖啡學》, 台灣: 中信出版社, 2016. 38쪽.

[7] Willd와 韓懷宗이 같은 해석을 하고 있다.

[8] 旦部幸博는 《커피과학》에서 게말딘이 당시 예멘 지역에서 기호식품으로 각광을 받고 있던 마약 식품 카트를 대체할 수 있는 작물로 커피나무 열매를 수피교도들에게 추천하였다고 주장한다.

[9] Jonathan Daily, *Historians Debate: The Rise of the West*, 현재열 옮김, 《역사대논쟁: 서구의 흥기》, 도서출판 선인, 2020, 8~9쪽. 인류 발전의 상당 부분이 문화 간 교류였고, 서기 500년에서 1500년까지는 이슬람 문명이 가장 역동적이었다는 존 맥닐John

McNeil과 윌리엄 맥닐William McNeil의 주장과도 일치한다. John McNei & William McNeil, *The Human Web: A Bird's-eye View of World History*, 유정희·김우영 옮김, 《휴먼 웹-세계화의 세계사》, 이산, 2007.

[10] Jacob, 앞의 책, 80쪽.

[11] 카이르 베이에 의한 커피 탄압 이야기는 20세기 초반 Ukers가 그의 책에서 상세하게 서술하면서 널리 알려졌다. 독일인 Jacob이 소설처럼 확대하여 서술하였고, 이후 21세기의 Antony Wild, Jonathan Morris, Mark Pendergrast에 이르기까지 모든 커피 역사책에 등장한다. 공통점은 서술의 근거가 제시되고 있지 않다는 것과 역사적 사실과의 불일치이다.

[12] 小笠原弘幸, 노경아 옮김, 《오스만제국, 찬란한 600년의 기록》, 까치, 2020, 130쪽.

[13] Encyclopedia Britannica, 'Khair Bey'.

[14] Ibrahim Peçevi(1574~1649)가 오스만터키의 역사를 일상생활에 중점을 두고 기록하면서 남긴 말이다. 비오, 《커피오리진》, 매거진 B, 2019, 118쪽에서 재인용.

[15] Encyclopedia Britannica, 'Kuprili'.

[16] 1922년에 초판이 발간된 윌리엄 우커스William Ukers의 *All About Coffee*부터 2004년에 나온 안토니 와일드Antony Wild의 *Coffee, A Dark History*에 이르기까지 많은 커피 역사서에 등장하지만 근거가 없는 가공의 이야기라는 데 이의가 없다. 이 전설을 문자로 처음 기록한 사람은 Antonio Fausto Nairone(1635~1707)였지만 이야기의 출처나 근거를 제시하지는 않았다.

[17] Encyclopedia Britannica, 'Kuprili'.

[18] 小笠原弘幸, 노경아 옮김, 앞의 책, 2020, 189·200쪽.

[19] 같은 책, 203쪽.

[20] 안토니 와일드Antony Wild도 같은 주장을 하고 있다.

[21] 육영수, 《지식의 세계사》, 휴머니스트, 2019, 41~42쪽.

[22] Jonathan Morris, *Coffee: A Global History*, London: Reaktion Books, 2019, p. 50.

[23] Jeff Koehler, *Where the Wild Coffee Grows: The untold story of coffee from the cloud forests of Ethiopia to your cup*, New York: Bloomsbury, 2018, p. 83.

[24] 같은 책, pp. 94~95.

[25] 여기에서 영국은 엄밀히 말하면 잉글랜드이다. 잉글랜드는 1535년에 웨일스, 1707년에 스코틀랜드, 그리고 1922년에 북아일랜드를 통합하여 현재의 영국 그레이트브리튼북아일랜드연합왕국The United Kingdom of Great Britain and Northern Ireland(UK)이 되었다. 따라서 시대에 따라 잉글랜드, 그레이트브리튼, 그레이트브리튼아일랜드연합왕국 등 다른 명칭을 사용하는 것이 원칙이지만 이 책에서는 구분 없이 영국으로 칭한다.

[26] Encyclopedia Britannica, 'Mocha'.

3. 유럽에 전해진 커피 이야기와 커피 향

[1] 전용갑 외, 《라틴아메리카 역사산책》, Huebooks, 2018, 207쪽.

[2] Nick Robins, *The Corporation That Changed the World: How the East India Company Shaped the Modern Multinational*, London: Pluto Press, 2006.

[3] Kenneth Pomeranz·Steven Topik, *The World that Trade Created: Society, Culture, and the World Economy, 1400 to the present*, 박광식 옮김, 《설탕, 커피 그리고 폭력》, 심산, 2003, 179쪽.

[4] 이때 포로가 된 오스만터키 군인들이 커피를 몰타섬에 전파하였다는 주장도 있다. Brian Williams, *The Philosophy of Coffee*, London: The British Library, 2018, p. 17.

[5] 造事務所 편저, 최미숙 옮김, 《30개 도시로 읽는 세계사》, 다산초당, 2020, 205쪽.

[6] 클레멘트 8세에 의한 커피 공인을 보여 주는 정확한 기록은 없다.

[7] William H. Ukers, *All About Coffee*, 박보경 옮김. 《올 어바웃 커피》. 세상의 아침, 2012, 74~75쪽.

[8] Tom Phillips, *Humans: A Brief History of How We F*cked It All Up*, 홍한결 옮김, 《인간의 흑역사》, 월북, 2019, 186쪽.

[9] 趙濤·劉揮 지음, 박찬철 옮김, 《세계사를 바꾼 15번의 무역전쟁》, 위즈덤하우스,

2020, 63쪽.

10 Antony Wild, *Coffee: A Dark History*, New York: W. W. Norton & Company, 2004, pp. 80~81.

11 Heinrich Eduard Jacob, *Kaffee: Die Biographie eines Weltwirtschaftlichen Stoffes*, 남덕현 옮김, 《커피의 역사》, 자연과생태, 2013, 171쪽: Marie Nadine Antol, *Confessions of a Coffee Bean: the Complete Guide to Coffee Cuisine*, NY: Square One Publisher. pp. 58~59.

12 Antony Wild. 같은 책, p. 82.

13 앞의 책, p. 81.

14 앞의 책, pp. 168~173.

15 William H. Ukers, 앞의 책, 98~143쪽.

16 같은 책, 124~125쪽.

17 Heinrich Eduard Jacob, 같은 책, 133쪽.

18 造事務所 편저, 앞의 책, 259쪽.

19 趙濤·劉揮, 박찬철 옮김. 앞의 책, 65쪽.

20 旦部幸博, 윤선혜 옮김, 《珈琲の世界史》, 황소자리, 2018, 87~88쪽.

21 Heinrich Eduard Jacob(1934). 앞의 책, 111쪽.

4. 제국주의와 자바 커피의 탄생

1 Antony Wild, 앞의 책, p. 76.

2 앞의 책, 98~99쪽.

3 앞의 책, 98쪽.

4 앞의 책, 99쪽.

5 Frits Vos, Master Eibokken on Korea and Korean Language: Supplementary Remarks to Hamel's Narrative. Transactions, Volume L, 1975. Korea Branch, Royal Asiatic

Society, 2002.

[6] Kenneth Pomeranz · Steven Topik, *The World that Trade Created: Society, Culture, and the World Economy, 1400 to the present*, 박광식 옮김, 《설탕, 커피 그리고 폭력》, 심산, 2003. 94쪽.

[7] 이영림 · 주경철 · 최갑수, 《근대 유럽의 형성: 16~18세기》. 까치글방, 2011, 374쪽.

[8] Fernand Braudel(2008), 김홍식 옮김, 《물질문명과 자본주의 읽기》, 갈라파고스, 2012, 19쪽.

[9] Jeff Koehler, *Where the Wild Coffee Grows: The untold story of coffee from the cloud forests of Ethiopia to your cup*, New York: Bloomsbury, 2017, pp. 103~104.

5. 인도양, 대서양을 건너 브라질로

[1] Heinrich Eduard Jacob, 앞의 책, 242~248쪽.

[2] Aurélie Lécolier · Pascale Besse · André Charrier · Thierry—Nicolas Tchakaloff · Michel Noirot. Unraveling the origin of coffea arabica 'Bourbon pointu' from La Réunion: a historical and scientific perspective, *Euphytica 168*(1): 1~10, July 2009.

[3] 같은 글.

[4] 같은 글. 함께 Antony Wild, *Coffee: A Dark History*, New York: W. W. Norton & Company, 2004, pp. 106~107도 참조할 것.

[5] Antony Wild, 앞의 책, p. 107.

[6] Aurélie Lécolier · Pascale Besse · André Charrier · Thierry—Nicolas Tchakaloff · Michel Noirot, 앞의 글.

6. 노예가 만든 커피, 커피가 만든 혁명

[1] Antony Wild, 앞의 책, p. 120.

[2] 같은 책, pp. 122~123.

[3] 같은 책, p. 126.

[4] 같은 책.

[5] 박영순, 《커피인문학》, 인물과사상사, 2017. 245쪽.

[6] Kenneth Pomeranz·Steven Topik, 앞의 책, 190쪽.

[7] 같은 책, p. 139.

[8] Tom Phillips, *Humans: A Brief History of How We F*cked It All Up*, 홍한결 옮김, 《인간의 흑역사》, 윌북, 2019, 178쪽.

[9] Kenneth Pomeranz·Steven Topik, 앞의 책, 296쪽.

[10] 旦部幸博, 윤선혜 옮김, 《커피과학》, 황소자리, 2017, 85쪽.

[11] Heinrich Eduard Jacob, 남덕현 옮김, 《커피의 역사》, 자연과생태, 2013, 235쪽.

[12] 주명철, 《오늘 만나는 프랑스혁명》, 소나무, 2013, 89쪽.

[13] William H. Ukers, 박보경 옮김, 《올 어바웃 커피》, 세상의 아침, 2012, 165~169쪽.

[14] Mark Pendergrast, *Uncommon Grounds: The History of Coffee and How it Transformed our World*, New York: Basic Books, 2010, p. 14.

[15] William H. Ukers, 박보경 옮김, 앞의 책, 164쪽.

[16] 같은 책, 165쪽.

[17] 같은 책, 168~172쪽.

[18] 같은 책, 172~183쪽.

[19] Antony Wild, 앞의 책, p. 129.

[20] 같은 책, p. 135.

[21] Kenneth Pomeranz·Steven Topik, 앞의 책, 188쪽.

[22] 같은 책, 191쪽.

7. 차를 택한 영국, 커피를 택한 대륙

[1] Jacob, 앞의 책, 277쪽.

[2] 최낙언, 《과학으로 풀어본 커피향의 비밀》(증보판), 서울꼬뮨, 2019, 170쪽.

[3] 같은 책, 265~266쪽.

[4] 같은 책, 268쪽.

[5] 같은 책, 270쪽.

[6] Jacob, 앞의 책, 344쪽.

[7] Jacob, 앞의 책, 186~187쪽.

[8] Pendergrast, 앞의 책, p. 14.

[9] Jonathan Morris, *Coffee: A Global History*, London: Reaktion Books, 2019, p. 73.

[10] 같은 책, p. 74.

8. 커피의 대중화와 나폴레옹

[1] 조희창, 《베토벤의 커피》, 살림, 2018, 109쪽. 물론 베토벤은 나폴레옹이 황제가 될 야망을 눈치채자마자 이 교향곡의 제목에서 나폴레옹의 이름을 뺐다.

[2] 趙濤·劉揮, 박찬철 옮김, 《세계사를 바꾼 15번의 무역전쟁》, 위즈덤하우스, 2020, 86쪽.

[3] 김세리·조미라, 《차의 시간을 걷다》, 열린세상, 2020, 105~106쪽.

[4] Heinrich Eduard Jacob(1934), *Kaffee: Die Biographie eines Weltwirtschaftlichen Stoffes*, 남덕현 옮김, 《커피의 역사》, 자연과생태, 2013, 281쪽.

[5] Antony Wild. *Coffee: A Dark History*, New York: W. W. Norton & Company, 2004, p. 147.

[6] Antony Wild는 세인트헬레나를 방문하고, 1차 자료를 활용하여 나폴레옹의 유배와 시신의 프랑스 귀환에 관한 내용을 충실하게 재생하였다. 이하의 내용은 와일드의

기록을 주로 참고하였다.

7 같은 책, p. 149.

8 같은 책, p. 157.

9 같은 책, p. 158.

10 같은 책, 같은 쪽.

11 같은 책, pp. 159~161.

12 김동수, 〈발자크의 '시골 의사'에 나타난 나폴레옹의 이미지〉, 《용봉인문논총》 39, 2011, 5~25쪽.

13 Wild, 앞의 책, Chapter 11.

14 1971년까지 사용하던 영국의 구 화폐 단위로 표기되었다. 1s는 1shilling(12 pence), 6d 는 6pence를 의미하였으므로 1s. 6d.는 1.5shilling이었다. 1shilling은 1/20pound였다.

15 린넨 등의 섬유를 짜는 원료, 혹은 아마 기름을 짜는 원료로 사용된다.

9. 커피 소비의 리더 미국, 거대 생산국 브라질

1 Jonathan Morris, *Coffee: A Global History*, London: Reaktion Books, 2019, p. 93.

2 같은 책, pp. 93~95.

3 Mark Pendergrast, *Uncommon Grounds: The History of Coffee and How it Transformed our World*, New York: Basic Books, 2010, p. 49.

4 같은 책, pp. 56~57.

10. 전쟁, 커피 그리고 커피 전쟁

1 Mark Pendergrast, *Uncommon Grounds: The History of Coffee and How it Transformed our World*, New York: Basic Books, 2010, p. 74.

[2] 같은 책, p. 76.

[3] 같은 책, p. 78.

[4] 같은 책, p. 85.

[5] 같은 책.

[6] 같은 책, p. 88.

[7] 같은 책, pp. 91~102.

[8] 같은 책, pp. 102~104.

[9] 같은 책, pp.104~105.

[10] 같은 책, 7장 Growing Pains은 미국의 대표적인 커피 기업들의 역사를 다루고 있다.

[11] 같은 책, p. 110.

[12] 같은 책, p. 111.

[13] 같은 책, p. 118.

[14] 같은 책, pp. 124~125.

[15] 같은 책, pp. 105~106.

[16] 같은 책, p. 134.

[17] Jonathan Morris, *Coffee: A Global History*, London: Reaktion Books, 2019, pp. 108~113.

[18] 커피브레이크라는 개념이 모든 형태의 직장, 남녀 직장인에 두루 적용되지는 않았다는 비판도 있다. Marie Nadine Antol, *Confessions of a Coffee Bean: the Complete Guide to Coffee Cuisine*, NY: Square One Publisher, 2002, p. 20.

[19] Heinrich Eduard Jacob(1934), *Kaffee: Die Biographie eines Weltwirtschaftlichen Stoffes*, 남덕현 옮김, 《커피의 역사》, 자연과생태, 2013, 438~476쪽.

[20] 1939년 6월 6일 자 《매일신보》와 6월 7일 자 《동아일보》.

[21] Pendergrast, 앞의 책. p. 201.

[22] 같은 책, p. 202.

[23] 같은 책, pp. 203~204.

[24] 같은 책, p. 211.

²⁶ 《중앙일보》 1933년 4월 3일 자, '珈琲 이야기'.

²⁶ https://www.nestle.com/aboutus/history.

11. 1861년 4월 7일 한양에 배달된 커피

¹ 김시현·윤여태, 《개화기 한국 커피 역사 이야기》, 피아리스, 2021, 31~42쪽.

² https://www.360kuai.com/pc/9344cfaf98fb99471?cota=3&kuai_
   so=1&sign=360_57c3bbd1&refer_scene=so_1.

³ 서현섭, 《한중일의 갈림길, 나가사키》, 보고사, 2020, 29~30쪽.

⁴ 포르투갈은 1561년에, 스페인은 1584년에 히라도에 상관을 개설하여 일본과의 교역
   을 시작하였으나 가톨릭 전파를 막기 위한 금교정책이 발표되면서 스페인선의 내항
   이 1624년에, 그리고 포르투갈선의 내항은 1639년에 금지되었다.

⁵ 旦部幸博, 윤선혜 옮김, 《커피세계사》, 황소자리, 2018, 189~190쪽.

⁶ Morris, 앞의 책, p. 139. Morris가 참고하였다고 밝힌 'All Japan Coffee Association'의
   홈페이지의 영어자료 'Coffee Market in Japan'에는 데지마 유녀 이야기가 나오지 않
   는다. http://coffee.ajca.or.jp/wp-content/uploads/2012/07/coffee_market_in_japan.pdf.

⁷ 旦部幸博, 윤선혜 옮김, 앞의 책, 191~191쪽.

⁸ 김시현·윤여태, 앞의 책, 49~53쪽.

⁹ 피숑, 정현명 옮김, 《성 베르뇌 주교 전기》, 수원교회사연구소, 2015, 98쪽.

¹⁰ 《가톨릭평화신문》 1558호, 2020년 4월 5일 발행.

¹¹ 조현범, 《조선의 선교사, 선교사의 조선》, 한국교회사연구소, 2008, 192쪽.

¹² 한국교회사연구소는 2018년에 베르뇌 주교가 주고받은 서신들을 편집하고 번역하
   여 《베르뇌 주교 서한집》(상, 하) 두 권으로 간행하였다.

¹³ 조현범, 《조선의 선교사, 선교사의 조선》, 한국교회사연구소, 2008, 190쪽.

¹⁴ 한국교회사연구소. 《베르뇌 주교 서한집》(하), 55쪽.

¹⁵ 같은 책, 199~205쪽.

[16] 김정환, 〈샤를르 달레의 조선 지도朝鮮地圖〉, 《교회사연구》 38, 2012, 157~158쪽. 베르뇌 주교의 편지에는 메린토Merin-to라고 표기되어 있는데, 이 섬은 조선 지도에 나타난 위치 표시로 볼 때 황해도 장산곶 남쪽의 월내도이다.

[17] 한국교회사연구소, 《베르뇌주교서한집》(하), 163쪽, 193~195쪽.

[18] 같은 책, 203쪽.

[19] 조현범, 앞의 책, 194쪽.

[20] 한국교회사연구소. 《베르뇌 주교 서한집》(상), 619쪽.

12. 조선 최신상 커피의 유행

[1] 당시 경기도 관찰사는 김홍집(1842~1896)이었다. 〈역대 경기도관찰사·도지사 명단〉, 경기도 경기문화재단 제공.

[2] Percival Lowell, *Chosön, the Land of Morning Calm; the Sketch of Korea*, 3rd edition, Boston: University Press, 1888, 180쪽, World Digital Library, 2020년 7월 3일 검색.

[3] 최성락, 《100년 전 영국 언론은 조선을 어떻게 봤을까?: '이코노미스트'가 본 근대 조선》, 페이퍼로드, 2019, 46~47쪽.

[4] 김세리·조미라, 《차의 시간을 걷다》, 열린세상, 2020, 98쪽.

13. 끽다점 풍경

[1] Fernand Braudel(2008), 김홍식 옮김, 《물질문명과 자본주의 읽기》, 갈라파고스, 2012, 21쪽.

[2] 전우용, 〈전우용의 현대를 만든 물건들: 커피〉, 《한겨레신문》, http://www.hani.co.kr/arti/opinion/column/664828.html. 2020년 10월 14일 검색. 1871년생 플래상은 마르세유 출신이다. 1900년 4월 15일부터 11월 5일까지 파리에서 열렸던 만국박람회에

서 조선관을 관람한 후 관심이 생겨 이듬해에 동생과 함께 조선에 입국하였다. 커피를 이용해 땔감 장사들의 환심을 샀던 플래상은 1908년에 프랑스에서 기계를 도입하여 우리나라 최초로 연탄을 제조하여 판매하였다. 훗날 봉래정에 자신의 한국식 이름을 딴 부래상상회를 열었고, 1930년대에는 죽첨정(지금의 충정로)에 화란국명예영사 간판을 붙인 집에 거주하였다. 만주사변 후 외국 물품 수입이 금지되자 가짜 프랑스 화장품 세봉Sebon을 만들어 판매하다 1939년 8월에 검거된 사건이 일간지에 크게 보도되었다. 조사 과정에서 탈세 혐의가 밝혀지기도 하였다.《매일신보》1939년 8월 27일·8월 29일,《조선일보》1939년 8월 27일.

[3] 朴容南, 家庭救急法, 융희3년, 共愛堂, 10쪽.

[4] 旦部幸博, 윤선혜 옮김,《커피세계사》, 황소자리, 2018, 191쪽.

[5] 차 재료만 판매하였는지 커피 원두도 판매하였는지는 확실하지 않다.

[6] 1920년대 경성의 인구(20만~30만 명) 중 3분의 1이 일본인으로 추정된다. 조이담·박태원,《구보씨와 더불어 경성을 가다》. 바람구두, 2005. 48쪽.

14. 카페 전성시대

[1] 旦部幸博, 앞의 책, 196~197쪽.

[2] 같은 책, 198쪽.

[3] 小松寬美, 〈カフェー業者と其の取締〉,《警務彙報》, 1931.

[4]《매일신보》1930년 6월 1일.

[5] 석문량, 〈만담, 공설 카페 출현〉,《별건곤》제60호, 1933.

[6] 김연희, 〈일제하 경성지역 카페의 도시문화적 특성〉, 서울시립대학교 석사학위논문, 2002. 15쪽.

15. '모뽀', '모껄' 그리고 제비다방의 추억

[1] 현재 Grand Seoul 빌딩이 있는 곳이다.

[2] 이헌구, 〈끽다점 풍경〉, 《삼천리》 제6권 제5호, 1934.

[3] 박광민, 〈구본웅과 이상, 그리고 목이 긴 여인 초상〉, 《이상리뷰》 12호, 2016, 89~101쪽.

[4] 김용범, 《커피, 치명적인 검은 유혹》, 채륜서, 2012, 111~113쪽. 제비다방 명칭의 유래에 대해서는 다른 의견도 있다. 1923년 1월 22일 종로경찰서에 폭탄을 투척하고 자결한 김상옥(1890~1923) 의사의 별명이 제비였고, 이 장면을 목격하였던 이상의 벗 구본웅의 이야기를 들은 이상이 다방 이름을 제비다방으로 하였다는 주장도 있다.

[5] Mark Pendergrast, *Uncommon Grounds: The History of Coffee and How it Transformed our World*, New York: Basic Books, 2010, p. 119.

[6] 김용범, 앞의 책, 41~52쪽.

[7] 잡지 《삼천리》 1934년 5월호에 게재된 〈끽다점평판기〉에 낙랑파라, 제비다방과 함께 소개된 커피를 팔던 유명 업소들이다.

[8] 서울역사편찬원, 《서울2천년사 30: 일제강점기 서울 도시문화와 일상생활》, 서울역사편찬원, 2015, 330쪽.

[9] 〈끽다점 연애풍경〉. 《삼천리》 제8권 제12호, 1936년 12월 1일.

16. 융 드립하는 현모양처

[1] 문화주택이란 일제강점기 서양주택의 구조와 외형을 따라 지어졌던 새로운 형식의 주택을 말한다. 주로 1920년대 생활개선운동의 본격화에 맞추어 활기를 띤 것이 문화주택이었다. 김용범, 《문화생활과 문화주택》, 살림, 2012, 27쪽.

[2] 홍양희, 〈식민지 시기 '현모양처'론과 '모더니티' 문제〉, 《사학연구》 99, 2010, 299~338쪽.

3 《조선중앙일보》는 1926년에 창간된 《중외일보》가 1931년에 폐간된 후 1931년에 속
   간한 《중앙일보》를 이어받아 1933년 2월 16일에 여운형을 사장으로 새 출발한 일간
   신문이다. 불과 20일 후인 1933년 3월 6일에 폐간되었다.

4 정연태, 《식민지 민족차별의 일상사》, 푸른역사, 2021, 55쪽.

17. 대용 커피를 마시며 군가를 듣는 다방

1 〈다방잡화〉, 《개벽》, 제3호, 1935년 1월.

2 이헌구, 〈보헤미앙의 애수의 항구, 일다방 보헤미앙의 수기〉, 《삼천리》 제10권 제5
   호, 1938.

3 반민족행위특별조사위원회 자료(박순기), 피의자 신문조서(제4회). 1949년 4월 2일
   조사. 국사편찬위원회 한국사데이터베이스.

18. 인스턴트커피와 커피 제1의 물결

1 '스페셜티 커피specialty coffee'라는 용어는 1974년 《차와 커피 무역 저널Tea and
   Coffee Trade Journal》에서 Erna Knutsen이 최초로 사용하였다. 스페셜티 커피는 특별
   한 커피라는 보통 명사가 아니라, 스페셜티커피협회SCA에서 정한 기준에 따라 평가
   하여 100점 만점에 80점 이상을 획득한 원두에 부여하는 등급이다. 커피의 재배, 정
   제, 이동, 보관 등 전 과정에 종사하는 모든 사람의 노력이 합해져야 얻을 수 있는 등
   급이다.

2 Jonathan Morris, *Coffee: A Global History*, London: Reaktion Books, 2019, p. 161.

3 같은 책, p. 122.

4 Mark Pendergrast, *Uncommon Grounds: The History of Coffee and How it Transformed
   our World*, New York: Basic Books, 2010, p. 363.

5 이윤선, 《테라로사 커피로드》, 북하우스엔, 2011, 293쪽.

6 박종만, 《커피기행》(2007), 조혜선, 《커피, 어디까지 가봤니?》(2011), 그리고 이윤선, 《테라로사 커피로드》 등은 이들 두 지역 커피 전문가 및 농민들의 애환과 열정이 잘 묘사되어 있다.

7 Morris, 앞의 책, p. 129.

19. 국산 커피의 탄생과 DJ오빠의 시대

1 강준만·오두진, 《고종 스타벅스에 가다》, 인물과사상사, 2005, 65~70쪽.

2 윌리엄 와츠, 〈미국과 한국: 인식과 오식〉, 한국정신문화연구원, 《한미수교 100주년 회고와 전망》, 1983, 303쪽.

3 윤영춘. 〈실직과 다방〉, 《현대문학》 1960년 12월호.

4 학림다방은 필자가 위원장으로 있던 서울시 미래유산보존위원회(시민분과)에서 선정한 서울시 미래유산이다.

5 박태순·김동춘, 《1960년대의 사회운동》, 까치, 1991, 95쪽.

6 https://www.dongsuh.co.kr/2017/01_company/01_02_history.asp.

7 강인규, 《나는 스타벅스에서 불온한 상상을 한다》, 인물과사상사, 2008, 20~21쪽.

8 강준만·오두진, 앞의 책, 153쪽.

9 김석수, 〈한국 다방문화의 변천에 관한 연구〉, 《한국 실내디자인학회 논문집》 13, 1997, 40쪽.

20. 커피 전문점의 등장과 커피 제2의 물결

1 강준만·오두진, 《고종 스타벅스에 가다》, 인물과사상사, 2005, 194쪽.

2 같은 책, 196~197쪽.

21. 커피를 갈아 황금을 만들다

[1] Mark Pendergrast, *Uncommon Grounds: The History of Coffee and How it Transformed our World*, New York: Basic Books, 2010, p. 279.

[2] 주홍식, 《스타벅스, 공간을 팝니다》, 알에이치코리아, 2017, 4~5쪽.

[3] 강인규, 《나는 스타벅스에서 불온한 상상을 한다》, 인물과사상사, 2008, 14쪽.

[4] Pendergrast, 앞의 책, pp. 333~338.

[5] 같은 책, p. 339.

[6] Parker, Scott F·Michael W. Austin(2011), 김병순 옮김, 《커피, 만인을 위한 철학》, 따비, 2015, 340~341쪽.

[7] http://www.bohemian.coffee/default/brand/about.php.

[8] http://www.terarosa.com/.

[9] 일본 스페셜티 커피의 대부이며 COE 출범의 주도자 중 한 명인 하야시 히데타카가 테라로사 김용덕 대표에게 보낸 이메일에서 표현한 용어다. 《서울경제》 2020년 3월 6일 인터뷰에서 인용.

22. 사라진 규칙, 커피 제3의 물결

[1] Jonathan Morris, *Coffee: A Global History*, London: Reaktion Books, 2019, pp. 160~161. & Trish R. Skeie, 'Norway and Coffee,' The Flamekeeper: Newsletter of the Roasters Guild, SCAA, Spring 2003.

[2] Wikipedia, 'Third wave of coffee.'

[3] Morris, 앞의 책, p. 163.

[4] Michaele Weissman, *God in a Cup: The Obsessive Quest for the Perfect Coffee*, New Jersey: John Wiley & Sons, 2008, p.5.

[5] 같은 책, p. 10.

⁶ 같은 책, p. 24.

⁷ https://www.intelligentsia.com/.

⁸ Weissman, 앞의 책, pp. 14~16.

⁹ https://counterculturecoffee.com/.

¹⁰ 김현섭,《커피가 커피지 뭐》, 연필과 머그, 2020.《오 예! 스페셜티 커피》의 저자 김현
섭 바리스타의 신간에 소개된 북유럽의 대표적인 스페셜티 커피 전문점들이다.

¹¹ 같은 책, 127쪽.

¹² https://europeancoffeetrip.com/italian-third-wave-coffee-scene/.

¹³ Davis Eggers(2018), *The Monk of Mocha*, 강동혁 옮김,《전쟁 말고 커피》, 문학동네,
2019.

23. 한국형 제3의 물결, 커라밸

¹ 커라밸은 우리나라 커피 세계가 지닌 독특함을 표현하고자 필자가 만든 용어다. 매
쉬 커피의 김현섭 바리스타가 말하는 "커피와 일상은 맞닿아 있다"는 표현과 같은
맥락일 것이다.

² 세계적인 차 전문가 Jeff Koehler의 신간 *Where the Wild Coffee Grows*(2017)를 읽고
2020년 6월 10일에 필자가 보낸 페이스북 메시지에 대한 답으로 Koehler가 보내온
2020년 8월 30일 메시지에 포함된 내용이다.

³ 《서울경제》 2020년 9월 29일.

⁴ 최근에는 강릉 안목항 소재 로스터리 카페 산토리니에서 에스프레소 원액 100퍼센
트를 동결건조시키는 방식으로 스페셜티 인스턴트커피 이아카페를 출시하였다. 대
형 식품업체도, 전국적 규모의 프랜차이즈도 아닌 지역 커피 전문점이라는 점에서
매우 흥미로운 도전이다.

⁵ 김다영, 〈커피에서 여성 평등을 꿈꾸며〉,《젠더리뷰》 2020 봄호, 67쪽.

⁶ 정진현·최배영, 〈국내 커피박물관 교육콘텐츠에 대한 잠재적 이용객의 요구〉,《차문

화·산업학》50, 2019, 139~170쪽.

7 박물관 경영학 전문가인 서강대학교 이보아 교수의 의견이다.

8 필리핀에 진출한 최병송, 라오스에 진출한 최한용 등이 대표적이다. 최병송·윤야미
니 부부는 현재 망원동에서 피피커피를 운영 중이다. 윤야미니, 《커피 농장의 하루》,
채륜서, 2017.

9 김영한·강인석, 《제주 커피농부 이야기》, 도서출판 소야, 2013, 53~56쪽.

커피 세계사

주

【ㄱ】

가배당 272, 274
가히사칸 181
강릉커피축제 346
검은 서리 사건 320
게이샤 351
고귀한 나무 86
고든 바우커 337
고종 커피 독살 기도사건 206
공설카페 225
공정무역 341
과테말라 99, 165
국제커피기구ICO 107, 364
국제커피회의 156
금주법 167
김대건 182, 183, 190

꽁초 커피 320
끽다점 205, 207~218, 220, 222~224,
    227~233, 240, 243, 246, 267, 268,
    280, 284, 292

【ㄴ】

나가사키 179
나이로니 8, 25~29, 54
나폴레옹 리부아 182, 184, 185, 190
나폴레옹 보나파르트 58, 66, 87, 94,
    100, 105, 106, 118, 119, 130,
    133~143, 147, 153 188, 273
낙랑파라 224, 242, 243
남북전쟁 148, 188, 310
네덜란드 51, 53, 58, 59, 61, 67~69, 73,

74, 76~81, 83~85, 88, 93, 95, 98,
101, 103, 107, 108, 113, 133, 138,
153, 166, 173, 178~181, 190, 276,
299, 305, 337
네덜란드 동인도회사 68, 81, 83, 84, 180
네슬레 174, 303, 326, 333
노르웨이 173, 306, 352
노예무역 52, 97, 99~101, 111
뉴욕커피거래소 149, 155
니카라과 169, 350
니콜라스 비첸 78~80, 85, 86

독일 7, 73, 74, 113, 114, 116, 117,
119~122, 131, 134, 157, 161, 163,
164, 173, 175, 195, 197, 198, 207,
208, 220, 224, 235, 267, 273, 275,
282, 306, 320, 360, 371
돌체 281, 288, 310
동서식품 317, 318, 322, 326, 330, 331,
333, 343
동인도 35, 50, 76, 98
두에인 소렌슨 351
뒤프르 29
드 탈레랑 260
DJ오빠 309, 317, 318

【ㄷ】

다방 23, 200, 216, 222, 229~235,
237~245, 250, 265, 272, 275,
279~281, 283, 286~293, 304,
309~328, 330~334, 339, 364
대륙봉쇄령 119, 134~136, 273
대만끽다점 215~217
대불호텔 197
더그 젤 350
데이에이케이 181
데지마 179, 180
덴마크 69, 73, 101, 173, 178, 306, 353
《독립신문》 198, 199, 201, 208

【ㄹ】

라떼 7, 307, 346
라바짜 175, 308
라우볼프 53, 73
라제스 29, 30
러시아 71, 79, 108, 119, 130, 131, 134,
136, 195, 201, 224, 364
런던 371, 60~63, 65, 66, 71, 107, 109,
112, 137, 143, 144, 156, 181, 216,
221, 267, 268, 335, 349, 370
레위니옹섬 88, 89

로부스타종 18, 22, 23, 166, 167, 173, 174, 248, 266, 296, 299~302, 305, 306, 342, 368

로스터스길드 350

루이 14세 65, 85, 86, 103

루이 15세 91, 103~105, 115, 140

루이 16세 104, 106

루이지 베쩨라 173, 353

르완다 305

【ㅁ】

마루야마커피 361

마르세유 64, 65, 207

마르티니크 87, 100, 133

마일드 커피 151, 165, 166, 173, 248

마크 펜더그라스트 7, 31, 107, 112, 150, 159, 301, 302

마테우스 에이보켄 79, 80

마티유 드 클리외 86~88, 100

만국박람회 205, 206, 207

맘루크왕조 41

맥스웰하우스 6, 150, 151, 160, 162, 167, 170, 302, 318, 326

맥심 303, 304, 322

맥주 순수령 74

메카 77

메크텝 이 이르판 39

멕시코 99, 101, 131, 242, 243, 258, 305

멜리타 벤츠 114

모껼 214, 230, 232, 237, 239, 249, 267, 288, 291, 292

모닝커피 164, 208, 288, 312, 333

모던걸 214, 232

모던보이 214

모뽀 214, 230, 232, 233, 237, 239, 241, 244, 267, 288, 290~292

모카 21, 22, 31, 35, 49~51, 59, 61, 68, 76~78, 82, 83, 89, 92, 152, 248, 255, 336, 353, 355, 357

모카 커피 49~51, 68, 83, 90, 91, 144, 198, 199

모카포트 51, 308

목타르 알칸샤리 356, 357

묄렌도르프 195

무산소 발효 공법 366

미국 5~7, 19, 27, 84, 87, 94, 95, 98~102, 107~111, 130, 131, 133, 137, 138, 146~149, 151, 154~159, 161, 163~168, 170~175, 188, 192~195, 197, 206, 212, 220, 235, 236, 255, 259~261, 263, 264, 266, 272, 273, 276, 277, 281, 296~306,

309~312, 316, 318, 320, 322, 326,
328, 337~339, 343, 349~352,
356~358, 362~365, 367, 368, 372
미국스페셜티커피협회SCAA 338, 350
미국의 독립전쟁 102, 107
미스터커피 304, 333
미주커피협정 171
미주커피회의 171
미즈노 류 212

【ㅂ】

바리스타 7, 257, 298, 328, 329, 339,
342, 344, 349, 350, 352~354, 363,
364, 366, 368, 370, 374, 380~382
바바 부단 77
바타비아 68, 77, 78, 181
바흐 113~116
박상홍 329
박원준 329
박이추 329, 344
박태원 208, 234, 242, 243
반 고흐 355
범아메리카커피사무국PACB 302
베네딕트 클럭 79, 80
베네수엘라 87, 99, 101

베네치아 43, 44, 50, 53, 56~58, 105
베토벤 70, 106, 113, 114, 119, 124,
125, 131, 133, 187
베트남 22, 130, 182, 277, 300, 342, 371
병인박해 183, 189
보스턴 차사건 110
보헤미안 303, 329, 330, 334, 345
복혜숙 218, 242
볼리비아 305
볼테르 66, 105, 117
봉가 19
부르봉 포인투 92
부르봉섬 104
부티크 커피숍 359
분춤 29, 30
분크 29
붐 앤 버스트 사이클 156
브라질 22, 85, 94, 95, 98, 99, 146, 148,
151~153, 155~159, 163~166,
168~171, 199, 212, 220, 247, 248,
251, 258, 262, 266, 268, 269, 270,
273, 274, 282, 300, 301, 303, 304,
318, 320, 321, 335, 361, 362, 371
브라질커피협회 174
블루보틀 71, 298, 351, 357, 362
비엔나커피 72, 122, 328
빈 44, 55, 70~72, 105, 119~122, 124,

125, 167, 371

뽀이 211, 222

【ㅅ】

사무엘 프레스콧 167

사이폰 328, 337

사토리 카토 164

산업혁명 82, 102, 126, 130, 132~135,
    144

산촌여정 235, 236

산토스 152, 270, 307, 371

상파울로 333

생도맹그 86~88

샤를 드 레클뤼즈 54

샴스 42

서울카페쇼 341, 342

《서유견문》 189

서인도제도 84, 88, 97, 98, 130, 133,
    191, 192

서정달 329

세네갈 330

세인트헬레나 93, 94, 137~139,
    141~145

손탁 197

솔리만 아가 65, 85

수지 스핀딜러 361

수피교 3, 37

순끽다점 231

스웨덴 19, 73, 74, 101, 126, 134, 136,
    173, 180, 306, 353

스타벅스 21, 29, 254, 297, 298, 319,
    337~344, 346, 348, 349, 351, 352,
    356, 358, 361, 364, 365, 366, 367

스텀프타운 298, 351, 352, 362

스페셜티 커피 8, 18, 71, 162, 297, 338,
    346, 348~352, 354, 358, 359, 363,
    366~368, 382

스페셜티커피협회SCA 338, 350, 361

스페인 34, 53, 56, 58, 67, 78, 97~102,
    131, 134, 138, 173

시메옹 베르뇌 182~190

시애틀즈베스트 341

COE 345, 361, 362

CQI 368

실론 50, 51, 77, 83, 84, 130, 133, 144,
    153, 155, 248

【ㅇ】

아디스아바바 21, 22, 29

아라비아 펠릭스 26

아라비카종 18, 19, 22, 89, 91~93, 95, 153, 166, 173, 248, 266, 299, 301, 305, 342, 378

아리오사 149

아메리카노 19, 172, 174, 252, 346

아비센나 29

아비시니아 18, 28, 37, 247, 248

아이보리코스트(코트디부아르) 300

아이스커피 284~286, 319

아이티 84, 86, 87, 97, 148, 248

아인슈페너 72, 122, 124, 308

아킬레 가찌아 307

악카페 225

안목항 344

안석영 242, 243, 291~293

안토니 와일드 7, 24, 31, 33, 35, 36, 76, 91, 98, 99, 110, 139, 140, 143

알 다바니 31, 37

알 샤들리 31

알버트 고샬키 198, 199

알폰소 비알리티 308

알프레드 피츠 337, 338, 339, 351

RTD 음료 365

앙투안 갈랑 28

앙투앙 드 쥐시우 86

얌생이질 311

에델레스탕 자르댕 28

에듀쇼 175

에드워드 포코케 60

에로 서비스 222, 224~229, 232, 319

에마 크누첸 338

에밀리 멘지 350

에스프레소 7, 19, 51, 173, 174, 187, 266, 297, 303, 304, 306~308, 339, 344, 349, 353, 354

에이앤피A&P 170

에티오피아 8, 18~26, 29, 47~50, 92, 121, 166, 170, 248, 282, 363

엘살바도르 169

엠제이비MJB 160, 236

여뽀이 211

영국동인도회사 59, 76, 84, 94, 113, 153

예가체프 22

예멘 18, 19, 22, 24, 26, 28, 30~39, 47~51, 61, 68, 76, 77, 81~84, 89, 90, 92, 103, 139, 140, 144, 354~358, 360

오노레 드 발자크 143

오노리오 벨리 54

오스만터키 34, 41~44, 46, 47, 49~51, 55, 56, 60, 70, 72, 80, 108, 131

오스트리아 45, 70, 73, 81, 102, 117, 119, 121~125, 133, 134, 270, 271, 308, 360, 371,

온두라스 169

요하네스 디오다트 71

우간다 23

우에시마 커피 92

원두커피 5, 328~331, 333, 334, 336, 337, 340~344, 365, 368, 369

웨이트리스 221~224, 226, 280

윌리엄 우커스 7, 27, 28, 31, 57, 58, 62, 63, 107, 108, 110, 111, 160

윌리엄 칼스 194, 195

윌리엄 하비 60, 61

유길준 189, 193

유럽스페셜티커피협회SCAE 338

UCC커피박물관 371

윤용주 199, 200, 208

윤치호 196, 197, 202, 203

융 드립 246, 248

이경손 218

이난영 288, 289

이란 47, 71, 84, 357

이브릭 252, 359

이븐 바투타 30

이사벨라 버드 비숍 196

이상 232, 233~236, 238, 242, 243

이순석 242

이약슬 244

이여성 225

이용악 241, 244

이집트 28, 39~41, 53, 60, 84, 96, 140, 141

이탈리아 21, 25, 54, 57, 58, 122, 131, 152, 169, 170, 173, 175, 192, 281, 282, 306~308, 338, 339, 353, 354, 368, 371

이헌구 234, 242, 287

이효석 237

인도 30, 34, 35, 59, 67, 76, 77, 82, 84, 113, 119, 130, 133, 153, 166, 197, 300, 360, 371

인도네시아 22, 59, 278, 299, 300

인스턴트 원두커피 343, 365, 369

인스턴트커피 23, 84, 164, 172~174, 253, 259, 261, 263, 266, 296, 297, 299, 301~306, 311, 318, 321, 322, 327~329, 331, 334, 337, 340, 342, 343, 348, 368, 369

인텔리겐시아 350~352, 383

일리카페 175

일본 67, 68, 92, 94, 131, 158, 171, 178~181, 192~194, 196, 197, 199, 206, 209~215, 217, 219~221, 223, 224, 227, 230, 231, 234~236, 240, 243, 247, 249, 266, 272~282, 288, 298, 310, 320, 322, 326, 329, 337,

340, 343, 361~365, 371, 375, 381
일일찻집 321

【ㅈ】

자메이카 84, 87, 99, 147, 148, 168
자메이카 블루마운틴 166, 355
자바 50, 51, 75, 77, 78, 80, 81, 83~85,
　87, 91, 93, 133, 152, 155, 166, 179,
　190, 198, 199, 247, 248, 255, 258,
　259, 285, 286, 299, 333, 341, 353
자바 커피 75, 78, 80, 81, 83, 85, 133,
　166, 198, 199, 255, 285, 286
자베즈 번즈 149
장 드 라 로크 64, 65
쟈뎅 329, 330, 341
전미커피로스팅협회 167
정동 197, 198
정조 서비스 232
정화 33~38
제1의 물결 84, 107, 296, 297, 299, 301,
　304, 331, 346, 348
제2의 물결 296~298, 304, 305, 307,
　327, 329, 330, 346, 348, 349, 351,
　358, 361, 363, 366, 370
제3의 물결 71, 107, 296, 298, 339,

346~356, 358, 362, 363, 370, 375,
　379, 382,
제네럴푸드 163
제리 볼드윈 337, 339
제브 시글 337
제비다방 230, 233~236, 243
제프 콜러 8, 18~20, 48, 88, 363, 383
조너선 데일리 38
조너선 모리스 8, 113, 180, 298, 306
조엘 오슬리 칙 150, 151
조지 콘스탄트 루이 워싱턴 164
조지 하웰 350, 361
존 아버클 149
존 켈로그 159
주르 뢰나르 234, 235
중국 30, 33~37, 52, 67, 69, 84, 119,
　131, 135, 178, 179, 184, 189, 190,
　192, 199, 200, 213, 249, 272, 280,
　340, 365, 367, 368, 371, 375
지오프 와츠 350, 383
짐머만 카페 115, 116

【ㅊ】

찰스 다윈 142
찰스 포스트 159, 160, 162, 163

커피 세계사

철종 181, 183, 185

청목당 211, 222

청향관 200, 208

체이스앤샌본 160, 170

치커리 커피 118, 119, 134, 136

【ㅋ】

카리브해 83~88, 91, 95, 97, 98, 133,
　　147, 155

카메룬 300

카스카라 378

카운터컬처 298, 350, 351

카이르 베이 38~41, 45

카카듀다방 218

카파 18~21, 22, 48, 75

카페 까뮤 72, 318

카페 드 유럽 124

카페 파리우스타 212

카페 프라우엔후버 125

카페 프랭탕 212, 219

카페 프로코프 66, 103, 105

카페 플로리안 58

카푸치노 329

칼 린네 19

칼 페테르 툰베리 180

칼디 8, 19, 25, 26, 27, 28, 29

칼디커피 337

커라벨 363

커피 금지령 40 41

커피 녹병 91, 153, 155, 166

커피 믹스 322, 368

커피 배급제 172

커피 벨트 375, 379

커피 스니퍼 118

커피 유해론 160~163, 266, 267, 316

커피 농장 6, 81, 83, 91, 93, 102, 111,
　　152, 153, 157, 212, 320, 370, 373,
　　375~379

커피당 293, 309, 310

커피메이커 149, 261, 304, 328

커피박물관 345, 370~372, 373, 374

커피브레이크 167, 168, 302, 306, 312

〈커피 칸타타〉 113, 114, 115, 116

커피하우스 38~40, 42~44, 58, 60~66,
　　69, 71, 72, 81, 105, 107~109, 112,
　　114, 121, 123~125, 147, 181,
　　196~198, 199, 200, 303, 337

케냐 22, 167, 170, 305, 350, 377, 378

켄타로 마루야마 361

코스타리카 166, 168, 169, 305

코우궤트 57

콘스탄티노플 42, 44, 47, 54, 55, 64

콜롬비아 22, 87, 99, 165, 169~171, 248, 300, 303, 304, 305

콜시츠키 45, 70, 71, 122, 123

콩고 23, 300

쿠바 84, 87, 97, 99, 100, 101, 131, 148

쿠프릴리 42~45

퀵 카페 322

큐그레이더 356, 364, 368, 370

크리스토퍼 콜럼버스 97

클레멘트 8세 44, 57

킷사텐 181, 211, 215, 219, 220, 361, 362

【ㅌ】

타이완킷사텐 215

탄베 유키히로 71, 180

탄자니아 305

터키 9, 39, 44, 54, 55, 65, 70, 71, 84, 85, 260, 354, 359, 360, 361

테라로사 9, 345, 372

테라록사 151

투르크스-헤드 62

투생 루베르튀르 100

트리쉬 로드겝 296

특정 외래품 판매 금지법 315, 316

티모시 캐슬 296

티켓 다방 322, 324, 325

티피카 77, 92

팀웬델보 353

【ㅍ】

파나마 97, 305, 351

파리 25, 44, 61, 65, 66, 71, 85, 90, 91, 103, 105, 106, 114, 115, 120, 124, 125, 137, 143, 144, 167, 183, 234, 239, 267

파리외방전교회 182~184, 190

파스쿠아 로세 61, 66

파울리스타 152

퍼시벌 로웰 193, 194

퍼콜레이터 104, 149, 161, 173, 212, 261, 263, 301, 304, 327

페니대학 62

페루 97, 99, 305

페르낭 브로델 206

포르투갈 34, 51, 53, 58, 59, 67, 78, 88, 93, 95, 97~99, 113, 136, 137, 144, 152, 173, 178, 179, 306

포스텀 159, 160, 162, 163

폴 앙뚜앙 플래상 206, 207

커피 세계사

폴저스 160, 297

푸에르토리코 87, 101, 371

프란시스 베이컨 46, 60

프란치스코 드 멜로 팔헤타 95, 99

프랑스 19, 27, 28, 29, 48, 51, 53, 59,
64~67, 69, 73, 74, 76, 78, 81,
85~93, 95, 98~100, 102~104, 106,
107, 114~119, 122, 124, 125, 130,
131, 133~138, 142, 143, 144, 147,
156, 164, 173, 182, 184, 188~190,
192, 195, 207, 220, 234, 235, 260,
273, 299, 305, 320, 360, 369

프랑스 동인도회사 85

프랑스혁명 88, 102, 239

프랜차이즈 298, 346, 366, 367, 369

프리드리히 2세 113, 114, 117

피에르 드 라 로크 64

피에르 보나르 235

피에트로 델라 발레 54, 57

피츠커피 338

피터 길리아노 350, 351

핀란드 173, 306

필리핀 131, 190, 278, 375

【ㅎ】

하라 22, 48~51, 75

하멜 68, 79, 80, 181

하야시커피컴퍼니 361

하와이 코나 166, 375

하워드 슐츠 338, 339, 340

하인리히 야콥 7, 30, 40, 54, 61, 63~66,
69, 71, 74, 81, 112, 117, 122, 124,
125, 136, 169

하킴 42

학림다방 314

한국커피협회 7, 342, 368, 374

한화이종 35, 36

핸슨 굿리치 261

향신료 전쟁 59

허먼 질켄 157, 158

홍효민 239, 244

후안 발데스 303, 304

흑관 178

흑사병 41, 61, 82

히데타카 하야시 361

히스파뇰라 97, 98

힐스브라더스 160, 162, 236

커피 세계사 + 한국 가배사

2021년 8월 17일 초판 1쇄 인쇄
2021년 8월 19일 초판 1쇄 발행

글쓴이	이길상
펴낸이	박혜숙
디자인	이보용
펴낸곳	도서출판 푸른역사

　우) 03044 서울시 종로구 자하문로8길 13

　전화: 02)720 −8921(편집부) 02)720 −8920(영업부)

　팩스: 02)720 −9887

　전자우편: 2013history@naver.com

　등록: 1997년 2월 14일 제13−483호

ISBN 979−11−5612−201−2 03900

· 잘못 만들어진 책은 교환해드립니다.